中国共产党百年奋进研究丛书

上海市哲学社会科学规划办公室
上海市中国特色社会主义理论体系研究中心
组编

坚持和完善党的领导制度体系研究

周敬青 等 著

上海人民出版社

丛书前言

“领导我们事业的核心力量是中国共产党。”自中国共产党诞生以来，中国大地经历了翻天覆地的历史性变化。中国人民选择了中国共产党，并在党的领导下选择了社会主义。经过长期艰苦卓绝的奋斗，完成了新民主主义革命和社会主义革命，实现了中华民族从“任列强欺凌”到站起来的伟大飞跃；新中国成立以来，特别是改革开放以来，中国共产党带领人民建设中国特色社会主义，使中国大踏步赶上时代，实现了中华民族从站起来到富起来的伟大飞跃；在新时代，中国共产党团结带领人民坚持和发展中国特色社会主义，推动中华民族伟大复兴取得历史性成就，迎来了从富起来到强起来的伟大飞跃。正是中国共产党的领导，中国人民走社会主义道路，从根本上解决了中华民族复兴和中国现代化面临的历史性课题。有了中国共产党，中国人民就有了思想上、政治上的“主心骨”，就有了团结奋斗、勇往直前的指路明灯、核心力量。各族人民跟着中国共产党就能凝聚成不可战胜的磅礴力量，朝着中华民族伟大复兴的奋斗目标奋勇前进。100年来，中国共产党为了实现中华民族伟大复兴的历史使命，无论是顺境还是逆境，无论是弱小还是强大，都初心不改，矢志不渝。历史和现实雄辩地证明，没有中国共产党就没有中国劳苦大众的翻身解放，就没有社会主义新中国，就没有中华民族的伟大复兴。一百年来，中国共产党为实现国家富强、民族振兴、人民幸福和人类文明进步事业作出的伟大历史贡献永远铭记史册。

站在历史的交汇点，中国共产党带领中国各族人民以习近平新时代中国特色社会主义思想为指导，统筹社会革命和自我革命，始终坚持马克思主义在意识形态领域的指导地位、勇担民族复兴历史大任、扎根广大人民群众、坚持以人民为中心、依靠人民从容应对面临的复杂严峻的挑战和问题。在带领人民进行伟大社会革命的同时，不断进行伟大的自我革命，引导党自身在具有许多新的历史特点的伟大斗争中经受住执政考验、改革开放考验、市场经济考验和外部环境考验，化解精神懈怠、能力不足、脱离群众、消极腐败的危险，始终保持党的先进性和纯洁性，始终与人民心连心，始终走在时代前列，赢得新时代执政党自我净化、自我完善、自我革新、自我提高的新胜利，再次创造出人类发展史上划时代的发展奇迹。

为隆重庆祝中国共产党成立100周年，表达上海理论界对中国共产党领导人民创造的丰功伟绩和宝贵精神财富的高度认同，以及对中国共产党无比深厚的情感；为帮助广大干部群众深入学习中国共产党历史，深入学习贯彻中国共产党宝贵历史经验，深入学习领会中国共产党人不倦探索取得的理论创新成果，在中共上海市委宣传部领导下、上海市哲学社会科学规划办公室以委托课题方式，与上海市中国特色社会主义理论体系研究中心联合组织了“人民至上·中国共产党百年奋进研究丛书”（以下简称“丛书”）的研究和撰写。参加“丛书”研究撰写的是本市哲学社会科学相关领域的著名专家学者。“丛书”由上海人民出版社编辑出版。

“丛书”围绕的主题是系统研究、深刻阐释、正确总结中国共产党领导中国人民百年奋斗历程、伟大成就、历史经验和光辉思想。“丛书”分领域、分战线总结论述中国共产党在领导中国人民夺取新民主主义革命胜利、建立新中国，进行“一化三改造”、建立社会主义经济制度和社会主义赖以发展的物质基础，实行改革开放，开创、坚持和发展中国特色社会主义，全面建成小康社会、开启全面建设社会主义现代化国家新征程形成的理论、路线、重大方针政策和重大战略部署。其中涉及中国共产党的现代化建设思想、治国理政思想、法治思想、制度建设思想、统一战线理论、宣传思想、理论创新、革命精神、群众观和群众路线，涉及党的经济建设思想、政治建设思想、文化建设思想、社会建设思想、生态文明建设思想、科学技术思想、教育思想、“三农”思想、军队和国防建设思想、自身建设思想、国际观等。“丛书”主要有以下特点：

第一，注重以史为据、史论紧密结合，论从史出。“丛书”的每一部论著研究的历史跨度都是百年，每一部论著都努力把历史思维贯彻在整个研究撰写工作中，力求呈现厚重的历史感，做到真正熟悉并实事求是对待所承担研究撰写领域的党的百年历史。研究者首先致力于学习历史、熟悉历史、梳理历史，钻研党的理论、方针、政策的发展史，广泛收集和整理文献，大量地、充分地掌握历史资料，认真总结百年取得的弥足珍贵的历史经验，把握历史进程和规律。在对历史的认真学习、梳理中，去做好中国共产党百年研究系列课题这篇大文章。

第二，注重阐释中国共产党所坚守的以人民为中心的根本立场。中国共产党为人民而生、因人民而兴，始终坚持以人民为中心，把为中国人民谋幸福、为中华民族谋复兴作为初心使命，坚持全心全意为人民服务的根本宗旨，始终代表最广大人民利益。“丛书”作者牢记人民立场是马克思主义的根本政治立场。人民至上、一切为了人民、一切依靠人民是中国共产党的价值理念和认识世界、改造世界的根本要求。可以说，“丛书”的每一种，都致力于揭示中国共产党之所以能历经百年始终保持先进性、始终走在时代前列、团结带领人民创造历史伟业的真谛，这就是中国共产党始终把人民立场作为根本立场，把为人民谋幸福作为根本使命，坚持全心全意为人民服务的根本宗旨，始终保持同人民群众的血肉联系。无论是革命、建设，还是改革，奋进新时代，归根到底都是为了让人民过上好日子。正如习近平总书记强调：“为人民谋幸福，是中国共产党人的初心。我们要时刻不忘这个初心，永远把人民对美好生活的向往作为奋斗目标。”研究、撰写“丛书”的专家学者领悟了这一精神，紧紧把握中国共产党全心全意为人民服务的根本宗旨，致力于生动诠释中国共产党的使命之所在、价值之所在、生命之所在，生动诠释新时代中国共产党领导人民建设中国特色社会主义的根本追求。

第三，注重历史逻辑与理论逻辑相统一、思想性与现实针对性相统一。以高度的理论自觉和理论自信研究分析中国共产党百年历史，自觉把习近平新时代中国特色社会主义思想引领贯穿于研究撰写的全过程，用马克思主义立场观点方法观察和解读中国共产党百年历史各种现象，回应现实提出的重大理论和实践问题，揭示蕴含其中的规律，从总结、提炼与升华历史经验中加深对中国共产党理论创新成果的认识，对中国革命、建设、改革的规律性认识，对中国共产党坚持真理、修正错误的政治思想品格的认识。坚持问题导向，立足解决今天的问题去回顾总结历史，注入新的认识、新的观点、新的内容。在理论逻辑与历史逻辑相统一、思想性与现实针对性相统一上进行新探索，取得新成绩。

第四，注重把握时代需求、聆听时代声音、回应时代呼唤。“丛书”坚持问题导向，认真研究相关领域中国共产党执政面临的重大而紧迫的理论和实践问题，用联系的发展的眼光看历史、看现实、看问题，增强时代性、战略性、系统性思维。历史是时代的产物，百年系列研究的成果也是时代产物，“丛书”的研究撰写不是就历史讲历史，不是停留在历史叙述层面，而是努力体现新时代的新要求，回答新问题。

第五，注重以宽广的世界眼光观察研究中国共产党百年发展历史。百年来，中国共产党的每个时期都与世界有千丝万缕的关系，都是在特定的国际环境和国际形势下的历史活动。因此，“丛书”每一种的研究撰写都力求体现宽广的世界眼光，都力求紧密联系特定历史时期世界形势和变化特点研究并展示中国共产党的思想及实践。特别是世界正经历百年未有之大变局，“丛书”作者研究中国共产党百年历史经验，力求放在中国共产党历史活动的世界背景中分析考察。在这方面，“丛书”做出了可喜的努力。

第六，注重追求读者喜欢的呈现形式。从众多鲜活的事实以及历史和现实的比较中，把中国共产党在领导革命、建设和改革历史长河中为中国人民谋幸福、为中华民族谋复兴、为人类社会谋大同的马克思主义政党品格和初心使命写充分，使其跃然纸上。以“观点鲜明、逻辑严谨、文风朴实、形式清新”的风格，呈现思想，贡献智慧，也是“丛书”努力的方向和探索解决的问题。理论读物如何在保证内容正确的前提下写得清新活泼，吸引广大读者，使广大读者看得懂、用得上，“丛书”研究撰写在这方面也进行了有益的尝试。

“丛书”组织者、作者满怀对中国共产党的无限深情，深刻认识到，中国共产党百年来，领导人民创造了伟大历史，铸就了伟大精神，形成了宝贵经验，创造了中华民族发展史的伟大奇迹，开辟了人类社会进步史上的新纪元，伟大成就举世瞩目，无与伦比。他们把写好“丛书”看成是一种崇高的责任，表示要笔力奋起，写出充分反映中国从站起来、富起来迈向强起来这一历史进程中中国共产党坚强领导的绚丽书篇，为以史明理、以史增信、以史崇德、以史育人、以史咨政做有益的工作。帮助读者深刻认识历史和人民选择中国共产党、选择社会主义道路、选择改革开放、选择马克思主义的客观必然性；深刻认识坚持党的全面领导、坚持和发展中国特色社会主义的极端重要性；深刻认识中国共产党坚持马克思主义在我国意识形态领域指导地位的极端重要性；深刻认识中国共产党百年之后的历史方位、历史使命和对世界历史发展的重要作用，为庆祝中国共产党百年华诞留下浓墨重彩的一笔。

“丛书”的问世，离不开中共上海市委常委、宣传部部长，上海市习近平新时代中国特色社会主义思想研究中心主任，上海市中国特色社会主义理论体系研究中心主任周慧琳的关心和支持；离不开市委宣传部副部长、上海市习近平新时代中国特色社会主义思想研究中心常务副主任、上海市中国特色社会主义理论体系研究中心常务副主任徐炯的具体指导。市委宣传部理论处陈殷华、薛建华、俞厚未，上海市哲学社会科学规划办公室李安方、吴净、王云飞、徐逸伦、张师慧、徐冲、董卫国，上海市中国特色社会主义理论体系研究中心李明灿等具体策划、组织；上海人民出版社政治与理论读物编辑中心鲍静、罗俊等同志为“丛书”出版付出了辛勤劳动。

“现在，我们比历史上任何时期都更接近中华民族伟大复兴的目标，比历史上任何时期都更有信心、有能力实现这个目标。”希望“丛书”的问世，能够使广大读者对领导我们事业前进的核心力量中国共产党，对我们正在推进的中国特色社会主义伟大事业，对指导我们思想的理论基础马克思主义，对新中国创造彪炳史册的人间奇迹、大踏步赶上时代的壮丽史诗，对我们生活的时代和世界，认识得更加深入，领悟得更加准确，更加坚定道路自信、制度自信、理论自信、文化自信。这是“丛书”组织者、作者的心愿。

目　录

总论　研究的理论、实践价值和思路方法

坚持和完善党的领导制度体系，是中国共产党不忘初心承诺、实现执政使命必须解决好的重大课题。党的十九届四中全会通过的《中共中央关于坚持和完善中国特色社会主义制度、推进国家治理体系和治理能力现代化若干重大问题的决定》(以下简称《决定》) 在深入总结我国国家制度建设的历史性成就和各方面制度成果的基础上，第一次完整深刻论述了坚持和完善中国特色社会主义制度在各方面必须坚持的根本制度、基本制度、重要制度，进一步指明了完善国家制度和国家治理的切入点、聚焦点和着力点。其中最为突出强调的重点，就是把党的领导制度这个国家根本领导制度摆在了国家制度和国家治理体系的统领性地位。在系统阐释我国国家制度和国家治理体系的显著优势时，把坚持党的集中统一领导、确保国家始终沿着社会主义方向前进的显著优势置于首位。在规划部署今后的重大任务时，首要的是强调“坚持和完善党的领导制度体系，提高党科学执政、民主执政、依法执政水平”[①]。习近平总书记在关于《决定》的说明中明确指出，“决定稿准确把握我国国家制度和国家治理体系的演进方向和规律，突出坚持和完善党的领导制度，抓住了国家治理的关键和根本”。[②]所有这些，都突显出党的领导制度在我国国家制度中的统领地位，是我国的根本领导制度。

---

① 《〈中共中央关于坚持和完善中国特色社会主义制度、推进国家治理体系和治理能力现代化若干重大问题的决定〉辅导读本》，人民出版社 2019 年版，第 6 页。

② 同上书，第 56 页。

第一节　研究的理论、实践价值

党的领导事关中国特色社会主义伟大事业的建设大局，在中国共产党百年的历史征程中始终是一个重大战略问题。系统梳理坚持和完善党的领导制度体系建设，分析不同历史时期党的领导制度体系建设的不同特点，把握历史规律，这对加强新时代中国共产党制度治党，特别是领导制度体系建设具有重要的参考借鉴意义，对于坚持和完善中国特色社会主义制度，推进国家治理体系和治理能力现代化具有重大意义。

一、研究的理论价值

通过梳理中国共产党坚持党的领导，加强领导制度体系建设的历史过程，其理论意义主要表现为：

坚持与时俱进彰显时代发展要求。中国共产党是马克思主义政党，与时俱进是马克思主义的理论品格。党在长期的建设和发展过程中形成了一系列根本制度、基本制度和具体制度。这是党的宝贵财富，必须继续坚持。时代不断发展，党的制度建设，包括党的领导制度建设也要与时俱进、不断创新。只有不断创新，才能适应新的形势和要求，把党的建设新的伟大工程不断推向前进。特别是当今世界正经历百年未有之大变局，国际形势复杂多变，我们党面对的改革发展稳定任务之繁重前所未有，面临的风险挑战之严峻前所未有。坚持和完善中国特色社会主义制度、推进国家治理体系和治理能力现代化，是应对风险挑战、赢得主动的有力保证。我们要打赢防范化解重大风险攻坚战，必须运用制度威力应对风险挑战的冲击。我们要顺应时代潮流，适应我国社会主要矛盾变化，统揽伟大斗争、伟大工程、伟大事业、伟大梦想，不断满足人民对美好生活新期待，必须坚持和完善党的领导制度体系，以党的领导科学化、制度化、现代化，推进国家治理体系和治理能力现代化。

不断推进改革完善党的领导体制机制和领导方式。加强党的领导制度体系建设，要强调制度的系统性，强调各要素之间的有机联系。必须通过体制改革和机制创新，形成配置科学、程序严密、结构完整、制约有效的制度法规运行机制。党要按照总揽全局、协调各方的基本原则，完善领导体制机制，改进领导方式。坚决维护民主集中制，重大问题必须党委集体讨论决定，实现集体领导和个人分工相结合。同时，加强党内和党外的监督，坚持党要管党、全面从严治党，持之以恒正风肃纪，建设高素质专业化干部队伍，加强基层组织建设，全面增强执政本领，确保党的路线方针政策的贯彻实施，推进党的建设新的伟大工程。历史和实践充分证明，只有这样才能更好地应对风险考验，增强长期执政能力，更好地坚持和加强党的领导。未来前进道路上还会有各种风险和挑战，党面临的"四大考验""四种危险"仍然复杂严峻，党必须以强烈的忧患意识警醒自己，持续推进党的建设新的伟大工程，使党在革命性锻造中坚定走在时代前列。

有利于把党的领导制度优势更好转化为治理效能。执行力就是党的生命力。把制度优势更好转化为国家治理效能，需要强化制度执行力。国家治理体系和治理能力是一个国家的制度和制度执行能力的集中体现，两者相辅相成、缺一不可。实践充分证明，没有强大的执行能力，再好的制度也难以发挥作用。习近平总书记指出："制度的生命力在于执行。要强化制度执行力，加强制度执行的监督，切实把我国制度优势转化为治理效能。"[①] 纵观中国共产党百年发展史，我们党不仅在党的领导制度体系建设上发力，而且还在不断提高制度执行力上狠下功夫。提高制度执行力，要做到：强化制度意识，教育党员深刻认识提高制度执行力的必要性和重要性。要求党员干部，特别是党员领导干部带头维护制度权威，做制度执行的表率。习近平总书记指出："各级党委和政府以及领导干部要增强制度意识，善于在制度的轨道上推进各项事业。广大党员、干部要

① 《习近平在中央政治局第十七次集体学习时强调：继续沿着党和人民开辟的正确道路前进，不断推进国家治理体系和治理能力现代化》，载人民网 http://politics.people.com.cn/n1/2019/0924/c1024-31370962.html，2020 年 8 月 10 日。

做制度执行的表率，引领全社会增强制度意识，自觉维护制度权威。”[①]提高制度执行力，离不开各级党委和政府以及领导干部的率先垂范。加强对制度执行的监督，坚决杜绝做选择、搞变通、打折扣的现象，确保各项制度落地生根。

二、研究的实践价值

《决定》确立党的领导制度体系在国家制度和国家治理体系中的统领性地位，就是要用制度保证党始终成为中国特色社会主义事业的领导核心，保证全党全国人民在党的坚强领导下沿着正确方向不断前进。

时代之需：顺应时代要求的必然选择。全球化、民主化、信息化的时代，百年未有之时代大变局，对党的领导制度体系建设提出了新问题、新内容、新挑战。当今社会主义国家和资本主义国家的竞争，实际上深层次原因，即道路之争、制度之争。党领导水平和执政能力强，竞争能力就越强，生命力也就越强；否则，就可能处处被动、招招失手，甚至最终丧失执政资格。人类正面临一些共同难题，诸如，国际贸易保护主义、高耗能高污染发展方式盛行等发展问题；国际恐怖主义、跨国犯罪、民族种族冲突、核扩散、经济安全特别是金融安全等安全问题。这些问题的出现对党的领导和应变能力以及价值观产生了直接冲击和挑战，党能否有力应对并引导国家积极参与全球化进程，趋利避害，直接决定其政治生命力。民主化所具有的多样化、分散化、分权化等特点，党内部要适应网络民主、参与式民主、直接民主的要求，尊重党员主体地位、保障党员主体党内民主权利，克服党内官僚化、等级制等弊端，增强执政党内部的创造力、凝聚力和战斗力；党要把民主法治理念、民主法治精神纳入价值体系之中，将民主法治原则纳入党的核心价值取向和行为准则，以民主法治方式解决党的领导和执政中的相关问题。信息化条件下改变了世界各国民众对国内政治，甚至是国外政治的参与方式和思维行为逻辑，对党功能和运作模式产

① 《习近平在中央政治局第十七次集体学习时强调：继续沿着党和人民开辟的正确道路前进，不断推进国家治理体系和治理能力现代化》，载人民网 http://politics.people.com.cn/n1/2019/0924/c1024-31370962.html，2020 年 8 月 10 日。

生了巨大的影响，也给党的发展带来众多的机遇和挑战。“经国序民，正其制度”。坚持和完善中国特色社会主义制度、推进国家治理体系和治理能力现代化的根本价值依归就是为党和国家事业兴旺发达、国家长治久安、人民幸福安康提供一整套成熟稳定的国家制度体系。它是实现中华民族伟大复兴中国梦的“金刚护体”，是建设富强民主文明和谐美丽社会主义现代化强国的“身份标识”，是彰显科学社会主义在中国大地上闪耀着真理光芒的“思想灯塔”，是指明人类社会最终演进轨迹的“中国方案”。在党的坚强领导下，按照《决定》规划的宏伟蓝图，如期实现由“中国之制”展示“中国之势”彰显“中国之治”到定型“中国之路”的历史进程，用更加巩固、优越性充分展现的制度显著优势应对国内外各种重大风险挑战的冲击，从而赢得与资本主义制度和平竞争的胜利，彻底终结中华民族“落后挨打，贫穷挨饿，失语挨骂”的历史，在中国人民的根本利益与世界人民的根本利益交融发展中，彻底夯实中华民族永续发展的万年根基。

克难之器：运用党的领导制度体系威力应对考验化解危险。党的领导制度体系建设关乎中国共产党能否经受住“四大考验”、化解“四大危险”，从而为护航实现民族伟大复兴提供坚强领导保证。当前，中国共产党要经受住“四大考验”，化解“四大危险”，就必须克服治党理政中存在的不适应新形势新任务要求、不符合党的性质和宗旨的问题。这些问题集中表现在：党如何坚持科学的发展理念，保持经济平稳较快发展，维护国家安全，使党的领导顺应外部世界的客观形势，在顺应时代发展要求中树立负责任的大党形象；在意识形态上，如何不断调整使其能够对环境变化做出积极回应，符合人民需要，能把大多数民众凝聚起来；面对西方国家议会民主、三权分立、多党制等政治运作方式的压力和挑战，党领导民主政治建设的能力如何提高；党如何摆脱腐败的困扰，构建起稳定持久的“亲”“清”的政商关系；党执政的社会基础发生了变动，社会向自主多元方向发展，人们的生活从原先的单位组织中逐渐脱离出来，由“单位人”转向“社会人”，在此情境之下，党如何动员群众、整合社会，获取民众对党的信任；党的组织建设如何解决党的传统的组织结构、功能定位、管理方式和政治作用面临的新矛盾，党的组织数量壮大与质量如何同步提高等，都对党的领导制度体系建设提出了新课题。长期以来，中国共产党领导制度体系建设的实践，相对于党肩负的重任和使命而言，总体上是适应的。面对新时代新征程新使命“知识恐慌”“本领恐慌”问题已很现实地摆在全党面前。现实中，一些党组织和党员领导干部对党中央的决策部署讲条件、打折扣、搞变通屡禁不止；一些党组织领导力弱化、虚化、边缘化问题依然没有得到根本解决；一些党员领导干部目无法纪、权力任性，致使党的领导错位、乱位、不到位的现象时有发生。落实党要管党、从严治党，发挥党总揽全局、协调各方的领导核心作用，推进国家治理体系和治理能力现代化，确保党长期执政和国家长治久安，已经成为十分紧迫的时代课题。新时代提升党的领导力，是党永葆旺盛生命力和强大战斗力的必要前提。① 中国共产党能不能适应历史性的转变，能不能满足时代的要求，取决于通过构建高质量的党的领导制度体系，切实增强党的政治领导力、思想引领力、群众组织力、社会号召力等党的领导力，进而统领中国特色社会主义制度体系和国家治理体系的制度显著优势转化为实实在在的治理高效能优势。当今世界正经历百年未有之大变局，国际形势复杂多变，灰犀牛、黑天鹅事件不断发生，有的风险挑战来自国际，有的来自国内，也有的来自经济社会领域、自然界。必须在党的坚强领导下坚持和完善中国特色社会主义制度、推进国家治理体系和治理能力现代化，运用党的领导制度体系威力应对风险挑战的冲击，打赢防范化解重大风险攻坚战。

兴盛之根：党的领导制度体系建设关系到党的盛衰兴亡。考察当今中外执政党发展状况，为什么有的原先成功的执政党，会出现僵化不动，或蜕化变质，无法适应外部环境的变化，面临着严重的执政危机进而丢失执政权力？为什么仍有一些执政党能够有效地加强自身建设与调适，继续巩固执政地位或再次夺取执政权力？有的政党曾辉煌一时，有的甚至是立国之党。面对失败，有的政党能够战胜挫折，东山再起；有的政党则从此土崩瓦解，成为历史纪念碑。“凡

① 郭庆松：《新时代党的领导力提升》，《中国领导科学》，2018 年第 4 期。

将立国，制度不可不察也”，[①]“制度优势是一个国家的最大优势，制度竞争是国家间最根本的竞争”。[②]反思其深层次原因，无不与其领导水平和执政水平休戚相关。一些执政党面对复杂的国际国内环境，顺应时代发展潮流，不断调整意识形态，变革组织结构和组织运行机制，加强反腐，塑造良好形象，发展党内民主，革新执政体制，加强与民众的联系，扩大党的社会基础等，有效把握了治国理政规律，从而巩固了执政地位或东山再起重新执政。也有一些执政党，未能顺应时代要求，忽视民众心声诉求，因循守旧、抱残守缺、不思进取，普遍存在着党内纪律涣散、内讧不断、党的决策机制僵化等弊病，因而引发金权政治、官商勾结、权力异化，难以克服因自身存在的弊端而带来的体制性腐败，最终导致失去民心丧失执政地位甚至消亡。中国共产党是中国特色社会主义的领导核心，是中国最高政治领导力量，党的领导制度体系具有深厚的历史渊源、理论底蕴和广泛的现实基础，具有历史必然性，它既遵循了人类社会发展演进的客观规律，又植根于中华民族博大精深的历史文化沃土，既符合世界各国民族振兴发展、文明转型的总体趋势，又立足于中国近现代的基本国情和最大实际，是中国共产党的长期执政领导地位能够获得中国人民长期选择认可、拥护爱戴的内在逻辑。

以现代化的标准来构建国家治理体系，党在内部就要形成良好秩序与政治合力，正确处理党内关系，首先使政党自身有效地运转起来，解决党自身有效治理问题；作为执政党执掌国家政权、行使国家行政权力的过程，就要有效解决国家治理面临的一系列重大问题。党的领导制度安排能够遵循国家治理的内在逻辑和基本规律，使自身的体制、机制、功能和活动方式等方面与国家治理体系高度契合，就能为不断推进国家治理体系和治理能力现代化提供强大可靠保障。

---

① 见《商君书·壹言》。

② 《习近平谈治国理政》第3卷，外文出版社2020年版，第119页。

第二节　研究的思路、内容

本书秉持“问题意识”、“目标导向”和“对策回应”的研究理念，将紧密围绕十九届四中全会“坚持和完善党的领导制度体系，提高党科学执政、民主执政、依法执政水平”的战略部署，注重历史和现实、理论和实践、宏观与微观有机结合，从理论建构、历史逻辑、现实逻辑、实践路径等维度，探索坚持和完善党的领导制度体系规范化、法治化机制及其实践策略，进行系统化、实证化分析与研究。

第一，进行理论建构，为本书研究提供理论基础和理论工具。

这一理论分析框架是在政治系统论的视角下，考察党的领导制度体系的科学内涵，从学理分析的角度挖掘本书的内在价值和丰富内容。深入探讨党的领导制度体系与所面对的世情国情党情构成的环境互动关系。深刻把握党的领导制度体系在国家治理体系中的根本领导制度功能地位，及其包含的具体制度规范内容的表现形态，从而深刻认识党的领导制度体系现代化对推进国家治理体系和治理能力现代化的重大意义，系统领会党的十九大关于“坚持党对一切工作的领导”首要基本方略和“坚持和加强党的全面领导”党的建设首要要求、十九届三中全会关于深化党和国家机构改革的决定对党的领导和党的建设重大意义、十九届四中全会关于“坚持和完善党的领导制度体系”的重要性、科学性、必然性和紧迫性，从而为党的领导制度体系建设提供厚重的理论支撑。

第二，紧紧围绕十九届四中全会对坚持和完善党的领导制度体系六个方面制度的重大战略部署展开研究。

从六个方面制度内含的党的思想、政治、组织、作风、纪律建设，以及制度价值取向、制度执行主体本领能力建设、制度执行监督等维度出发，专设“建立不忘初心、牢记使命的制度”“健全为人民执政、靠人民执政各项制度”研究、完善坚定维护党中央权威和集中统一领导的各项制度研究、“健全党的全面领导制度”“提高党的执政能力和领导水平制度”研究、完善全面从严治党制度研究等方面予以深入研究。从不同侧面、不同角度系统描绘党的领导制度体系的图谱构成，揭示其制度自身属性、科学内涵与内在逻辑，深入探究党的领导制度的理论创新机理、制度创新机制、实践创新路径及其规范化、法治化、系统化的生成原理，从理论和实践层面丰富坚持和完善党的领导制度体系研究内涵底蕴。紧扣十九届四中全会关于坚持和完善党的领导制度体系六个方面制度建设的重大战略部署，通过构建党的领导制度体系研究的理论分析框架，深入回应新时代党的领导制度体系建设应该“坚持和巩固什么”“完善和发展什么”，进而探究党的领导制度体系规范化、法治化、高效化的路径和对策。

第一章对中国共产党领导制度体系建设百年历史演进进行整体考察，总结中国共产党领导制度体系建设的历史启示。在此基础上，下设五个分论，第二章不忘初心、牢记使命的制度和为人民执政、靠人民执政制度百年历史演进；第三章完善坚定维护党中央权威和集中统一领导的各项制度百年历史演进；第四章健全党的全面领导、提高党的执政能力和领导水平制度百年历史演进；第五章全面从严治党制度百年历史演进。从不同角度、侧面围绕此主题展开。

第二章是关于“建立不忘初心、牢记使命的制度”“健全为人民执政、靠人民执政各项制度”的研究。本部分主要通过剖析《决定》第一次把建立不忘初心、牢记使命的制度作为党的领导制度的首位，以及第一次从党和国家制度的高度来定位为人民执政、靠人民执政制度的丰富内涵、核心理念和价值导向。建立不忘初心、牢记使命的制度和健全为人民执政、靠人民执政各项制度在党的领导制度体系中主要体现党的思想建设、作风建设的制度功能定位。关乎我们党能否始终坚守人民立场和始终坚定立党为公、执政为民的政党价值。建立不忘初心、牢记使命的制度是坚持和完善党的领导制度体系的起点；健全为人民执政、靠人民执政各项制度，是坚持和完善党的领导制度体系的重要组成部分，是提高党科学执政、民主执政、依法执政水平重要的实践制度；建立不忘初心、牢记使命的制度和健全为人民执政、靠人民执政制度是党建理论与执政实践相结合的、需要不断探索、不断总结、不断推进、不断创新的重大命题。

探索建立、健全这两个方面制度的基本路径。主要从党的领导制度体系价值归依视角对总课题研究对象进行剖析，并侧重于从党的思想建设领导制度方面为后续四个子课题研究提供学理支撑和价值导向。

第三章是关于完善坚定维护党中央权威和集中统一领导的各项制度的研究。本部分主要通过剖析《决定》提出的“完善坚定维护党中央权威和集中统一领导的各项制度”的理论缘起、历史镜鉴、时代意蕴、现实逻辑、建构路径，阐释完善坚定维护党中央权威和集中统一领导的各项制度是坚持和完善党的领导制度体系最根本的政治要求，坚持党的全面领导，最重要的是维护党中央权威和集中统一领导，维护习近平总书记的核心地位。并从党的政治建设方面提出完善坚定维护党中央权威和集中统一领导的各项制度的对策建议。从而为党的领导制度体系提供政治保障和方向导引。

第四章是关于健全党的全面领导制度、健全提高党的执政能力和领导水平制度的研究。健全党的全面领导制度、健全提高党的执政能力和领导水平制度是党巩固执政地位、实现执政使命必须解决好的重大课题。健全党的全面领导制度主要对应的是党的组织建设领导制度，健全提高党的执政能力和领导水平制度主要是对应党的执政本领建设领导制度。健全党的全面领导制度是坚持党对一切工作的领导第一位基本方略和坚持党的全面领导党的建设第一位的必然要求。我们党要团结带领人民坚持和完善中国特色社会主义制度、推进国家治理体系和治理能力现代化，就必须不断健全党的全面领导制度和健全提高党的执政能力和领导水平制度。本部分将对健全党的全面领导制度和健全提高党的执政能力和领导水平制度的科学内涵、内在逻辑进行系统的理论研究；梳理国家、地方或组织、党政领导干部层面对执政能力和领导水平要求；系统分析健全党的全面领导制度和提高党的执政能力和领导水平制度所面临的新情况、新问题、新挑战、新任务；提出健全党的全面领导制度和健全提高执政能力和领导水平制度的路径与方法，为坚持和完善党的领导制度体系提供理论和制度支撑。

第五章是关于完善全面从严治党制度的研究。全面从严治党制度是党的领导制度体系稳健有效运行的重要保证。全面从严治党制度主要是从纪律监督监管，惩处违纪违法领导行为，促进领导主体依规依法行权，营造有利于党的领导制度运行的法治环境和政治生态，力图构建永葆党的先进、纯洁的马克思主义政党质的规定性的各项制度。本部分以问题为导向，剖析了完善全面从严治党制度与党的领导的内在逻辑关系；归纳了完善全面从严治党制度的理论基础、历史逻辑和时代要求；分析了完善全面从严治党制度存在的主要问题；提出了完善全面从严治党制度的路径思考。

从不同维度出发确立理论基础和分析框架，进而探索坚持和完善党的领导制度体系的思想领导制度、政治领导制度、组织领导制度、纪律领导制度，以及内容及载体形态的建立、健全、完善的体制机制制度，从而形成党的领导制度体系科学化、民主化、法治化的高效运行系统，为坚持和完善党的领导制度体系提供基本路径和实践策略。通过研究全方位呈现了党的领导和党的建设方面思想领导、政治领导、组织领导、纪律监督领导制度的多维互动关系，彰显出《决定》提出的六个方面领导制度全面涵盖了党内法规制度体系，而非单纯仅指党的领导法规制度，共同构成了推进党的领导制度体系化、规范化、法治化的自主运行系统。

第六章是对新时代坚持和完善党的领导制度体系的思考。本书第六章着眼于十九届四中全会提出的坚持和完善中国特色社会主义制度、推进国家治理体系和治理能力现代化的形势和任务，聚焦于《决定》提出的坚持和完善党的领导制度体系现代化，提高党科学执政、民主执政、依法执政水平的重大部署，结合本书的研究的价值和目标，从完善党的领导制度体系的运行载体、把握党的领导制度体系建设的目标价值导向、推进党的领导制度体系创新及执行等方面对坚持和完善党的领导制度体系进行了深入思考并提出一些对策建议。

第一章　中国共产党领导制度体系建设百年历史演进

中国共产党自成立以来，就不断探索坚持和完善党的领导制度体系的路径方法，取得了一系列理论和实践成果。近百年党的领导制度建设的演变可以分为三个时期，每个时期又可以分为不同阶段。

第一节　新民主主义革命时期：从创设到不断完善

这个时期，是对党的领导制度体系理论和实践的不断探索过程，也是党的领导制度体系建立、成熟和完善的过程。中国共产党从一个理论上不成熟的比较幼稚的党，对领导权不重视，经过大革命失败的这一严重教训，到逐渐掌握革命的领导权，在党的领导制度体系建设上逐渐成熟完善，最后取得了中国革命的胜利。这一时期分成四个阶段：党的创立初期到大革命时期，是开始探索时期；土地革命战争时期，探索进一步深化；抗日战争时期达到成熟；解放战争时期进一步完善。①

领导权问题是马克思主义政党的首要问题。党的领导权是无产阶级承载的初心使命的必然结论。马克思、恩格斯指出：“在实践方面，共产党人是世界

① 张世飞：《坚持党的领导的历史逻辑与基本规律》，《学术研究》2019年第8期。

各国工人政党中最坚决的、始终鼓舞大家前进的一部分；在理论方面，他们比其余的无产阶级群众更善于了解无产阶级运动的条件、进程和一般结果。”[①]这就决定了马克思主义政党是最先进和最革命的政党，也最有资格和能力领导无产阶级运动。共产党人肩负着推翻旧世界建设新世界的历史使命，为了完成自己的历史使命，在无产阶级运动中，必然要牢牢掌握领导权。列宁对无产阶级的领导权问题进行了系统论述。在领导创建新型无产阶级政党过程中，他反复强调坚持党的领导问题，指出：“党是阶级的先进部队，是阶级的领导者和组织者，是整个运动及其根本和主要目的的代表。”[②]在俄国无产阶级革命胜利后，列宁反复强调坚持党对国家政权的领导。列宁指出，党是无产阶级阶级组织的最高形式，是无产阶级专政和社会主义建设的领导力量。建立了无产阶级专政的国家政权后，党的领导就是“对苏维埃国家的全部政策实行总的领导与指导”。[③]

中国共产党在成立之初对掌握革命领导权的重要性并没有深刻的认识，对如何在革命斗争中实现领导权，以及如何巩固党的领导权这两个问题的认识，经历了曲折的探索过程。随着党的队伍的不断壮大，革命理论的不断深入和革命实践的不断推进，中国共产党对革命领导权的认识不断深化，党对革命的领导权逐步确立，经历了由实现党对革命的领导权，到实现党对根据地的领导权，再到实现党对全国的领导权三个阶段，党的领导制度建设也随着党对领导权理论和实践的深入而不断发展。

一、从创立到大革命时期党的领导制度建设初步探索

中国共产党早期领导人接受了马克思列宁主义阶级分析方法的影响，对社会各阶级作了深入剖析，就中国革命中无产阶级的领导权问题进行了探索。

---

① 《共产党宣言》，《马克思恩格斯全集》第4卷，人民出版社1958年版，第479页。

② 《社会民主党和临时革命政府》，《列宁全集》第10卷，人民出版社2017年版，第1页。

③ 苏共中央马克思列宁主义研究院编、中共中央马克思恩格斯列宁斯大林著作编译局译：《苏联共产党代表大会、代表会议和中央全会决议汇编》第1分册，人民出版社1957年版，第113页。

1922 年，陈独秀指出："实行无产阶级革命专政，无产阶级非有强大的组织力和战斗力不可，要造成这样强大的组织力和战斗力，都非有一个强大的共产党作无产阶级的先锋队与指导者不可。"① 李大钊在中共三大上提出，"过去和将来国民运动的领导因素都是无产阶级，而不是其他阶级"。② 瞿秋白作为我党早期的主要领导人之一，将马列主义理论与中国革命实际相结合，首先提出了无产阶级领导权思想。1923 年 5 月他指出："中国的真革命，乃独有劳动阶级方能担负此等伟大使命。"③1923 年 9 月他在《自民权主义至社会主义》一文中，开宗明义地提出了"资产阶级性的革命却须无产阶级领导才能胜利"，④ 他在文章中列举俄国革命的例子论述了无产阶级夺取革命领导权的重要意义，分析中国当时的无产阶级与资产阶级的现状，结合马克思、恩格斯以及列宁的著述，得出了无产阶级在民权革命中应取得领导权。⑤ 在党的创立和大革命时期，中国共产党以发动群众运动为中心工作任务，建立了党的领导机构，形成了以领导工人和农民运动为主的组织机构和制度形式。在党内领导方面，创立了从中央委员会到地方的省市、县区委员会再到基层的支部干事会的各级机构，并确立了"全国大会及中央执行委员会之议决，本党党员皆须绝对服从之"，"下级机关须完全执行上级机关之命令"的民主集中制原则。⑥ 在党对群众的领导方面，先后建立了中国劳动组合书记部、全国总工会、行业工会以及区域性工会组织，以及省市、区县和基层的农民协会组织，并通过中央职工运动委员会和农民运动委员会实现党的领导。党还通过党团的方式实现对非党组织的领导。

---

① 《答黄凌霜〈无产阶级专政〉》，《陈独秀文集》第 2 卷，人民出版社 2013 年版，第 264—265 页。

② 《在中共第三次代表大会上关于国共合作问题的意见》，《李大钊全集》第 4 卷，人民出版社 2013 年版，第 226 页。

③ 《〈新青年〉之新宣言》，《瞿秋白文集（政治理论篇）》第 2 卷，人民出版社 2013 年版，第 7 页。

④ 《自民权主义至社会主义》，《瞿秋白文集（政治理论篇）》第 2 卷，人民出版社 2013 年版，第 190 页。

⑤ 同上书，第 197—207 页。

⑥ 中央档案馆编：《中国共产党章程》，《中共中央文件选集》第 1 册，中共中央党校出版社 1989 年版，第 96 页。

在具体的革命实践中，对如何夺取领导权、如何巩固领导权这两个重要问题在党的一些党内法规制度和规范性文件中有所体现。中共一大通过的《中国共产党第一个纲领》规定了中央执行委员会对地方执行委员会的监督、地方执行委员会对党员的监督管理等内容，对党的领导制度的基本精神进行了简明阐释，指出，“地方委员会的财务、活动和政策，应受中央执行委员会的监督”。“接收新党员的手续如下：候补党员必须接受其所在地的委员会的考察，考察期限至少为两个月，考察期满后经多数党员同意使得被接收入党。如该地区设有执行委员会，应经执行委员会批准”。① 中共二大制定的党章是中国共产党的第一部党章，每一章都规定了党的领导制度的相关内容，突出强调了中央执行委员对党员、党的组织、党的会议、党的纪律、党的经费等的领导，初步确立了党中央的权威。同时，中共二大通过印发《关于共产党的组织章程决议案》，强调党是群众党，具有严密的集权、有纪律的属性。中共三大、四大、五大分别对其进行了三次修改，党章中有关党的领导制度的规定进一步明确和深化。其中，中共五大党章第一次提出民主集中制，规定了党支部的主要任务，进一步对党的组织系统进行阐释。但在党成立后的最初几年里，由于中国共产党还是一个比较幼稚的政党，理论准备不足，缺乏斗争经验，对领导权重视不够。1923 年中共三大通过的《中国共产党党纲草案》，列举了中国共产党的 18 项具体任务，但没有一项涉及领导权问题。② 对于青年运动，只是提出对社会主义青年团“加以组织上指导上之援助”。③ 对于妇女运动，虽承认它的重要性，但也只是提出“指导这种运动”，“一般的妇女运动如女权运动，参政运动，废娼运动等，亦甚重要。……本党女党员应随时随地指导并联合这种运动”，“为集中本党女党员之活动及系统的指导全国妇女运动起见，应设立妇女委员

---

① 中央档案馆编:《中国共产党第一个纲领》,《中共中央文件选集》第 1 册，中共中央党校出版社 1989 年版，第 4 页。

② 中央档案馆编:《中国共产党党纲草案》,《中共中央文件选集》第 1 册，中共中央党校出版社 1989 年版，第 141—143 页。

③ 中央档案馆编:《青年运动决议案》,《中共中央文件选集》第 1 册，中共中央党校出版社 1989 年版，第 153 页。

会……”。[①] 在通过的青年运动和妇女运动决议案中，提出的都是“指导”而不是“领导”。1925 年召开的中共四大指出：“无产阶级政党应该知道无产阶级参加民族运动，不是附属资产阶级而参加，乃以自己阶级独立的地位与目的而参加……”，“中国的民族革命运动，必须最革命的无产阶级有力的参加，并且取得领导的地位，才能够得到胜利”，[②] 这是党第一次提出无产阶级对民主革命的领导权问题，表明开始认识到无产阶级掌握革命领导权的必要性和重要性。

但是，党并没有从理论上实践上完全解决革命领导权问题。在如何正确处理与国民党的关系问题上，在第一次国共合作之初，受共产国际的影响，主动放弃了领导权而支持和拥护国民党在国民革命中的领导地位。“今以国民党明达领袖的决心，我们素所期待的改组国民党的理想，竟一一开始进行，这实在是中国革命前途的幸福。我们在国民党改组以后更加以努力扶持他们，不可因他们以往的缺点，预存嫌恶藐视的心理。”[③] 作为中国共产党党员则“加入国民党各种机关内，以扶助督促其党务之进行，自为应尽之职务”，[④] 而且“以后一切宣传，出版，人民组织，及其他实际运动，凡关于国民革命的，均应用国民党名义，归为国民党的工作”。[⑤] 中国共产党当时还没有形成自己的领导意识，在国内还没有建立党的领导之稳定的思想基础、组织基础和政治基础。[⑥] 同时在发展党员上也采取了慎重的态度，以避免与国民党产生误会。此时当然就谈不上党的领导地位及相关问题，有关党的领导制度自然就缺失了。

随着党组织的不断壮大和革命形势的发展，客观上要求加强对农民运动、

---

① 中央档案馆编:《妇女运动决议案》,《中共中央文件选集》第 1 册，中共中央党校出版社 1989 年版，第 154、155 页。

② 中央档案馆编:《对于民族革命运动之决议案》,《中共中央文件选集》第 1 册，中共中央党校出版社 1989 年版，第 330、333 页。

③ 中央档案馆编:《同志们在国民党工作及态度决议案》,《中共中央文件选集》第 1 册，中共中央党校出版社 1989 年版，第 222 页。

④ 同上书，第 224 页。

⑤ 同上书，第 225 页。

⑥ 施新州:《党的领导法规制度建设基本规律研究》,《党内法规理论研究》2019 年第 4 期。

青年运动、妇女运动和工人运动的领导，在此基础上，党开始领导革命群众运动以反抗帝国主义，特别是在五卅运动、北伐战争中，中国共产党领导工农群众支援战争，对最后的胜利发挥了重要作用。但由于思想认识不足，领导权问题“没有引起全党同志的严重注意”，最后导致了大革命失败。毛泽东在总结 1927 年大革命失败时指出，导致失败的根本原因就在于党丧失了决定性的领导。①

二、土地革命战争时期党的领导制度建设探索进一步深化

1927 年轰轰烈烈的大革命遭到失败，一个重要的原因就是由于尚处于幼年时期的中国共产党在大革命后期犯了以陈独秀为代表的右倾机会主义错误，放弃了无产阶级对于农民群众、城市小资产阶级和民族资产阶级的领导权，尤其是武装力量的领导权。1927 年在党的八七会议上，毛泽东总结大革命失败的教训时深刻指出，党“以后要非常注意军事。须知政权是由枪杆子中取得的”。②从此，党展开了创建人民军队、独立领导武装斗争的伟大实践。

确定了党对军队的绝对领导权。南昌起义打响了反抗国民党反动派的第一枪，标志着中国共产党开始独立创建军队。秋收起义后，党为再造一支新型革命军队，实行三湾改编，创造性地提出“支部建在连上”，为实现党对军队的绝对领导奠定了组织基础。1929 年 12 月召开的红四军第九次代表大会（即古田会议）认真总结了红军创建以来党在同各种错误思想、错误倾向作斗争的过程中积累起来的丰富经验，统一了思想认识，一致通过了八个决议案，即著名的古田会议决议，其中最重要的是《关于纠正党内的错误思想的决议》。这些决议案系统地解决了建党建军的一系列根本问题。在军队建设方面，决议案明确规定了红军的性质，指出“中国的红军是一个执行革命的政治任务的武装集

---

① 《〈共产党人〉发刊词》，《毛泽东选集》第 2 卷，人民出版社 1991 年版，第 610 页。

② 中共中央文献研究室、中央档案馆编：《中共中央紧急会议（八七会议）记录》，《建党以来重要文献选编》第 4 册，中央文献出版社 2011 年版，第 393 页。

团”[①]，这个军队必须是服从于无产阶级思想领导，服务于人民革命斗争和根据地建设的工具。这个规定，从根本上划清了新型人民军队同一切旧式军队的界限。从这个基本观点出发，决议案阐明了军队同党的关系，指出军队必须绝对服从党的领导，必须全心全意地为着党的纲领、路线和政策而奋斗，批评了那种认为军事和政治是对立的，军事不要服从政治，或者以军事来指挥政治的单纯军事观点，确立了党对军队领导的根本原则措施和方法，从思想上确立党的理念，组织上确立党的领导制度两个方面，奠定了党领导军队和军队听从党指挥的基础，确立了党对红军的绝对领导。

明确提出新民主主义革命的领导权问题。1935 年 1 月 15 日至 17 日中共中央在遵义召开政治局扩大会议。遵义会议开始确立以毛泽东同志为主要代表的马克思主义正确路线在中共中央的领导地位，中国共产党开始独立自主地解决中国革命问题，标志着中国共产党在政治上开始走向成熟。同年 12 月召开的瓦窑堡会议，通过了《中央关于目前政治形势与党的任务决议》。会后，毛泽东根据瓦窑堡会议决议精神，在党的活动分子会议上作了《论反对日本帝国主义的策略》的报告。瓦窑堡会议解决了遵义会议没有来得及解决的党的政治路线问题。会议科学地分析了中国的政治形势，批评了“左”倾关门主义，提出了建立抗日民族统一战线的理论和策略，着重说明无产阶级在统一战线中能够和必须掌握领导权，也提醒全党汲取历史上发生过的实行统一战线政策时的右倾错误、放弃领导权而导致革命遭受失败的教训。毛泽东特别指出在抗日民族统一战线中，共产党和红军不但要充当发起人，而且应当成为坚强的台柱子。[②]

三、抗日战争时期建立一元化领导体制，党的领导制度建设日臻成熟

在领导抗日民族统一战线和根据地政权的实践探索中，党的领导理论和实践日益成熟。党逐渐在抗日根据地内确立起领导核心和执政党的地位，对革命

① 《中国共产党红军第四军第九次代表大会决议案》，《毛泽东文集》第 1 卷，人民出版社 1993 年版，第 79 页。

② 《论反对日本帝国主义的策略》，《毛泽东选集》第 1 卷，人民出版社 1991 年版，第 157 页。

武装的绝对领导也扩展为对各个领域工作的全面领导。

一是强调在抗日民族统一战线中坚持独立自主原则，批评“一切经过统一战线”的右倾观点。为了团结一切可以团结的人士参与抗战，中国共产党在抗日根据地建立了一种崭新的统一战线性质的政权——“三三制”政权，即在抗日民主政权中人员的分配，共产党员大体占三分之一，左派进步分子大体占三分之一，中间分子和其他分子（不包含国民党等顽固势力）大体占三分之一。共产党员在政权中只占三分之一，如何保持中共在政权中的领导地位，就成为必须加以解决的现实问题。毛泽东特别指出，要保证中国共产党对“三三制”民主政权的领导地位，“必须使占三分之一的共产党员在质量上具有优越的条件。只要有了这个条件，就可以保证党的领导权，不必有更多的人数”。“所谓领导权，不是要一天到晚当作口号去高喊，也不是盛气凌人地要人家服从我们，而是以党的正确政策和自己的模范工作，说服和教育党外人士，使他们愿意接受我们的建议”。[①] 这就给在民主政权部门工作的共产党员提出了转变领导方式的要求。毛泽东强调，为贯彻执行“三三制”政策，“必须教育担任政权工作的党员，克服他们不愿和不惯同党外人士合作的狭隘性，提倡民主作风，遇事先和党外人士商量，取得多数同意，然后去做。同时，尽量地鼓励党外人士对各种问题提出意见，并倾听他们的意见。绝不能以为我们有军队和政权在手，一切都要无条件地照我们的决定去做，因而不注意去努力说服非党人士同意我们的意见，并心悦诚服地执行”。[②] 中国共产党对“三三制”政权的领导，没有因政权中党员人数的减少而受到削弱。反而通过提高党员质量、以模范的工作带头贯彻执行党的正确政策，在实践中更加有效地实现了党的领导。

二是在根据地内建立了一元化领导体制。1942 年抗日战争进入最艰难时期，为进一步加强党的领导，统一领导根据地内的政治、经济、军事等各项工作，

① 《抗日根据地的政权问题》,《毛泽东选集》第 2 卷，人民出版社 1991 年版，第 742 页。

② 同上书，第 742—743 页。

通过了《关于统一抗日根据地党的领导及调整各组织间关系的决定》，强调："党是无产阶级的先锋队和无产阶级组织的最高形式，它应该领导一切其他组织，如军队、政府与民众团体。根据地领导的统一与一元化，应当表现在每个根据地有一个统一的领导一切的党的委员会（中央局、分局、区党委、地委）。因此，确定中央代表机关及各级党委为各地区的最高领导机关，统一各地区的党政军民工作的领导。"① 这就明确了党组织是各根据地的最高领导机构。为进一步加强党组织的领导，中共中央于 1942 年 12 月 1 日又发出了《中央关于建立各级领导核心的指示》，规定在军区、分区两级建立领导核心，只留三个主要负责人，分负党委、政府、军队责任，其中一人为书记，是领导核心。该《指示》要求"每一军区每一分区必须承认一个比较优秀一点的同志为领导中心，不应谁不服谁，闹到群龙无首"。② 这在一元化领导体制上又迈进了一步：率先实现了地方上的集中统一领导，为贯彻落实党中央的决策部署提供了组织人事和领导制度上的保证。③

在各地领导机构调整的基础上，中央机构也进行了调整和改革。1943 年 3 月，中央政治局召开会议通过了《关于中央机构调整及精简的决定》，指出，中央机构重新调整，"其目的，在于使中央机构更加简便与灵活，使事权更加统一与集中，以达到更能增强中央的领导效能"。④ 在众多的机构调整和精简中，其中有两项重要内容：一是明确政治局的权责，规定"在两次中央全会之间，中央政治局担负领导整个党工作的责任，有权决定一切重大问题。政治局推定毛泽东同志为主席"。⑤ 二是明确书记处的权责。规定"书记处是根据政治局所决

---

① 中央档案馆编：《关于统一抗日根据地党的领导及调整各组织间关系的决定》，《中共中央文件选集》第 13 册，中共中央党校出版社 1989 年版，第 318 页。

② 中央档案馆编：《中央关于建立各级领导核心的指示》，《中共中央文件选集》第 13 册，中共中央党校出版社 1989 年版，第 348 页。

③ 张太原：《党加强组织和领导制度建设的历史及启示》，《中国党政干部论坛》2019 年第 12 期。

④ 中共中央文献研究室、中央档案馆编：《中共中央关于中央机构调整及精简的决定》，《建党以来重要文献选编》第 20 册，中央文献出版社 2011 年版，第 171 页。

⑤ 同上书，第 173 页。

定的方针处理日常工作的办事机关，他在组织上服从政治局，但在政治局方针下有权处理和决定一切日常性质的问题”。① 书记处由毛泽东、刘少奇、任弼时三人组成，毛泽东为主席。书记处会议由主席召集，所讨论的问题，“主席有最后决定之权”。② 至此，可以说就已完成了改造中央领导核心的工作。毛泽东在组织上成为实至名归或名副其实的全党的领袖。1943 年 5 月，共产国际宣告解散，中国共产党在组织上实现了完全独立。

党在延安整风期间，进行了自下而上的领导机构的调整，建立了一个自上而下的一元化领导体制，从而形成了具有中国特色的组织形式、组织系统和领导制度，实现了“组织工作中国化”③。党的一元化领导在战争年代是非常必要的，优点无与伦比。它能够坚持党的集中统一领导，高度集中全党力量，增强党组的战斗力，对提高议事决策效率具有重大作用。

1943 年，毛泽东发表《关于领导方法的若干问题》，将党的领导问题更加具体化和规范化。如文中谈到，“我们共产党人无论进行何项工作，有两个方法是必须采用的，一是一般和个别相结合，二是领导和群众相结合”，“任何工作任务，如果没有一般的普遍的号召，就不能动员广大群众行动起来”，“在我党的一切实际工作中，凡属正确的领导，必须是从群众中来，到群众中去。”④

1945 年，中共七大召开，将中国共产党在领导制度建设上的实践写入了党章。毛泽东思想写入七大的党章，完全确立了毛泽东同志在全党的核心地位。七大党章指出，党必须努力成为一切革命组织的中坚，初步阐释了党的领导制度的内涵；提出党必须为人民服务，与人民群众建立并巩固广泛的联系；更加具体地阐释了党的民主集中制原则，进一步完善了党的民主集中制；依据民主集中制原则，对各级组织的构成、职权、任务作出了更加具体和充实的规定。此外，七大修改党章将“党组”单独列为一章，明确党组的任务是“加强党的

---

①② 中共中央文献研究室、中央档案馆编：《中共中央关于中央机构调整及精简的决定》，《建党以来重要文献选编》第 20 册，中央文献出版社 2011 年版，第 173 页。

③ 张太原：《党加强组织和领导制度建设的历史及启示》，《中国党政干部论坛》2019 年第 12 期。

④ 《关于领导方法的若干问题》，《毛泽东选集》第 3 卷，人民出版社 1991 年版，第 897、899 页。

影响，实现党的政策”。①

四、解放战争时期党的领导制度建设进一步完善

解放战争时期，中国共产党对领导制度建设的探索主要集中在以下两个方面：

一是加强党的集中统一领导，全面建立请示报告制度。随着解放战争的不断胜利发展，中国共产党的组织日益发展壮大，在政治上更加成熟，威信进一步提高。过去在被敌人分割包围的情况下，党曾经允许各地保留一定的地方自主权，但是随之也产生了无纪律、无政府状态和地方主义、游击主义倾向，这些都成为革命前进的障碍。因此，必须加强党的建设，做到全党在思想上、政治上、组织上的高度统一；必须使中央及时了解各地对中央的路线和方针、政策的执行情况，及时总结群众实践中的新经验和新创造，集中全党智慧，保证党的领导和决策的正确；必须迅速提高党员、干部的思想政治素质，使之能适应新中国建设的需要。

1948 年以后，中共中央连续发出指示，要求在全党各级组织中建立请示报告制度。1948 年 1 月，毛泽东为中共中央起草的《关于建立报告制度的指示》(以下简称《指示》)，提出建立严格报告制度的要求：“为了及时反映情况，使中央有可能在事先或事后帮助各地不犯或少犯错误，争取革命战争更加伟大的胜利起见，从今年起，规定如下的报告制度。”②《指示》还指出，建立报告制度，要遵循严格的时间和程序要求，同时对报告制度的内容进行了详细的规定。明确规定：“各中央局和分局，由书记负责（自己动手，不要秘书代劳），每两个月，向中央和中央主席作一次综合报告。报告内容包括该区军事、政治、土地改革、整党、经济、宣传和文化等各项活动的动态，活动中发生的问题和倾向，对于这些问题和倾向的解决办法。”“从今年起，全党各级领导机关，必须改正对上级事前

① 中央档案馆编：《中国共产党党章》,《中共中央文件选集》第 15 册，中共中央党校出版社 1989 年版，第 115—136 页。

② 《关于建立报告制度》,《毛泽东选集》第 4 卷，人民出版社 1991 年版，第 1264 页。

不请示、事后不报告的不良习惯。各中央局和分局是受中央委任、代表中央执行其所委托的任务的机关，必须同中央发生最密切的联系。各省委或区党委，同各中央局和分局也须密切联系。当此革命已进入新的高潮时期，加强此种联系，极为必要。”① 同年3月25日，中共中央下发了《关于建立报告制度的补充指示》，对建立报告制度作了补充性指示，规定各级党组织一切有关政策、策略性质的指示、答复和报告，均须发给和报告中央。每一个中央委员、中央候补委员均有单独向中央或中央主席随时反映情况及陈述意见的义务及权利。②

1948年5月，毛泽东针对土地改革工作和整党工作问题，为中共中央起草的对党内的指示中，指出了各地存在的某些无组织状态或无政府状态的表现形式：“擅自修改中央的或上级党委的政策和策略，执行他们自以为是的违背统一意志和统一纪律的极端有害的政策和策略；在工作繁忙的借口之下，采取事前不请示事后不报告的错误态度，将自己管理的地方，看成好像一个独立国。”强调必须坚决地克服这些无纪律状态或无政府状态，“将一切可能和必须集中的权力，集中于中央和中央代表机关”。③

为了使请示报告形成制度性规范，1948年8月，为纠正部队中存在的对重大事项，事前不请示，事后不报告的无纪律状态的危险倾向，中央又发出《中共中央、军委关于严格执行向中央作请示报告制度的指示》，要求所有兵团及军区的负责同志“严格执行及时的和完备的报告制度，将这件事作为一种绝对不允许违反的指令。对于事前请示事后报告的内容，必须是有分析有结论的，而不是空洞无物的”。④ 9月，中共中央发出《关于在全党全军中进行执行请示报告制度之检讨的指示》。其后，中共中央多次检查，并且通报执行请示报告制度

① 《关于建立报告制度》,《毛泽东选集》第4卷，人民出版社1991年版，第1264—1265页。

② 中央档案馆编:《关于建立报告制度的补充指示》,《中共中央文件选集》第17册，中共中央党校出版社1989年版，第132页。

③ 《一九四八年的土地改革工作和整党工作》,《毛泽东选集》第4卷，人民出版社1991年版，第1332页。

④ 中共中央文献研究室、中央档案馆编:《中共中央、军委关于严格执行向中央作请示报告制度的请示》,《建党以来重要文献选编》第25册，中央文献出版社2011年版，第423页。

的情况，批评某些单位和部队仍然存在的事前不请示、事后不报告，各自为政，自成一个独立王国的现象。要求所有兵团及军区负责人，严格及时地执行请示报告制度。

1948 年 9 月，中共中央在西柏坡召开了政治局扩大会议（史称“九月会议”）。九月会议全面部署了党政军各方面工作，并着重强调了全党加强纪律性和统一集中问题。针对“目前党内军内存在着的某些严重的无纪律状态或无政府状态起见”，通过了《关于各中央局、分局、军区、军委分会以及前委会向中央请示报告制度的决议》。决议首先从“总的方面”作出规定，明确指出哪些事项的决定权完全属于中央；哪些事项的决定权仍归地方，但必须事先请示中央，经中央批准后，才能公布和执行。这些规定对于政治、军事、经济、文化、党务方面工作都是适用的。为了使规定更加具体明确，决议还从“政治方面”“军事方面”“经济方面”“文教宣传方面”“党务方面”等各方面的特殊问题作出规定，明确各项工作中哪些决定权属于中央，哪些必须事前请示中央，并得到中央批准后才能付诸实行，哪些必须事后报告中央备案。决议还对如何写报告，如何请示作出要求。①

1948 年 10 月，毛泽东在为中共中央起草的对党内的通知中，再次强调坚决维护党中央权威和统一领导，“要求我党用最大的努力克服这些无纪律状态和无政府状态，克服地方主义和游击主义，将一切可能和必须集中的权力集中于中央和中央代表机关手里，使战争由游击战争的形式过渡到正规战争的形式”。②

请示报告制度的建立，较为彻底地解决了党内不同程度存在的无纪律无政府状态，对于加强党的集中统一领导，维护毛泽东作为党中央核心的权威，活跃党内民主生活，进一步统一全党的意志和纪律，使全党达到政治上团结、思想上统一、行动上一致，保证党的路线、方针、政策的正确贯彻执行，起了重大作用，为党夺取和掌握全国政权作了重要的政治、思想和组织准备。

---

① 中央档案馆编：《中共中央关于各中央局、分局、军区、军委分会以及前委会向中央请示报告制度的决议》，《中共中央文件选集》第 17 册，中共中央党校出版社 1989 年版，第 356—367 页。

② 《中共中央关于九月会议的通知》，《毛泽东选集》第 4 卷，人民出版社 1991 年版，第 1346 页。

二是确立党委制，为党的集体领导奠定制度基础。1948 年 9 月，毛泽东起草《关于健全党委制》决定，文中指出，“党委制是保证集体领导、防止个人包办的党的重要制度”。① 并规定“今后从中央局到地委，从前委至旅委以及军区（军分会或领导小组）、政府党组、民众团体党组、通讯社和报社党组，都必须建立健全党委会议制度，一切重要问题均须交委员会讨论，由到会委员充分发表意见，做出明确决定，然后分别执行”。② 同时他还强调：“集体领导和个人负责，二者不可偏废。” ③ 党委制对于充分发挥党的集体领导与分工负责制度的优势、夺取新民主主义革命胜利起到非常重要的作用。为了提高全党的领导水平，更好地适应革命胜利后的新形势、新任务的需要，毛泽东在总结中国共产党在长期革命斗争中积累起来的丰富领导经验的基础上，于 1949 年 3 月在党的七届二中全会上提出了做好党委会工作的十二条基本工作方法，包括“党委书记要善于当‘班长’”、“不懂得和不了解的东西要问下级，不要轻易表示赞成或反对”、要“学会‘弹钢琴’”、要“胸中有‘数’”、要“注意团结那些和自己意见不同的同志一道工作”、要“力戒骄傲”等。④

这一时期，中国共产党在理论和实践两个方面对实现和巩固党的领导进行了探索，最终实现了掌握革命的领导权。通过党的领导制度建设，提高了党的领导能力和领导水平，这是中国革命取得胜利的保证。

第二节　新中国成立至改革开放前党的领导制度建设的曲折发展

新中国成立后，中国共产党成为掌握全国政权的执政党，通过理论和实践探索，把党的领导落实到了国家治理各领域各方面各环节，实现了对国家和社

---

①《关于健全党委制》，《毛泽东选集》第 4 卷，人民出版社 1991 年版，第 1340 页。

② 同上书，第 1340—1341 页。

③ 同上书，第 1341 页。

④《党委会的工作方法》，《毛泽东选集》第 4 卷，人民出版社 1991 年版，第 1440—1443 页。

会的全面领导。中国共产党通过召开人民政治协商会议制定具有临时宪法性质的《中国人民政治协商会议共同纲领》等，实现了对国家政权的领导。1954 年通过召开第一届全国人大，制定《中华人民共和国宪法》，确定共产党是“领导我们事业的核心力量”。

社会主义革命和建设时期，毛泽东提出“党是领导一切的”，探索一元化领导体制。党的领导制度体系建设在强调和加强党的领导、领导机构和制度改革、强调党的团结等方面有所发展。但是，在“左”的错误不断加剧的情形下，特别是发动了“文化大革命”，破坏了我们已经建立起来的党的领导制度，党的领导制度建设经历了一个曲折发展时期。

一、确定新中国的国体和政体，确立党的核心领导地位

无产阶级在取得政权后，采取什么样的形式巩固自己的统治，管理国家和社会，这是无产阶级政党必须解决的问题。以毛泽东同志为主要代表的中国共产党人将马克思主义与中国革命的具体实践相结合，在领导新民主主义革命中经过长期探索，创造性地提出了人民民主专政的思想，确定了新中国的国体和与之相适应的政权组织形式。

1940 年 1 月，毛泽东在《新民主主义论》中集中论述了新民主主义国家的国体和政体问题。他明确指出：“现在所要建立的中华民主共和国，只能是在无产阶级领导下的一切反帝反封建的人们联合专政的民主共和国，这就是新民主主义的共和国，也就是真正革命的三大政策的新三民主义共和国。”①

关于“政体问题”，毛泽东指出，“那是指的政权构成的形式问题，指的一定的社会阶级取何种形式去组织那反对敌人保护自己的政权机关。没有适当形式的政权机关，就不能代表国家 没有适当形式的政权机关，就不能代表国家。中国现在可以采取全国人民代表大会、省人民代表大会、县人民代表大会、区人民代表大会直到乡人民代表大会的系统，并由各级代表大会选举政府”。“国

① 《新民主主义论》，《毛泽东选集》第 2 卷，人民出版社 1991 年版，第 675 页。

体——各革命阶级联合专政。政体——民主集中制。这就是新民主主义的政治，这就是新民主主义的共和国，这就是抗日统一战线的共和国，这就是三大政策的新三民主义的共和国，这就是名副其实的中华民国”。①

在党的七大上，毛泽东在《论联合政府》报告中明确宣示：“我们这个新民主主义制度是在无产阶级的领导之下，在共产党的领导之下建立起来的，但是中国在整个新民主主义制度期间，不可能、因此就不应该是一个阶级专政和一党独占政府机构的制度。只要共产党以外的其他任何政党，任何社会集团或个人，对于共产党是采取合作的而不是采取敌对的态度，我们是没有理由不和他们合作的。”②

毛泽东的新民主主义理论为新中国政权的建设、人民代表大会制度的确立奠定了理论基础。毛泽东关于新民主主义国家的政治制度的思想得到了各民主党派、各民族代表的普遍赞同，1949 年 9 月召开的中国人民政治协商会议第一届全体会议，通过了《中国人民政治协商会议共同纲领》(以下简称《共同纲领》)，毛泽东的构想付诸实践。《共同纲领》明确规定了新中国的国体、政体、政党制度和国家结构形式。

关于国体，《共同纲领》的第一章“总纲”第一条明确规定：“中华人民共和国为新民主主义即人民民主主义的国家，实行工人阶级领导的，以工农联盟为基础的、团结各民主阶级和国内各民族的人民民主专政，反对帝国主义、封建主义和官僚资本主义，为中国的独立、民主、和平、统一和富强而奋斗。”③

《共同纲领》第二章“政权机关”对国家政体的规定是：“中华人民共和国的国家政权属于人民。人民行使国家政权的机关为各级人民代表大会和各级人民政府。各级人民代表大会由人民用普选方法产生之。各级人民代表大会选举各级人民政府。各级人民代表大会闭会期间，各级人民政府为行使各级政权的

---

① 《新民主主义论》，《毛泽东选集》第 2 卷，人民出版社 1991 年版，第 677 页。

② 《论联合政府》，《毛泽东选集》第 3 卷，人民出版社 1991 年版，第 1062 页。

③ 《中国人民政治协商会议共同纲领》，《建国以来重要文献选编》第 1 册，中央文献出版社 1992 年版，第 2 页。

机关。国家最高政权机关为全国人民代表大会。全国人民代表大会闭会期间，中央人民政府为行使国家政权的最高机关。”①

《共同纲领》还明确了新中国的政党制度是中国共产党领导的多党合作和政治协商制度。纲领序言指出：“由中国共产党、各民主党派、各人民团体、各地区、人民解放军、各少数民族、国外华侨及其他爱国民主分子的代表们所组成的中国人民政治协商会议，就是人民民主统一战线的组织形式。”②

1954 年第一届全国人大召开，毛泽东在大会开幕词中自信地宣布“领导我们事业的核心力量是中国共产党”③，得到全体人民代表的热烈支持和响应。第一届全国人民代表大会第一次会议还通过了新中国第一部宪法，标志着社会主义政治制度和政治体制全面建立，正式确立了中国共产党在全国执政的地位，党的核心领导地位确立。

二、调整党和国家领导制度，实行一元化领导

新中国成立后，中国共产党成为掌握全国政权的执政党，党的中心任务由取得革命胜利向巩固政权转变。新中国成立以后，党面临的问题日益增多，工作领域更加广泛，为更好地实现党的统一领导，党在实践中对国家政权和自身建设进行了探索和思考。基于新民主主义的革命经验，同时，为了反对分散主义，中国共产党继续延续一元化领导体制，集中全国力量进行社会主义建设。

1953 年，中共中央通过了关于加强对于政府工作领导的决定，把政务院各部委分成六个党组小组，直接受中央领导。④1958 年 6 月 10 日，中央又发出

① 中共中央文献研究室编：《中国人民政治协商会议共同纲领》，《建国以来重要文献选编》第 1 册，中央文献出版社 1992 年版，第 4 页。

② 同上书，第 1 页。

③ 中共中央文献研究室编：《为建设一个伟大的社会主义国家而奋斗（毛泽东在中华人民共和国第一届全国人民代表大会第一次会议作的开幕词）》，《建国以来重要文献选编》第 5 册，中央文献出版社 1993 年版，第 461 页。

④ 中央档案馆编：《关于加强对于政府工作领导的决定》，《中共中央文件选集》第 5 册，中共中央党校出版社 2013 年版，第 109 页。

《关于成立财经、政法、外事、科学、文教各小组的通知》，指出："这些小组是党中央的，直隶中央政治局和书记处，向它们直接做报告。大政方针在政治局，具体部署在书记处。只有一个'政治设计院'，没有两个'政治设计院'。"[①]大政方针和具体部署，都是一元化，党政不分。在党内领导方面，中国共产党公开建立了从中央到地方直到乡镇的各级领导机关，建立了在乡村、街道等基层单位的领导机关，全面推行党内选举，并以民主集中制原则为根本指导方针，保证党的集体领导，完善党内民主制度。在对国家政权的领导方面，通过在非党组织建立党委会和党组，并建立起党委统一领导的分部分级管理干部、政法系统党内审批、对口领导政府职能部门等具体制度，形成了对国家政治、军事、经济、意识形态等全面领导。

三、强调党的团结，实行集体领导

1954 年，党的七届四中全会讨论通过了《关于增强党的团结的决议》，向全党特别是中央委员和高级干部强调增强和维护党的团结的极端重要性，强调全党同志要严格遵守民主集中制和集体领导的原则，自觉维护党的团结和统一。[②]党的七大以来形成的坚强团结的局面得到巩固。

在新中国成立初期和过渡时期，实行一元化领导，对于统一领导，集中力量，协调一致地完成经济恢复和民主改革任务，完成生产资料所有制的社会主义改造，实现新民主主义向社会主义转变发挥了重要作用。但是，长期以来，由于在理论上未能搞清楚党的领导的科学含义，在实践中，未能明确划分党、政两个方面的职能，造成党和国家政治生活中的种种弊端，如党政不分、以党代政、权力过分集中，官僚主义现象、家长制现象严重等。1956 年，党的八大对一元化领导向集体领导过渡进行了有益探索。八大强调要扩大党内民主，坚

① 中央档案馆、中共中央文献研究室编：《中共中央关于成立财经、政法、外事、科学、文教各小组的通知》，《中共中央文件选集》第 28 册，人民出版社 2013 年版，第 150 页。

② 中央档案馆编：《关于增强党的团结的决议》，《中共中央文件选集》第 6 册，中共中央党校出版社 2013 年版，第 312 页。

持民主集中制，加强党的集体领导，反对个人崇拜。八大后，党对克服一元化领导带来的弊端以及建立集体领导进一步探索。1958年，针对党内存在的分散主义倾向，毛泽东在《工作方法六十条》中重提“大权独揽，小权分散。党委决定，各方去办。办也有决，不离原则。工作检查，党委有责”的八句歌诀，指出党是无产阶级组织的最高形式，权力应当集中于中央和地方党委的集体，要实行民主集中制，坚持集体领导和个人作用的统一。1962年，毛泽东在会议上指出：“工、农、商、学、兵、政、党这七个方面，党是领导一切的。党要领导工业、农业、商业、文化教育、军队和政府。”①并进一步强调了党中央领导的重要性。然而“文化大革命”使党的领导逐渐偏离了正轨。但社会主义革命和社会主义建设时期积累的领导经验为“文化大革命”后拨乱反正、重新恢复正确的党的全面领导提供了重要基础。②

第三节 改革开放后党的领导制度体系建设从初步发展到全面推进

党的十一届三中全会开启了改革开放和社会主义现代化的伟大征程。改革开放至十八大召开前，党对如何加强和改善党的领导进行了理论和实践探索，党的领导步入正轨，党的领导制度体系建设得到初步发展。中国特色社会主义进入新时代，党的领导落实到了国家治理各领域各方面各环节，党的领导制度体系建设全面推进。

一、改革开放至十八大前党的领导制度体系建设初步发展

改革开放后，党的领导制度体系建设的重要性日益凸显。中国共产党对改革开放条件下加强和改善党的领导进行了新探索。这一时期，党的领导逐步走

① 《在扩大的中央工作会议上讲话》，《毛泽东文集》第8卷，人民出版社1996年版，第305页。

② 参见张世飞：《坚持党的领导的历史逻辑与基本规律》，《学术研究》2019年第8期。

入正轨，党的领导制度建设得到初步发展。

探索发展社会主义市场经济条件下党的领导制度体系建设。党的十一届三中全会以后，汲取“文化大革命”的经验教训，邓小平明确提出“党的领导制度”的概念，提出要进行党和国家领导制度改革，党的领导制度在改革开放的伟大实践中得到不断发展。通过恢复党的正确路线，确立坚强的领导核心。1978年，党的十一届三中全会决定恢复和健全党的民主集中制和党规党法，恢复中央书记处、中央纪律检查委员会，要求中央和各级党委实行集体领导。这次会议实际确立了邓小平在党中央和全党的核心地位，实现了党历史上的伟大转折。探索坚持和改善党的领导。1979年，邓小平在党的理论工作务虚会上明确提出四项基本原则。坚持四项基本原则的核心，就是坚持党的领导。党的十一届五中全会通过了《关于党内政治生活的若干准则》，明确要求加强和改善党的领导，如“坚持党的政治路线和思想路线”“坚持集体领导，反对个人专断”“维护党的集中统一，严格遵守党的纪律”“坚持党性，根绝派性”等。①1980年8月18日，邓小平在中共中央政治局扩大会议上发表了《党和国家领导制度的改革》的讲话，从党和国家领导制度改革入手，要求坚持集体领导，反对个人专断，严格实行党政分工、权力下放；实现集体领导和个人分工相结合，开创了党的领导工作的新局面。开启了在发展社会主义市场经济的条件下加强党的建设的探索。1982年，党的十二大提出要把党建设成领导社会主义现代化事业的坚强核心，明确指出党的领导主要是政治、思想和组织的领导，规定党必须在宪法和法律范围内活动。1983年，邓小平提出要把我们党建设成有战斗力的马克思主义政党及领导全国人民进行社会主义物质文明和精神文明建设的坚强核心。1992年，邓小平在南方谈话中提到，在改革开放的过程中要始终坚持四项基本原则，警惕以否认党的领导为核心的资产阶级自由化思想，“一个中心、两个基本点”的基本路线要管一百年。强调从严治党。1987

---

① 中共中央文献研究室编：《关于党内生活的若干准则》，《十一届三中全会以来重要文献选读》上册，人民出版社1987年版，第163—184页。

年，党的十三大首次提出“从严治党”，要求切实加强党的制度建设，进行政治体制改革，探索依靠改革和制度建设来加强党的建设的新路子，不靠政治运动的办法治党。① 十四大党章坚持了十二大党章中关于党的领导主要是政治、思想和组织领导的规定，强调要加强和改善党的领导。党必须适应形势的发展和情况的变化，不断改进领导方式和方法，提高领导水平。要进一步完善民主集中制的各项制度，从制度体系上保证民主集中制的贯彻执行。十四大党章恢复了十二大党章中在政府机关、人民团体、经济组织、文化组织中设立党组的规定，强调党组的任务是“主要是负责实现党的路线、方针、政策，讨论和决定本部门的重大问题，团结非党干部和群众，完成党和国家交给的任务，指导机关和直属单位党组织的工作”。② 为加强党的领导提供了制度保障。

进入21世纪进一步深化改革开放条件下加强党的领导制度体系建设的探索。这一时期紧密结合新的历史条件加强党的建设，逐步深化在发展社会主义市场经济的条件下加强党的领导和建设的探索，开创了执政党建设的新局面。江泽民多次强调加强党的领导的重要性。2000年，江泽民在中纪委全体会议上讲话中再次明确：“工农兵学商，党是领导一切的。当今中国的事情办得怎么样，关键取决于我们党。”③2002年，在党的十六大报告中，江泽民提出，在新形势下，必须毫不放松地加强和改善党的领导，全面推进党的建设新的伟大工程。他强调，加强党的建设，要深入学习贯彻“三个代表”重要思想，提高全党的马克思主义理论水平；要加强党的执政能力建设，提高党的领导水平和执政水平；要改革和完善党的领导方式和执政方式、领导体制和工作制度，使党的工作充满活力等。④

---

① 参见张世飞：《坚持党的领导的历史逻辑与基本规律》，《学术研究》2019年第8期。

② 《中国共产党章程（中国共产党第十四次全国代表大会修改通过）》，载共产党员网 http://fuwu.12371.cn/2014/12/24/ARTI1419399356558735.shtml，2020年8月30日。

③ 《治国必先治党，治党务必从严》，《江泽民文选》第2卷，人民出版社2006年版，第496页。

④ 《全面建设小康社会，开创中国特色社会主义事业新局面——在中国共产党第十六次全国代表大会上的报告》，《人民日报》2002年11月18日。

将党的建设与党的领导紧密联系在一起，党的建设取得新成就。2004 年党的十六届四中全会通过了《关于加强党的执政能力建设的决定》，专题研究如何以改革和完善党的领导体制和工作机制为重点，加强党的执政能力建设，巩固党的执政地位，提高党的领导水平。2009 年党的十七届四中全会通过了《中共中央关于加强和改进新形势下党的建设若干重大问题的决定》，强调坚持把推进党的建设伟大工程同推进党领导的伟大事业紧密结合起来，保证党始终成为社会主义事业的坚强领导核心；坚持以执政能力建设和先进性建设为主线，保证党始终走在时代前列。以胡锦涛同志为总书记的党中央提出了科学发展观的伟大战略指导思想，强调指出："坚持和改善党的领导，是我们事业胜利前进的根本保证。要把十几亿人的思想和力量统一和凝聚起来，齐心协力发展中国特色社会主义，没有中国共产党坚强统一领导是不可设想的。"①

改革开放以来，中国共产党在加强和改善党的领导制度体系建设上不断进行实践和理论探索，执政能力和领导能力不断提高，党的领导逐渐步入正轨。

二、十八大以来党的领导制度体系建设全面推进

党的十八大以来，习近平总书记多次强调，党政军民学、东西南北中，党是领导一切的，要"提高党把方向、谋大局、定政策、促改革的能力和定力，确保党始终总揽全局、协调各方"。②党的十九届四中全会《决定》明确提出，党的领导制度是国家的根本领导制度，统领和贯穿中国特色社会主义制度其他 12 个方面的制度，并提出了六个方面的制度构成，要求坚决维护党中央权威，健全总揽全局、协调各方的党的领导制度体系，把党的领导落实到国家治理各领域各方面各环节。

（一）坚持和加强党的全面领导

中国共产党领导是中国特色社会主义最本质的特征，决定了必须坚持和加

① 《胡锦涛文选》第 3 卷，人民出版社 2016 年版，第 168—169 页。

② 《决胜全面建成小康社会，夺取新时代中国特色社会主义伟大胜利——在中国共产党第十九次全国代表大会上的报告》，人民出版社 2017 年版，第 20 页。

强党的全面领导。党的十八大以来，以习近平同志为核心的党中央着眼中华民族伟大复兴战略全局和世界百年未有之大变局，深刻阐明了坚持党对一切工作领导的重大意义、方向原则、体制机制、方式方法等重大问题，提出一系列重要论述、作出一系列重大部署，有力引领党充分发挥总揽全局、协调各方的领导核心作用，把党的领导贯穿到治国理政全部活动中，党的领导得到全面加强。

确立了习近平总书记党中央的核心、全党的核心地位。党的十八届六中全会正式确立习近平总书记党中央的核心、全党的核心地位，党的十九大把习近平总书记党中央的核心、全党的核心地位写入党章。

在党章和宪法中更加明确了党在中国特色社会主义事业中的领导核心地位。党的十九大把“中国共产党的领导是中国特色社会主义最本质的特征，是中国特色社会主义制度的最大优势。党政军民学，东西南北中，党是领导一切的”这一重大政治原则写入党章总纲。十三届全国人大一次会议审议通过的宪法修正案，把“中国共产党领导是中国特色社会主义最本质的特征”载入宪法总纲。这些修改，进一步在全党全国各族人民中强化了党的领导意识，使党的领导在国家运行机制和各项制度中具有更强的制度约束力和更高的法律效力。

强调制度治党。进入新时代，以习近平同志为核心的党中央把坚持和加强党的全面领导摆在更加突出的位置上，将制度治党放在突出位置，不断扎紧制度笼子，强调党要管党，从严治党，在依规治党、制度治党方面取得了显著的成绩，党的十八大以来制定或修订《关于新形势下党内政治生活的若干准则》《中共中央政治局关于加强和维护党中央集中统一领导的若干规定》《中国共产党重大事项请示报告条例》《中共中央关于加强党的政治建设的意见》《中国共产党党组工作条例》等一系列党内法规，作出一系列重大制度性安排，为依规管党治党提供有力保障。

坚持党要管党、全面从严治党。党的十八大以来，以习近平同志为核心的党中央坚决改变管党治党宽松软状况，以对党和人民高度负责的担当精神、政治远见和顽强意志坚定不移全面从严治党，深入推进党的建设新的伟大工程，把全面从严治党纳入“四个全面”战略布局，坚持问题导向，全面从严治党，使党的面貌为之一新，使党内政治生活根本好转，反腐败斗争取得压倒性胜利，党内政治生态明显好转，党的创造力、凝聚力、战斗力显著增强。

（二）确立党的领导制度在国家制度中的统领地位

习近平同志指出："中国共产党领导是中国特色社会主义最本质的特征，是中国特色社会主义制度的最大优势。""党政军民学，东西南北中，党是领导一切的，是最高的政治领导力量。"中国共产党领导是中国特色社会主义最本质的特征决定了党的领导制度居于统领地位。

党的十九届四中全会从坚持和完善我国国家制度和国家治理体系全局出发，就坚持党的领导制度的统领地位作出系统深入的阐述。这次全会系统阐释我国国家制度和国家治理体系13个方面的显著优势，第一位的就是坚持党的集中统一领导，坚持党的科学理论，保持政治稳定，确保国家始终沿着社会主义方向前进的显著优势；部署坚持和完善中国特色社会主义制度、推进国家治理体系和治理能力现代化的重大任务，首要的也是强调坚持和完善党的领导制度体系，提高党科学执政、民主执政、依法执政水平。

可以看出，坚持和加强党的全面领导、坚持和完善党的领导制度体系，是我们推进各方面制度建设、推动各项事业发展、加强和改进各方面工作的根本要求，是国家治理的关键和根本。坚持和完善我国国家制度和国家治理体系，必须坚持党的领导制度的统领地位，把党的领导制度作为国家的根本领导制度建设好、完善好。随着党的领导制度体系不断发展，党的领导制度在我国国家制度中的统领地位将得到更好体现，我国国家制度和国家治理体系的显著优势将得到更好发挥。

（三）明确党的领导制度体系六大制度构成

党的十九届四中全会第一次明确提出了"坚持和完善党的领导制度体系，提高科学执政、民主执政、依法执政的水平"，深刻揭示了党的领导制度体系的丰富内涵，抓住了我国国家治理的关键和根本，彰显了中国特色社会主义制度自信。党的领导制度体系明确的六大制度，为牢牢坚持党总揽全局、协调各方的领导核心地位提供坚强制度保障。

建立不忘初心、牢记使命的制度。不忘初心、牢记使命是加强党的建设的永恒课题和全体党员、干部的终身课题。中国共产党人的初心和使命是激励一代又一代中国共产党人不断前进的根本动力。习近平总书记带领中共中央政治局常委在瞻仰上海中共一大会址和浙江嘉兴南湖红船时指出："唯有不忘初心，方可告慰历史、告慰先辈，方可赢得民心、赢得时代，方可善作善成、一往无前。"①随着"不忘初心、牢记使命"主题教育的不断深入和对主题教育实践经验的总结，一批适应新时代要求、具有鲜明时代特点的制度正在建立起来。

完善坚定维护党中央权威和集中统一领导的各项制度。以习近平同志为核心的党中央把保证全党服从中央、维护党中央权威和集中统一领导作为党的政治建设的首要任务，改革和完善坚持党的领导的体制机制，严明党的政治纪律和政治规矩，陆续制定或修订了《中国共产党党内监督条例》《中共中央政治局关于加强和维护党中央集中统一领导的若干规定》《中国共产党重大事项请示报告条例》《中国共产党党组工作条例》《中共中央关于加强党的政治建设的意见》等重要党内法规制度，为党的领导提供了制度保障。党中央还作出一系列重大制度性安排，如中央书记处和中央纪律检查委员会、全国人大常委会党组、国务院党组、全国政协党组、最高人民法院党组、最高人民检察院党组每年向中央政治局常委会、中央政治局报告工作，中央政治局同志每年向党中央和习近平总书记书面述职，健全一系列中央决策议事协调机构工作机制等，这些制度举措为全党在思想上政治上行动上同以习近平同志为核心的党中央保持高度一致提供了有力保证。

健全党的全面领导制度。通过党的全面领导制度的有力支撑，防止发生党的全面领导虚化、弱化、边缘化现象。制定或修订《中国共产党政法工作条例》《关于加强和改进中央和国家机关党的建设的意见》《关于加强军队党的政治建

① 《梦想，从这里起航——记习近平总书记带领中共中央政治局常委赴上海瞻仰中共一大会址、赴浙江嘉兴瞻仰南湖红船》，《人民日报》2017年11月1日。

设的意见》《中国共产党统一战线工作条例》等一系列党内法规制度，从制度方面确保党中央对各方面工作的全面领导。

健全为人民执政、靠人民执政各项制度。党的十八大党章规定："坚持全心全意为人民服务。党除了工人阶级和最广大人民群众的利益，没有自己特殊的利益。党在任何时候都把群众利益放在第一位，同群众同甘共苦，保持最密切的联系，坚持权为民所用、情为民所系、利为民所谋，不允许任何党员脱离群众，凌驾于群众之上。"①党章的这一规定深刻揭示了为人民执政、靠人民执政的必要性和极端重要性。党的十八大后中央政治局审议通过了中央政治局关于改进工作作风、密切联系群众的"八项规定"，在全国持之以恒查处违反中央"八项规定"精神问题，取得显著成效，党群关系明显改善。党的十八大以来，从中央各部门到地方各级，很多党组织都探索实行了一些密切联系群众的制度，比如党员领导干部联系点制度等，对联系群众的方式和要求等做出了规定，这些都为下一步完善党员、干部联系群众制度提供了经验。

健全提高党的执政能力和领导水平制度。坚持和完善中国特色社会主义制度，推进国家治理体系和治理能力现代化，为提高党的执政能力和领导水平提供了更加明确的目标。《中共中央关于加强党的政治建设的意见》《关于进一步激励广大干部新时代新担当新作为的意见》《中国共产党党内法规制定条例》的制定修订，对提高党的执政能力和领导水平提出了明确要求，同时又提供了基本的制度保障。

完善全面从严治党制度。治国必先治党，治党务必从严。只有把党建好、管好、治好，人民才会衷心拥护党的领导，国家才能治理好。党的十八大以来，全面从严治党不断向纵深发展。一是针对一个时期管党治党存在"宽松软"等问题，努力形成全覆盖、无禁区、无死角、全过程的管党治党格局。二是正风反腐，净化党内政治生态。先后出台《中国共产党巡视工作条例》《中国共产党

① 《中国共产党章程（中国共产党第十八次全国代表大会修改通过）》，载人民网 http://cpc.people.com.cn/n/2012/1119/c64387-19616005.html，2020 年 8 月 29 日。

问责条例》《中国共产党工作机关条例（试行）》《关于加强新形势下党的督促检查工作的意见》《中国共产党党务公开条例（试行）》等，全面推进党内制度建设，夯实全面从严治党的制度基石。三是完善和落实党内政治生活制度规定。党的十八大之前，一些不良风气之所以能够在党内滋长蔓延，“七个有之”问题突出，与党内政治生活随意化、形式化、平淡化、庸俗化有很大关系。党的十八大以来，党中央把加强和规范党内政治生活作为全面从严治党的重要抓手，从党的群众路线教育实践活动开始，探索了一条增强党内政治生活政治性、时代性、原则性、战斗性，提高党内政治生活质量的有效途径。党的十八届六中全会通过《关于新形势下党内政治生活的若干准则》，建立了一系列加强和规范党内政治生活的制度。党的十九大把严格执行新形势下党内政治生活的若干准则作为加强党的政治建设的一项重要任务和举措，提出了明确要求。

党的十八大以来，坚持和加强党的全面领导，深入推进党的建设新的伟大工程，党内政治生态明显好转，党的领导核心作用得到彰显，总揽全局、协调各方的作用得到充分发挥，党的制度建设，包括党的领导制度体系建设覆盖治国理政各领域，党的领导更加坚强有力，成为战胜各种风险挑战的根本保证。

第二章　不忘初心、牢记使命的制度和为人民执政、靠人民执政制度百年历史演进

建立不忘初心、牢记使命的制度和健全为人民执政、靠人民执政制度研究作为党建理论与执政实践相结合的重大命题，需要不断探索、不断总结、不断推进、不断创新。要根据十九届四中全会精神、立足党建工作实践进行理论创新、实践创新、制度创新，从继承性、连续性、全面性、实践性、创新性、制度化、民主化、规范化等方面来把握构建此制度的基本特点；从实践主体、实践客体、实践机制、发展动力、价值取向、现实目标、推进路径与方法、检验标准等几个方面来把握制度的构成要素。本章将从时代价值和理论基础、历史逻辑、现状问题和对策思路层面展开，旨在回答在新时代建立不忘初心、牢记使命的制度和健全为人民执政、靠人民执政制度要“坚持和巩固什么，完善和发展什么”的重大课题，以党的历史方位变化角度来审视此问题。坚持理论联系实际，将宏观研究与具体研究、可行性与操作性研究结合起来。既注重研究制度的创新性、发展性，又兼顾到制度历史继承性、连续性；既正确认识执政党建设规律的共性，又准确把握中国共产党执政逻辑、执政规律、党的建设规律的差异性与特殊性；既注意研究新情况、解决新问题，又注意以科学理论指导制度的构建。研究制度构建的内涵、特点及其衡量标准，构建内容协调、程序严密、配套完备、有效管用的制度体系。

第一节　时代价值和理论基础

一、时代价值

中国特色社会主义最本质的特质以及中国特色社会主义制度最大的优势就是中国共产党的领导。党的十九届四中全会通过的《决定》在部署坚持和完善党的领导制度体系，提高党科学执政、民主执政、依法执政水平工作时，第一条即提出“建立不忘初心、牢记使命的制度”，这是确保党在新时代新征程始终充满生机和旺盛活力的战略之举、长远之计。要坚持不忘初心、牢记使命，通过完善制度保证人民在国家治理中的主体地位，保持党同人民群众的血肉联系，贯彻党的群众路线，完善党员干部联系群众制度，创新互联网时代群众工作机制，始终做到为了群众、相信群众、依靠群众、引领群众，深入群众、深入基层。健全联系广泛、服务群众的群团工作体系，推动人民团体增强政治性、先进性、群众性，把各自联系的群众紧紧团结在党的周围。建立不忘初心、牢记使命的制度，是以习近平同志为核心的党中央从战略和全局高度作出的一项重大制度安排，体现了中国共产党高度的宗旨意识和使命担当，具有重大现实意义和深远历史意义。党的执政地位不是与生俱来的，也不是一劳永逸的。健全为人民执政、靠人民执政各项制度主要是指党的作风建设领导制度，为人民执政、靠人民执政是党的领导的根本目的和根本方式。《决定》提出健全为人民执政、靠人民执政各项制度，就是要坚守人民立场，坚持以人民为中心，紧紧依靠人民治国理政，保持党同人民群众的血肉联系，把尊重民意、汇集民智、凝聚民力、改善民生贯穿党治国理政全部工作之中，不断增强人民群众对党的信任和信心，筑牢党长期执政最可靠的根基。这是确保“党不忘本”立党为公、执政为民的根本制度保障，是彰显坚持和完善党的领导制度体系的根本价值追求制度建设。人民是我们党执政的最大底气，是国家的坚实根基，是强党兴国的根本所在。不忘初心、牢记使命的制度和为人民执政、靠人民执政制度是中国共产党领导制度体系中的重要内容，这也是中国共产党第一次从党和国家制度的高度来定位这一制度，是党在新时代明确奋斗目标的需要，是坚持和完善党的领导制度体系的重要组成部分，是提高党科学执政、民主执政、依法执政水平的重要制度。

（一）历史之维：党的建设的永恒课题

习近平在“不忘初心、牢记使命”主题教育总结大会上的讲话中指出：“一个人也好，一个政党也好，最难得的就是历经沧桑而初心不改、饱经风霜而本色依旧。党的初心和使命是党的性质宗旨、理想信念、奋斗目标的集中体现，激励着我们党永远坚守，砥砺着我们党坚毅前行。从石库门到天安门，从兴业路到复兴路，我们党近百年来所付出的一切努力、进行的一切斗争、作出的一切牺牲，都是为了人民幸福和民族复兴。正是由于始终坚守这个初心和使命，我们党才能在极端困境中发展壮大，才能在濒临绝境中突出重围，才能在困顿逆境中毅然奋起。”①中国共产党领导革命、建设、改革的目的都是为了践行人民的幸福和民族的复兴这个初心和使命。处于新时代，站在新起点，中国特色社会主义事业的发展进入了新阶段。中国特色社会主义事业正在迈向第二个百年奋斗目标，中国共产党人需要在制度层面上时刻提醒自己，明确新时代奋斗目标，即牢记“团结带领全国各族人民在中国特色社会主义道路上全面建成小康社会，进而全面建成社会主义现代化强国、实现中华民族伟大复兴”这一新时代中国共产党的奋斗目标和历史使命。

（二）价值之维：保持斗志战胜改革前进途中的一切艰难险阻的需要

中国特色社会主义进入新时代，全面推进社会主义现代化建设、建成小康社会、实现中华民族伟大复兴既面临更为光明的前景，也面临更大的风险和挑战，需要整个民族付出更为艰巨的努力。党的十九大报告指出：“中华民族伟大

① 《习近平谈治国理政》第3卷，外文出版社2020年版，第538页。

复兴，绝不是轻轻松松、敲锣打鼓就能实现的。”① 中国特色社会主义进入新时代，也需要整个民族继续保持旺盛的斗志，才能战胜改革前进途中的一切艰难险阻。习近平总书记指出：“这些成就和变革，有些是前所未有的，有些是振聋发聩的，有些是荡气回肠的，有些是惊心动魄的，哪一项要实现起来都不容易，都需要极大的政治勇气和政治胆魄，也都需要精心谋划和顽强毅力。”② 可见，没有共产党极大的政治勇气和胆略、没有全民族的旺盛的斗志，新时代的历史使命就就不可能实现。

（三）内涵之维：人民选择的现实需要

不忘初心就是不忘人民群众，牢记使命就是牢记党的最高纲领和最低纲领，就是要实现中华民族伟大复兴。不忘初心、牢记使命明确了中国共产党的价值追求和价值理想。践行初心使命，就是每一个党员都不要忘记党的根本宗旨，把个人的苦与乐、生与死与民族复兴和人民的利益紧紧联系在一起，把为人民服务作为约束党员自身行为的最高准则。邓小平指出：“中国共产党员的含意或任务，如果用概括的语言来说，只有两句话：全心全意为人民服务，一切以人民利益作为每一个党员的最高准绳。他的目的是要实现社会主义、共产主义。”③ 践行初心使命，必须坚持以人民为中心的发展思想，以实现好、维护好、发展好最广大人民的根本利益为崇高追求，一切为了人民，一切依靠人民，一切改革发展成果由人民共享。将党的全面领导优势与坚持以人民为中心的发展思想紧密结合，将群众路线作为党的根本工作路线，将执政为民的执政理念体现在群众工作的方方面面，不断增强人民群众安全感、获得感、幸福感。

（四）实践之维：干部教育的终身课题

我们坚持和发展中国特色社会主义，必须高度重视理论教育和理论学习，

① 习近平：《决胜全面建成小康社会夺取新时代中国特色社会主义伟大胜利——在中国共产党第十九次全国代表大会上的报告》，《人民日报》2017 年 10 月 28 日。

② 《习近平关于“不忘初心、牢记使命”论述摘编》，中央文献出版社 2019 年版，第 39 页。

③ 邓小平：《马列主义要与中国的实际情况相结合——在会见国际青年代表团时的讲话》，《人民日报》1956 年 11 月 17 日。

不断增强理论自信和战略定力。习近平总书记指出："理论修养是干部综合素质的核心，理论上的成熟是政治上成熟的基础，政治上的坚定源于理论上的清醒。"①回顾党一路走来的历程可以发现，正是因为重视思想和理论的建设，坚持用科学理论武装广大党员和干部的头脑，并形成一定的制度，使这种学习教育制度化、规范化、常态化，始终保持全党的思想统一、步调一致，形成统一的意志和强大的战斗力，中国共产党才能够历经艰难困苦而不断向前发展。

二、理论基础

建立不忘初心、牢记使命的制度和健全为人民执政、靠人民执政各项制度有着深刻的理论渊源这两个制度既来源于马克思主义群众观，也从中国传统民本思想中汲取营养。马克思主义历史观的根本要求，反映出历史唯物主义对人类社会发展规律、社会主义建设规律与共产党执政规律的洞察，是我们正确认识历史、把握历史的基础，也是我们理解历史趋向、洞察发展方向的基础。"不忘初心、牢记使命""为人民执政、靠人民执政"之所以成为新时代中国共产党人的价值准则与实践准绳，原因首先在于历史唯物主义的质的规定性，在于新时代中国发展之客观要求、中国人民创造美好生活之客观需要、中华民族伟大复兴之客观需求。在建党百年之际，建立不忘初心、牢记使命的制度正当其时，坚持用马克思主义历史观凝聚全党，用共产主义远大理想和中国特色社会主义团结人民，用习近平新时代中国特色社会主义思想武装全党、教育人民、指导工作，夯实党执政的思想理论基础。

（一）马克思主义群众观是思想之本

在国际维度，中国共产党的"初心"就是"为人类进步事业而奋斗"。②在《共产党宣言》中，马克思恩格斯充分阐释了无产阶级政党的国际主义精神，提出共产党人的根本使命就是要建立一个人类世界的联合体，"在那里，每个

① 习近平：《在全国组织工作会议上的讲话》，《人民日报》2013 年 6 月 27 日。

② 习近平：《决胜全面建成小康社会夺取新时代中国特色社会主义伟大胜利——在中国共产党第十九次全国代表大会上的报告》，《人民日报》2017 年 10 月 28 日。

人的自由发展是一切人的自由发展的条件”。① 实现每一个人的自由全面发展，无疑是人类社会发展史上初心的缘起，也是促进人与社会发展进步的精神动力。强化思想建设：保证无产阶级政党先进性、纯洁性的思考。马克思、恩格斯在《共产党宣言》中强调无产阶级政党的建设要尤为加强思想建设。他们指出：“在实践方面，共产党人是各国工人政党中最坚决的、始终是起推动作用的部分；在理论方面，他们胜过其余无产阶级群众的地方在于他们了解无产阶级运动的条件、进程和一般结果。”② 也就是说要加强对工人阶级的思想教育工作，那么就要求无产阶级政党在思想上要保持先进性。只有不断加强党内的思想建设才能推动党的各个方面建设的顺利展开。权力制约原则：确保无产阶级政党群众史观的根本制度设计。马克思、恩格斯提出：“人类最崇高的社会理想——共产主义，它代表和反映了广大人民群众的利益，不是为了少数人，而是要为全人类谋福利。”③ 他们在深入探究社会发展客观规律的基础上，提出社会主义必然战胜资本主义这一科学结论，并且相信只有依靠人类，依靠群众，才能会实现共产主义社会，这不仅在于它将消灭剥削和压迫，实现真正的社会平等与自由，还在于它会最大程度地适应和促进生产力的发展。

马克思、恩格斯并没有在自己的著作中明确提到过为人民执政、靠人民执政这一概念，但是，他们对群众命运的关注以及对群众能动性、创造精神的肯定，对人民群众才能、聪明机智的高度评价，反映了他们的群众观。群众观是唯物史观的基本观，是马克思主义理论体系的重要组成部分，也是群众路线的理论支撑和基本立足点。马克思主义群众史观立足人类社会实践，强调人民群众在生产力的发展中发挥最活跃、最革命的作用，是社会历史发展的最终决定力量，正是他们推动着人类社会的进步和人类社会历史的发展。首先，人民群众是历史的创造者。人民群众作为推动历史发展的决定为量，在创造社会物质财富、创造社会精神财富和决定社会历史变革的过程中创造了整部人类历史，

① 《马克思恩格斯选集》第 1 卷，人民出版社 1995 年版，第 294 页。

② 同上书，第 285 页。

③ 《马克思恩格斯选集》第 2 卷，人民出版社 2012 年版，第 612 页。

唯物史观在否定英雄史观的同时也肯定了杰出人物对历史的推动作用；从人民群众创造历史的观点出发，科学社会主义指出了推翻资本主义和建立社会主义的阶级力量——无产阶级，并明确了人民群众是无产阶级革命和社会主义建设的主体力量。毛泽东指出，“人民，只有人民，才是创造世界历史的动力”。① 其次，人类的认识活动离不开人民群众的实践。马克思主义坚持实践检验真理，认为人的认识和理论都来自生产实践，不是某个伟人的凭空想象。一切真理性的认识、一切科学理论都不是凭空想象的，也不是某些人的先知先觉，只有人民群众的实践是正确认识和理论的唯一来源。因此，马克思主义政党应自觉向广大人民群众学习，而不是迷信书本，应该以人民群众为师，而不是高高在上，领导团结广大人民群众，集中人民群众智慧，改造社会。最后，人民群众是利益活动的主体。“人们奋斗所争取的一切，都同他们的利益有关。” ② 推动人类一切社会活动的动因是人们对利益的追求。纵观人类社会历史发展，人民群众的利益要求总是与社会发展的方向和趋势相一致的，人们在追求利益的过程中推动社会历史的发展。因此，尊重人民群众的历史主体地位，全心全意为人民服务是马克思主义政党必须坚持的基本观点和原则。在改造社会的过程中，立足于人民群众的根本利益，制定正确的路线、方针政策，实现人民群众的根本利益，而不是忽视或违背人民群众的根本利益，否则终将被人民群众唾弃，而自取灭亡。

列宁强调：“在党的建设中，提高党员素质和纯洁党的队伍是关键。” ③ 他坚持以马克思主义为理论指导，坚定理论信仰，加强思想教育以促进党的各个方面的建设，坚持科学发展社会主义。他提出，“只有以先进理论为指南的党，才能实现先进战士的作用”。④ 列宁认为只有理论建设靠得住，引导人民群众积极参加实践斗争，不应当局限于自己学校，也不要停留于小册子与书籍，而是通

① 《毛泽东选集》第 3 卷，人民出版社 1991 年版，第 1031 页。

② 《马克思恩格斯全集》第 1 卷，人民出版社 1956 年版，第 82 页。

③ 《列宁选集》第 1 卷，人民出版社 1995 年版，第 312 页。

④ 《列宁全集》第 2 卷，人民出版社 1985 年版，第 367 页。

过与工人、农民的共同劳作成长为共产主义战士。理想信念教育只有同实践斗争相结合才能不断提高人民群众建设社会主义的能力，才能在实践的过程中使人民群众更加坚定共产主义远大理想。制定政治纪律制度锤炼党员纯洁性的政治品格。列宁始终重视党的政治纪律建设，要求要严格的党的纪律，提出“自我批评对于任何一个富有活力、朝气蓬勃的政党来说都是绝对必要的”。① 要取得党的事业的成功，必须通过党的纪律建设来加强党内团结，必须发展无产阶级政党的先进性和纯洁性，对于党内的假冒党员要彻底地清除；要推进党的制度建设，不允许党内存在权力腐败、践踏法治的现象发生。在列宁的积极带领下，通过制定和实施了一系列严厉的党规条例，有力地加强了党的团结，维护了党的形象，确保密切联系群众。俄共（布）执政不久，就遭到了国外敌对势力和国内反革命叛乱的铁壁合围。当时，人们对只占人口少数的俄共（布）能不能保持政权产生了疑问。针对人们的怀疑，列宁说：“劳动群众拥护我们。我们的力量就在这里。全世界共产主义运动不可战胜的根源就在这里。”② 俄共（布）制定符合人民群众根本利益的政策。如包括大力发展生产力；发展教育，提高全民族的文化水平；加强监察、检查工作和法制建设；精简机构，精选人才，改革领导体制等。

（二）中国共产党坚持马克思主义群众观和群众路线是思想之魂

中国共产党为什么能够从弱小到强大，最终成为执政全国政权的大党？其根本原因是，一路走来，党始终坚持马克思主义群众观，将人民群众团结在周围，走群众路线，发展良好的党群关系，真正做到了不忘初心、牢记使命，为人民执政、靠人民执政，得到了广大人民群众的支持。不忘初心、牢记使命，为人民执政、靠人民执政，涉及党的执政理念，就是党为了谁，依靠谁的问题，难以避开党群关系和党的群众路线。

党群关系。按照字面的意思，党群关系就是党与人民群众的关系，是任何

---

① 《列宁全集》第 10 卷，人民出版社 1987 年版，第 334 页。

② 《列宁选集》第 4 卷，人民出版社 1995 年版，第 53 页。

国家的任何政党都无法忽视和回避的问题。中国共产党是在马克思列宁主义的指导下建立起来的政党，从一开始就代表整个无产阶级的利益，并为实现的共产主义理想而奋斗。党在诞生之初，就将马克思主义群众观付诸实践，认识到党与人民群众的联系是天然形成无法分割的，人民群众在革命战争中发挥着重要的作用。历史也反复表明，只要处理好党与人民群众的关系，将人民群众的利益置于首位，党的事业就能发展的好；反之，党的事业就会遭受挫折。在中国共产党的历史上，有很多关于党群关系的形象比喻，通俗易懂地阐释了党群关系的深刻内涵。毛泽东曾将党群关系比喻为“先生”与“学生”的关系、“土地”与“种子”的关系、“孺子”与“牛”的关系、“主人”与“公仆”的关系，“鱼”和“水”的关系，邓小平则提出党群关系就像“父母”与“子女”的关系、“工具”与“使用者”的关系，“血”与“肉”的关系（刘少奇最先提出）。[①] 这些形象的比喻都是党的领导者对党群关系的深切体会和感受，也在时时刻刻告诫我们，共产党人要迈开双腿，深入基层，了解人民群众的需求，联系最广大人民群众，要做人民群众的“勤务员”而不是“官老爷”。只有这样，才能体现出中国共产党无比的优越性和先进性。

群众路线。群众路线是党的生命线和根本工作路线，是党制定和执行政治路线的基础，是马克思主义唯物史观在党革命、建设、改革实践活动中的实际运用。作为毛泽东思想活的灵魂之一，群众路线已深深印刻在共产党人的心中，成为历代共产党人共同的价值追求与行动指南。“一切为了群众，一切依靠群众，从群众中来，到群众中去”[②] 是群众路线经典科学的表述。“一切为了群众”揭示了党为人民群众执政的目的，“一切依靠群众”揭示了党靠人民群众执政的立场。“从群众中来，到群众中去”则揭示了党执政的基本工作方法。

人民群众是历史的创造者，是推动人类社会向前发展的不竭力量源泉，这

---

① 范登生：《关于党群关系的八个比喻》，《北京日报》，2014 年 4 月 14 日。

② 《中国共产党中央委员会关于建国以来党的若干历史问题的决议》，人民出版社 2009 年版，第 52 页。

是马克思主义唯物史观阐释的深刻理论。一个执政党生命的长度取决于该党对待人民群众的态度，若做到一切为了人民群众，一切依靠人民群众，那么人民群众就会拥护党的执政地位，若脱离人民群众，就会遭到人民群众的唾弃。苏联共产党失去执政地位导致苏联解体就像一面镜子，给世界上其他政党以深刻反思。毛泽东强调，“群众是革命的主体”、“是真正的英雄”、“是真正的铜墙铁壁”。纵观中国共产党走过的历史长河，每一次的成功，都有人民群众的参与和支持，正是人民群众给了党可以依靠的力量，给了党无数次成功的可能。向人民群众学习，坚持走群众路线，才能顺利建成社会主义现代化强国，实现中华民族伟大复兴的中国梦。

（三）中国传统民本思想提供了思想之源

穿越历史的长河，透过扑朔迷离的历史烟云，人们发现，古今中外无论是王朝更替，还是政权的兴衰，无不遵循，“得民心者得天下，失民心者失天下”这个政治的铁律。任何人、任何政党都无法违背。初心和使命就蕴藏着深厚的传统文化底蕴，并以优秀传统文化中的民本思想为基石，是党坚守初心必须保持的优良传统。早在春秋时期，孔子“仁”的思想就已经得到了广泛传播，他认为国家灾难的发生是由于君主的失德统治造成的。孟子提出了“仁政”的思想，并主张要以宽厚的心态对待百姓，向百姓施加恩惠，同时以利益来获取广大百姓的民心。董仲舒指出“不夺民时，使民不过三岁”。虽然这些理论的阶级立场是维护封建统治，但这种思想在当时依然具有先进性和时代性，为党初心和使命的确立提供了重要的思想来源。传统文化中的人本思想具有深远的历史渊源和思想基础，每时每刻都在影响着中华儿女的价值准则和行为规范。为人民执政、靠人民执政的思想渊源，可以追溯到中国传统历史时期，在传统社会中，我们就产生了民本思想，共产党的“为人民执政、靠人民执政”是对中国传统文化思想中民本思想的扬弃。同时也是对公仆理论和人本学说的继承和吸收，是对唯物史观的继承和发展。

在中国传统的政治文化中，蕴含着丰富的民本思想，它是以人民群众为国家政治本体的一种思想体系，是中国传统文化中重要的思想资源，是古代政治文明的重要理念，传统政治思维的重要特征之一。民本思想提出并回答了政治领域中的一个根本问题，就是君、民何者为贵，谁是社会政治的本体，谁是政治和历史的主人，在传统政治思想文化中是具有进步性的主题。

民本思想发端于商周时代，形成于春秋，历经战国、汉唐的发展与完善，在宋明清形成了相对独立、完整的体系，其中最为有代表性的有：盘庚的“重民”、周公的“保民”、孔子的“敬民”、孟子的“爱民”、荀子的“惠民”的思想。民本思想不断被演进和创新，逐步发展成中国传统政治思维的主要内容，在一定时期内推动中国封建社会的繁荣和发展。民本思想最早的形态的是“重民”。《尚书·盘庚》篇首先提出了“重民”的概念：“重我民，无尽杀。”[①]根据《尚书·盘庚》中的记载，民本思想启蒙于商周时期，商代的盘庚教导告诫王族大臣，摒弃私心，切实为民；重职责，要帮助、养育百姓；不要贪图享乐，疏懒怠惰。西周初期，政治家、思想家周公主张以“德治”治理国家，强调只有实行德政，才能巩固统治，得到人民的拥护。

中国社会到了战国中期，社会矛盾极为复杂，社会秩序极为混乱。民众的重要性日益凸显，民本思想得到了长足的进步。孔子较早地提出“重民、敬民”的治国思想，并率先提出了“足食、足兵、民信”，并强调取得民信，民心所向的重要性，论述了“自古皆有死，民无信无立”。孟子也从历史中总结教训，阐述了如何执政的道理。他说：“三代之得天下也以仁，其失天下也以不仁。国之所以废兴存亡者亦然。”[②]之后，荀子用“水”和“舟”的关系来比喻君与民的关系，进一步阐述了“民本思想”，意识到民众在社会变革中的决定性作用。历史也证明，如果封建统治者为了维护他们的统治，重视老百姓的作用，谨慎地处理君民关系，采取轻徭薄赋、休养生息的措施，就会出现一段时间的繁荣和安定。

作为我国封建社会时期的一种主流意识形态，民本思想所具有的仁政惠民、

① 《十三经注疏之二：尚书正义·盘庚上》，上海古籍出版社 1990 年版，第 123 页。

② （清）焦循：《孟子正义》卷七《离娄章句上》，《诸子集成》第一册，中华书局出版社 1954 年版，第 289—290 页。

德治安邦的理念，在一定时期内对中国封建社会经济和社会发展起到了积极作用。但是在中国几千年封建社会历史上，始终是把政治权力视为一种私权，而不是一种公共权力，对民本的重视，往往只是慑于人民群众改变历史的巨大威力，为维护其统治地位而不得不作出的某种妥协和让步。民本思想在我国封建社会只是作为一种政治理念，只是停留在一种“术”的层面，一种权术的层面，对巩固君主统治方面发挥过积极作用。中国共产党建立不忘初心、牢记使命的制度和健全为人民执政、靠人民执政各项制度的理论渊源之一来自对我国传统文化中民本思想的科学继承，并扬弃其中“私权”“术”的狭隘层面。

第二节　不忘初心、牢记使命的制度和为人民执政、靠人民执政制度的历史考察

中国共产党自 1921 年诞生，至今已经走过百年历程。这是马克思主义与中国实际相结合的百年史，是中国共产党带领全国人民争取民族独立、国家富强的百年史，也是中国共产党自身发展、壮大、成熟的百年史。中国共产党历经风雨沧桑，百年茁壮成长。中国共产党能够屹立不倒、奋力前行的真正力量就在于人民，在于人民群众的认可和支持。中国共产党的性质、宗旨也决定了党要为人民执政、靠人民执政。党的十九届四中全会通过的《决定》首次站在党和国家制度的高度，把“不忘初心、牢记使命”“为人民执政、靠人民执政”加以制度化是正确处理党与人民群众关系的根本保障，对坚持和完善党的领导制度体系具有重大意义。作为执政党的中国共产党，带领全国人民把中国建成社会主义现代化强国，实现中华民族伟大复兴，不仅是习近平新时代中国特色社会主义思想的本质要求，更是新时代赋予党的神圣光荣艰巨的历史使命。对百年来中国共产党“不忘初心、牢记使命的制度”“为人民执政、靠人民执政各项制度”的历史进行考察梳理，总结历史经验，既是理论研究的重要课题，也是实践的现实需要。

一、新民主主义革命时期的创设与发展

1840 年以后的近代中国，面临着内忧外患。如何反抗封建主义和帝国主义的压迫，是摆在整个国家面前的问题。许多有识之士倡导向西方学习，希望通过改革或者改良走上拯救中国的道路，但最后纷纷以失败告终。这些推动改革或改良的政治精英和知识分子没有考虑到普通劳苦大众受封建主义和帝国主义压迫的现实，没有看到人民群众的重要力量，因而没有一次变革可以取得彻底的胜利。与旧民主主义革命的领导群体不同，中国共产党在建立之初，就认识到工农群众的重要性，不仅中国革命的力量来自人民群众，因而可以通过联系群众、发动群众开展革命活动，而且中国革命的价值目标也在于把人民群众从水深火热中解放出来。

（一）建党初期和大革命时期制度初探

中国共产党一经成立，就把马克思主义写在自己的旗帜上。要真正全面系统地认识中国共产党，就要深入理解马克思主义政党与其他一切政党的本质区别，也是中国共产党初心的根本来源。从五四运动到中国共产党成立，是中国共产党人初心孕育、提出的阶段，她以挽救民族危亡为逻辑起点，以对马克思主义的坚定信仰为根本动力，以解放劳苦大众为价值取向。从中国共产党成立到新中国的成立，是中国共产党人始终保持初心，以初心指引国家前途思考，以初心指引民主制度设计，以初心指引建国框架构想。尽管“十月革命一声炮响，给我们送来了马克思列宁主义”，①但马克思主义在中国的传播范围却十分有限，主要集中在先进知识分子之间，普通民众对其了解不多，而真正能领悟其理论精髓的人更是寥寥无几，且在五四运动之后，马克思主义的传播才逐渐达到顶峰，这与中国共产党思想建设的要求存在巨大差距。

中共一大初探思想建党。1921 年 8 月，陈独秀在与瞿秋白等人的讨论中就

① 《毛泽东选集》第 4 卷，人民出版社 1991 年版，第 1471 页。

把“改变社会制度”作为“唯一的使命”。[①] 但是彼时的中国正处于半殖民地半封建社会，工人、农民和小资产阶级，他们无法完全凭自身力量统一思想。不同意识形态鱼龙混杂，加大了中国共产党自身建设的难度。刚成立的中国共产党为了充分发挥思想建设的重要作用，在全国范围内开展有效的思想教育，并采取了以下措施：第一，设立开展宣传教育与思想教育的领导机构。1921 年 8 月，正式成立宣传局，由中央局宣传主任李达担任负责人。此外，党纲还明确规定，地方委员会若为十人以上，需设“宣传委员一人”。[②] 第二，明确指示宣传共产主义。《中国共产党第一个纲领》明确表示要将工农兵集合起来“宣传共产主义”，[③] 并且“党应在工会里灌输阶级斗争的精神”，[④] 从而唤醒群众，以进一步开展思想教育。第三，以出版物为载体开展思想建设。1921 年 9 月，《中国共产党第一个决议》表明各地组织均有出版刊物的权力，但是一切出版工作均应受到监督，且不得“刊登违背党的原则、政策和决议的文章”。中国共产党一经成立，便运用多种方法进一步加大马克思主义理论的宣传，以推动党的思想建设持续展开。比如，出版刊物加大马克思主义理论教育力度。1921 年 11 月，《中国共产党中央局通告》明确表示“中央局宣传部在明年七月以前，必须出书（关于纯粹的共产主义者）二十种以上”，[⑤] 为贯彻落实该要求，时任中央局宣传主任的李达创办了人民出版社，以此来开展出版马克思主义著作的工作。随后的一年，人民出版社便先后出版了“列宁全书”“康民尼斯特丛书”等书籍，《新青年》《共产党》等刊物也相继问世，其中，北京《晨报》自 1919 年 5 月开始，几乎每天都登载介绍马克思主义的翻译文章，当时在北京成为第一大报，[⑥] 有效地推进了党的思想建设。

---

① 《建党以来重要文献选编》第 1 册，中央文献出版社 2011 年版，第 26 页。

② 《中共中央文件选集》第 1 卷，中共中央党校出版社 1989 年版，第 3 页。

③ 同上书，第 5 页。

④ 同上书，第 6 页。

⑤ 《中国共产党中央局通告——关于建立与发展党、团、工会组织及宣传工作等》，《人民网》1921 年 11 月。

⑥ 李润波：《老报刊说党史》，中央文献出版社 2011 年版，第 8 页。

党的一大通过的纲领即提出“推翻资产阶级政权，建立无产阶级专政，实现共产主义”。① 这一奋斗目标从一开始确立，就再也没有改变过，但在如何为“共产主义”“人类的幸福”而奋斗的途径选择上几经探索，历史使命也要相应的进行调整与重塑。党的一大通过的纲领指出：“本党承认苏维埃管理制度，把工农劳动者和士兵组织起来”② 提出了为中国广大人民的利益而奋斗的目标，蕴含着发动群众和组织群众的群众观点。中国共产党成立之后，就发动工人、农民、学生进行运动，并于 1921 年 8 月成立了中国劳动组合书记部，是党公开领导工人运动的机关，党在工人群众中的影响迅速扩大，工人运动得到极大发展。

把解放劳苦大众作为价值指向。1922 年 7 月，中共二大通过的第一部《中国共产党章程》，就把为大多数劳苦大众争利益、谋幸福作为共产党人的坚定初心：“中国共产党为工人和贫农的目前利益计，引导工人们帮助民主主义的革命运动，使工人和贫农与小资产阶级建立民主主义的联合战线。”③ 中共二大立足中国实际国情，在《关于共产党的组织章程决议案》中明确提出：“我们既然是为无产群众奋斗的政党，我们便要到群众中去，要组成一个大的群众党”。④ 提出要组成工人阶级、农民阶级、小资产阶级和民族资产阶级的联合战线。1923 年 6 月 15 日，《新青年》发表的新宣言也指出：“中国的真革命，乃独有劳动阶级方能负担此等伟大使命。”⑤ 这些表述实现了最高纲领与最低纲领的结合，标志着中国共产党立足初心，开始自觉探索民族独立和人民幸福的现实路径。

党的二大通过《中国共产党章程》和《关于共产党的组织章程决议案》，提出党的最高理想和奋斗目标是实现共产主义，担负起带领广大人民群众实现中华民族伟大复兴的光荣历史使命，把实现中华民族伟大复兴的民族国家历史使命与共产主义的世界历史远大使命有机统一起来。

---

① 《建党以来重要文献选编》第 1 册，中央文献出版社 2011 年版，第 1 页。

② 《中共中央文件选集》第 1 册，中共中央党校出版社 1989 年版，第 3 页。

③ 《建党以来重要文献选编》第 1 册，中央文献出版社 2011 年版，第 133 页。

④ 《中共中央文件选集》第 1 册，中共中央党校出版社 1989 年版，第 90 页。

⑤ 《建党以来重要文献选编》第 1 册，中央文献出版社 2011 年版，第 237 页。

1923年6月12日至20日，中国共产党在广州召开了党的第三次代表大会。为了联合革命战线，加快民族革命运动的发展，顺利实现国共两党的合作，会议做出共产党员以个人身份加入国民党的决定。大会强调，我们一刻也不能忘的是拥护工人农民自身的利益。①1925年1月，党的四大专门讨论了如何加强党对日益高涨的革命运动的领导和适应工农运动大发展，开展群众运动的计划，并在宣言中指出："要使中国不陷于奴隶的地位，完全靠着中国劳苦群众的努力，完全靠着全世界劳农联合起来反对资本主义的奋斗！"②可见，党当时就意识到了要实现中华民族的独立和解放，就必须要紧紧依靠劳苦大众。当时的中国共产党虽然意识到了人民群众的巨大力量，也重视领导群众运动，但领导意识并不强烈，对于如何争取对人民群众的领导以及如何解决实际问题没有做出清晰明确的指导方针。

毛泽东在1925年12月发表的《中国社会各阶级的分析》一文中对"半无产阶级"进行了全面地分析，这里的半无产阶级主要就是指农民，指出农民是我们的朋友，需要联合和发动。针对党内外一些人士对农民运动的不认可甚至责难，毛泽东进行了回击并表明应支持农民运动。1927年月1月4日至2月5日，毛泽东深入湖南农村用了32天时间专门调查农民运动，写成了《湖南农民运动考察报告》，文章指出农民运动完全不是"糟的很"而是"好的很"，农民不是"痞子运动"而是"革命先锋"。《湖南农民运动考察报告》，指出共产党体恤工农疾苦，对农民问题和农民运动的重视，坚守工农对共产党和革命成功的初心，这是后来毛泽东提出工农联盟、形成新民主主义革命理论思想的萌芽。③1927年4月27日至5月9日，党的五大在武汉召开。这次大会分析了"敌"和"友"的问题，指出蒋介石的南京政府及其反革命联盟是要反抗以致歼灭的，国民党左派可以视为革命的民权同盟。大会还通过了《土地问题决议

① 《中国共产党第三次全国代表大会宣言》(1923年7月)，载中国共产党网www.zgdsw.org.cn，2019年9月27日。

② 中共第四次全国代表大会宣言。

③ 刘燕：《中国共产党政治信仰建设研究》，华东师范大学博士论文2018年。

案》，认识到土地革命的重大意义，但对在土地革命中如何领导农民没有具体有效的举措，却寄希望于当时的武汉国民党政府。

建党初期，不论是党的纲领、目标还是任务都深刻地体现为了人民、依靠人民的宗旨，这也是为人民执政、靠人民执政的雏形。在实践中，党认识到人民群众，特别是工人阶级的力量，意识到工人阶级是战胜帝国主义和封建主义的中坚力量，是中国革命的坚强后盾，农民是中国革命的主力军；进行革命活动，要联系群众，开展群众运动。但是作为一个新生政党，中国共产党并没有强烈的政权意识，对如何具体领导群众缺少经验。在整个大革命时期，国民革命军建立的新政权都是国民党占据主导地位，中国共产党的部分领导人犯了右倾机会主义错误，甚至直接放弃了革命的领导权，出现了害怕乃至压制群众运动的情况，导致大革命最终失败，给党带来了深刻的教训。

1923 年，轰轰烈烈的京汉铁路大罢工以惨遭当局镇压的“二七惨案”而结束，工人运动的第一次高潮受到了挫折。中国共产党告知全国劳工阶级，“唯有共产党是真正为劳工阶级利益而奋斗的党”，“此外一切标榜保护劳工的势力，都只不过是为自身利益或所代表阶级利益而施行的政策”。① 工人阶级虽然有坚定的革命性，但人数毕竟还少，而广大农民是必须要团结的重要力量，只有结成最广泛的工农统一战线，才有可能把中国革命引向胜利。②1926 年，在短短的两个月内，农民党员倍增，由原来的 650 人发展到 1200 人，于中共五大前夕又激增到 10840 人。随着党员队伍的迅速扩大，党员构成的复杂性愈加突出，大部分新党员的思想政治信仰建设还处于起步阶段。1927 年 6 月 1 日，《中国共产党第三次修正章程决案》把“党的建设”问题列入专门一章，强调对党员进行教育和训练的重要性，采取工农最易于接受的方式宣传革命理想。比如，1926 年前后，中国共产党创办多所适合工农学习的工人、农民学校，向工农传播马克思主义思想理论的相关知识，鼓舞其树立打破旧社会腐朽制度的革命理

① 之君：《游记：京绥路大日游记（续）》，《工人周刊》1922 年第 28 期。

② 刘燕：《中国共产党政治信仰建设研究》，华东师范大学博士论文 2018 年。

想和意志。毛泽东指出，“革命不是请客吃饭……不能那样雅致、从容不迫……革命是暴动，是一个阶级推翻一个阶级的暴烈的行动”。① 在实践中，中国共产党已经逐步将党的建设与政治信仰建设、发动群众、扩大群众基础紧密结合起来，在革命进程中逐渐形成了建立工农联盟的重要思想。

（二）土地革命时期首次提出群众路线

大革命的失败，使党遭受惨重的损失，也使中国共产党进一步认识到深入群众的重要性和紧迫性，开始将工作的重点从城市转移到农村，在农村领导群众进行土地革命、武装斗争、根据地建设。

1928 年 11 月，李立三在传达党的六大争取群众的总路线时提出：“在总的争取群众路线之下，需要竭最大的努力到下层群众中去。”② 这是首次提出群众路线概念，丰富了为人民执政、靠人民执政的内涵，之后我们党开始逐步明确使用“群众路线”这一提法。1929 年 9 月，由陈毅起草并经周恩来审定的中央给红四军前委的指示信（即“九月来信”）中专门论述了红军与群众的关系，强调一定要树立群众观点，做好重视群众工作，明确提出各项工作都“要经过群众路线”。③ “九月来信”中还提出肃反、筹款、经济等工作中都要经过群众的思想，表明了中共对于如何发动群众、争取群众，以及群众在战争中的地位作用等问题，都有了较深的认识和总结。1929 年 12 月，毛泽东在《关于纠正党内的错误思想》中把“宣传群众、组织群众、武装群众、帮助群众建立革命政权”与打仗一起作为红军政治工作的三大任务之一，并提出：“一切工作在党的讨论和决议之后，在经过群众去执行。”④ 1930 年 5 月，毛泽东在《反对本本主义》中强调党要在深入群众实践和调查基础上作决策。1934 年 1 月，毛泽东在

① 《建党以来重要文献选编（1921—1949）》第 4 册，中央文献出版社 2011 年版，第 113 页。

② 中共中央文献研究室编：《关于建国以来党的若干历史问题的决议》(注释本)(修订)，人民出版社 1985 年版，第 565 页。

③ 《周恩来选集》第 1 卷，人民出版社 1991 年版，第 88 页。

④ 曹春荣：《苏区时期是党的群众路线孕育并形成的重要时期》，《上海党史与党建》2009 年第 9 期。

《关心群众生活，注意工作方法》讲话中提出要关心群众生活，真心实意为群众谋利益，[①]集中体现出关心依靠群众和密切联系群众的革命思想。

十年土地革命战争时期，通过在根据地开展大规模的土地革命运动，中国共产党将土地交给了缺地少地的农民，旧的封建土地所有制被消灭，广大农民的土地需求得到满足，真正做到了“耕者有其田”，广大人民群众对生活重新燃起了希望，革命热情高涨，更加拥护中国共产党。这一时期为党的群众观和为人民执政、靠人民执政制度的发展积累了很多宝贵的经验，特别是中央苏区的现实和农村有限的客观条件，坚定了党依靠群众的思想。党在苏区的实践活动对为人民执政、靠人民执政制度的发展产生了十分重要的影响。

（三）大革命失败后中国共产党初心经受考验

1927年4月，蒋介石发动反革命政变，大革命以失败告终。党和军队内部右倾与“左”倾思想错误交织，悲观情绪和消极思想弥漫，党内出现了思想分歧。8月的“八七会议”批判和纠正了陈独秀右倾机会主义错误，提出“政权是由枪杆子中取得的”[②]这一著名论断，这是中国共产党克服危机的转折点。与此同时，危急时刻，许多优秀的党员干部依然坚定革命信仰，形成了巨大的革命英雄的模范引领力量，极大地振奋了党员的革命信仰和群众的抗争信念。周恩来在大革命失败后曾经指出：“革命失败之后，必然有很多失败情绪，引发许多争论的问题，俄国在1905年以后、德国在革命失败后，都有过这样的情形。”[③]愈是在困境下，党愈加能够不忘初心，在历经挫折与痛苦之后重新振奋精神，更加坚定马克思主义信仰和革命必胜的信念。

初心和使命指引着共产党选择正确的革命道路。毛泽东领导了秋收起义，在井冈山开辟革命根据地，将马克思主义与中国具体实际紧密结合，开始探索建立农村革命根据地、进行土地革命的正确道路。1928年10月，毛泽东在《中国的红色政权为什么能够存在？》中创造性地提出了“工农武装割据”这一科

① 《毛泽东选集》第1卷，人民出版社1991年版，第138页。

② 《八七会议》，中共党史资料出版社1986年版，第58页。

③ 《周恩来选集》上卷，人民出版社1980年版，第45页。

学理论，拨开了缠绕在人们心间关于党革命道路的迷雾。1928 年 11 月，毛泽东在《井冈山的斗争》一文中把井冈山根据地的经验概括为“坚决地和敌人作斗争”“深入割据地区的土地革命”“军队的武装帮助地方武装的发展”。①1930 年 1 月，毛泽东在《星星之火，可以燎原》中，对“城市中心论”进行了批判，进行根据地建设是在半殖民地国家无产阶级斗争发展的必然结果。② 事实证明，只有扎根于人民这一初心不变，农村包围城市这一条革命道路才会真正取得成功，党的信仰和初心才会真正成为人民的价值追求和精神家园。1929 年 12 月，在古田会议上，毛泽东明确提出通过教育肃清各种党内偏向。一是明确了多种政治信仰建设宣传教育的方式方法和途径。如“除请地方政府选派进步分子参加宣传队之外，还要从士兵中挑选优秀者为宣传员”。“在行军的大小休息空隙中，经过政治指导员、政治战士与党、团员来不疲劳的进行政治工作”。③ 通过贴布告、壁报、革命歌谣等方式的教育宣传。二是反对本本主义。1930 年 5 月，毛泽东创作《反对本本主义》，提出“没有调查，没有发言权”④；“到斗争中去！到群众中作实际调查去”⑤。1935 年 1 月召开遵义会议，确立了毛泽东在中央的领导地位，其本质是“党才彻底地走上了布尔什维克化的道路”⑥。这条道路，始终依靠和发动人民群众，使人民真切地感受到党的初心、党的信仰、党的力量，体会到坚定跟着共产党才有出路。

（四）抗日战争和解放战争时期形成“为人民服务”理念

1. 坚持党的思想领导，把提升党员干部的党性修养摆在初心涵养的首位

抗日战争全面爆发后，党明确要求广泛动员一切可以团结的力量抵御日本侵略者。紧急时刻，中国共产党认识到政治信仰建设的极端重要性，形成了诸

① 《毛泽东选集》第 1 卷，人民出版社 1991 年版，第 59 页。
② 同上书，第 100 页。
③ 《建党以来重要文献选编（1921—1949）》第 11 册，中央文献出版社 2011 年版，第 584 页。
④ 《毛泽东选集》第 1 卷，人民出版社 1991 年版，第 109 页。
⑤ 同上书，第 116 页。
⑥ 《毛泽东选集》第 2 卷，人民出版社 1991 年版，第 612 页。

如《反对自由主义》《怎样做一个共产党员》等一批著作，完善了思想建党相关理论，以坚韧的革命理想与信念影响统一战线中的历史道路。着重强调了学习马克思主义的重要性。掌握马克思主义有利于为抗日民族统一战线吸纳更多力量。1937 年 5 月，毛泽东在《为争取千百万群众进入抗日民族统一战线而斗争》中指出，党是依靠懂得马克思列宁主义的干部来深入联系群众、切实加强领导、以实现打倒敌人的目的。①1938 年 9 月 29 日至 11 月 6 日，在党的六届六中全会上，毛泽东号召在全党开展一场学习马克思主义的比赛。“大量设立各级培养干部的学校，训练班等”。《中央政治局关于巩固党的决定》也表示“加强党内马克思列宁主义的教育”是巩固党所必不可少的重要途径。

从 1937 年至 1941 年，毛泽东发表了《论持久战》《〈共产党人〉发刊词》《新民主主义论》等重要论著，就建设什么样的党做出了目标使命的回答，论述了要建设一个在“思想上政治上组织上都巩固的和布尔什维克化的党”②的目标。巩固了马克思主义信仰，在革命思想理论上形成了完整的体系，形成新民主主义理论，为延安时期党的发展道路指明了正确的方向。这一时期十分重视针对党员个体进行思想教育，形成了比较系统的党性修养理论。如，陈云 1939 年 5 月发表《怎样做一个共产党员》，提出共产党员必须具备的六个条件。刘少奇 1939 年 7 月撰写了《论共产党员的修养》，详细说明了党员加强党性修养的原因和方法，并号召广大党员通过党性修养方式，达到锻炼自己的无产阶级思想意识的目的。③

1941 年至 1942 年前后，中国共产党进入了在新民主主义革命时期最为艰难困苦的阶段，通过整风肃纪巩固信仰建设。在 1941 年 5 月召开的延安高级干部会议上，毛泽东做了《改造我们的学习》这一报告，通过开展对比论证，对主观主义的态度进行了严厉批评，重申马克思列宁主义才是正确的态度，才是“党性的表现”，强调打倒主观主义是巩固党性的必要条件。1941 年 9 月 10 日，

① 《毛泽东选集》第 1 卷，人民出版社 1991 年版，第 277 页。

② 《毛泽东选集》第 2 卷，人民出版社 1991 年版，第 603 页。

③ 《刘少奇选集》上卷，人民出版社 1981 年版，第 110 页。

毛泽东在《反对主观主义和宗派主义》一文中指出："遵义会议实际上变更了政治路线，但在思想上的遗毒仍然存在。"① 毛泽东及时发现了问题所在，在延安文艺座谈会上，他尖锐地指出许多党员"思想上并没有完全入党，甚至完全没有入党"，② 引起了全党对思想教育的高度重视，激发了党员对自身的深刻反思。毛泽东创造性地提出了批评与自我批评。毛泽东指出："批评和自我批评是一个整体，缺一不可，但作为领导者，对自己的批评则是主要的。"③1943 年 11 月，博古在中央政治局整风会上，就进行了自我批评，检讨了自己在中国革命中所犯的错误。"同志之间诚心诚意帮助，感激不尽，这是一场革命"。④ 这种批评与自我批评运动的开展是一场初心的洗礼，一次思想的革命，清理了腐朽思想、弘扬了正气，提升全党的战斗力。重视开展马克思主义理论的深入学习。毛泽东向来主张多读马列著作，并将马列主义的运用视为"看家本领"。因此，在 1939 年召开的延安在职干部教育动员大会上，毛泽东发出了"把全党变成一个大学校"的号召，把加强对马克思主义的学习、提升党员的理论水平作为提升全党抵御非无产阶级思想侵蚀的重要环节。毛泽东罗列了 22 个文件，要求全党以此为材料开展学习。中央还专门成立了总学习委员会，负责领导并监督理论学习落到实处。

1940 年 1 月，在《新民主主义论》一文中，毛泽东指出，"中国革命，不能离开无产阶级的领导"，进一步来说，"中国新文化也离不开无产阶级文化思想的领导"，尤其"离不开共产主义思想的领导"。⑤ 共产主义思想理论、初心信仰是无产阶级文化的核心内容，既是中国共产党无产阶级文化的生长点，也是其归宿点。解放战争时期，中共江苏地下党创办书店，组织歌咏团、诗社和

① 《建党以来重要文献选编（1921—1949）》第 18 册，中央文献出版社 2011 年版，第 592 页。

② 《毛泽东著作选读》下册，人民出版社 1986 年版，第 553 页。

③ 《毛泽东文集》第 2 卷，人民出版社 1993 年版，第 418 页。

④ 中国延安精神研究会编：《延安整风五十周年——纪念延安整风五十周年文集》，党建读物出版社 1995 年版，第 24—25 页。

⑤ 《建党以来重要文献选编（1921—1949）》第 17 册，中央文献出版社 2011 年版，第 51 页。

剧艺社等，牢牢把握住意识形态领导权，积极宣传中国共产党的路线、方针和政策。把贴近群众作为出发点与归宿。毛泽东指出，“文艺的对象是工农兵、干部，要熟悉他们”，“要打成一片，就要认真学习群众的语言”。①对群众的情况了解，与群众能做心贴心的交流，了解他们的需要，感同他们的生活，才能创作出接地气、通灵魂的优秀作品，丰富人民群众的精神空间，坚定他们继续革命的信念与意志。把创新文化表达形式作为重要举措。解放战争时期，创造的很多革命歌曲，如《打倒蒋介石解放全中国》《起来，穷人们》《靠我们打胜仗》等，带有极强的革命画面感，渲染了强烈的革命激情。这些新的文化形式，给中国共产党的理论宣传带来了生机与活力，也传递着中国共产党在新民主主义革命时期的初心使命，从而使共产党人更加认同党的政治信仰，并内化于实际行动中。

1949 年 3 月 5 日至 3 月 13 日，在七届二中全会上，毛泽东提出了防止资产阶级糖衣炮弹的警示，强调“两个务必”，即“务必使同志们继续保持谦虚、谨慎、不骄不躁的作风，务必使同志们继续保持艰苦奋斗的作风”。这实际上提出了我们党在成为执政党以后，如何继续坚持从思想上建设党、防止腐败堕落，要严格用思想武装全党的严肃课题，为党在新中国成立后的执政打下了思想基础。

2. 群众路线思想和群众观点的充分发展与运用

1938 年 5 月，毛泽东在《论持久战》中，科学的预见到抗日战争将经过战略防御、战略相持和战略反攻三个阶段，提出“兵民是胜利之本”的思想，认为“战争的伟力之最深厚的根源，存在于民众之中”，“动员了全国的老百姓，就造成了陷敌于灭顶之灾的汪洋大海，造成了弥补武器等等缺陷的补救条件，造成了克服一切战争困难的前提”。②这是中国共产党的群众路线思想和群众观点的革命战争年代的运用，也是在敌我力量悬殊形势下革命经验的总结。1939

① 《建党以来重要文献选编（1921—1949）》第 19 册，中央文献出版社 2011 年版，第 289 页。

② 《毛泽东选集》第 2 卷，人民出版社 1991 年版，第 480 页。

年2月20日，毛泽东在写给张闻天的信中，第一次提到了“为人民服务”的概念，并站在唯物主义的角度阐述了“为人民服务”的问题。刘少奇在同年7月写的《论共产党员的修养》中也提道：“党员都应该努力提高自己为人民服务的能力，努力增强自己为人民服务的本领。”①随着抗日战争中深入发动群众、开展人民战争，党进一步深化和完善了对群众路线的认识，也在实践中，增强了为人民服务的本领。1943年6月，毛泽东在《关于领导方法的若干问题》中用规范的语言表述了党的群众路线，第一次较为系统地对党的群众路线进行了阐述，标志着党对群众路线的认识已经上升到哲学高度，具备了成熟的科学理论形态。

1944年9月8日，在共产党员张思德的追悼会上，毛泽东作了《为人民服务》的演讲，首次在理论上阐释了为人民服务的思想。他指出：“我们的共产党和共产党所领导的八路军、新四军，是革命的队伍。我们这个队伍完全是为着解放人民的，是彻底地为人民的利益工作的。”②9月21日，《为人民服务》在《解放日报》发表。为人民服务的思想已逐渐融入毛泽东思想体系。

1945年中共七大上，毛泽东做《论联合政府》的政治报告中，突出强调全心全意地为人民服务是全党保持先进性的关键所在。③毛泽东还将思想建党上升到了原则层面，他坚持认为如果不能解决好思想教育这个重要环节，“党的一切政治任务是不能完成的”。④其中将和最广大人民群众取得最密切的联系作为区别共产党同任何其他政党的一个显著标志，作为中国共产党人的根本作风之一，要求“我们的代表大会应该号召全党提起警觉，……教育每一个同志热爱人民群众，细心地倾听群众的呼声；每到一地，就和那里的群众打成一片，不是高踞于群众之上，而是深入于群众之中；根据群众的觉悟程度，去启发和提高群众的觉悟，在群众出于内心自愿的原则之下，帮助群众逐步地组织起来，

① 《刘少奇选集》上卷，人民出版社1981年版，第134页。

② 《毛泽东选集》第3卷，人民出版社1991年版，第1004页。

③④ 同上书，第1094页。

逐步地展开为当时当地内外环境所许可的一切必要的斗争”。① 毛泽东还批判了“超过群众的觉悟程度”的命令主义以及“落后于群众的觉悟程度”的尾巴主义。毛泽东在《论联合政府》中第一次将理论联系实际、密切联系群众、批评与自我批评概括为三大优良作风。这既是中国共产党长期以来坚持注重初心教育、思想建党的伟大成就和宝贵财富。毛泽东在中共七大的闭幕词《愚公移山》中指出：“必须使全国广大人民群众觉悟，甘心情愿和我们一起奋斗，去争取胜利。”只要我们真正做到全心全意而不是“半心半意或者三分之二的心三分之二的意为人民服务”，② 就一定能够激发出全国人民和我们团结奋斗的满腔热情。中共七大将毛泽东思想确立为党的指导思想，并写入了党章，使得党在思想建设方面的理论基础更加扎实，帮助党在思想上的团结和统一达到了前所未有的高度。同时，中共七大还明确将“动员全党来学习毛泽东思想，宣传毛泽东思想”③ 作为当时的根本任务。这些都反映了党对初心使命的认识实现了升华，对党的建设的实践迈入了新的境界。

进入抗日战争时期以后，党的组织迅速发展壮大，成为一个全国范围的、广大群众性的大党，成为中华民族的中流砥柱。在解放战争时期，中国共产党注重组织发动人民群众进行土地改革运动，同时加强统一战线工作，团结各民主党派和群众。正是因为党和人民军队紧紧依靠群众，得到了人民群众的真心拥护和支持，才取得了中国革命的胜利。解放战争时期，蒋介石采取“防共、限共、溶共”的方针，采用各种手段打击共产党，为了从根本上打倒国民党反动派的疯狂反扑，中国共产党发出了掷地有声的“没有共产党，就没有新中国”的坚定信念与宣言。根据革命的性质和情势来鼓舞党和人民打败反动派的初心力量。在革命的紧要关头，毛泽东坚定地指出：“我们能够打败蒋，因为人民解放军的战争所具有的爱国的正义的性质，必然要获得全国

① 《毛泽东选集》第 3 卷，人民出版社 1991 年版，第 1095 页。

② 《毛泽东文集》第 7 卷，人民出版社 1999 年版，第 285 页。

③ 《刘少奇选集》上卷，人民出版社 1981 年版，第 337 页。

人民的拥护，这就是战胜蒋介石的政治基础。”[①] 正义必胜，反动必亡，中国共产党用正义的声音向人民呐喊，激发起强大的初心力量。紧紧依靠人民发动人民的力量。在解放区，1946 年 8 月，毛泽东在和斯特朗的交谈中，谈到了“一切反动派是纸老虎”，阐明真正强大的力量不属于反动派，而是属于人民的。“为了粉碎蒋介石的进攻，必须和人民群众亲密合作”。[②] 在农村坚定依靠贫农雇农，团结中农，着力为农民解决土地问题；在城市中，充分依靠工人阶级、小资产阶级和一切进步分子，并团结中间分子，孤立反动派。在国统区，中国共产党进行政治信仰的渗透与传播，对动员形成最广泛的爱国统一战线。由于国民党政府的专制独裁、贪污腐败、大发战争财，严重丧失了民心。

新民主主义革命时期，中国共产党把人民利益摆在第一位，倾听人民群众的心声、了解人民群众的疾苦和需要，体现了一以贯之的群众路线和群众作风。比如，为了进一步推动解放区的土地改革运动，1947 年 10 月，中共中央在西柏坡通过了《中国土地法大纲》，规定：“一切地主的土地……按人口平均分配，使全体人民均获得同等土地，归各人所有。”[③] 这部《大纲》是中国共产党在解放战争时期，向全中国人民承诺并践行的重要土地纲领。土地改革运动使广大人民群众在经济和政治上翻了身，激发了他们的革命热情，振奋了精神。因此，倾听人民的心声，为人民解决实际问题，为人民解放矢志不渝地奋斗，这就是中国共产党以实际行动践行初心使命。

二、新中国成立至改革开放前在挫折中前行

新中国成立后，党所处的环境由战争年代转换为和平建设年代，由革命时期的局部执政到全面执政，工作重心也开始从革命和夺取政权向治理国家以及管理社会转变。

---

①② 逄先知主编：《毛泽东年谱（1893—1949）》中卷，中央文献出版社 2002 年版，第 315 页。

③ 中共中央党史研究室：《中国共产党历史》（第 1 卷下册），中共党史出版社 2011 年版，第 755 页。

（一）执政初期防止脱离群众的危险

党执政后，面对有些党员干部逐渐背离了为人民服务的宗旨，贪污腐败滋生，以及一些心术不正的投机分子进入到党内，严重损害了党在人民群众中的形象，在全党开展整风整党和反贪污、反浪费、反官僚主义的“三反”运动，揭露和批判了党内存在的官僚主义、贪污腐败等现象，在“三反”运动中惩处了刘青山、张子善等一批贪污腐化分子。整风整党运动提高了党员干部的政治思想觉悟，进一步密切了我们党同人民群众的联系。

党领导人民为实现民族复兴铺平道路。随着国际形势复杂的变化，为了巩固新生的人民政权，中国共产党人带领全国人民进行保家卫国的抗美援朝战争。中国共产党人领导全国人民坚决同国民党反动派以及国外敌对势力进行斗争，为新中国的建设扫清障碍、创造良好的政治经济环境，更为民族复兴铺平了道路。中国共产党人在坚决同国内外敌人作斗争中为民族复兴扫清了障碍、铺平了道路，创造了良好的政治和经济条件，而且为过渡到社会主义社会创造相对和平的环境。1949 年 3 月，毛泽东在七届二中全会指出：“中国革命在全国胜利，并且解决了土地问题以后……存在着两种基本的矛盾。第一种是国内的，即工人阶级和资产阶级的矛盾。第二种是国外的，即中国和帝国主义国家的矛盾。”①

1953 年 6 月 15 日，毛泽东首次提出了党在过渡时期总路线的基本内容：“党在过渡时期的总路线和总任务，是要在一个相当长的时期内，逐步实现国家的社会主义工业化，并实现国家对农业、手工业和对资本主义工商业的社会主义改造。”② 过渡时期总路线的提出，是党在从新民主主义到社会主义过渡的历史使命问题认识上的一个重要改变，符合新中国社会发展的实际和规律。创造性地进行社会主义改造，采取从互助组到初级社再到高级社的方式完成农业和手工业的社会主义改造，采取和平赎买的方式完成资本主义工商业的改造。随

---

① 《毛泽东选集》第 4 卷，人民出版社 1991 年版，第 1433 页。

② 中共中央文献研究室编：《建国以来重要文献选编》第 4 册，中央文献出版社 2011 年版，第 602—603 页。

着社会主义改造的基本完成，确立了社会主义制度。1955 年 7 月，第一个五年计划经全国人大一届二次会议审议通过，“基本任务是：集中主要力量进行以苏联帮助中国设计的 156 个建设单位为中心……建立中国的社会主义工业化的初步基础”，[①] 所以建立比较完整的工业体系是“一五计划”的重点，也是当时的历史使命。1957 年，“一五”计划超额完成了规定的任务，实现了国民经济的快速增长，并为我国的工业化奠定了初步基础。不仅改变了工业主要布局在沿海的畸形状况，而且促进了城市化的进程，进一步改善人民群众的生活居住的环境。中国共产党人带领全国人民通过实施第一个五年计划，自力更生、艰苦奋斗，在一穷二白的基础上初步建立起比较完整的工业体系和国民经济体系，奠定实现民族复兴历史使命的基础。

“一五”计划建设取得巨大成就的同时，我国社会主义制度也得到加强和完善。在思想建设方面，马克思主义在全国的指导思想地位进一步加强。过渡时期总路线提出后，党的思想工作的重点就转向用过渡时期总路线和社会主义的思想来宣传和教育全国人民。以公有制为前提确立的根本政治制度和基本政治制度，是服务人民当家作主这一初心，体现民族复兴这一使命的，为当代中国实现站起来、富起来到强起来的飞跃奠定了根本发展动力。1956 年 4 月 25 日，毛泽东在政治局扩大会议上做题为《论十大关系》的报告，强调我们“历来提倡关心群众生活，反对不关心群众痛痒的官僚主义”。[②]

1956 年 9 月，中共八大着重提出了执政党的建设问题。邓小平在党的八大所作的《关于修改党章的报告》中，一方面突出地提出反对党内主观主义、宗派主义、官僚主义，批评那种脱离实际、脱离群众的思想作风；另一方面，强调坚持民主集中制和集体领导制度，反对个人崇拜，反对突出个人，反对对个人歌功颂德。报告指出：群众路线是我们党的组织工作中的根本问题，是党章的根本问题，是需要党内反复进行教育的。他提醒全党执政后，脱离群众的危

---

① 当代中国研究所著：《中华人民共和国史稿》第 1 卷，当代中国出版社 2012 年版，第 167 页。

② 《毛泽东文集》第 7 卷，人民出版社 1999 年版，第 28 页。

险比以前大大地增加了，同时脱离群众对于人民可能产生的危害，也比以前大大地增加了。他系统阐述了党的群众路线两个方面的意义：一是人民群众必须自己解放自己，二是党是不是能采取“从群众中来，到群众中去”的工作方法。《关于修改党章的报告》是党成为执政党后对党的群众路线最集中、最系统、最深刻的阐述，也是对为人民执政、靠人民执政内容的极大丰富。党的八大是一次解放思想、民主开放的大会，它宣告了社会主义革命的基本完成和社会主义制度的基本建立，并明确提出了党在今后的根本任务。历史证明，这些成果对于党的事业的发展有着长远的重要意义。1957 年 2 月 27 日，毛泽东在最高国务会议第十一次会议上，专门作了《关于正确处理人民内部矛盾》的讲话，指出：“所谓正确处理人民内部矛盾问题，就是我党从来经常说的走群众路线的问题。”“党群关系好比鱼水关系。如果党群关系搞不好，社会主义制度就不可能建成，社会主义制度建成了也不可能巩固。”①

（二）对社会主义建设道路的艰辛探索

与此同时，广大人民群众迫切要求尽快改变我国经济文化落后状况的普遍愿望，是此时放在中国共产党和中国人民面前的“历史使命”。1957 年冬，党中央提出 15 年赶超英国钢产量的发展目标，1958 年，制定了社会主义建设总路线，并发动“大跃进”和人民公社化运动。“大跃进”运动的最大失误是盲目求快；人民公社化运动的最大失误是片面追求提高公有化程度。这些都背离了经济和社会发展的客观规律。

党在领导全国人民全面探索社会主义建设道路的过程中，继续推进群众路线的贯彻实践，深入进行为人民执政、靠人民执政的探索，取得了一些成效，但由于缺乏社会主义建设经验，在坚持群众路线上也出现了严重偏差，在不少问题上混淆了敌我矛盾和人民内部矛盾的界限。

为了纠正这种错误，党中央和毛泽东重新提出要大兴调查研究之风和群众路线。1962 年 1 月，毛泽东在《扩大的中央工作会议上的讲话》中强调“哪有

---

① 《建国以来重要文献选编》第 10 册，中央文献出版社 1994 年版，第 62 页。

马克思列宁主义者怕群众的道理呢？有了错误，自己不讲，又怕群众讲。越怕，就越有鬼。我看不应当怕。有什么可怕的呢？我们的态度是：坚持真理，随时修正错误”。①1962 年“七千人大会”上，刘少奇根据 1958 年后党在工作中的经验教训，对党的群众路线问题进行了重新系统论述，具体指出，什么是群众路线呢？概况地说，群众路线的基本点就是，第一，信任人民群众，相信他们能够自己解放自己，相信他们是历史的创造者。第二，党必须根据群众的实践来检验自己的工作，党的方针、政策、措施，都必须从群众中来，到群众中去。② 这些都体现了我们党一定程度上恢复了群众路线思想的优良传统。但总体而言，由于党在指导思想上逐渐走入“以阶级斗争为纲”误区，将群众路线曲解为大规模的群众运动，使得群众路线的应用出现偏差，为人民执政、靠人民执政制度的发展受到阻碍。

1960 年冬，中共中央和毛泽东开始纠正农村工作中的“左”倾错误，并且决定对国民经济实行“调整、巩固、充实、提高”的方针。由于采取一系列果断措施，到 1962 年底，国民经济开始好转。然而，1966 年，正当国民经济调整的任务基本完成、即将进入一个新的发展时期之际，“文化大革命”发生了。实践证明，“文化大革命”作为一场政治运动，严重地混淆了敌我，迷乱了初心，不是也不可能是任何意义上的革命或社会进步。“文化大革命”中群众路线被曲解为大规模的群众运动，群众路线出现偏差。“文化大革命”是一场由领导者错误发动，被反革命集团利用，给党、国家和人民造成严重灾难的内乱。这场严重错误，使党和国家的工作、社会秩序受到巨大破坏。③“文化大革命”持续十年，以十分尖锐的形式，相当充分地暴露出我们党和国家在体制、政策、工作等方面存在的严重缺陷。党在人民群众心中的形象受损，党群关系遭到严重破坏，这是党在社会主义建设探索时期积累的重要教训。正如

---

① 《毛泽东文集》第 8 卷，人民出版社 1999 年版，第 291 页。

② 《刘少奇选集》下卷，人民出版社 1996 年版，第 400 页。

③ 中共中央党史研究室：《中国共产党的九十年——社会主义革命和建设时期》，中共党史出版社、党建读物出版社 2016 年版，第 560 页。

邓小平总结1957年以来历史经验时指出："二十年的经验尤其是'文化大革命'的教训告诉我们，不改革不行，不制定新的政治的、经济的、社会的政策不行。"①

三、改革开放至党的十八大前巩固与发展

党的十一届三中全会前后，邓小平以伟大的无产阶级革命家深邃的理论眼光，思考新中国成立以来特别是"文化大革命"的经验教训，领导全党拨乱反正，坚持改革开放，重新审视如何回归初心，精确回答如何科学地执政，从理论到实践上，确立了解放思想、实事求是的思想路线，明确了经济建设的发展纲领，是改变中国命运、推进党和人民事业发展、实现民族复兴的最关键一招。

（一）恢复和发展党的马克思主义思想路线

"文化大革命"造成的后果十分严重，要在短期内消除它在政治上思想上造成的混乱并非一件容易的事。1977年4月，尚未恢复领导职务的邓小平在给党中央的信中提出，"我们必须世世代代地用准确的完整的毛泽东思想来指导我们全党、全军和全国人民"。②此后，他在不同场合多次批评"两个凡是"。1978年5月11日，《光明日报》发表了《实践是检验真理的唯一标准》的文章，强烈反对错误的"左"倾思想，开展了一次全国性的马克思主义思想解放运动。为党的十一届三中全会重新确立解放思想、实事求是的思想路线奠定了基础。实践是检验真理的唯一标准，这场关于真理问题的讨论实际上是决定国家命运，邓小平的这次冲破禁锢的思想解放是正确的，是挽救国家民族危亡的壮举。

使命在肩，准确地完整地捍卫并发展党的指导思想。1982年，邓小平在党的十二大开幕词中明确提出了"建设有中国特色的社会主义"重大命题，他指出："我们的现代化建设，必须从中国的实际出发……把马克思主义的普遍真理

① 《邓小平文选》第3卷，人民出版社1993年版，第266页。

② 中共中央文献研究室编：《邓小平年谱（1975—1997）》上，中央文献出版社2004年版，第157页。

同我国的具体实际结合起来，走自己的道路，建设有中国特色的社会主义，这就是我们总结长期历史经验得出的基本结论”。[①]“建设有中国特色的社会主义”重大命题的提出，回答了“进入改革开放新时期后中国走什么样的道路”这一人们最为关心的重大使命问题，成为指引新时期改革开放和社会主义现代化建设的伟大旗帜。党的十二大提出，推进经济建设作为开展新局面的首要任务。思想路线的拨乱反正，是其他一切方面拨乱反正的前提和先导。邓小平作为马克思主义实践者，带领中国共产党成功实现了把党的工作重心由“以阶级斗争”为纲转移到以经济建设为中心。邓小平以历史唯物主义与辩证唯物主义为理论指导，密切联系当时国内的实际情况，指出：“社会主义现代化建设是我们当前最大的政治，因为它代表着人民的最大的利益、最根本的利益。”[②]并在后来的多次会议中指出，“我们的政治路线就是搞社会主义现代化建设”。[③]他认为政治上的建设归根到底就是要解决经济问题实现经济发展。十一届三中全会以来，中国共产党坚持以经济建设为中心，把经济问题作为最大的政治问题，破除“空头政治”和“假、大、空”风气，开创了党和国家事业发展的新局面。认清我国社会的主要矛盾。邓小平在中共十一届三中全会前后，重新肯定了中共八大关于对社会主要矛盾的正确判断，从而解决了党的工作任务和对社会主要矛盾判断脱节的问题，保证了工作重心从阶级斗争到经济建设的顺利转变。

提高党员觉悟，使共产党员成为名副其实的先进分子。在党的十一届三中全会之后，虽然错误思想有了明显的遏制，但还是亟需准确地理解毛泽东思想。在党的十一届五中全会上，邓小平重新概括了党的思想路线，即“实事求是，一切从实际出发，理论联系实际，坚持实践是检验真理的标准”[④]。此后，为了充分认识党的思想路线，1983 年 10 月，党的十二届二中全会提出，不解决思

---

① 邓小平：《中国共产党第十二次全国代表大会开幕词》（1982 年 9 月 1 日），《邓小平文选》第 3 卷，人民出版社 1994 年版，第 2—3 页。

② 《邓小平文选》第 2 卷，人民出版社 1994 年版，第 163 页。

③ 《邓小平年谱（1975—1997）》，中央文献出版社 2004 年版，第 541 页。

④ 《邓小平文选》第 2 卷，人民出版社 1994 年版，第 278 页。

想路线问题，不解放思想，正确的政治路线就制定不出来，制定了也贯彻不下去。大会讨论通过了《中共中央关于整党的决定》，用三年时间分批分期地对党的作风和党的组织进行全面整顿。这次整党主要采取党员集中学习、开展批评与自我批评的方法，解决党组织和党员存在的问题。

风波考验，坚定社会主义初级阶段的基本路线。20世纪80年代末，苏联和东欧社会主义国家政局动荡不断加剧，西方国家扬言资本主义对社会主义将“不战而胜”；中国改革开放中积累的矛盾和问题凸显。1989年6月，邓小平指出：“这场风波迟早要来。这是国际的大气候和中国自己的小气候所决定的，是一定要来的，是不以人们的意志为转移的”①。“要害是否定共产党的领导，否定社会主义制度。……坚决把动乱压下去，不然天无宁日，国无宁日，天天不得安宁，甚至永远不得安宁。”②邓小平强调，要一手抓深化改革，一手抓党的建设尤其是思想建设，不能因为一些事件，就否认我们的发展战略和方针政策，要把四项基本原则，基本路线，认真教育全党，教育全体干部和共产党员，要认真思考过去，现在和未来，以便扬长避短。中央提出，为了帮助县处级以上党政干部在复杂环境中明辨是非，把握正确政治方向，着重对他们进行马列主义、毛泽东思想基本理论的教育，并使之常态化、制度化。凡进入领导班子的成员，都要经过相应的党校学习。1989年7月，中央政治局通过《关于加强宣传、思想工作的通知》，强调克服“一手软”问题，重视加强理想信念教育，切实反对资产阶级自由化，真正让社会主义思想占领意识形态领域。

立本开流，保持立党为公执政为民的本色，始终强调把思想建设放在党的建设的首位。20世纪80年代后期以来，中国开始出现资产阶级自由化思潮，他们公然攻击马克思主义过时了，主张全盘西化。以江泽民同志为核心的党的

① 邓小平：《在接见首都戒严部队军以上干部时的讲话》（1989年6月9日），《邓小平文选》第3卷，人民出版社1994年版，第302页。

② 中共中央文献研究室编：《邓小平年谱（1979—1997）》下，中央文献出版社2004年版，第1272—1273页。

第三代中央领导集体，旗帜鲜明地反对资产阶级自由化思潮。他指出：“党内暴露出的各种问题告诉我们，必须把加强思想建设、提高党员的思想政治水平作为一项迫切的任务提到全党面前。”① 如果不重视党的思想建设，不注重马克思主义和科学社会主义的学习，党内就会引起思想混乱。一是高度重视思想理论建设。1989 年 12 月 29 日江泽民指出，“切实把思想建设放在党的建设的首位”。但是，“近年来走上各级领导岗位的中青年干部，相当一部分同志对建党以来和建国以来的历史不很熟悉甚至很不熟悉，迫切需要提高和丰富自己”。② 因此，江泽民反复强调，领导干部要讲学习、讲政治、讲正气，提出了以“三讲”来解决党内思想问题的新形式，在党员干部中广泛开展以“三讲”为主要内容的党性党风教育。坚定不移的坚持全心全意为人民服务的宗旨，以人民的利益需要为根据不断地校正自己的行为。二是探索思想建党的有效途径。“特别是注重对马克思主义哲学的教育，党的基本路线的教育，党的基本知识的教育”。③ 三个方面的“三个基本教育”，要求全党注重用先进理论来武装党，要求广大党员加强对马克思主义经典著作的选读等。江泽民强调应该从以下几个方面对广大党员干部进行思想教育：其一为共产主义理想和信念的教育；其二为全心全意为人民服务宗旨的教育；其三为艰苦奋斗、勤俭节约的教育。通过开展“三讲”教育活动强化初心。江泽民创造性提出“三讲”教育。1995 年 11 月 25 日《人民日报》发表了题为《讲学习，讲政治，讲正气》的文章。1996 年，在党的十四届六中全会上，正式形成了开展“三讲”教育活动的决议。这次为期三年的教育活动，发扬了延安整风运动的精神，采取自上而下，分期分批进行，党内的批评和自我批评相结合的方式，使全党同志，尤其使领导干部受到了一次深刻的党性党风教育，达到了预期的效果。1997 年，党的十五大胜利召开，大会面向 21 世纪，确立了党的建设的新目标，明确提出“一个中心，三个着眼于”的重要思想，指出了党的建设所面临的新课题，提出了进一步加强党的建

① 《江泽民文选》第 1 卷，人民出版社 2006 年版，第 94 页。

② 江泽民著:《论党的建设》，中央文献出版社 2001 年版，第 37 页。

③ 《十三大以来重要文献选编》，人民出版社 1991 年版，第 811 页。

设的新举措。这些活动无疑对改革开放和社会主义现代化建设事业起了巨大的推动作用，对于新时期党员政治素质的提高、党性修养的培养、思想作风的端正具有重大的意义和作用。

“三个代表”重要思想的提出。2000 年 1 月，江泽民当时在广东参加茂名市的“三讲”教育动员会时指出，“党要始终代表中国先进生产力的发展要求，代表中国最广大人民的根本利益”，① “三个代表”重要思想被第一次提出，2001 年 7 月 1 日，在庆祝中国共产党成立 80 周年大会上，江泽民第一次以“三个代表”要求为核心，全面阐述了“三个代表”重要思想，进一步加深了对“什么是社会主义、怎样建设社会主义”的规律性认识，特别是重点回答和解决了“建设什么样的党、怎样建设党”的历史性课题。

守本辟新，开拓了为人民谋幸福的新境界。进入 21 世纪的新阶段，国际形势发生深刻变化，一些领导干部和领导班子思想理论水平不高；一些党员干部思想作风不端正、工作作风不扎实、脱离群众等问题突出；一些基层党组织软弱涣散，党员不能发挥先锋模范作用。在机遇和挑战并存的国内条件下，党要带领全国各族人民全面建设小康社会、加快推进社会主义现代化，必须加强执政能力建设。2004 年 9 月，党的十六届四中全会通过《关于加强党的执政能力建设的决定》，强调全党自觉地加强执政能力建设，为人民执好政、掌好权。2004 年 11 月 7 日，中央对开展保持中国共产党先进性教育活动进行具体部署。2005 年 1 月，胡锦涛提出“加强党的先进性建设”这一重大命题，“党的先进性建设是马克思主义政党自身建设的根本任务”。②2006 年 6 月，先进性教育活动基本结束，新建基层党组织 13 万个，整顿软弱涣散、不起作用的基层党组织 15.6 万个，各级党组织和广大党员与困难群众结对帮扶 1347 万个。通过这一活动，广大党员受到一次深刻的马克思主义教育，先锋模范作用进一步发挥。

---

① 《十三大以来重要文献选编》，人民出版社 1991 年版，第 972 页。

② 《胡锦涛文选》第 2 卷，人民出版社 2016 年版，第 263 页。

以坚定理想信念加强思想建设、深入实践科学发展观。思想理论建设是党的根本建设，党的理论创新引领各方面创新。2007年10月，胡锦涛在党的十七大报告中强调以改革创新精神全面推进党的建设新的伟大工程，“必须把党的执政能力建设和先进性建设作为主线”；“以坚定理想信念为重点加强思想建设”。① 同时作出在全党开展深入学习实践科学发展观活动的部署。2008年9月，党中央决定用一年半的时间，分批开展学习活动。9月14日，中共中央印发《关于在全党开展深入学习践行科学发展观活动的意见》。学习实践活动自上而下分三批进行，每批历时半年左右，共有370余万个党组织、7500余万名党员参加。

建设马克思主义学习型政党。2009年9月，党中央就如何加强和改进新形势下党的建设作出新的部署，党的十七届四中全会通过《关于加强和改进新形势下党的建设若干重大问题的决定》，强调要建设马克思主义学习型政党，不断提高党的建设科学化水平。12月，中央办公厅印发了《关于推进学习型党组织建设的意见》，进一步明确建设学习型党组织的意义、要求、原则、内容和方法等问题，并成立中央学习型党组织工作协调小组，在中央和省、自治区、直辖市两级成立建设学习型党组织工作协调小组。

开展创先争优活动。党的十七大部署以改革创新精神加强和改进党的建设，明确提出两项活动。一是在全党开展深入学习实践科学发展观的活动。二是党的基层组织和党员深入开展创先争优活动。2010年5月，中共中央办公厅转发了《中央组织部、中央宣传部关于在党的基层组织和党员中深入开展创先争优活动的意见》，就开展活动的要求、内容、指导等方面给予规定。

党风廉政建设和反腐败工作不断取得新成效。2011年7月，在庆祝中国共产党成立90周年大会上，胡锦涛振聋发聩地指出“四大考验”“四种危险”更加尖锐地摆在全党面前。如何才能经受考验，化解危险，胡锦涛强调指出，思想纯洁是马克思主义政党保持纯洁性的根本，“要加强思想建设，教育引导广大

① 《胡锦涛文选》第2卷，人民出版社2016年版，第652页。

党员、干部坚定理想信念、坚守共产党人精神家园”。① 党的十六大以后，以胡锦涛同志为总书记的党中央，在继续推进党的建设新的伟大工程的过程中，着力对加强党的执政能力建设、先进性建设和纯洁性建设进行了新的探索，形成了极具时代特征、内容丰富的思想。除此之外，为了加强领导干部党风廉政教育，中央办公厅印发了《2010—2020 年干部教育培训改革纲要》，将党性党风党纪教育纳入干部教育培训整体规划，列入各级党校、行政学院和干部培训院校课程中，为保持党的先进性发挥了重要作用。

（二）为民目标：共同富裕

十一届三中全会后，以邓小平同志为核心的党中央审时度势，作出把工作重心转移到社会主义现代化建设上来的决定。自此，我国进入社会主义现代化建设新时期，为人民执政、靠人民执政也迎来一个新的发展时期。

在改革开放初期，党面临着脱离群众和领导干部特殊化的严峻考验。1980 年 2 月，在中共十一届五中全会上，通过了《党内政治生活若干准则》，强调要批判和纠正封建特权思想，不允许有不受党纪国法约束或凌驾于组织之上的特殊党员，坚决刹住营利谋私、徇私舞弊的不正之风。这表明党自身认识到作风建设对践行群众路线、坚持为人民执政、靠人民执政的重要性。1980 年 12 月，邓小平在《贯彻调整方针，保证安定团结》中指出“群众是我们力量的源泉，群众路线和群众观点是我们的传家宝”。② 明确群众在社会主义现代化建设和改革开放的事业中的战略定位，坚决抵制腐败，营造风清气正的党内环境。

1981 年 6 月，十一届六中全会通过了《关于建国以来党的若干历史问题的决议》。在决议中，第一次把群众路线确定为毛泽东思想三个“活的灵魂”之一，对党的群众路线做了简明的概述：“群众路线，就是一切为了群众，一切依靠群众，从群众中来，到群众中去。”此外，还强调了坚持群众路线的重要性，“我们党要坚持革命，把社会主义事业推向前进，就必须坚持群众路线”。③ 邓

① 《胡锦涛文选》第 3 卷，人民出版社 2016 年版，第 579 页。

② 《邓小平文选》第 2 卷，人民出版社 1994 年版，第 368 页。

③ 《关于建国以来党的若干历史问题的决议》（注释本），人民出版社 1985 年版，第 57 页。

小平对于党员干部的思想和作风也作出严格要求，强调“党的组织、党员和党的干部，必须同群众打成一片，绝对不能同群众相对立”。①

在拨乱反正的过程中，邓小平注重恢复知识分子的地位，把知识分子作为社会主义现代化建设事业的重要依靠力量，并积极倡导尊重知识，尊重人才。他十分重视教育工作和人才的培养，着手恢复和完善高考制度，让一大批有志知识青年通过高考进入大学接受高等教育，为社会主义事业的发展提供人才，为社会主义现代化建设的顺利发展奠定基础。知识分子也是人民群众的一部分，这表明党中央对知识分子地位和身份的高度认可与尊重，对于团结和依靠知识分子，开创社会主义现代化建设焕然一新、蒸蒸日上的局面意义重大，也是邓小平对为人民执政、靠人民执政的突出贡献。

要做到为人民执政、靠人民执政就要时刻践行群众路线，相信人民群众自己解放自己，尊重人民群众首创精神，坚持“从群众中来，到群众中去”。从人民群众中来汲取经验和意见，使党的路线和政策更加贴近于人民，也有利于路线和政策的贯彻实施。安徽省凤阳县小岗村率先进行改革，实行家庭联产承包责任制，面对这种新的情况，邓小平积极鼓励总结其经验并推广至全国，以农村的改革推动城市的改革和其他方面的改革，这极大地激发了劳动者的生产积极性，发挥了人民群众的主人翁精神，大大解放和发展了社会生产力。

有些党员干部经不起改革开放的考验，滋生了享乐主义、以权谋私等现象，引起了人民群众的强烈不满，1989 年的政治风波从一个侧面暴露出党内存在的严重问题。邓小平对此尖锐地指出：“在这次事件中，没有反对改革开放的口号，口号比较集中的是反对腐败。”②1990 年党的十三届六中全会通过了《关于加强党同人民群众联系的决定》，从八个方面就如何保持与人民群众的血肉联系做出详细部署。其中，《决定》还提出要深化政治体制改革，完善人民代表大会制度与中国共产党领导的多党合作和政治协商制度。

① 《邓小平文选》第 2 卷，人民出版社 1994 年版，第 368 页。

② 《邓小平文选》第 3 卷，人民出版社 1993 年版，第 313 页。

1992年，邓小平发表了对中国改革开放事业具有深远影响的“南方谈话”，首次完整阐述了社会主义的本质：“社会主义的本质，是解放生产力，发展生产力，消灭剥削，消除两极分化，最终达到共同富裕。”①将共同富裕纳入社会主义本质论中，有利于充分调动人民群众的积极性，是党为人民执政、靠人民执政的重要发展。在谈话中，正式提出“三个有利于”的标准，将其作为衡量各方面工作成败的标准，把人民群众“拥护不拥护”“赞成不赞成”“高兴不高兴”“答应不答应”作为党制定各项方针政策的出发点和落脚点，是对新时期中国共产党群众路线思想的升华。

总之，改革开放以来，以邓小平同志为主要代表的中国共产党人坚持将群众作为改革开放征程中的有力臂膀和可靠支撑，坚守党的初心使命，以群众为价值主体，团结知识分子群体，着眼于维护和发展群众利益，大力发展经济，改善群众生活质量，广泛团结社会力量，从而推进党的建设和社会主义事业。

（三）为民途径：发展是执政第一要务

20世纪90年代以后，国内外形势发生深刻变化：东欧剧变，苏联解体，执政长达74年的苏联共产党在一夜之间土崩瓦解，令人唏嘘惋惜的同时，留给人们更多的是思考。中国则处在经济转型和完善社会主义市场经济的重要阶段，随着经济全球化的深入发展，面临着复杂的国际形势。在世情、国情和党情变化面前，以江泽民同志为核心的党的第三代中央领导集体清楚的认识到必须紧紧地将人民群众团结在党的周围，想人民群众所想，紧紧依靠人民群众的力量，才能顺利的进行社会主义现代化建设。

在世纪之交，江泽民指出：“密切同人民群众的联系，要在继承过去的优良传统和总结历史、现实经验的基础上，从思想教育和制度规定两个方面入手，提出一套管用的教育办法和制度规定，让全体党员特别是各级领导干部一体遵循。”②在2001年召开的党的十五届六中全会上，他再次指出：“健全联系群众

① 《邓小平文选》第3卷，人民出版社1993年版，第373页。

② 《江泽民文选》第3卷，人民出版社2000年版，第329页。

的制度，是新形势下坚持党的群众路线的重要课题。”① 全会列举了群众接待日制度，领导干部处理来信来访制度，领导机关干部到基层特别是贫困地区锻炼和帮助工作的制度等具体制度，大大丰富了为人民执政、靠人民执政制度。

江泽民继承了马克思主义、毛泽东思想、邓小平理论关于为人民执政、靠人民执政相关思想，将党同人民群众的关系提升到了生死存亡的高度。他指出：“从根本上说，政治问题主要是对人民群众的态度问题、同人民群众的关系问题。”② 告诫全党，讲政治就是讲群众观点，就是践行群众路线，就是密切联系人民群众，党员干部必须充分地认识党同人民群众的关系直接影响到党的地位，只有充分的保障人民群众的利益才能够巩固党的执政地位。他还指出，一些党员干部在长期执政的情况下，对我们党来之不易的执政地位缺乏高度认识，一些党员干部与人民群众的感情疏远了、对困难群众的疾苦漠不关心；一些党员干部大搞形象工程劳民伤财，甚至腐败堕落，影响极坏，很容易使人民群众因某些党员领导干部的执政能力和水平失去对党的信任和支持。党员干部的权力来自人民群众，就要在实际的工作中用自己手中的权力去为人民群众谋利益，体现广大人民群众的意愿和心声。江泽民强调：“全心全意为人民服务，立党为公，执政为民，是我们党同一切剥削阶级政党的根本区别。”③ 立党为公就是希望党员领导干部树立公仆意识，只有摆正自己的位置，才能认识到人民群众的主体地位，执政为民就是使手中的权力一定要指向人民群众所思所想。“立党为公、执政为民”是对党为人民执政、靠人民执政的重要内容。

导致党脱离人民群众最致命的一点就是腐败问题。面对新情况新问题，以江泽民同志为核心的党中央在处理与人民群众的关系时，十分注重加强党自身的建设，坚决消除腐败。为了广大人民群众的实际需要和共同愿望，党员和党的领导干部要学会倾听人民群众的意见，对人民群众的各种意见进行实事求是的分析。江泽民始终认为要解决腐败问题从根本上要紧紧依靠人民群众。“坚持

① 《中共中央关于加强和改进党的作风建设的决定学习辅导读本》，学习出版社 2011 年版。

② 江泽民：《论党的建设》，中央文献出版社 2001 年版，第 193 页。

③ 江泽民：《论“三个代表”》，中央文献出版社 2001 年版，第 161 页。

反腐败斗争，是密切党同人民群众联系的重大问题。”[①] 党只有坚决消除腐败现象，才能取信于民，才能保持党同人民群众血肉联系。

以党的十三届四中全会为起点，以江泽民同志为主要代表的中国共产党人在巩固执政地位，筑牢执政基础和推进党的建设过程中，提出“三个代表”重要思想，坚持以群众为本，时刻警醒联系群众，细心维护群众利益，深入推进党风廉政建设和反腐败斗争，从而推进社会主义事业。

（四）靠民目标：共建和谐社会

马克思指出：“共产党人不是同其他工人政党相对立的特殊政党。他们没有任何同整个无产阶级的利益不同的利益。”[②] 中国共产党是代表中国最广大人民的根本利益，没有自己特殊的利益。胡锦涛指出：“相信谁、依靠谁、为了谁，是否始终站在最广大人民的立场上，是区分唯物史观和唯心史观的分水岭，也是判断马克思主义政党的试金石。对于马克思主义执政党来说，把实现好、维护好、发展好最广大人的根本利益作为党的建设的核心价值理念。”[③]

党的十六届三中全会站在新的高度，提出了以人为本的科学发展观，并进一步构建社会主义和谐社会。科学发展观指明了进一步推动中国经济改革与发展的思路和战略，明确了科学发展观是指导经济与社会发展的根本是指导思想，标志着中国共产党对于社会主义建设规律、社会发展规律、共产党执政规律的认识达到了新的高度，标志着马克思主义和新的中国国情相结合达到了新的高度和阶段。2007 年 10 月，在党的十七大报告中，胡锦涛就科学发展观的科学内涵、精神实质、根本要求等做出全面阐述。党的十七届四中全会提出要以思想教育、完善制度、集中整顿、严肃纪律为抓手，保持党同人民群众的血肉联系。在完善制度方面，全会系统阐述了各项具体制度，如领导干部调查研究制度，信访联席会议制度，领导干部定期接访、下访制度，进一步详细阐述

① 《十四大以来重要文献选编》上，人民出版社 1999 年版，第 58 页。

② 《马克思恩格斯选集》第 1 卷，人民出版社 1995 年版，第 285 页。

③ 《十六大以来重要文献选编》(上)，中央文献出版社 2005 年版，第 364 页。

了为人民执政、靠人民执政的各项制度。胡锦涛在2011年“七一”讲话中特别强调，我党的各级领导干部在日常工作中都要坚持“权为民所用，情为民所系，利为民所谋”的重要思想。权为民所用，要求全党正确运用权力，杜绝以权谋私，党员干部树立正确的权力观；情为民所系，要求全党深入群众，倾听群众心声，关注民众疾苦，与人民群众心连心，共命运；利为民所谋，要求将人民群众的利益放在党的工作的首位，站稳群众立场，将人民群众的利益与党的政策有机结合起来。这也是为人民执政、靠人民执政重要的内容。2012年11月8日，党的十八大向全党发出了“坚定不移沿着中国特色社会主义道路前进，为全面建成小康社会而奋斗”的号召，并且强调要坚持以人为本、执政为民，“必须增强宗旨意识，相信群众，依靠群众，始终把人民放在心中最高位置”。①

总之，党的十六大以来，以胡锦涛同志为主要代表的中国共产党人以群众最关心的实际问题为着眼点，以解决群众的现实利益问题为抓手，以改善民生为中心，为亿万群众谋取福祉，真正做到为人民执政、靠人民执政，中国共产党也因此汇聚民意民力，实现经济社会发展的和谐统一。

四、党的十八大以来的丰富和发展

不忘初心、牢记使命和为人民执政、靠人民执政是马克思主义基本原理在我们党全部实践活动中的应用，是丰富而有内涵的理论体系。党的十八大以来，立足新的历史条件，以习近平同志为核心的新一届党中央以“四个全面”战略布局为中心，坚持尊重群众主体地位，坚守“以人民为中心”的发展理念，采取了一系列保障和改善民生的政策和措施，树立了共产党人亲民、重民、利民的良好形象，有力促进党与人民群众的血肉联系，丰富和发展了不忘初心、牢记使命和为人民执政、靠人民执政理论和实践，巩固了党执政的基础和地位。

① 胡锦涛:《坚定不移的沿着中国特色社会主义道路前进，为全面建成小康社会而奋斗》,《人民日报》2012年11月18日。

（一）不忘初心、牢记使命：党在新时代的新承诺

党的十九大报告的主题是："不忘初心，牢记使命，高举中国特色社会主义伟大旗帜，决胜全面建成小康社会，夺取新时代中国特色社会主义伟大胜利，为实现中华民族伟大复兴的中国梦不懈奋斗。"① 中国共产党的初心和使命，就是为中国人民谋幸福，为中华民族谋复兴。② 不忘初心、牢记使命，是我们党在新时代给亿万人民群众的庄严承诺，也体现了我们党始终为人民执政、靠人民执政。

中国共产党百年的历史就是一部一切为了人民、一切依靠人民不断践行初心和使命的波澜壮阔的史诗。在新民主主义革命时期，整个中华民族面临着内忧外患的困境。摆在中国共产党面前的就是要带领广大人民群众，推翻帝国主义、封建主义、官僚主义这"三座大山"，争取民族独立和解放，这就是党不忘初心，牢记使命的根本前提。中国共产党结合自身特色，坚持将马克思主义思想与中国具体实际紧密联系，走自己的路，最终取得了新民主主义革命的胜利，建立了中华人民共和国，中国人从此站起来了。在社会主义建设期间，带领全国人民进行社会生产，改变物质文化水平落后的状况是我们党践行初心和使命的表现。改革开放以来，市场经济建立，经济快速发展，人民群众的生活水平有了质的提升，解放生产力、发展生产力也体现了党的初心和使命。

新时代，"我国社会主要矛盾已经转化为人民日益增长的美好生活需要和不平衡不充分的发展之间的矛盾"。③ 中国共产党依然强调不忘初心、牢记使命。中国特色社会主义已经进入新时代，人民群众要求的已不再是简单的物质文化，而是更加注重政治、教育、平等、正义等更高层次的需求。经济基础决定上层建筑，党要践行初心和使命，仍然要将经济建设放在中心位置，大力解放发展生产力，如期实现两个一百年的奋斗目标。在此过程中，要正视我国社会矛盾的转化，致力于解决发展不平衡不充分的问题，统筹推进"五位一体"总体布

①② 习近平：《决胜全面建成小康社会，夺取新时代中国特色社会主义伟大胜利》，人民出版社2017年版，第1页。

③ 同上书，第11页。

局和“四个全面”战略布局。党要始终坚守不忘初心、牢记使命的新承诺，以最终实现共同富裕，不断促进人的全面发展，实现民族复兴为奋斗目标。

（二）坚持以人民为中心的新发展理念

2019 年 11 月，习近平总书记在考察上海时提出“城市是人民的城市，人民城市为人民”的重要论断，体现出坚持以人民为中心，聚焦人民群众的需求，必须坚持人民主体地位。这一提法更加突出以人民为中心的发展理念。实现中华民族伟大复兴、建设社会主义现代化强国是党和全体人民共同价值取向。要始终坚持以人民为中心，尊重人民主体地位，相信人民的力量，鼓舞和带领人民群众充分发挥聪明才智，积极、主动、深入地投身到社会主义现代化建设事业中去。

当前，我国经济由高速度向高质量稳步发展，人民的温饱问题已稳定解决，即将全面建成小康社会。但要看到的是，我国社会的主要矛盾已经发生转变，人民关注的不仅仅是物质文化方面，更多的是民主、法治、正义、环境等层面，发展不平衡不充分的问题也更加突出。在发展经济的同时，要以人民为中心，统筹各方利益，缩小东西、南北差距，解决好不平衡不充分的问题，实现共同富裕。

在新的世情、国情、党情之下，党面临着各种各样的考验和挑战，只有始终坚持以人民为中心的发展思想，将人民群众的利益置于首要位置，深入贯彻群众路线，做好群众工作，反映人民群众的呼声与要求，才能够取得人民群众的信任和支持，将广大人民群众吸引团结在党的周围，形成抵御风险和应对考验的强大力量。

保证人民当家作主，是党的十八大以来我们党为人民执政、靠人民执政的一个显著特点。党的十八大报告指出，要“最广泛地动员和组织人民依法管理国家事务和社会事务、管理经济和文化事业、积极投身社会主义现代化建设，更好保障人民权益，更好保证人民当家作主”，① 强调坚持党的领导和依法治国

① 胡锦涛：《坚定不移沿着中国特色社会主义道路前进，为全面建成小康社会而奋斗》，《人民日报》2012 年 11 月 18 日。

的根本就是保证人民当家作主。坚持人民主体地位，揭示了夺取新时代中国特色社会主义胜利的根本力量，回答了如何在新时代历史征程上前进的问题，也是为人民执政、靠人民执政在新时代的新内涵。

人民群众是真正的英雄，这是一直以来党为人民执政、靠人民执政的论断和依据。马克思主义基本原理告诉我们，人民是世界的主体，是变革社会的决定性力量。2018 年 5 月 4 日，在纪念马克思诞辰 200 周年大会上，习近平总书记强调："我们要始终把人民立场作为根本立场，把为人民谋幸福作为根本使命，坚持全心全意为人民服务的根本宗旨，贯彻群众路线，尊重人民主体地位和首创精神，始终保持同人民群众的血肉联系，凝聚起众志成城的磅礴力量，团结带领人民共同创造历史伟业。"[①] 这里阐明了党的立场问题，我们党是为人民服务的政党，在处理事务、解决问题时，一定要站在人民群众的立场。2020 年初，新型冠状病毒肺炎疫情在我国爆发。疫情发生后，党中央第一时间成立了应对疫情工作领导小组，习近平总书记亲自到疫情防御第一线指导工作，不断作出重要的指示和批示，始终将人民群众的生命安全和身体健康放在首位，站在人民的立场上，一切为了人民，守护广大人民群众的利益。同时，抗击疫情是一场没有硝烟的人民战争，是一场全民行动，只有紧紧依靠人民群众，团结中华各民族的力量，才能真正打赢这场疫情阻击战。

在纪念毛泽东 120 周年诞辰的座谈会讲话中，习近平曾指出，"人民是我们党的工作的最高裁决者和最终评判者"，[②] 党的各项工作要接受人民群众的监督和认可，党的执政能力、执政水平、执政成效都要人民群众来作出判断，这也是坚持人民主体地位的体现。"要把人民放在心中最高位置，坚持全心全意为人民服务的根本宗旨，实现好、维护好、发展好最广大人民群众的根本利益，把人民拥护不拥护、赞成不赞成、高兴不高兴、答应不答应作为衡量一切工作得失的根本标准"。[③] 我们党只有尊重人民主体地位，一切从人民群众的根本利益

① 习近平：《在纪念马克思诞辰 200 周年大会上的讲话》，《人民日报》2018 年 5 月 5 日。

② 习近平：《在纪念毛泽东同志诞辰 120 周年座谈会上的讲话》，《人民日报》2013 年 12 月 27 日。

③ 习近平：《在庆祝中国共产党成立 95 周年大会上的讲话》，《人民日报》2016 年 7 月 2 日。

出发，为人民执政、靠人民执政，让人民群众共享发展成果，才能让人民群众对党有好的印象，做出好的评价，从而支持和拥护党的领导。

（三）“中国梦”新理念激发人民群众实现民族复兴的激情

2012 年 11 月 29 日，习近平在参观《复兴之路》展览时，首次提出“中国梦”，他指出：“实现中华民族伟大复兴，就是中华民族近代以来最伟大的梦想。这个梦想，凝聚了几代中国人的夙愿，体现了中华民族和中国人民的整体利益，是每一个中华儿女的共同期盼。”①2013 年 3 月 17 日，在十二届全国人大一次会议上又多次提到“中国梦”。“中国梦”的提出，体现了党和国家高度重视人民群众，相信人民群众，极大地激发了人民群众实现民族复兴的内心渴望和空前热情，体现了为人民执政、靠人民执政的新理念。

中国梦的本质是国家富强、民族振兴、人民幸福，②集中体现了中华民族和中国人民的最高利益和根本利益。中国梦不仅是中华民族的梦，更是每个中国人的梦。中国梦的目标是为了广大人民群众，为了整个中华民族。但同时实现中国梦也是要依靠全体人民的共同努力和创造，与每个中国人息息相关。实现中华民族伟大复兴的中国梦，需要全民族、所有的中国人共同为之奋斗。我们这一代共产党人必须要认清过去、现在和未来，团结全中国人民把我国努力建设好、发展好，继续为实现中华民族伟大复兴而奋斗。③

中国梦不仅是理想和目标，也是实践和现实。理想与目标是印在中国人民的脑海里的，但实践与现实反映在每个中国人的生活中。中国梦的实现，是体现在实践与现实中的，体现在解决老百姓关心的每一件具体事务上，体现在每一个中国人为改善自己的生活而奋斗的实际行动上。只有在实际行动中解决好老百姓最关心的问题，满足其最迫切的需要，才能真正使人民群众感受到中国梦是真实的，是可以实现的，才能让他们觉得这个梦和他们有关系，才会相信中国梦，他们也才会愿意为实现这个梦而付出汗水、去努力奋斗。梦在远方，

---

①③ 《习近平谈治国理政》第 1 卷，外文出版社 2018 年版，第 36 页。

② 中共中央宣传部：《习近平总书记系列重要讲话读本》，人民出版社 2016 年版，第 8 页。

我们要不停歇追梦的脚步，紧紧依靠全民族和全体人民群众，就一定可以汇聚强大的力量，实现中国梦。

（四）群众路线实践教育活动锻造“为民、务实、清廉”党员干部队伍

2012 年 11 月，中共十八大报告以加强和改进党的作风建设，密切党群关系为目的，提出开展群众路线教育实践活动，由此拉开了新时代党的群众路线思想的发展序幕，也是探索不忘初心、牢记使命的制度和为人民执政、靠人民执政制度的新路径。

2013 年 6 月 18 日，由中共中央部署实施的党的群众路线教育实践活动启动。习近平在党的群众路线教育实践活动工作会议上指出：“开展党的群众路线教育实践活动，就是要把为民务实清廉的价值追求深深植根于全党同志的思想和行动中，夯实党的执政基础，巩固党的执政地位，增强党的创造力凝聚力战斗力，使保持党的先进性和纯洁性、巩固党的执政基础和执政地位具有广泛、深厚、可靠的群众基础。”① 活动以党的先进性、纯洁性为主题，这次主体教育以“为民、务实、清廉”为主要内容，按照“照镜子、正衣冠、洗洗澡、治治病”多种要求，自上而下在全党深入开展党的群众路线教育实践活动。

实践证明，群众路线作为党的生命线，也是我党的基本工作路线。党正是因为坚持了这条路线，才在革命战争中取得了胜利，社会主义建设和党自身建设都取得了重大成就。国民党之所以失败，是因为其脱离了人民群众，没有群众的支持，失败是必然的。中国共产党就应该倍加珍惜群众路线这条生命线。习近平强调，无论过去，现在和未来，我们都要相信群众，依靠群众，要贯彻党的群众路线，开展党的群众路线教育实践活动，这是我们党在新形势下，加强自身建设，团结党群干群关系的重要举措，是为人民执政、靠人民执政的必然要求。

---

① 习近平：《深入扎实开展党的群众路线教育实践活动为实现党的十八大目标任务提供坚强保证》，《人民日报》2013 年 6 月 19 日。

习近平总书记指出："群众的眼睛是雪亮的，他们对于党员和干部身上的问题看得最清楚，他们最有发言权"。[①] 以习近平同志为核心的党中央把党内监督和群众监督相结合，鼓励和支持人民群众广泛参与到社会主义建设中来，通过不断完善监督途径来保障人民群众根本权益的实现。

（五）新时代不忘初心、牢记使命的制度的理论创立与基本要求

党的十八大以来，积极推进理论实践创新。习近平总书记在纪念中国共产党成立95周年大会上发表讲话，从八个方面对"不忘初心，继续前行"进行全面阐释，指出了践行"初心"的具体做法和实践要求。党的十九大提出在全党开展"不忘初心、牢记使命"的主题教育。党的十八大以来，习近平继承并发扬了中国共产党不忘初心、牢记使命的优良传统，针对党在理想信念、思想建设、意识形态等工作中长期存在而难以克服的问题，从以自我革命精神推进党的伟大社会革命的历史高度，将创新性思维和创造性实践紧密结合，提出了一系列新论断、新理念，把握理想信仰、初心信念的现代意义，丰富了马克思主义政党学说内涵，成为新时代进一步加强中国共产党不忘初心、牢记使命的重要指南。

中国特色社会主义进入新时代。"不忘初心、牢记使命"是衡量新时代党员领导干部政治品格的第一标准。健全制度，把尊重民意、汇集民智、凝聚民力、改善民生贯穿党治国理政全部工作之中。在制度设计层面，坚持党的领导、人民当家作主、依法治国有机统一；在制度制定层面，以人民为中心，解决好人民最关心最直接最现实的利益问题；在制度落实层面，不断增强人民群众的获得感、幸福感、安全感。以习近平同志为核心的党中央从"四个全面"，特别是"全面从严治党"的根本要求出发，坚持问题导向，总结经验教训，立足实践活动，放眼长远未来，提出正确处理思想建党和制度治党的辩证关系，强调初心信仰、历史使命的现代意义等。形成了新时代习近平中国特色社会主义思想，开辟了马克思主义中国化的新境界，为党和人民的新实践提供了新的科学理论

① 陈锡喜：《平易近人》，上海交通大学出版社2014年版，第76页。

指导和行动指南。

用习近平新时代中国特色社会主义思想武装全党。只有在思想理论上是非分明，党内才能在政治上方向明确。但是，我们也应该看到，在党内轻视基本理论学习，或者理论学习形式主义的现象不同程度的存在，诸如“抵触式学习”、“应付式学习”、“实用式学习”“做秀式学习”等现象。党的十九大报告对党的理论建设提出了新的要求，“用习近平新时代中国特色社会主义思想武装全党”，“弘扬马克思主义学风，推进‘两学一做’学习教育常态化制度化”，“以县处级以上领导干部为重点，在全党开展‘不忘初心、牢记使命’主题教育，用党的创新理论武装头脑，推动全党更加自觉地为实现新时代党的历史使命不懈奋斗”。① 用习近平新时代中国特色社会主义思想武装全党这是我们做好一切工作的看家本领，“从一定意义上说，掌握马克思主义理论的深度，决定政治敏感的程度、思维视野的广度、思想境界的高度”。② 习近平总书记指出，在基本理论学习的工作中，首先悟透马克思主义的真谛，“马克思的整个世界观不是教义，而是方法。它提供的不是现成的教条，而是进一步研究的出发点和供这种研究使用的方法。” ③

坚定理想信念。党的十八大以来，以习近平同志为核心的党中央对党的宗旨、党的使命始终保持清醒的认识。尤其是理想信念问题，习近平将理想信念列为党建工作首要问题，提出要通过抓好思想理论建设这个根本，党性教育这个核心，道德建设这个基础，“坚定理想信念，坚守共产党人精神追求”。④2012 年 11 月 15 日，习近平总书记在十八届中央政治局常委同中外记者见面时的讲话中指出：“人民对美好生活的向往，就是我们的奋斗目标。”“理想信念就是共产党人精神上的‘钙’，没有理想信念，理想信念不坚定，精神

---

① 习近平：《决胜全面建成小康社会夺取新时代中国特色社会主义伟大胜利——在中国共产党第十九次全国代表大会上的报告》，《人民日报》2017 年 10 月 28 日。

② 《关于全面从严治党论述摘编》，中央文献出版社 2016 年版，第 67—68 页。

③ 习近平：《在庆祝中国共产党成立 95 周年大会上的讲话》，《人民日报》2016 年 7 月 2 日。

④ 《十八大以来重要文献选编》上，中央文献出版社 2014 年版，第 39 页。

上就会‘缺钙’，就会得‘软骨病’”。① 同时，他在不同场合也多次对党的历史进行本源式的追问。“一切向前走，都不能忘记走过的路；走得再远、走到再光辉的未来，也不能忘记走过的过去。”② 此时，虽然还没有明确提出“初心”、“使命”等概念，但其对历史的追问、对奋斗目标及自身责任的朴素表达为“不忘初心、牢记使命”命题的出场奠定了坚定的基础。对于如何坚定“初心”、牢记“使命”，党的十八大以来特别注重以下几个方面：第一，树立共产主义远大理想。2016 年 12 月，习近平总书记全国高校思想政治工作会议上强调：“不断树立为共产主义远大理想和中国特色社会主义共同理想而奋斗的信念和信心”。③ 这就要求我们广大领导干部必须要加强远大理想，坚持崇高信念。对于国家和社会的重要使命、正确道路来说，只有持续坚持贯彻共产党人远大理想，才能最终实现中华民族伟大复兴这一伟大的中国梦想。第二，坚持以人民的意识为中心。习近平总书记深刻强调，全心全意为人民服务，是我们党一切行动的根本出发点和落脚点，是我们党区别于其他一切政党的根本标志。领导干部持续保持一种为人民服务、为人民办事的服务意识和理念。

推动思想建设常态化长效化。自成立以来，中国共产党就始终把思想建设作为管根本、管方向、管长久的基础性工作来建设。第一，推动学习教育常态化。2017 年，党的十九大新修订的《中国共产党章程》明确将推动“学习教育常态化”列为党基层组织的基础性工作，有助于党培养一批思想先进、品德高尚的党员干部，为进一步落实全面从严治党而奠定坚实的思想基础。第二，思想建党与制度治党有机结合。2014 年，习近平总书记强调，“思想教育要突出重点”、“制度要突出针对性和指导性”、“思想教育要结合制度规定来进行”、思

① 习近平：《中央政治局第一次集体学习时的讲话》，《人民日报》2012 年 11 月 17 日。

② 习近平：《在纪念毛泽东同志诞辰 120 周年座谈会上的讲话》，《人民日报》2013 年 12 月 26 日。

③ 习近平：《在全国高校思想政治工作会议上强调：把思想政治工作贯穿教育教学全过程，开创中国高等教育事业发展新局面》，《人民日报》2016 年 12 月 9 日。

想建党与制度治党要“同向发力、同时发力”。① 在思想建设的过程中，我们不仅展现的是思想建党方面的价值，更要展现出制度治党的价值，进而使这两者相互促进、相互发展。第三，理论教育与实践教育相结合。党的十八大以来，通过开展的党的群众路线教育实践活动、“三严三实”专题教育、“两学一做”学习教育、“不忘初心、牢记使命”主题教育、党史学习教育等专题学习教育，目的就在于把党的思想建设理论落入到实践中去，从而达到理论教育与实践教育相结合的显著效果。

党的十九大标志着中国共产党“不忘初心、牢记使命”的思想发展到一个新阶段。“不忘初心、牢记使命”揭示了初心与使命的内在统一性，强调了使命对于初心的实践价值，进一步指明初心和使命之于中国共产党的重大意义，即以初心和使命激励全党永不懈怠、一往无前，在新时代进行伟大斗争、建设伟大工程、推进伟大事业、实现伟大梦想。

不断推进“党的思想建设的制度化”。党的十八大以来，以习近平同志为核心的党中央，以党的思想建设的实践为根据，明确提出了“党的思想建设的制度化”命题②，要求使加强思想建党的过程成为加强制度治党的过程。2013 年 11 月，颁布《中央党内法规制定工作五年规划纲要（2013—2017 年）》提出要“完善党的思想建设方面的党内法规，为做好理论创新和理论武装工作提供制度保障”。在完善“党员、干部道德建设制度”方面，2015 年 4 月，中共中央办公厅印发的“‘三严三实’专题教育方案”要求县处级以上干部要“提升道德境界，追求高尚情操，自觉远离低级趣味”。2015 年 10 月中共中央印发的《中国共产党廉洁自律准则》要求党员和党员干部“必须自觉培养高尚道德情操，努力弘扬中华民族传统美德”。在完善“党员党性教育和分析制度”方面，《工作条例》提出要引导党员干部增强“六种意识”，做到“对党忠诚、个人干净、敢于担当”。2016 年 2 月，中共中央办公厅印发的“‘两学一做’学习教育方案”

① 习近平:《在党的群众路线教育实践活动总结大会上的讲话》,《人民日报》2014 年 10 月 9 日。

② 同上书,《人民日报》2014 年 10 月 8 日。

要求党员做到“四讲四有”。2019年10月31日，十九届四中全会在北京召开，提出：“要建立不忘初心、牢记使命的制度，完善坚定维护党中央权威和集中统一领导的各项制度，把不忘初心、牢记使命作为加强党的建设的永恒课题和全体党员、干部的终身课题，形成长效机制，坚持不懈锤炼党员、干部忠诚干净担当的政治品格。”① 党的十九大对党的思想建设的制度化提出了新的要求，除了“推进‘两学一做’学习教育常态化制度化”外，特别强调要坚持“三会一课”这一基层党组织开展党的思想建设的最基本制度。② 这些为党的思想建设的制度化落到实处提供了重要的政治依据，充分发挥了党的思想统一的重要作用。③

“初心易得，始终难守。”难的是敬终如始、一以贯之、永不懈怠。中国共产党已经走过百年历程，执掌政权70余年，“如何永葆先进性和纯洁性、永葆青春活力，如何永远得到人民拥护和支持，如何实现长期执政，成为必须回答好、解决好的一个根本性问题”。④ 从初心和使命角度看，这“三个如何”实际上就是如何坚守初心、牢记使命、永远奋斗的问题。由此不难理解，为什么在党的十八大后特别是中国共产党成立95周年的时候习近平总书记会提出初心使命的命题，为什么要在新中国成立70周年的时候在全党开展“不忘初心、牢记使命”主题教育，并要求“建立不忘初心、牢记使命的制度”。无论从完成新的社会革命角度看，还是从推进党的建设新的伟大工程角度看，都需要通过一次集中的党内学习教育活动，建立不忘初心、牢记使命的制度，强化全党的初心和使命意识，增强全党在新时代践行初心和使命的能力。“打铁必须自身硬”，

---

① 习近平：《中共中央关于坚持和完善中国特色社会主义制度推进国家治理体系和治理能力现代化若干重大问题的决定——在中国共产党第十九届中央委员会第四次全体会议上的报告》，《人民日报》2019年10月31日。

② 习近平：《决胜全面建成小康社会夺取新时代中国特色社会主义伟大胜利——在中国共产党第十九次全国代表大会上的报告》，《人民日报》2017年10月28日。

③ 杨德山：《习近平党的思想建设理论创新述析》，《马克思主义理论学科研究》2018年2月15日。

④ 习近平：《在中央政治局第十五次集体学习时强调：全党必须始终不忘初心牢记使命，在新时代把党的自我革命推向深入》，《人民日报》2019年6月26日。

进行新的社会革命必须把党建设得更加坚强有力。把党建设得更加坚强有力的最终目的则在于更好地领导新的社会革命。

（六）新时代为人民执政、靠人民执政各项制度的理论创立与基本要求

为人民执政、靠人民执政各项制度是在中国共产党百年历史的发展过程中逐步形成的，具有丰富而独特的深刻内涵，体现了党的世界观和方法论，是党执政的基本立场和基本途径，并随着党的历史发展而不断发展。能否得到人民群众的拥护与支持是政权得失的关键。在百年的历史中，党始终与人民群众相联系，相信人民，为了人民，依靠人民，才能不断推进社会主义事业向前发展。

为人民执政、靠人民执政是党生存和发展的价值基础。一个政党是否真正成熟，能否长治久安，从一定意义上说，在很大程度上都取决于对执政特点和规律的认识水平和把握程度。中国共产党的执政地位来之不易，是历史和中国人民共同的选择。为人民执政、靠人民执政是一个科学的思想制度体系，是理论问题，更是实践问题，包含以下几个方面的要求。坚持以人民为中心。党的十九大提出，人民是历史的创造者，是决定党和国家前途命运的根本力量，必须坚持人民主体地位。这一提法更加突出人民的中心地位。实现中华民族伟大复兴、建设社会主义现代化强国是党和全体人民所共同希冀的。要始终坚持以人民为中心，尊重人民主体地位，相信人民的力量，鼓舞和带领人民群众充分发挥聪明才智，积极、主动、深入地投身到社会主义现代化建设事业中去。

联系群众是为人民执政、靠人民执政的重要内容。回顾中国共产党的历史，就是党与人民群众密切联系的历史。共产党人面对任何困难都不惧怕，就怕脱离人民群众，党执政后，最大的危险也是脱离群众。只有保持党同人民群众的密切联系，才能贯彻党的群众路线，才能做到一切为了群众，一切依靠群众。①联系群众，最基础的还是在于党员、干部的工作作风。深入基层、深入群众、了解群众是党员、干部的首要职责。继承和弘扬密切联系群众的优良传统。在

① 《中国共产党中央委员会关于建国以来党的若干历史问题的决议》，人民出版社 2009 年版，第 52 页。

革命战争年代，我们党工作的强项就是组织群众、发动群众进行人民战争，这也是老一辈共产党人的基本功。联系群众，做群众工作是党的优良传统，帮助党完成了一项又一项艰巨的任务。党的十八大以来，以习近平同志为核心的党中央，开启了全面从严治党的新征程，先后开展了党的群众路线教育实践活动等一系列教育活动，赢得了全党和全国人民的拥护和支持，密切联系群众的优良传统得到了很好的继承和弘扬。党员、干部要以习近平新时代中国特色社会主义思想为指导，继承、弘扬党密切联系群众的优良传统，努力提高为人民服务的水平，关心人民群众的冷暖、疾苦，真正成为人民群众的贴心人。

健全群众监督机制。监督权是人民群众享有的权利，人民群众有权对党和政府的工作进行监督，这也是为人民执政、靠人民执政的保障。群众监督是我国监督体系的基础，在我国民主政治建设中占有重要地位。充分发挥群众监督在社会主义监督体系中的重要作用，拓宽群众监督渠道、创新群众监督形式、丰富群众监督理论、健全群众监督机制，从而不断推进社会主义民主政治建设。在社会主义民主政治建设不断向前推进的过程中，在为人民执政、靠人民执政的民主执政理念影响下，群众监督不断得到提升。但就现状而言，群众监督还是存在薄弱环节，理论建设的滞后性是其根本原因，这就需要更加深入的理论研究和经验总结来解决。① 因此，要坚持理论联系实际，用理论来指导实践，再回到实践中去检验理论，重视实践作用的同时，提炼和升华实践后的经验，再上升到理论的高度，从而提高群众的监督效能。党和国家各级机关在处理工作的时候，要增加工作的透明度，来为群众监督提供便利。监督的前提是公开，监督的基础是知情。人民群众只有充分了解工作的内容，才能够发挥监督权，对相关工作进行监督，更加信任群众监督机制。在群众监督的过程中要注重保护群众的合法权益，制定相关的法律法规，避免群众因监督遭到报复等行为而不敢进行监督。建立严格的保密和鼓励机制，鼓励和促进人民群众对公权力的积极监督。

为人民执政、靠人民执政是党的宗旨和目标，实现为人民执政、靠人民执

① 刘锋：《论中国共产党群众路线的历史演进与启示》，沈阳理工大学硕士学位论文 2016 年。

政不仅要落实到各级领导干部的思想和行动中，还要在为人民执政、靠人民执政的实践过程中不断探求更好的方法途径。① 政党是推动世界文明进步的重要力量，被视为“治理国家不可缺少的工具”②。在我国，作为执政党的中国共产党是国家的核心领导力量。为了将中国共产党建设成为先进的马克思主义政党，真正做到为人民执政、靠人民执政，必须加强党的长期执政能力建设。执政能力建设的问题，是党自1949年全面执政以来一直无法回避且亟需解决的重大问题。党的十九大站在新的历史高度，在“执政能力建设”前面加上“长期”二字，突显了新时代新的战略内涵。我们党不仅要执政，而且要保持长期执政，只有这样才能带领人民群众建设社会主义现代化强国、实现中华民族伟大复兴的中国梦。新时代有新的发展机遇，同时面临“四大危险”和“四种考验”等挑战，这就要求我们党必须立足新时代的历史方位，把握党的执政能力建设的新要求，切实加强党的长期执政能力建设。③ 加强党的长期执政能力建设，一方面，要坚持和完善党的全面领导。中国特色社会主义之所以能够获得不断发展，党的全面领导是关键。我们党只有时刻保持学习的态度，与时代发展同步，进一步提高自身全面领导的能力，才能获得广大人民群众的真心拥护和支持。为此要不断提高党的政治领导能力、经济社会领导能力和服务人民的能力，④ 坚持和完善党的全面领导；另一方面，要坚持勇于自我革命的精神。习近平总书记指出：“坚持自我革命精神，关键要有正视问题的自觉和刀刃向内的勇气。”⑤ 党的十八大以来，以习近平同志为核心的党中央秉着自我革命的精神，在全党开展了全面从严治党活动，并取得了显著成效。但“革命尚未成功，同志仍需努力”，要持续不断地推进全面从严治党向纵深发展。

树立求真务实的执政态度。实事求是，是马克思辩证唯物主义的精髓，是中国共产党群众路线的基本内核。求真务实的态度是党百年来一直提倡和追求

① 曹梦晗：《新时期中国共产党执政为民思想研究》，山东轻工业学院硕士学位论文2012年。

② ［美］罗杰·希尔斯曼：《美国是如何治理的》，曹大鹏译，商务印书馆1986年版，第327页。

③④ 林丽拉：《论新时代加强党的长期执政能力建设》，《泉州师范学院学报》2019年第37期。

⑤ 《十八大以来重要文献选编》下，中央文献出版社2018年版，第591页。

的。新时代，要做好为人民执政、靠人民执政，就要树立求真务实的执政态度，坚持实事求是，发扬理论联系实际的精神，发扬密切联系群众的工作作风。马克思辩证唯物主义的科学原理，是每个共产党人都要深刻掌握的。要始终坚信马克思主义信仰，坚定走中国特色社会主义道路的信念。在实际工作中，尊重规律，把握规律，科学运筹、正确决策。全心全意为人民服务的宗旨要牢记在心，既要做好基础性的工作，又要有长远的眼光，认真筹划未来的工作。将人民的利益视为最高的价值取向，不断提高人民群众的物质生活和精神生活水平，大兴求真务实之风，切实保障人民在政治、经济、文化、社会等各方面的权益。始终将工作的实效性放在首位，深入调查研究，以是否符合人民群众的需要作为工作首要目标，以实际成效来判定工作成绩。党员干部要做到求真务实、真抓实干就要时刻保持谦虚谨慎的精神和实事求是的态度，时刻坚守和树立马克思主义政党的政治信仰和优良品格，时刻坚持学习和吸收新知识、新理论，脚踏实地，埋头苦干，联系实际，紧紧依靠人民群众，将人民群众时刻放在心中，增强自身的事业心和责任感，树立正确的“公仆”意识，始终心怀为党和人民群众事业奉献的使命感，真真切切地为人民群众排忧解难，让人民群众共享发展成果。

提升互联网时代群众工作水平。21 世纪是一个全新的网络时代。大数据、物联网、人工智能等现代技术正在以互联网为依托快速发展，日新月异，更新速度之快，令人瞠目结舌。现在要对互联网时代进行总结性的概括，肯定为时尚早。但有一点是可以肯定的，信息技术的迅猛发展，正在影响人们的生产方式、交换方式和生活方式，也深度影响党员干部的群众工作。网络时代背景下，通过互联网走群众路线，已是新时代群众路线的重要方式和途径。所以，我们党在谋划完善党为人民执政、靠人民执政各项制度时，必须考虑到信息时代的影响，必须适应互联网对社会生活的影响，提升互联网时代群众工作水平。信息技术高度发达，社会高度联通，人和人之间的交往越来越广泛，信息交流包括思想情感的交流越来越迅捷，交往的频次也越来越高。广泛、迅捷、高频给群众工作带来越来越多的便利，联系群众更迅速、服务群众更高效、群众监督更便捷，快速了解民情民意，大面积地传播正面信息，从而消除因信息不对称导致的不理解、不信任，已经从过去的不可能变成今天的现实可能。我们党在通过网络联系群众的时候，要做到以下几点：首先，要加强网络知识教育。在网络时代，党员干部特别是领导干部必须具备一定的网络基础知识以便能够利用网络快速、便捷地获取信息。各级政府要大力推进党建网、政务网建设，充分利用网络手段，提高网络运用水平，利用网络为人民执政、靠人民执政。其次，要完善互动交流平台。各级政府要主动开辟网上互动交流平台，增进共识。最后，要强化网络舆论引导。信息发布要正确、有效、及时，才能更好引导网络舆论，消除谣言。党员领导干部在与网民交流中，切忌官话套话，要善于使用网络流行的语言方式和特点，积极、正面、深度引导网络舆论工作。

深入推进反腐败斗争，提高反腐倡廉能力，杜绝腐败和特权，坚持“权为民所赋，权为民所用”，才能真正做到为人民执政、靠人民执政。中华人民共和国是工人阶级领导的、以工农联盟为基础的人民民主专政的社会主义国家。宪法明确规定中华人民共和国的一切权力属于人民，这说明广大人民群众才是国家权力的真正所有者，党和政府的权力是人民赋予的，党和国家的各级领导干部只是权力的使用者，是代表人民掌权和领导人民掌权。人民群众是国家的主人。但是，面对利益，面对诱惑，一些党员干部特别是党的高级干部，将党的信仰与信念都抛在脑后，弃人民群众利益于不顾，滥用手中的权力，以权谋私，不自觉滑向腐败的深渊。必须夺取反腐败斗争彻底性胜利，保障人民群众知情权、选择权、选举权、监督权和罢免权。对各级干部的选用，必须要注意民意，完善民主选举、测评和评议机制，真正做到由人民群众赋予领导干部权力，体现人民当家作主的本质要求。其次，要完善预防和惩治制度体系。以确保预防和惩治制度体系发挥刚性运行的约束性和强制性作用。最后，要大力开展廉政文化教育和宣传，充分发挥廉政教育在反腐败斗争中的基础性作用。党的十八大以来以零容忍态度惩治腐败，坚持“老虎”“苍蝇”一起打，把权力关进制度的笼子里，深得党心民心的拥护。

第三节　把握历史规律直面挑战解决难题

一、正视存在的主要问题

第一，意识形态困境：思想建设理想信念缺失。一是西方思想和社会思潮的侵蚀。受到自由主义思潮的影响，社会上存在历史虚无主义，丑化英雄模范等现象，严重危害党的思想建设。二是信息网络化使主流意识形态遭受挑战。西方国家通过网络试图夺取我国意识形态主导权。特别是腐朽信息的传播，更是危害意识形态的建设环境。有些人利用媒体网络等污蔑中国共产党，宣传腐朽的价值观念，影响极其恶劣。三是利益多样化使党员思想根基受到冲击。党员干部思想日趋多样、多变。一些西方国家甚至试图向党内散发谣言，导致部分党员干部理想信念动摇，部分党员干部的政治意识缺失。政治意识决定政治行为，缺乏政治意识的党员干部便会违反党纪国法，例如诽谤中国共产党、泄露党和国家的机密、传播谣言等，对思想建党构成严峻挑战。

第二，实践操作困境：党员干部队伍建设薄弱。一是一些党员领导干部责任心、事业心不强。一些党员干部政绩观错误。部分基层党组织领导在工作中没有责任担当，执行力弱，避重就轻、畏手畏脚，唯恐工作失误而碰到问题时推诿塞责，遇到困难时绕行躲闪。形式主义问题严重。有的喜好做表面文章，热衷于面子工程，有的态度不端正，有的执行起来搞变通应付，经常为执行不力找借口、找理由。一些党员干部特权思想和特权现象严重。迷失自我，不能保持清醒头脑，无法深入理解权力来自人民，不能明白牢固树立遵纪守规的制度意识，克服思想深处的“潜规则”魔咒。二是一些基层党组织领导力、执行力效果不佳。政治把关定向能力欠缺。部分基层党组织领导班子的没有好的政治定力。统筹协调能力不强，决策水平不高。三是部分地区存在党群关系变质变味现象，出现“离心化”倾向。特别是“党内潜规则”的存在，它对抗着法纪和制度，极易引发党群关系的“离心化现象”。

第三，组织管理困境：党内集中教育效果有待提升。一是动员机制不尽完善。有的组织领导力量薄弱，未能集中力量办大事，缺少系统的组织领导，工作开展无压力而导致动力不足；有效载体搭建困难。二是过程执行不够到位。有的基层单位缺乏“一竿子插到底”的精神，不能做到横向到边、纵向到底。满足于规定动作、自选动作不注重；“两张皮”问题突出。有的开展集中教育与本地区本部门单位中心工作脱节，集中教育与工作开展不能相互促进、融合进行；创新思维缺乏。有的集中教育开展没有活力，沿用老思维老套路，让受教育者感到还是老一套，导致在贯彻执行上不积极不主动。三是考评机制亟待健全。关于党内集中教育考评，大部分单位并没有纳入综合考核范畴，在一定程度上影响了党组织和党员的重视程度和参与热情。四是问题整改认识不足。党内集中教育问题查摆的分析评价机制尚未建立，难以保证问题整改到位。有的整改责任人、整改措施、整改时限不具体不明确，有的“拆东墙补西墙”“纸上谈兵”，难以落实，跟踪和监督制度不完善，整改措施难以有效发挥。

二、把握基本原则要求

第一，把“不忘初心、牢记使命”主题教育作为重要实践基础。一是学深悟透思想根基。要深入学习贯彻习近平新时代中国特色社会主义思想，做到深学细悟、学以致用，以理论滋养初心、以理论引领使命。习近平总书记强调，“不忘初心、牢记使命，必须作为加强党的建设的永恒课题和全体党员、干部的终身课题常抓不懈”。[①] 二是整改落实制度机制。开展主题教育不能学归学、说归说、做归做，衡量实际成效的根本标尺就是解决问题、推动事业发展。习近平总书记这一重要要求，就是要在主题教育生动实践的基础上探索建立科学有效、务实管用的制度机制。

---

① 《习近平谈治国理政》第 3 卷，外文出版社 2020 年版，第 538 页。

第二，在创新创造中践行初心使命的根本要求。一是建立制度是创新创造的体现。践行初心使命时，我们需要密切关注以信息技术、数字技术为代表的新一轮科技革命和产业变革所引发的生产方式、生活方式、治理方式的深刻变革，充分激发全社会创造活力。我们要在创新创造中与时俱进践行初心使命。二是推进革新创造，用初心使命践行中国梦。坚持问题导向，聚焦重大现实困境。实事求是，把握时代发展先声。力量来源，发挥人民首创精神。无论是理论创新、实践创新还是制度创新，都要紧紧围绕尊重人民主体地位、激发人民主人翁精神、最大限度释放人民创造活力来展开。

第三，通过系统集成建立长效机制。一是事物发展有其特定的规律。“不忘初心、牢记使命”主题教育开展过程，是按照认识论和实践论的规律不断深化的。但一些党员干部一定程度上还是存在学思践悟新思想有意识缺定力的问题。针对这些问题，亟待将已有的一些经验、成果、做法系统集成并固定下来，形成常态化的长效机制。把“为人民执政、靠人民执政”作为加强党的建设的重要组成部分，从矛盾论角度来思考“维护执政地位、加强党员干部管理、提高执政水平”。把握规律是科学解决矛盾之道；既要研究“合规律性”，也要注意“合目的性”；既注意研究“为人民执政、靠人民执政”制度的“价值理性”，也注意“工具理性”。因为社会科学乃至整个科学都是“合规律性”与“合目的性”的统一；健全为人民执政、靠人民执政各项制度，不是为了健全制度而健全制度，而是服务于党的政治路线、服务于加强与改善党的领导、服务于党领导的伟大事业。健全为人民执政、靠人民执政各项制度，是为了提高解决党执政过程中党建内外矛盾（包括党内矛盾、党内与党外矛盾、社会建设矛盾）的能力和水平，始终保持党的先进性、纯洁性和战斗力，不断提高党的领导能力与执政能力。从实践论、系统论角度来探索健全为人民执政、靠人民执政各项制度的基本内容、基本思路与基本对策。不仅是理论构建，更是实践改造。从实践论、系统论角度看，健全为人民执政、靠人民执政各项制度的过程，实际上是实践主体改造实践客体的过程，这一过程涉及实践主体、实践客体、实践机制、实践结果。因此，构建“为人民执政、靠人民执政”制度研究，不仅要研究“科学制度、科学方法”，还必须注意到最终实现党员干部队伍能力与素质的提高问题；不仅要研究健全为人民执政、靠人民执政各项制度，还必须注意到健全为人民执政、靠人民执政各项制度的实践结果与检验标准（或评估体系）；无科学的检验标准，便难以衡量健全为人民执政、靠人民执政各项制度的有效性和落实标准。健全为人民执政、靠人民执政各项制度仅仅是党的领导制度体系中的一环，这一制度不可能孤立而生而存，也不可能独立前行，必须与其他制度相互配合形成一个体系、协同共进。所以，制度运作的成效受与其他制度契合度和相向度影响。二是制度的构建也需要一定的制度基础。建立不忘初心、牢记使命的制度，就是要以习近平新时代中国特色社会主义思想为根本指导，以党章为根本遵循，深刻总结、系统运用主题教育的成功经验、重要成果和规范做法，在坚持和完善党的领导制度体系的整体推进中建构起不忘初心、牢记使命的制度，在规范化、制度化、常态化的基础上形成长效机制。

第四，重视基层实践，将制度优势转化为治理效能。一是基层导向、实践导向、群众导向是我们党推进事业发展的基本方法。基层有我们最丰富的营养，实践有我们取之不竭的最生动的事例，群众有我们意想不到的最智慧的意见。在中华民族伟大复兴的历史进程中，无论是理论创新、实践创新还是制度创新，都离不开人民的创新创造。二是基层群众所创造的治理之道、应变之策、解困之方、创新之举，让各类创新主体创新活力竞相迸发。基层群众的智慧应该得到有效的维护和积极的褒扬，这就需要我们全力破除一切制约和影响社会和人民创新创造活力的思想观念、行为方式、体制机制障碍，特别是阶层固化、利益固化、身份固化的藩篱。三是人民民主是一种全过程的民主。所有的重大立法决策都是依照程序、经过民主酝酿，通过科学决策、民主决策产生的。全过程的民主，这是人民群众全过程、全方位、全要素参与决策、参与立法的人民民主之举，也是党的创新创造的制度化之举。同样地，将“不忘初心、牢记使命”制度化，必须总结基层经验、汲取基层智慧、发挥基层力量，在人民群众的创新创造中彰显其应有的价值。

三、探索实践路径

第一，夯实思想基础，确保全党遵守党章制度。注重发挥思想建党作用，解决好“学什么”的问题。始终坚持马克思主义的立场、观点和方法。作为党坚定马克思主义信仰的基石，毫不动摇地坚持马克思主义信仰，以唯物辩证的科学精神、立场和方法保持初心、坚持真理。对马克思主义信仰坚持与发展的百年历史表明，坚持马克思主义信仰，坚持初心不动摇，不断发挥马克思主义信仰对实践的积极促进作用；将马克思主义信仰与中国实际紧密结合。新民主主义革命的历史，是党带领人民翻身求解放的历史，也是党坚守马克思主义初心使命的历史，这是真正实现了马克思主义信仰在坚持中发展、在坚守中创新，为全面加强党的建设、夺取革命的最终胜利提供了坚强的思想保障。一是“强”在认识上，坚持和完善“三会一课”民主评议制度。理论学习好了，理想信念自然而然就会上个台阶。因此，每一个党员干部都应当把学习理论当作责任和追求，尊重党章，在学思践悟中，在真信笃行中，筑牢信仰之基、补足精神之钙。二是“强”在反思上，建立执行新形势下党内政治生活的若干准则制度。三是“强”在转化上。用习近平新时代中国特色社会主义思想武装头脑、指导实践、推动工作。

第二，提高政治站位，形成共同理想凝聚全党、团结人民的机制。注重发挥政治强党作用。不忘初心，以革命精神强化共产党人的政治信仰。初心是中国共产党人的信仰追求。革命的精神，体现了信仰的力量。党的十九大报告指出：“继承革命文化，发展社会主义先进文化，不忘本来、吸收外来、面向未来，更好构筑中国精神、中国价值、中国力量，为人民提供精神指引。”① 坚定革命精神、不忘初心，告诫我们的是，处在新的历史方位的中国共产党不能忘了革命年代的共产党是从哪里出发、是从怎样艰苦卓绝的环境中走出来、打出

① 习近平：《决胜全面建成小康社会 夺取新时代中国特色社会主义伟大胜利——在中国共产党第十九次全国代表大会上的报告》，人民出版社 2017 年版，第 23 页。

来、站起来的。习近平多次讲到陈望道翻译《共产党宣言》时，误把墨汁当红糖吃下的故事。墨汁为何是甜的，这是“信仰的味道”，[①]一种浑然忘我的精神，就是无数革命先辈“初心”的写照，便是当今党员需寻找的“初心”源泉。中国共产党选择马克思主义，是历史的选择、是党的“初心”，是正确而又必然的选择。解决“是什么”，进一步增强“四个意识”、坚定“四个自信”、做到“两个维护”。一是立足“源”与“流”，厘清马克思主义立场观点方法。弄清楚“不忘初心、牢记使命”坚持了什么、发展了什么，用习近平新时代中国特色社会主义思想武装头脑、指导实践。二是着眼“量”与“质”，提振中国自信的精神面貌。联系党和国家事业取得的历史性成就、发生的历史性变革，从小国、大国、强国，从站起来、富起来、强起来，联系中国道路、中国经验产生的世界性影响。三是看清“船”和“桥”，掌握治国理政履职本领。习近平新时代中国特色社会主义思想提出了“过河”的任务，又提供过河的“船”和“桥”的方法，是治国理政的“百科全书”。四是巧用“立”与“破”，汲取优良政治品格的党性滋养。习近平新时代中国特色社会主义思想是推进伟大社会革命、改造客观世界的行动指南，也是推进自我革命、改造主观世界的强大武器。在优良政治品格上下功夫。在“立”“破”并举上辨真知。立身、立业、立言、立德，明辨是与非、公与私、真与假、实与虚；在润物无声的熏陶中得感悟。要摆正个人与组织、个人与同志、个人与群众的位置，纯洁作风、净化心灵、化育品行。

第三，坚定旗帜方向，建立习近平新时代中国特色社会主义思想落实机制。推进理论学习，契合思想建党的现实需求。只有理论上坚实，才有政治信仰上的坚定。只有潜心学习马克思主义理论，才能真正增强政治意识、提高政治站位，才能始终保持政治上的清醒、冷静与坚定。在抗战时期，毛泽东指出，“延安的青年们干了些什么呢，他们在学习革命的理论，研究抗日救国的道理和方法……他们的政治方向是正确的，工作方法也是正确的……延安的青年运动是

① 伍正华：《信仰信念》，人民出版社 2017 年版，第 46 页。

全国青年运动的模范”。① 党的十八大召开以来，习近平在多个场合强调理论学习的重要性。只有学习和运用科学理论，理论结合实际，共产党员才能真正地把政治信仰建立在科学的基础上，才能真正建立牢固的道德自律，防止跌向道德失范、理想滑坡、信念动摇的深渊。

初心使命构成习近平新时代中国特色社会主义思想的精神原点、逻辑起点、价值支点，是我们理解把握习近平新时代中国特色社会主义思想的精神密码。因此，习近平新时代中国特色社会主义思想是引导全党不忘初心、牢记使命的强大思想武器，用这一党的最新创新理论武装全党，是夯实党执政的不忘初心、牢记使命思想基础的必然选择。解决好“姓什么”的问题，做到思想行动始终与初心相契合、与使命相符合、与时代相融合。第一，注重主体价值认同，探寻科学合理的大众化思想教育机制。要让习近平新时代中国特色社会主义思想落地生根，就必须加强对宣传者的教育学习工作，有针对性地通过开展专题知识讲座等加强宣传队伍理论教育。第二，尊重客体客观实际，形成在整体上推进思想有效落实机制。首先要增强群众接受意愿，要贴近实际，从实践中来到实践中去。其次，要提高群众辨别正确理论的能力。要通过强化宣传者的教育培训和理论素养学习来提高群众的接受能力。第三，聚焦多元化传播阵地，优化宣传工作机制。习近平总书记爱讲中国故事，小故事中彰显大情怀。所以，在推进习近平新时代中国特色社会主义思想传播落实上，语义要清晰明了，措辞不能偏颇过激，用语要通俗易懂，只有这样才能“飞入寻常百姓家”。增强文化自信，坚持社会主义核心价值体系。2014 年 5 月 4 日，在同北京大学师生座谈时，习近平指出：“人类社会发展的历史表明，对一个民族、一个国家来说，最持久、最深层的民族力量是全社会共同认可的核心价值观。”② 核心价值观承载着一个民族的理想信念的追求，反映全国各族人民价值追求的“最大公约数”，直接关乎国家命运及人民幸福。当前，提高国家文化软实力、促进全民

① 《毛泽东选集》第 2 卷，人民出版社 1991 年版，第 568 页。

② 习近平：《青年要自觉践行社会主义核心价值观》，《人民日报》2014 年 5 月 5 日。

族的文化自觉和自信，就必须坚持将社会主义核心价值观的内化和外化工作紧密结合起来。一是要内化于心，以正确的目标导向，着力于价值目标的提炼与凝聚。二是外化于行，坚持正确的利益导向，切合最广大人民群众的利益需要。三是知行合一，不断增强意识形态领域的主导权和话语权，加强宣传和传播马克思主义信仰的主阵地。国家的梦、民族的梦也是个人的梦，要把为人生的梦想所做的努力融入国家和民族的发展，脚踏实地走好人生每一步，实现人生与祖国共同的梦想，把弘扬社会主义核心价值观落在实现梦想的行动上。

与时代接轨，把加强马克思主义思想建设作为党的建设的重要内容。切实提高政治站位，加强政治建设、思想建设，加强理想信念的培育培养工作。当下，新媒体渗透于社会生活的方方面面，互联网的强大使人们的生活高度便捷的同时，也引发了各方面的信息爆炸与纷繁复杂的社会思潮。中国共产党的政治思想建设与现实世界、现实需要接轨得越吻合越密切，促进社会发展的作用就会越明显，作为全社会价值追求的向心力就会越强。全面加强党的建设，推动全面从严治党向纵深发展。深刻认识党所面临的风险挑战，时时保持如履薄冰的警觉与清醒的政治意识，向革命时期全心为民的思想高度看齐，保持自我革命的勇气，推动全面从严治党向纵深发展。

第四，坚守为民情怀，形成恪守党的性质和宗旨制度。革命年代，人民所追求的幸福使命就是能够在党的带领下、在马克思主义指引下翻身求解放，建立光明的新中国。今天，共产党为人民利益奋斗，要明确新时代我国社会“主要矛盾已经转化为人民日益增长的美好生活需要和不平衡不充分的发展之间的矛盾”，① 以人民为中心，关注民生实践，要发挥先进分子的模范带头和示范引领作用。习近平强调，要把党建设好，要抓住“关键少数”，高级领导干部尤其要带头做到“信念过硬、政治过硬、责任过硬、能力过硬、作风过硬”，② 以人

① 习近平：《决胜全面建成小康社会　夺取新时代中国特色社会主义伟大胜利——在中国共产党第十九次全国代表大会上的报告》，人民出版社 2017 年版，第 19 页。

② 人民日报社评论部：《论学习贯彻习近平总书记“1・5”重要讲话》，北京：人民出版社 2018 年版，第 5 页。

民为中心，推进中国特色社会主义伟大事业进入新时代。党的事业为了人民，也要紧紧依靠人民。党心民心凝聚在一起，人民的力量调动得充分、发挥得充分，伟大事业、伟大工程才会强有力地推进，才会实现民族的伟大梦想。构建党的性质宗旨教育机制，打牢为民服务思想基础；全面加强为民服务工作，不断丰富活动内涵；保障人民群众合法权益，尤其是对那些社会影响恶劣，群众反映强烈案件尽可能快捕快诉，严厉打击黑恶势力犯罪和严重暴力犯罪，提升人民群众合法权益，增强群众工作针对性、实效性；健全联系服务群众长效机制，体现共产党员本质特征；构建作风效能建设长效机制，树立亲民爱民为民形象，做到为民解忧、为民谋利、与民同乐；明确健全为人民执政、靠人民执政的基本内涵，构建制度的总体目标；健全保证人民在国家治理体系中主体地位的制度；完善党员、干部联系群众的制度；创新互联网时代群众工作的机制；健全联系广泛、服务群众的群团工作体系。

第五，锤炼政治品格，健全党的建设永恒课题和全体党员干部终身课题机制。建立长效机制，用初心使命锤炼忠诚干净担当的政治品格。“不忘初心、牢记使命”主题教育贯彻“守初心、担使命，找差距、抓落实”的总要求，经过全党的努力，已经基本达到了“理论学习有收获、思想政治受洗礼、干事创业敢担当、为民服务解难题、清正廉洁作表率”的目标，取得了明显成效。主题教育结束后，要从总体上构建不忘初心、牢记使命的制度：学有规——建立健全党内法规学习、遵守和贯彻制度。要让习近平新时代中国特色社会主义思想进头脑、进课堂、进生活，健全完善贴近实际、于事简便的学习制度。检有尺——建立健全灵魂触动的检视制度。就是要用好批评和自我批评这个重要法宝，让党干部经常性地出汗排毒，思想受洗礼、灵魂受触动。行有矩——建立健全笃行担当的激励制度。着眼激励的常态化、长效化，以刚性的制度体系保障激励机制发挥作用。改有度——建立健全目标定向的整改制度，着力解决群众最急最忧最盼的问题。服有效——建立健全为民利民的服务机制。党践行初心和使命始终离不开走群众路线，要建立服务群众制度，用制度的形式将“以人民为中心”的理念固定下来，形成长效机制。要把党的基本理论、基本路线和基本方略作为实现初心和使命的行动指南。

第六，推动创新创造，推进党的理论创新、实践创新、制度创新。坚持问题导向，运用信息网络等新手段来提高制度运行成效。要科学运用信息网络等新手段来提高制度运行成效，提升组织力，提高党员干部的素质与能力，增强党组织的民主性、凝聚力与活力，坚定党员干部的政治品质。如，可以充分利用大数据了解社情民意，分析群众需求和预测社会发展趋向；网络交流平台的构建，可以拓展政党、政府与社会民众之间的渠道，在上情下达、下情上报方面有效解决“肠梗阻”；区块链技术对“为民执政”方面精准扶贫上发挥特殊作用。二是实事求是，建立健全全球创新国际治理机制，为应对人类面临的新挑战贡献中国智慧。三是力量来源，发挥人民首创、鼓励容错精神。建立理论实践一线创新容错文化机制：发挥人民首创精神。要以满腔的热忱关注来自基层一线的发明创造，要在全社会营造崇尚创新、宽容失误的鲜明导向和浓厚氛围。四是检验标准，确立正确的制度导向。以民生为本，发展、实现最广大人民群众物质利益的实际成效。以民主为载体，以促进党提高“为民执政的能力”、保证人民当家作主的实际成效，即以政治建设成果，来检验“为人民执政、靠人民执政”制度。以文化建设为载体，即营造良好的政治生态和良好的政党文化建设成果，来检验制度。以党的先进性和纯洁性为载体，切实解决好党内存在突出问题的实际成效，来检验制度。加强党员教育管理、深化干部选拔任用相结合。在“不忘初心，牢记使命”“为人民执政、靠人民执政”方面做得好的党员干部，组织要及时发现并提拔任用，倡导良好的干部任用导向。同时党员教育管理要提高现代化水平、进一步完善党政干部选拔任用机制。

第七，完善群团组织制度，巩固党的群众基础。群团组织是党开展群众工作的外围组织，是党与群众联系的重要桥梁和纽带，具有政治性、先进性和群众性。与政治组织相比，群团组织更容易也更广泛的联系和团结人民群众，因此，加强群团组织建设工作一直受到党和国家的重视，这也是为人民执政、靠人民执政的重要途径。党的群团工作具有经常性和基础性，完善群团组织的相关制度是党为人民执政、靠人民执政制度建设中重要的一环。要完善党委统一领导群团组织的制度，不断完善群团组织的管理模式等。[①]通过完善群团组织制度，防止群团组织出现“机关化、行政化、贵族化、娱乐化”等现象，更好地规范群团组织的工作，从而更好地筑起党群沟通联系的渠道，让党倾听群众的声音，更好地为人民执政。

不忘初心、牢记使命的制度和为人民执政、靠人民执政制度是中国共产党百年来始终成为中国人民和中华民族主心骨的根本缘由。“初心易得，始终难守”，确立初心、明白初心是什么并不难，难的是敬终如始、一以贯之、永不懈怠。中国共产党已经走过百年历程，执掌政权也有70多年时间，“如何永葆先进性和纯洁性、永葆青春活力，如何永远得到人民拥护和支持，如何实现长期执政，成为必须回答好、解决好的根本性问题”。[②]从初心和使命角度看，这“三个如何”实际上就是如何坚守初心、牢记使命、永远奋斗的问题。建立不忘初心、牢记使命的制度，强化全党的初心和使命意识，增强全党在新时代践行初心和使命的能力。为人民执政、靠人民执政是党在革命、建设和改革中形成和发展起来的关于党同人民群众相互关系的基本思想和根本的工作方法，是一整套科学的体系。正是在艰苦卓绝的不懈奋斗和持续的攻坚克难中，中国共产党人的初心和使命得到传承和淬炼，成为实现站起来、富起来、强起来三大历史性飞跃的根本动力。中国共产党建立不忘初心、牢记使命的制度和健全为人民执政、靠人民执政制度的基本立足点就是马克思主义的群众观。中国共产党始终坚持以人民群众为中心，重视人民群众的作用，激发人民群众革命的积极性。身处两个大变局，中国共产党“打铁必须自身硬”，把党建设得更加坚强有力，以伟大的自我革命推进伟大的社会革命。

---

① 唐皇凤、梁新芳：《党的领导制度体系：构成要素、逻辑结构和优化路径》，《新疆师范大学学报（哲学社会科学版）》2020年第4期。

② 习近平：《在中央政治局第十五次集体学习时强调：全党必须始终不忘初心牢记使命，在新时代把党的自我革命推向深入》，《人民日报》2019年6月26日。

第三章　完善坚定维护党中央权威和集中统一领导的各项制度的百年历史演进

在当代中国国家治理体系中，党的领导制度是党和国家各领域各方面制度的“纲”，是我国最重要最根本的制度。维护党中央权威和集中统一领导是党的政治建设的首要任务，完善坚定维护党中央权威和集中统一领导的各项制度是坚持党的全面领导的最根本政治要求，是坚持和完善党的领导制度体系必须遵循的最根本的政治规矩。维护党中央权威和集中统一领导的各项制度是党永葆凝聚力、向心力和战斗力的根本制度，是坚持和完善党的领导制度体系的根本性制度建设。党中央是坐镇中军帐的“帅”，车马炮各展其长，一盘棋大局分明，体现为总揽全局、同向发力治理的效率，体现为高度的组织、动员能力，体现为长远的规划、决策和执行能力。中共十八大以来，面对波诡云谲的国际形势和各种风险挑战，国家巨舰之所以不偏航向、破浪前行，从根本上来讲就是因为党中央的坚强有力领导。建设和完善党的领导制度体系必须以坚持党中央权威和集中统一领导为根本点，推动全党增强“四个意识”、坚定“四个自信”、做到“两个维护”，自觉在思想上政治上行动上同以习近平同志为核心的党中央保持高度一致，坚决把维护习近平总书记党中央的核心、全党的核心地位落到实处，按照党中央的统一部署，不折不扣、坚定有力地完成好各项既定改革任务，保证党中央决策部署迅速有效贯彻落实。

第一节　维护党中央权威和集中统一领导的各项制度逻辑缘起

中国共产党是中国人民的主心骨、民族复兴的领航者。中国共产党领导革命、建设、改革和复兴强国，走出了一条“开天辟地”“改天换地”“惊天动地”“翻天覆地”的伟大道路，中华民族迎来了从站起来、富起来到强起来的伟大飞跃，中华民族比历史上任何时期都更接近实现伟大复兴。但我们必须清醒地认识到，船到中流浪更急，人到半山路更陡。越是在民族复兴的关键时期，越需要加强和坚持党的领导；越是攻坚决胜阶段，越需要加强和维护党中央权威和集中统一领导。坚持党的全面领导，最重要的是维护党中央权威和集中统一领导，维护习近平总书记的核心地位，始终在政治立场、政治原则、政治方向、政治道路上同以习近平同志为核心的党中央保持高度一致，自觉做到党中央提倡的坚决响应、党中央决定的坚决执行、党中央禁止的坚决不做，执行党中央决策部署不讲条件、不打折扣、不搞变通。

一、马克思主义政党的性质和组织制度的内在要求

纲领建党是马克思恩格斯建党思想的特色，在领导工人运动过程中，马克思、恩格斯同拉萨尔主义、巴枯宁主义等思想进行了斗争，强调团结统一和中央权威。巴黎公社是无产阶级建立政权的重要尝试，为无产阶级政党建设积累了经验，其中的经验教训有很多，但最深刻的一条就是决不能缺乏集中统一和领导权威。思想论战和实践发展，催生了维护中央权威和集中统一领导思想萌芽，也成为马克思主义政党的内在基因和属性。

马克思较早述及了集权问题，正义者同盟改组为共产主义者同盟后，1847年11月底至12月初举行第二次代表大会，一致通过了新原则，同盟的旧口号“人人皆兄弟”，已经由公开宣布斗争的国际性的新战斗口号“全世界无产者，

联合起来!”所代替。① 在其起草的国际工人协会章程中提出，每个国家的工人运动的成功只能靠团结和联合，国际协会的会员应竭力使他们本国的分散的工人团体联合成由全国性中央机关为代表的全国性组织。② 由此可见，团结和联合是马克思集权、统一和权威思想的早期形态和表述，这也反映了当时工人运动比较分散，需要走向联合和团结，形成无产阶级的合力。在很长一个时期，组织团结起来、联合起来是马克思的重要思想。他在纪念国际工人协会成立七周年时讲到，国际的任务就是为迎接即将到来的斗争，把工人阶级的力量组织并团结起来。③ 马克思在与拉萨尔主义、蒲鲁东主义、巴枯宁主义等论战过程中，越加感觉得无产阶级团结、统一、集权的重要性。强调我们党“绝对没有什么要向拉萨尔派学习的，而拉萨尔派倒是应当向我们的党学习；合并的第一个条件是，他们不再做宗派主义者，不再做拉萨尔派”。④ 面对形形色色不同派别，维护国际团结统一是开展工作的重要条件。经过工人运动实践和总结经验教训，特别是巴黎公社的经验教训，马克思主义者对集权和权威认识更加深刻，“联合起来”“团结起来”的思想发展到集权、权威。马克思、恩格斯提出，“革命活动只有在集中的条件下才能发挥全部力量”，“目前在德国实行最严格的中央集权制是真正革命党的任务”。⑤

恩格斯在《论权威》中指出：“能最清楚地说明需要权威，而且是需要专断的权威的，要算是在汪洋大海上航行的船了。那里，在危急关头，大家的生命能否得救，就要看所有的人能否立即绝对服从一个人的意志。”⑥ 恩格斯进一步指出，我们看到，一方面是一定的权威，不管它是怎样形成的，另一方面是一定的服从，这两者都是我们所必需的。我们也看到，生产和流通的物质条件，

---

① 《马克思恩格斯选集》第 4 卷，人民出版社 1995 年版，第 201 页。
② 《马克思恩格斯选集》第 2 卷，人民出版社 1995 年版，第 611 页。
③ 《马克思恩格斯选集》第 3 卷，人民出版社 1995 年版，第 126 页。
④ 同上书，第 321 页。
⑤ 《马克思恩格斯选集》第 1 卷，人民出版社 1995 年版，第 373 页。
⑥ 《马克思恩格斯选集》第 3 卷，人民出版社 1995 年版，第 226 页。

不可避免地随着大工业和大农业的发展而扩展起来，并且趋向于日益扩大这种权威的范围。[①]恩格斯总结巴黎公社经验教训，特别指出，巴黎公社权威不是太多，而是太少，要是巴黎公社面对资产者没有运用武装人民这个权威，它能支持哪怕一天吗？反过来说，难道我们没有理由责备公社把这个权威用得太少了吗？[②]由此可见，恩格斯认为巴黎公社的权威不是太多而是太少，缺少权威是巴黎公社失败的重要原因。"团结起来""联合起来"与"权威"等经常混合使用，并且写入了无产阶级政党纲领，但"集中""权威"趋向已越加明显。

组织和纪律建党是列宁建党思想的突出特点。与第一国际、第二国际相比，俄国社会民主工党内部也不是风平浪静、铁板一块，存在各种错误思想。列宁在领导俄国革命、创建新型无产阶级政党的过程中，突出组织性和纪律性，确立和坚持民主集中制的原则，加强中央的权威和集中统一领导。俄国社会民主工党成立之初，因为缺乏集中统一领导，派别歧见、争论不休。列宁先后发表了《怎么办》《进一步，退两步》等重要论著，为建立新型无产阶级政党奠定了理论和组织基础。

列宁提出"集中制要求中央和党的最遥远、最偏僻的部分之间没有任何壁障"[③]，1903年，他为社会民主工党第二次代表大会起草的《章程草案》指出，党所承认的每一个党的委员会、委员会联盟，以及党的其他一切组织或团体"必须服从中央委员会和中央机关报的一切决定，并且按照中央委员会的规定向党的中央会计处交纳党费"。[④]但社会民主工党分裂为布尔什维克和孟什维克，前者强调集中制，后者主张"自治制"。列宁在《进一步，退两步》中明确了集中制原则，指出在党纲问题上和在策略问题上的一致，是保证党内团结，保证党的工作集中化的必要条件，但只有这个条件还不够，还需要组织上的统一，没有正式规定的党章，没有少数服从多数，没有部分服从整体，那是不可想象

① 《马克思恩格斯选集》第3卷，人民出版社1995年版，第226页。

② 同上书，第227页。

③ 《列宁全集》第7卷（第2版增订版），人民出版社2013年版，第249页。

④ 同上书，第366页。

的。[①]列宁后来在论述中央集权和自治时讲到，马克思主义者是决不会主张实行任何联邦制原则，也不会主张实行任何分权制的，中央集权的大国是从中世纪的分散状态向将来全世界社会主义的统一迈出的巨大的历史性的一步，除了通过这样的国家（同资本主义紧密相联的）外，没有也不可能有别的通向社会主义的道路。[②]十月革命胜利后，面对国外和国内反对势力的联合"绞杀"。俄共（布）越加需要集中统一全党力量，列宁在为共产国际二大准备的文件中指出，"加入共产国际的党，应该是按照民主集中制的原则建立起来的。在目前激烈的国内战争时代，共产党只有按照高度集中的方式组织起来，在党内实行近似军事纪律那样的铁的纪律，党的中央机关成为拥有广泛的权力、得到党员普遍信任的权威性机构，只有这样，党才能履行自己的职责"。[③]党内的小派别、小团体活动，一定程度上削弱了中央集中统一领导。列宁在俄共第十次代表大会《关于党的统一的决议草案初稿》中，提出"任何派别活动都是有害的，都是不能容许的，因为即令个别集团的代表人物满心想要保持党的统一，派别活动事实上也必然会削弱齐心协力的工作，使混进执政党内来的敌人不断加紧活动来加深党的分裂"，"在同派别活动进行实际斗争中，每一个党组织必须密切注意，决不容许发表任何派别言论"。[④]

二、维护党中央权威和集中统一领导的路径依赖

"天下观"是中国古人长期秉持的政治思想，经过历史积淀，形成了与大一统和天下观相匹配的文化心理。中国传统文化具有极强包容性，追求"道并行而不相悖，万物并育而不相害"，形成了中华民族所特有的凝聚力和向心力。

中国历史上分裂是暂时的，而统一状态是常态、主流。大一统的政治形态，是千年演化的结果，沁入人们思维和心理，产生路径依赖和心理依赖。维

① 《列宁选集》第 1 卷（第 3 版修订版），人民出版社 2012 年版，第 498—499 页。

② 《列宁选集》第 2 卷（第 3 版修订版），人民出版社 2012 年版，第 358 页。

③ 《列宁选集》第 4 卷（第 3 版修订版），人民出版社 2012 年版，第 254 页。

④ 同上书，第 469、470 页。

护中央权威和集中统一领导，在现实操作中，往往面临着一些执行困境，集中体现为央地关系和上下级关系。政令下传和舆情上达通道的畅通性、准确性很大程度上制约着国家治理的效果。中央没有权威，地方容易出现尾大不掉局面，对中央政令打折扣、搞变通，国家治理逐渐偏离设想规划，久而久之出现治理危机，甚至政权危机。古代政权为维护中央权威和集中统一领导，进行了许多制度设计和改革。从分封制到分封郡县制、行省制，从推恩令到“杯酒释兵权”，从“三省六部制”到“六部制”，央地关系、中央与中央机构关系处于调整变动中，中央权威在强化与式微之间周期性变动。中国共产党孕育和植根于中国大地，传统文化的内在张力和大一统的路径依赖，使中国共产党的领导模式和领导制度不能不受到传统路径的影响。从大历史的角度来看，维护中央权威和集中统一领导，是治国理政、维护稳定、繁荣经济的根本政治保证。

三、国际共产主义运动中维护中央权威和集中统一领导的历史镜鉴

历史是一面镜子，为后人提供镜鉴。苏共亡党、苏联解体根源于苏共中央权威弱化和苏共党的领导体制的分崩离析。苏共中央在国内权威的降解消弭和苏共在社会主义国家影响的褪色退潮，超“联邦制”的苏联降解退却为准“邦联制”的独联体。南斯拉夫共产党较早游离于社会主义阵营和逃逸于苏共权威光环之外，成为社会主义的“异体”。但其脱胎于社会主义的先天基因存在和惯性，使其终难逃出历史的轨道和窠臼。其受到外部引力渐渐强于内部引力，其介于“两大力场”之间，在两大引力排挤之间，继续沿着“自治”“多元”的思维和罅隙跌宕运行。“自治”在成为南斯拉夫共产党诀别于社会主义阵营的“法宝”和“旗帜”之后，渐由阵营和国家层面的“自治”纹裂为政党内部的“自治”和“多元”。党组织“联邦化”倾向日渐明显，组织的罅隙纹理渐趋显明，中央权威由“一”化“多”，在一个引力磁场退化后，终为另一引力磁场所吸附。苏共和南共亡党亡国的教训，为马克思主义执政党建设提供了历史的镜鉴。

四、维护党中央权威和集中统一领导的现实逻辑

维护党中央权威和集中统一领导是实现“四个全面”战略布局和“两个一百年”奋斗目标的根本保证。中共十九大报告提出，在全面建成小康社会的基础上，分两步走，到本世纪中叶把我国建成富强民主文明和谐美丽的社会主义现代化强国。这是“两个一百年”奋斗目标的第二个目标，“四个全面”战略布局和“两个一百年”奋斗目标是中华民族实现伟大复兴的战略规划和目标。维护党中央权威和集中统一领导是实现“四个全面”战略布局和“两个一百年”奋斗目标的强大引擎和根本保证。

维护党中央权威和集中统一是解决党内存在问题的客观需要。党的十八大以来，全面从严治党取得压倒性胜利，但必须看到仍然存在一些深层次的潜在问题。仍然存在部分“四个意识”不强、不落实“两个维护”、对中央政令置若罔闻、搞变通、打折扣等现象，需要下大气力解决。党内存在的问题，《关于新形势下党内政治生活的若干准则》和《中共中央关于加强党的政治建设的意见》均有述及。尤其是，在党内政治生活方面一些突出问题不容忽视。“在一些党员、干部包括高级干部中，理想信念不坚定、对党不忠诚、纪律松弛、脱离群众、独断专行、弄虚作假、慵懒无为，个人主义、分散主义、自由主义、好人主义、宗派主义、山头主义、拜金主义不同程度存在，形式主义、官僚主义、享乐主义和奢靡之风问题突出，任人唯亲、跑官要官、买官卖官、拉票贿选现象屡禁不止，滥用权力、贪污受贿、腐化堕落、违法乱纪等现象滋生蔓延。特别是高级部中极少数人政治野心膨胀、权欲熏心，搞阳奉阴违、结党营私、团团伙伙、拉帮结派、谋取权位等政治阴谋活动。这些问题，严重侵蚀党的思想道德基础，严重破坏党的团结和集中统一，严重损害党内政治生态和党的形象，严重影响党和人民事业发展。”①

维护党中央权威和集中统一是应对国内外复杂化境和挑战的需要。当今世

① 《中国共产党党内重要法规汇编》，党建读物出版社 2019 年版，第 40 页。

界正经历百年未有之大变局，中国特色社会主义进入新时代，我们比历史上任何时期都更接近、更有信心和能力实现中华民族伟大复兴，同时面临的环境更复杂、不确定性更大、风险挑战更多，坚定维护党中央权威和集中统一领导必须作为党的领导的最高原则，贯彻到全党的一切工作和活动中。来自国内国外的风险挑战是多方面，特别是来自国外不确定因素增加，越加需要团结有力的中央领导。

第二节　维护党中央权威和集中统一领导的各项制度历史考察

一、新民主主义革命时期维护党中央权威和集中统一领导的各项制度

中国共产党在建立之初，党中央未能形成稳固而有效的中央权威，因此屡受挫折。是时“左”的错误长期影响中央，中央统一领导出现较大偏差，中央苏区受到巨大损失，中共中央及中央红军被迫战略转移，中央权威受到威胁和挑战。长征途中为维护中央权威和集中统一领导而进行了斗争。长征途中，张国焘依仗兵多枪多的局地优势，“另立中央”，企图分裂党和红军。通过坚决斗争，维护了党中央权威和集中统一领导，以斗争求得党的团结。中共中央到达陕北后，党更加团结统一，抗日民族统一战线日益发展起来。延安时期加强党的集中统一领导与核心确立。全面抗战时期，王明回国后，一改之前的“左”的错误，径向右倾错误滑去，给党中央权威和集中统一领导带来新挑战。针对“双无”现象，在党的六届六中全会上，毛泽东提出了“四个服从”。毛泽东在西北局高级干部会议上讲到，“实行一元化的领导很重要，要建立领导核心，反对‘一国三公’”。[①]1945 年，毛泽东在《中国共产党第七次全国代表大会的工作方针》中指出：“要知道，一个队伍经常是不大整齐的，所以就要常常喊看

① 《毛泽东文集》第 3 卷，人民出版社 1996 年版，第 69 页。

齐，向左看齐，向右看齐，向中看齐。我们要向中央基准看齐，向大会基准看齐。”[①] 他又在中共七大的口头政治报告中指出，“党这个军队也是一样，没有统一纪律，没有民主集中制，没有民主或者没有集中都不行”。[②] 解放战争时期建立请示报告制度与召开“九月会议”。1948 年，是解放战争的关键一年，战争形势的变化，亟须加强党中央权威和集中统一领导。1948 年 1 月，毛泽东亲自为党中央起草《关于建立报告制度》的指示，要求各中央局和分局必须坚持事前请示、事后报告，每两个月向党中央和中央主席作一次综合报告，随后请示报告制度在全党全军普遍建立起来。9 月 8 日至 13 日，在平山县西柏坡村召开了中共中央政治局扩大会议，又称“九月会议”。会议通过了《关于各中央局、分局、军区、军委分会及前委会向中央请示报告制度的决议》，强调要加强党的集中统一领导和组织纪律性，请示报告制度在全党全军最终确立起来。

（一）中国共产党成立初期的纪律与中央权威

中国共产党是马克思主义政党，其根脉是马克思主义，马克思主义建党学说和原理体现在其发展历程中。中国共产党维护党中央权威和集中统一领导，经过了从理论到实践、从宏观到微观、从抽象到具体、从一般规约到具体制度的历史路径。

中国共产党从成立前后，就确立集中统一的框架和思路。1920 年 9 月，蔡和森给毛泽东的信提出，加入共产党的条件极严格，党的组织为极集权的组织，党的纪律为铁的纪律。[③] 而毛泽东回信说：“你这一封信见地极当，我没有一个字不赞成。”[④]《中国共产党宣言》提出，共产党的任务是要“组织和集中这阶级争斗的势力”，“要组织一些大的产业组合，并联合成一个产业组合的总联合会，又要组织一个革命的无产阶级的政党——中国共产党”。[⑤] 李大钊提出，“中国

① 《毛泽东文集》第 3 卷，人民出版社 1996 年版，第 297—298 页。

② 同上书，第 337 页。

③ 《“一大”前后》，人民出版社 1980 年版，第 141 页。

④ 《毛泽东书信选集》，中央文献出版社 2003 年版，第 11 页。

⑤ 《“一大”前后》(一)，人民出版社 1980 年版，第 3 页。

现在既无一个真正表现民（众）势力的团体，C派的朋友若能成立一个强固的精密的组织，并注意促进其分子之团体的训练，那么中国彻底的大变革，或者有所付托！"① 中共一大通过的《中国共产党第一个纲领》规定："地方执行委员会的财政、活动和政策，必须受中央执行委员会的监督。"② 同时规定，委员会所辖的党员人数超过五百或同一地区有五个委员会时，必须成立执行委员会，全国代表会议应委派十人参加执行委员会，如上述要求不能实现，必须成立临时中央执行委员会。③ 这些规定体现了维护党中央权威和中央统一领导制度萌芽和源头。中共一大通过的《中国共产党第一个决议》，其中关于宣传工作规定，一切书籍、日报、标语和传单的出版工作，均应受中央执行委员会或临时中央执行委员会的监督；任何出版物，无论是中央的或地方的，都不得刊登违背党的原则、政策和决议的文章。④ 一个强制性要求和一个禁止性要求，均着眼于维护党中央权威和集中统一领导。中共一大期间，地方共产党早期组织向中央报告工作，也体现了维护中央权威和集中统一领导的要求，如北京共产党早期组织和广州共产党早期组织向党分别做了报告，汇报了各自开展工作、经验、面临的困难、今后计划等。⑤ 另外，根据张国焘回忆，陈独秀曾向一大提出关于组织与政策的四点意见，其中有"二曰民主主义之指导（按即民主集中制的组织原则）；三曰纪纲（按即注重纪律的要点）……"。⑥

中国共产党成立后，党的领导人同无政府主义者进行了思想交锋，推动了集中统一领导思想的发展定型。陈独秀在与区声白讨论无政府主义时，提出"权力集中是革命的手段中必要条件"，"各团体的自由自治，未能完全权力集中，所以不适于革命。劳动团体的权力不集中，想和资产阶级对抗尚且不能，慢说是推倒资产阶级了。因为权力不集中，各团体自由自治起来，不但势力散

① 《"一大"前后》(一)，人民出版社 1980 年版，第 159—160 页。

②③ 同上书，第 8 页。

④ 同上书，第 12、13 页。

⑤ 《中国共产党第一次全国代表大会档案文献选编》，中共党史出版社 2015 年版，第 10—17 页。

⑥ 《"一大"前后》(二)，人民出版社 1980 年版，第 173 页。

漫不雄厚，并且要中资产阶级离间利用和各个击破的毒计”。①

不仅中国共产党的组织建设要求维护党中央权威和集中统一领导，中国社会主义青年团亦按照中共的组织原则对团的组织作了具体规定。《中国社会主义青年团章程》规定，区及地方执行委员会之组织，按中央委员会组织之原则组成之，但须经中央执行委员会之认可；大会或中央执行委员会议决之各种议案，地方团得组织各种运动委员会分别进行；全国代表大会为本团最高机关，闭会期间，中央执行委员会为最高机关；大会或中央执行委员会之议决须为该大会或执行委员会多数之公意，少数须服从之；下级执行委员会须服从上级执行委员会，不服从时，上级执行委员会得取消或改组之；并且规定下级执行委员会每月至少须报告上级执行委员会一次。②

在此基础上，党的二大通过了《中国共产党章程》《关于共产党的组织章程决议案》《中国共产党加入第三国际决议草案》等重要文件，从不同层面强调了中央权威。首部《中国共产党章程》关于党的纪律方面明确规定，“全国大会及中央执行委员会之议决，本党党员皆须绝对服从之”，凡党员若不经中央执行委员会之特许，“不得加入一切政治的党派”、“不得为任何资本阶级的国家之政务官”，并且规定“本党一切会议均取决多数，少数绝对服从多数”。③中共二大从实体的规章守则上强调了维护中央权威和集中统一领导的重要性，并提供了制度保障。《中国共产党加入第三国际决议案》规定，“凡属于国际共产党的党，必须建筑于德谟克乃西的中央集权的原则之上。在现在内乱激烈的时候，共产党唯靠极集中的组织，铁的纪律（即采用军队的纪律）和全体战士一致给中央机关以广大的权力，过余的信任，使得执行一种不可抗辩的威权”。④德谟克乃西的中央集权原则成为中共的建党基本原则，集中的组织和铁的纪律是共产党

①《建党以来重要文献选编（一九二一——一九四九）》第一册，中央文献出版社 2011 年版，第 30、38 页。

②《“一大”前后》(一)，人民出版社 1980 年版，第 34、35、36 页。

③《“二大”和“三大”》，中国社会科学出版社 1985 年版，第 89、90 页。

④《中国共产党第二次全国代表大会档案文献选编》，中共党史出版社 2014 年版，第 16 页。

的特色和优势，保证了不可抗辩的权威。《关于议会行动决议案》对维护中央权威和集中统一领导提出了更严格规定，“本党国会议员，绝对受中央执行委员会的监督和指挥”，“一切重大政治问题，由中央执行委员会授以方略”，“本党议员不受中央执行委员会监督或违反中央执行委员会方针时立即撤销其议员资格，并开除出党”。① 党的组织建设着眼于革命的形势与任务，围绕建设一个严密集权有纪律的政党，开展革命运动。《关于共产党的组织章程决议案》提出，“党的内部必须有适应于革命的组织与训练。凡一个革命的党，若缺少严密的集权的有纪律的组织与训练，那就只有革命的愿望便不能够有力量去做革命的运动”，“自中央机关以至小团体的基本组织要有严密系统才免得乌合的状态；要有集权精神与铁似的（纪）律，才免得安那其的状态”。②

《中国共产党章程》对于中共中央地位和中央与下级组织关系，作出明确规定，“全国代表大会为本党最高机关，在全国大会闭会期间，中央执行委员会为最高机关”，“全国大会及中央执行委员会之决议，本党党员皆须绝对服从之”，“区或地方执行委员会及各组均须执行及宣传中央执行委员会所制定政策，不得自定政策。凡有关系全国之重大问题发生，中央执行委员会未发表意见时，区或地方执行委员会，均不得单独发表意见”。③ 党员绝对服从中央的决议，区或地方执行委员会不得自定政策、不得单独发表意见，“两个不得”直指维护中央权威和集中统一领导，厘清了中央和地方的关系。

随着时局变动，国共进入了第一次合作时期。初创不久的中国共产党，在维护党中央权威和集中统一领导的同时，面临着“以个人身份加入国民党”带来的组织统一弱化和权威降解，中共中央采取采取了一些举措，全力维护党中央权威和集中统一领导。国共合作是中共三大通过的决议，中共三大通过的《关于国民运动及国民党问题的议决案》提出，“加入国民党，但仍旧保存我们

① 《“二大”和“三大”》，中国社会科学出版社1985年版，第74、75页。

② 同上书，第85页。

③ 《建党以来重要文献选编（一九二一——一九四九）》第1册，中央文献出版社2011年版，第167页。

的组织”，“共产党党员和青年团团员在国民党中言语行动都须团结一致”。[①] 保持组织上的独立性和言语行动团结一致是中共中央对各级组织和党员的要求。中共中央在《关于党员入政界的决议案》进一步规定，凡党员行动带有政治意义者，中央执行委员会有严重监督指导之权。党员遇有不得已须在政界谋生活时，必须请求中央审查决定。[②] 中共中央为维护党中央权威和集中统一领导，在党员个人层面，规定除了监督指导党员外，还要求党员在政界谋生活须请求中央审查决定。在组织层面，《中国共产党中央执行委员会组织法》规定，中央执行委员会由常年大会选出，以九人组织之，选举五人组成中央局，其余四人分派各地，赞助该地方委员会一同工作，每星期将所在地情形报告中央局一次。中央局以中央执行委员会名义行使职权，由执行委员会选出委员长、秘书和会计三人。会计在中央督查之下，管理本党财政行政，并对于各区各地方及本党一切机关之财政行政负责。[③]

为强化中央权威和集中统一领导，1923 年中共第三次党代会上通过的《中国共产党第一次修正章程》新增规定，“中央执行委员会得随时派员到各处召集各种形式的临时会议，此项会议应以中央特派员为主席”，“全国大会及中央执行委员会之决议，本党党员皆须绝对服从之”。[④] 此外，大部分规定沿袭了首部《党章》的规定，如不得自定政策、不得单独发表意见、非经中央执行委员会特许不得加入一切的政治党派和担任资本阶级的国家政务官。中共三大与前两次代表大会有所不同，党的全国代表大会逐渐由年会制衍生为年会 + 全会制，在中共三届一次中央执行委员会会议上，各委员会分别作了报告。[⑤] 从“不得”、“必须”等要求，逐渐形成请示汇报制度，中央权威和集中统一领导渐趋

① 《建党以来重要文献选编（一九二一——一九四九）》第 1 册，中央文献出版社 2011 年版，第 259 页。

② 同上书，第 264 页。

③ 同上书，第 268、269 页。

④ 同上书，第 273 页。

⑤ 同上书，第 339—347 页。

制度化。1923 年 12 月 25 日，党中央在《中央通告第十三号——国民党改组及收回海关主权问题》中针对国民党改组和收回海关主权问题，要求“各同志接到此通告后，拟如何进行，并已进行至何程度，各地方务须随时报告区委员会，各区会务须随时报告中局，中局即以此二项工作进行如何为各地方工作勤惰之标准”。①

与中共三大相比，中共四大提出了更具全局性和长远性的举措，提出了无产阶级领导地位和党支部问题，规定党员三人以上均得成立一支部，并提出可以设立若干小组，通过的《对于组织问题之议决案》提出，要扩大党的数量，实行民主的集权主义，巩固党的纪律。②《第二次修正章程》规定，一个地方有三个支部以上，经中央执行委员会之许可，区执行委员得派员至该地方召集全体党员大会或代表大会。③随着组织的扩大，特别是基层组织体系的完善，中央强化了对整个组织体系的领导。

面对严峻复杂的斗争形势，中共中央亟须加强集体统一领导，特别强调重视政治纪律。中共五大通过的《组织问题议决案》提出，“中央应该强毅的实行集体领导，从中央省委以至支部。党内纪律非常重要，但宜重视政治纪律”，党要“集中各方面的指导，在工会，在农会，在国民党及其他团体。为着这个，必须明显组织党团，严秘（密）服从党的指导”。④中国共产党是按照列宁主义建立起来的政党，民主集中制成为根本组织原则。中共五大的党章修正案是在五大结束后的中央政治局会议上通过的，1927 年 6 月，《中国共产党第三次修正章程决案》首次规定“党部的指导原则为民主集中制”⑤。早在 1920 年，《共

① 《建党以来重要文献选编（一九二一——一九四九）》第 1 册，中央文献出版社 2011 年版，第 385 页。

② 《建党以来重要文献选编（一九二一——一九四九）》第 2 册，中央文献出版社 2011 年版，第 259 页。

③ 《建党以来重要文献选编（一九二一——一九四九）》第 1 册，中央文献出版社 2011 年版，第 263 页。

④ 《中国共产党第五次全国代表大会档案文献选编》，中共党史出版社 2015 年版，第 19 页。

⑤ 同上书，第 30 页。

产党》月刊第 1 号刊登的《列宁的历史》一文中指出，在俄国社会民主党第二次代表大会上，列宁“绝对的主张该党应采取中央集权制，组织中央掌权指示全体作用的机关”。①《共产党》月刊第 2 号刊登的翻译的《共产党国际联盟对美国 I.W.W. 的恳请》中提出“民主主义的集中权”，“在多数的人群中，要兼采人人的意见是不可能的，只可采行大多数人的意见”。② 中共二大时提出德谟克乃西的中央集权的原则，施复亮后来将其译为“民主的集中制”，1924 年 1 月，刘仁静首次在中文文献中使用“民主集中制” ③ 概念，后广泛使用，并被写入党章。

（二）国民大革命失败后为维护党中央权威和集中统一领导的努力和斗争

中国共产党在建立之初，党中央未能形成稳固而有效的中央权威，因此屡受挫折。党内“左”和右的错误交替出现，机会主义盛行，使党的事业蒙受损失，严重损害了党中央权威。

面对白色恐怖，1927 年 9 月 15 日，《中共中央政治报告》指出，“在现有形势下，党负了很大的责任，一定要党内在政治上有坚定地统一的意识”。④ 党的许多领导人纷纷阐述了反对党内机会主义、维护党中央权威和集中统一领导的重要性。蔡和森在《把党改造成为一个伟大的健全的中国无产阶级大政党》中提出，要铲除政治方面的机会主义系统，同时亦铲除组织方面的机会主义系统，应“改造真正成为列宁主义铁的组织铁的纪律，真正成为无产阶级的民主集中制”。⑤ 瞿秋白在《革命形势和目前的任务》提出，“民主集权的指导”，反对“老爷党”的倾向与知识分子的怠工。⑥ 为进一步维护党中央权威和集中统一领导，中共中央建立了巡视制度，以加强对地方领导和监督。1931 年 5 月 1

① 《共产党》第 1 号，1920 年 11 月 7 日，第 30 页。

② 《共产党》第 2 号，1920 年 12 月 7 日，第 22 页。

③ 《向导》第 52 期，1924 年 1 月 20 日。

④ 《建党以来重要文献选编（一九二一——一九四九）》第 4 册，中央文献出版社 2011 年版，第 506 页。

⑤ 同上书，第 522 页。

⑥ 《建党以来重要文献选编（一九二一——一九四九）》第 5 册，中央文献出版社 2011 年版，第 333 页。

日，中共中央通过《中央巡视条例》规定，巡视员在巡视过程必须做巡视日记，至少两礼拜向中央报告一次（将报告编成号码）。① 然而，由于“左”倾思想在党内占主导地位，毛泽东等人的正确思想未受到重视和采纳，中央很难做到正确的民主集中，党中央的集中领导反而“事与愿违”，越集中统一，越收效甚微，甚至造成负面效果，给党造成重大损失，中央苏区日渐被“蚕食缩小”，中共中央和中央红军被迫长征，这使中央权威受到弱化和消解。

长征途中，两河口会议提出红一和红四方面军会合后集中主力向北进攻。张国焘依仗人多兵多马壮，企图获得党中央和红军最高领导权，竭力主张南下，提出各种借口，不愿北上，严重违反中央政策。1935 年 10 月 5 日，张国焘公然另立中央，1936 年 1 月 22 日，中共中央政治局作出《关于张国焘同志成立第二“中央”的决定》，责令他立即撤销另立的“中央”。② 在红四方面军遭受重大损失后，张国焘不得不宣布取消另立的中央，率军北上。1937 年，中央政治局于在延安召开扩大会议，批评张国焘的分裂主义错误，作出了《关于张国焘同志错误的决定》。然而，张国焘在 1938 年春叛变逃到西安。党中央在多次做工作无效的情况下，作出开除张国焘党籍的决定。张国焘分裂和背叛党的行为冲击了党中央权威和集中统一领导、破坏党和红军团结统一，给党和军队带来了巨大损失。针对张国焘脱党叛逃问题，全党开展了反张国焘路线的斗争。全党同志像一个人一样团结在中央的周围，为中央的路线而奋斗。③ 全党全军统一了思想行动，增进了团结，维护了党中央的权威和集中统一领导。

（三）延安时期加强党的集中统一领导与核心确立

延安时期，不仅要面临张国焘分裂和背叛党的行为，还需要应对王明的右

---

① 《建党以来重要文献选编（一九二一——一九四九）》第 8 册，中央文献出版社 2011 年版，第 378 页。

② 《中国共产党的九十年（新民主主义革命时期）》，中共党史出版社、党建读物出版社 2016 年版，第 162 页。

③ 《建党以来重要文献选编（一九二一——一九四九）》第 15 册，中央文献出版社 2011 年版，第 260—261 页。

倾错误给党中央权威和集中统一领导带来的新挑战。如果说中共中央迁往中央苏区之前王明犯了“左”倾教条主义错误，那么，全面抗战爆发后王明从苏联归来则犯了右倾投降主义。王明游走于“左”和右两个极端，非此即彼、非左即右的错误思维给党造成重大危害和损失，严重影响了党中央权威和集中统一领导。王明违反党纪、挑战中央权威，在领导中共中央长江局工作期间，未经党中央讨论和批准，在报纸和刊物上公开发表同党中央不一致的言论，在组织上闹独立，中共中央进行了坚决斗争。1938 年 2 月 27 日至 3 月 1 日，中央召开政治局会议对王明的错误进行深入批判，防止右倾错误在党内的扩张，维护了中央权威和集中统一领导。

随着全面抗战进入相持阶段，党内出现不汇报不请示、纪律意识淡薄等问题。1938 年 9 月 11 日，中共中央召开了六届六中全会。毛泽东在会上作了《论新阶段》的政治报告，在党的纪律部分提出，个人服从组织，少数服从多数，下级服从上级，全党服从中央，这是不容忽视的基本原则，是党的民主集中制的具体实施，谁破坏了它们，谁就破坏了党的民主集中制，谁就给了党的统一团结与党的革命斗争以极大损害。①关于中央与地方关系，《关于抗日民族统一战线与党的组织问题》确立了四个基本原则，即中央集中统一全国党的领导，中央对地方的指示带有弹性和伸缩性给地方以余地，中央应注意培养地方党在中央领导之下的独立工作的能力与勇气，地方应当养成服从中央、尊重中央与信任中央的领导的优良传统，其中第一个原则规定，地方党必须严格执行中央的政治路线、决议与决定，不得有任何反对中央的言论与行动，必须严格遵守党的铁的纪律。②此外，还提出中央的极高的威信，中央主要领导者毛泽东同志的极高威信，是克服困难的优良条件之一。③

刘少奇作的《党规党法的报告》讲到，关于党的组织决定、关于中委工作

---

① 《建党以来重要文献选编（一九二一——一九四九）》第 15 册，中央文献出版社 2011 年版，第 645—646 页。

② 同上书，第 703 页。

③ 同上书，第 711 页。

规则及纪律的决定、关于各级党部的工作及纪律的决定是党的组织建设之一，保证按民主集中制来建设党。[①]全会通过了《关于中央委员会工作规则与纪律的决定》，分别规定了中央委员会、中央政治局、中央书记处的工作规则和纪律。同时，需要指出的是，中共中央局作为中共中央的派出机关，中央也制定了中央局工作规则与纪律。关于中央局，定了5条具体规定，一是各中央局、中央分局在中央决议、方针及指令之下，代表中央指导各该地区党的一切工作，并得以自己的名义与各该地区其他党派的组织机关发生关系；二是对于全国性的时事问题在得到中央决议及指令后，得以自己的名义发表宣言、决议、通电等，但对于仅关当地的地方问题，各中央局、中央分局得自行决定发表宣言电文；三是须完全执行中央委员会、中央政治局、中央书记处的决议和指令，并不得有任何违反中央委员会、中央政治局、中央书记处的文字与行动；四是须遵守中央委员会的工作规则与纪律；五是各中央局、中央分局委员如有错误或不称职时，由中央政治局、中央书记处决议处理之。[②]全会通过的另一部党内法规是《关于各级党部工作规则与纪律的决定》，个人服从组织，少数服从多数，下级服从上级，全党服从中央，党的一切工作由中央集中领导，是党在组织上民主集中制的基本原则，各级党的委员会的委员必须无条件地执行，成为一切党员与干部的模范。[③]这次“决定中国之命运”的重要会议，克服了一系列严重错误，严明了各级党组织的工作纪律，维护了党中央权威和集中统一领导。

1941年11月16日，陈云《在西北局高干会上的讲话》指出，“要做到党的一元化领导，首先必须反对闹独立性的倾向”“必须把反对闹独立性倾向和地方党委工作要顾全大局这两者结合起来”。[④]1942年7月14日，任

① 《建党以来重要文献选编（一九二一——一九四九）》第15册，中央文献出版社2011年版，第749、750页。

② 同上书，第769—770页。

③ 同上书，第773页。

④ 《建党以来重要文献选编（一九二一——一九四九）》第19册，中央文献出版社2011年版，第522页。

弼时在《为什么要作出增强党性的决定》指出，决定的中心思想是强调党的统一性、集中性和全党服从中央领导的重要性，强调政治上、组织上、思想上都应服从党的中央。①1942年9月1日，中央政治局通过《中共中央关于统一抗日根据地党的领导及调整各组织间关系的决定》，决定指出，在某些地区，还存在着统一精神不足、步伐不齐、各自为政、军队尊重地方党和地方政权的精神不够、党政不分、政权中党员干部对党的领导闹独立性、党员包办民众团体、本位主义、门户之见等不协调的现象。②并要求按照下级服从上级、全党服从中央的原则执行党的一元化领导，“各根据地领导机关在实行政策及制度时，必须依照中央的指示。在决定含有全国全党全军普遍性的新问题时，必须请示中央，不得标新立异，自作决定，危害全党领导的统一”③。为克服各根据地机关庞大、系统分立、单位太多、指挥不便、干部堆在上层而中下层虚弱无力、军区分区分两级缺乏领导中心而谁也不服谁等现象，中央给各中央局、各中央分局、各区党委下发加强统一领导与精兵简政的指示。④

任弼时在《关于党的一元化领导问题》中，提出当时陕甘宁边区存在不正常现象相当严重，在边区一级的党政军民学中，都曾发生过或者还存在着对边区党的领导中心——西北局的不尊重，和闹独立性的现象。比如军队方面，对党的尊重是不够的，自以为与党是平列的，甚至觉得比党还要高一些、大一些，认为自己是中央的军队，就不把自己的工作时常提到西北局去讨论，对边区党的决议也没有认真去执行；政府工作方面，先是有些同志对西北局的决定很不尊重，后来发生了政府工作中的党员不太尊重党团的情况；群团方面，有个时期青年团向西北局闹独立性，走到“青年主义”“第二党”的倾向，甚至

① 《建党以来重要文献选编（一九二一——一九四九）》第19册，中央文献出版社2011年版，第369页。

② 同上书，第422页。

③ 同上书，第428页。

④ 同上书，第558页。

在青年的会议上对党表示反抗，闹得多么严重。① 任弼时分析了存在问题和现象，提出建立健全以党为中心的一元化领导，西北局是党中央的代表机关，西北的每一个党员和组织，只有爱戴西北局，坚决执行西北局的决定，才能表示他们真正是拥护党中央的正确路线，真正是爱戴党的中央和党的领袖——毛泽东同志。②

1943 年 3 月 20 日，为使中央机构更加简便与灵活，使事权更加统一与集中，以达到更能增强中央的领导效能，中央下发《中共中央关于中央机构调整及精简的决定》，在中央政治局及书记处之下，设立宣传委员会与组织委员会，是政治局和书记处的助理机关。③ 周恩来在《怎样做一个好的领导》中指出，领导者与领导机关要实行党的领导一元化，集中化与民主生活（讨论与分工）。④1943 年，共产国际解散的同时，也增加了党和党员同志的责任心。毛泽东提出有两种团结是绝对必要的，一种是党内团结，一种是党同人民的团结。党内团结就是全党同志必须团结在党中央周围，任何破坏团结的行为都是罪恶，只要共产党人团结一心，同心同德，任何强大的敌人，任何困难的环境，都会被战胜的。⑤

1943 年 10 月 14 日，毛泽东在中共中央西北局高级干部会议上提出贯彻执行十大政策，其中，关于统一领导，他讲到，“实行一元化的领导很重要，要建立领导核心，反对‘一国三公’”。⑥ 刘少奇在中共七大上作的《论党》的报告讲到，党在“思想上、政治上、组织上的无产阶级的统一”，党“要求全体党员无条件的服从党的集中领导”。⑦ “保障与加强全党的统一，并与一切反党、分

① 《建党以来重要文献选编（一九二一——一九四九）》第 20 册，中央文献出版社 2011 年版，第 8—9 页。

② 同上书，第 24—25 页。

③ 同上书，第 171 页。

④ 同上书，第 295 页。

⑤ 同上书，第 327 页。

⑥ 同上书，第 604 页。

⑦ 《建党以来重要文献选编（一九二一——一九四九）》第 22 册，中央文献出版社 2011 年版，第 382 页。

裂党、闹独立性及小组织行为和阳奉阴违的两面行为进行斗争，与一切违反纪律的现象进行斗争，是一切党员、一切党的组织的职责”。①

（四）解放战争时期请示报告制度的建立

1948年，是解放战争的关键一年，战争形势的变化，亟须加强党中央权威和集中统一领导。中央开始实行重大事项报告制度彻底纠正了自由散漫的无纪律状态。1948年1月7日，毛泽东起草了《关于建立报告制度的指示》，要求各中央局、中央分局，由书记负责（自己动手，不要秘书代劳），每两个月向中央和中央主席作一次综合报告；一些临时性的报告照以前一样，必须改正对上级事前不请示、事后不报告的不良习惯；同时规定，各野战军首长和军区首长，除作战方针必须随时报告和请示，每月作一次战绩报告、损耗报告和实力报告外，从今年起，每两个月作一次政策性的综合报告和请示。②1948年3月25日，毛泽东又起草了《中共中央关于建立报告制度的补充指示》，补充了三项制度，各中央局、中央分局、前委对下级发出的指示答复，不论电报或书面，均须同时发给中央一份；下级所做的报告，内容重要者，亦须告知中央；每一位中央委员、中央候补委员均有单独向中央或中央主席随时反映情况及陈述意见的义务及权利。③随着全国革命形势的变化，中共中央逐步把下放的权力向上收集，由“向下撒网”转向“向上收网”，规约各地方各兵团的权力，将可能和必须归于中央的权力统一于中央。为此，1948年4月10日，毛泽东在《将全国一切可能和必须统一的权力统一于中央》中指出，“中央不止一次地向各地各军领导同志指出，中央的一切政策必须无保留地执行，不能允许不得中央同意由任何下级机关自由修改”④，“革命形势要求我党缩小（不是废除）各地方各兵

① 《建党以来重要文献选编（一九二一—一九四九）》第22册，中央文献出版社2011年版，第450页。

② 《建党以来重要文献选编（一九二一—一九四九）》第25册，中央文献出版社2011年版，第3—4页。

③ 同上书，第240页。

④ 《毛泽东文集》第5卷，人民出版社1999年版，第86页。

团的自治权，将全国一切可能和必须统一的权力统一于中央，而在各地区和各部分则统一于受中央委托的领导机关”。①

中共中央发出了请示报告的指示，制定了相应制度，但在执行中出现不严格、不按时、不完善的现象，为进一步严格执行请示报告制度，1948 年 8 月 14 日，毛泽东又起草《中共中央、军委关于严格执行向中央作请示报告制度的指示》，要求在战争第三年内，严格执行及时的和完备的报告制度，并作为一种绝对不允许违反的指令。责成地方在今年秋冬两季，将如何在野战兵团及后方军区机关部队中执行中央关于反对无纪律无政府状态，反对事前不请示事后不报告的错误倾向，反对将自己所指挥的军队及后方机关部队看成好像一个独立王国的危险倾向，在军队党内开展的讨论和争斗及其结果，作一个总结电告中央及军委。②8 月 28 日，毛泽东指示各中央局、分局、军委分会及前委会在发决议、指示、命令和训令时，必须注意“不得将自己和中央处于平列的地位，甚或向党内军内将自己造成高出中央的影响”③。

随着全国解放进程的加快，中共中央局和军队不断调整，新接管了一些大城市和物资，但各地方厚薄不均，部分地方和部队出现了无政府无纪律的现象，为进一步制约权力、强化纪律、规范行为、统一言行，1948 年 9 月 8 日至 13 日，中共中央在西柏坡村召开中共中央政治局扩大会议，又称“九月会议”。毛泽东在会上作的报告强调加强纪律性，“在全党全军克服无政府、无纪律状态”④。会议通过了《关于各中央局、分局、军区、军委分会及前委会向中央请示报告制度的决议》，在总的方面、政治方面、军事方面、经济方面、文教宣传方面、党务方面等请示报告内容作了规定，强调要加强党的集中统一领导和组织纪律性，克服存在的无纪律无政府状态，克服地方主义和游击主义，将一切

① 《毛泽东文集》第 5 卷，人民出版社 1999 年版，第 87 页。

② 《建党以来重要文献选编（一九二一——一九四九）》第 25 册，中央文献出版社 2011 年版，第 423 页。

③ 《毛泽东文集》第 5 卷，人民出版社 1999 年版，第 127 页。

④ 同上书，第 138—139 页。

可能和必须集中的权力集中于中央和中央代表机关手里，以便达到全党全军在方针上、政策上、行动上的完全一致。[①] 这次会议为夺取全国革命的伟大胜利，作了军事、政治和组织上的准备。

解放区域越大、革命进程越快、接管城市越多，越加需要中央的集中统一领导和强化纪律。1948 年 9 月 30 日，任弼时在中共中央政治局会议上指出，由于地区趋于同一，党之威信高了，战争规模加大，兵力集中作战，更需要加强统一集中领导，加强纪律。他特别指出，由乡村走向城市，越前进越胜利，故需要加强纪律性，统一集中，请示报告，服从纪律。[②] 全国解放战争，客观上需要建立中央集中统一调配的后勤保障体系，因此，朱德指出，大规模战争，要求逐渐统一集中，消除过去客观条件所造成的地域观念，而且全国财政经济，人力、物力都要统一集中，有计划、有系统地组织大规模的后勤体系。[③]

二、新中国成立至改革开放前维护党中央权威和集中统一领导的各项制度

新中国成立后，我们党成为全国执政党，中国逐步进入社会主义革命和建设阶段。建设新中国，亟须一个有凝聚力的中央。新中国成立后，中国共产党开始了全国执政，成为建设现代化国家、主导国家建设的支撑性主体力量，但也面临着政治、经济、国际环境和自身队伍建设等方面的严峻考验，国家民生凋敝、百废待兴，能否有效应对执政之初的各种考验，关系着政权的稳固。同时，社会主义建设道路的探索和各项事业的展开，是一项新课题，面临许多不可预知的因素。中共由乡村进入城市、由领导人民夺取全国政权转变为领导人民掌握全国政权并长期执政，历史方位和执政方位的双重转换对维护党中央权威和集中统一领导提出了新的更高的要求。

新中国成立初期，为适应当时形势发展需要，加强中央对各解放地区的集

① 《建党以来重要文献选编（一九二一——一九四九）》第 25 册，中央文献出版社 2011 年版，第 520—529 页。

② 同上书，第 470 页。

③ 同上书，第 766—767 页。

中统一领导，巩固人民政权，中央人民政府采取了中央集权与分区管理的方式，将全国分为6个大行政区。[①]党中央及时在中央人民政府建立党组，规定政府工作中一切主要的和重要的方针、政策、计划和重大事项，必须经过党中央讨论和决定或批准。随着国家政权在管理经济社会发展中开始发挥更大的职能作用，政府部门出现分散主义倾向。为此，1953年3月10日，中共中央作出《关于加强中央人民政府系统各部门向中央请示报告制度及加强中央对于政府工作领导的决定（草案）》，决定指出，今后政府工作中一切主要的和重要的方针、政策、计划和重大事项，均须事先请示中央，并经过中央讨论和决定或批准以后，始得执行；政府各部门对于中央的决议和指示的执行情况及工作中的重大问题，均须定期地和及时地向中央请示报告或请示，以便能取得中央经常的、直接的领导。[②]决议对请示和报告作了界定区分，规定请示遵循每一请示只限一个专题原则，且注明请求批示及请求何人或何机关批示；报告一律不要写“是否有当，请求指示”字样，如有需要指示的问题，中央另作指示。[③]维护党中央权威，加强中央集中统一领导，从纵向维度来说，是中央与地方党组织关系的再调整和再强化，其重点是中央地方上下一体、政令畅达；从横向角度来说，是中央与各国家机关、各国家部门关系的深层绾和，其焦点是党中央对中央政府的领导。为了加强中央对政府工作的统一领导，中央决定撤销了中央人民政府党组干事会，政务院各委的党组织暂时仍应存在，直接接受中央领导，并明确国家计划、政法、财经、文教、外交等工作的具体负责人，由各领导同志直接向中央负责。[④]随着国民经济恢复和国家“一五”计划实施，财经工作地位日繁、财经部门影响日隆，中共中央进一步加强了对财经工作的统一领导，首先加强了对各财政经济部门工作的领导。1953年4月28日，中共中

① 李正华、张金才:《中华人民共和国政治史（1949—2012）》，当代中国出版社2016年版，第19页。

② 《建国以来重要文献选编》第4册，中央文献出版社1993年版，第67页。

③ 同上书，第68页。

④ 同上书，第69—70页。

央作出《关于加强对中央人民政府财政经济部门工作领导的决定》，决定对中央负责的属于国家计划工作和财政经济工作的分工范围进行了调整，国家计划和工业工作由高岗、李富春、贾拓夫负责，财政、金融、贸易工作由陈云、薄一波、曾山、叶季壮负责，铁路、交通、邮电工作由邓小平负责，农、林、水利、合作工作由邓子恢负责，劳动工作和工资问题由饶漱石负责。①

1954 年 2 月，中共七届四中全会通过了《关于增强党的团结的决议》，强调党的团结是党的生命，明确党中央是党团结的唯一中心，反对任何派别思想、小团体习气、地方主义、山头主义和本位主义，反对任何妨碍中央统一领导、损害中央的团结和威信的言论和行动；要严格遵守民主集中制和集体领导原则，坚决反对分散主义和个人主义，反对把自己领导的地区和部门当作独立王国，反对把个人放在组织之上，反对不适当地过分地强调个人的作用，反对骄傲情绪和个人崇拜。②决议对高级干部提出严格规定，要求高级干部的重要政治活动和政治意见要经常向所属党组织报告和反映，其关系特别重大的则须直接向中央政治局、书记处或中央主席报告或反映，并且特别要求必须反对和禁止避开党的组织和中央进行的个人或小集团的政治活动，以及散布个人或小集团的政治意见。③邓小平在中共八大《关于修改党的章程的报告》中也指出："有某些在国家机关中工作的同志，借口自己工作的特殊性而不尊重党的领导，企图把自己工作的部门造成一个独立国，这是必须克服的一种危险倾向。"④

随着国家工业化和社会主义改造的大力推进，对维护党中央集中统一领导提出新要求。1956 年 4 月 25 日，毛泽东在《论十大关系》中明确提出"为了建设一个强大的社会主义国家，必须有中央的强有力的统一领导，必须有全国的统一计划和统一纪律"。⑤同年 9 月，刘少奇在中共八大上指出，"党已经成

① 《建国以来重要文献选编》第 4 册，中央文献出版社 1993 年版，第 182 页。
② 《建国以来重要文献选编》第 5 册，中央文献出版社 1993 年版，第 129 页。
③ 同上书，第 129 页。
④ 《建国以来重要文献选编》第 9 册，中央文献出版社 1994 年版，第 145 页。
⑤ 《建国以来重要文献选编》第 8 册，中央文献出版社 1993 年版，第 253 页。

为领导全国政权的党，在人民群众中具有很高的威信”，“为了保证我们的国家能够有效地处理国内和国际的复杂事务，必须有这样的一个党的领导”。[①]1957年3月，毛泽东提出要开展整风，反对错误思想作风和工作作风来增强党中央权威，他强调：“我们自己来批评自己的主观主义、官僚主义和宗派主义，这会不会使我们的党丧失威信呢？我看不会。相反的，会增加党的威信。抗日时期的整风就是证明。它增加了党的威信，增加了同志们的威信，增加了老干部的威信，新干部也有了很大的进步。”[②]1957年5月，毛泽东在接见中国新民主主义青年团第三次全国代表大会全体代表时说：“中国共产党是全中国人民的领导核心。没有这样一个核心，社会主义事业就不能胜利。”[③]为强化党中央的领导，1958年6月10日，中共中央决定成立财经、政法、外事、科学文教等小组，强调小组是党中央的，直隶中央政治局和书记处，并向他们直接报告，大政方针在政治局，具体部署在书记处。并指出只有一个“政治设计院”，没有两个“政治设计院”。对大政方针和具体部署，政府机构及其党组有建议之权，但决定权在党中央。[④]在七千人大会上，倡导发扬民主集中制，反对分散主义，毛泽东强调不论党内党外，都要有充分的民主生活，都要认真实行民主集中制。[⑤]

三、改革开放至中共十八大前维护党中央权威和集中统一领导的各项制度

“文化大革命”结束以后，党和国家的政治生活和政治生态处在一个新的起点上，国际形势变化为中国共产党提供新的国际环境和契机。伴随党对自身执政规律和社会主义建设规律认识的深化，党中央权威和集中统一领导得到恢复、再塑，在改革开放的中央集权和放权博弈过程中，并形成了较为系统的维护党

① 《建国以来重要文献选编》第9册，中央文献出版社1994年版，第104页。

② 《建国以来重要文献选编》第10册，中央文献出版社1994年版，第118页。

③ 《建国以来毛泽东文稿》第6册，中央文献出版社1987年版，第488页。

④ 《中共中央文件选集（1949年10月—1966年5月）》（第28册，1958年5—8月），人民出版社2013年版，第150页。

⑤ 李正华、张金才：《中华人民共和国政治史（1949—2012）》，当代中国出版社2016年版，第80—81页。

中央权威和集中统一的思想。

中共十一届三中全会确立了以经济建设为中心、开展社会主义现代化建设的总方针，国家经济体制由计划经济向有计划地商品经济、社会主义市场经济体制转变，对内改革和对外开放力度不断加大，国家权力不断下放。在权力下放、央地关系调整的同时，中央一直强调维护党中央的权威和集中统一领导，集中力量办大事，有力地推进了改革开放和社会主义现代化，成功开辟了中国特色社会主义道路。

中共十一届三中全会后，党的政治路线由“以阶级斗争为纲”转向“以经济建设为中心”，国家经济体制由计划经济体制转向有计划的商品经济，进而转向社会主义市场经济体制。解放思想、对内改革、对外开放、发展经济，成为党和国家首要任务。发展经济，一方面要下放权力，调动地方经济性；另一方面，中央要有权威和集中统一领导，保证经济发展方向。邓小平早在 1979 年就指出，中央如果不掌握一定数额的资金，好多应该办的地方无力办的大事情，就办不了，一些关键性的只能由中央投资的项目会受到影响。“现在一提就是中央集中过多下放太少，没有考虑该集中的必须集中的问题，中央必须保证某些集中”。[①]“文化大革命”结束后，党和国家处于新的历史方位。为了全面恢复和进一步弘扬党的优良传统和作风，健全党的民主生活，维护党的集中统一，增强党的团结，1980 年 2 月，中共十一届五中全会通过的《关于党内政治生活若干准则》规定，维护党的集中统一，严格遵守党的纪律，必须反对和防止分散主义，强调全党服从中央，是维护党的集中统一的首要条件，是贯彻执行党的路线、方针、政策的根本保证。[②]《准则》是党在改革开放新时期的党内政治生活的基本遵循，适应了改革开放的形势要求，推动了党的组织体系和干部队伍的发展。同 1981 年 6 月，中共十一届六中全会又通过了《关于建国以来党的若干历史问题的决议》。这两个文件总结了历史，开启了未来，为改革开放指明了航向和提供了保证。

---

① 《邓小平文选》第 2 卷，人民出版社 1994 年版，第 200、201 页。

② 《关于党内政治生活的若干准则》，人民出版社 1980 年版，第 7—8 页。

改革开放大幕开启，但仍面临许多争论和挑战，姓“资”姓“社”、姓“公”姓“私”争论迭起。对此，邓小平讲到，社会主义同资本主义比较，它的优越性就在于能做到全国一盘棋，集中力量，保证重点。①对内改革客观上要求改革体制、下放权力、调动两个积极性，在中央释放权力过程中，维护中央权威和集中统一领导至关重要。邓小平强调，中央要有权威，改革要成功，就必须有领导有秩序地进行，没有这一条，就是乱哄哄，各行其是，怎么行呢？不能搞“你有政策我有对策”，不能搞违背中央政策的“对策”。党中央、国务院没有权威，局势就控制不住。谁能统一？中央！我们要定一个方针，就是要在中央统一领导下深化改革。②1989年9月，他在同几位中央负责同志的谈话中进一步强调，中央的话不听，国务院的话不听，这不行。特别是有困难的时候，没有中央、国务院这个权威，不可能解决问题。有了这个权威，困难时也能做大事。不能否定权威，该集中的要集中，否则至少要耽误时间。对于不听中央、国务院的话，处理要坚决。③

在维护中央权威和集中统一领导与下放权力的过程中，改革开放走向深入。党的十四大确定建立社会主义市场经济体制的目标，中国社会来到新时期的新阶段，党中央权威和集中统一领导有了新要求。中共十四大报告指出，党的团结是党的生命，每个党员特别是领导干部，都要自觉维护党的团结和中央的权威，在思想上政治上同中央保持一致。决不允许有任何破坏和分裂党的行为存在。④1994年，中共十四届四中全会审议通过的《中共中央关于加强党的建设几个重大问题的决定》指出，维护中央的权威，就是要保证中央的政令畅通，决定了的事情各方面都要认真去办。在党的基本路线和总方针、总政策、总目标以及关系全局的重大问题上，全党必须与中央保持一致。⑤

① 《邓小平文选》第3卷，人民出版社1993年版，第16—17页。

② 同上书，第277、278页。

③ 同上书，第319页。

④ 《十四大以来重要文献选编》上，人民出版社1996年版，第44—45页。

⑤ 《十四大以来重要文献选编》中，人民出版社1997年版，第963页。

党的十五大是我们党在世纪之交召开的一次党的代表大会。迈向新世纪、全面建设小康社会的中国共产党，越加需要维护党中央权威和集中统一领导。中共十五大报告进一步强调了要维护中央权威，在思想上、政治上同中央保持一致，保证党的路线和中央的决策顺利贯彻执行。①2001 年 7 月 1 日江泽民同志在庆祝中国共产党成立 80 周年大会上指出，如果思想上不清醒，工作中不注意，是很容易搞散的。维护党和国家的集中统一，维护中央的权威，是极端重要的。党的指导思想、奋斗目标、大政方针、法律制度以及重要工作部署等必须统一，各个地方、部门和单位绝不能各行其是。②2001 年 9 月 26 日，中共十五届六中全会召开，这次全会以党的作风建设建设为主题，审议通过的《中共中央关于加强和改进党的作风建设的决定》指出，党和国家的集中统一，是全国各族人民的根本利益所在，必须坚决维护，防止和纠正分散主义、倾向，不允许把自己管理的地方、部门和单位，搞成不听党的统一指挥、不受组织约束和群众监督的“领地”；不允许有令不行、有禁不止，搞“上有政策、下有对策”，搞地方和部门保护主义。并且强调，政治纪律是党的最重要的纪律，党的各级组织和全体党员必须坚持党的基本路线，自觉同党中央保持高度一致，维护中央权威，保证中央政令畅通。③

党的十六大是进入 21 世纪后党的第一次全国代表大会，前后相接、目标赓续，意义重大。党的十六大报告指出，党和国家的集中统一，是全国各族人民的根本利益所在，在指导思想和路线方针政策以及重大原则问题上，全党全国必须保持高度一致。报告强调，要坚持“四个服从”原则，坚决维护中央权威，保证中央政令畅通。④2004 年 9 月，中共十六届四中全会通过的《中共中央关于加强党的执政能力建设的决定》，大致沿用了十六大报告的阐述，提出坚决维

① 《十五大以来重要文献选编》上，人民出版社 2000 年版，第 47 页。

② 《十五大以来重要文献选编》下，人民出版社 2003 年版，第 1919 页。

③ 同上书，第 2008—2009 页。

④ 《十六大以来重要文献选编》上，中央文献出版社 2005 年版，第 40 页。

护党的团结统一，维护中央权威，严肃党的纪律，保证政令畅通。[①]

与党的十六大相比，党的十七大在维护党中央权威和集中统一领导上有了新的规定。党的十七大报告指出，建立健全中央政治局向中央委员会全体会议定期报告工作并接受监督的制度，实行巡视制度。要求全党同志要坚决维护党的集中统一，自觉遵守党的政治纪律，始终同党中央保持一致，坚决维护中央权威，切实保证政令畅通。[②]2009 年 9 月，中共十七届四中全会再次聚焦党建主题，全会审议通过的《中共中央关于加强和改进新形势下党的建设若干重大问题的决定》，对维护党中央权威和集中统一领导，作了更加全面的规定。决定指出，“四个服从”最重要的是坚持服从中央，始终同党中央在思想上政治上行动上保持高度一致，坚持把发挥地方积极性同维护中央权威结合起来，把局部利益同全局利益统一起来，严守党的纪律特别是政治纪律，保证中央政令畅通。决定还提出健全对中央重大决策部署执行情况定期检查和专项督查制度、纪律保障机制，坚决纠正有令不行、有禁不止现象。规定不得公开发表和散布同中央决定相反的意见，对违反党的政治纪律的行为，必须严肃处理。[③]

四、党的十八大以来维护党中央权威和集中统一领导的各项制度

进入新时代，中国共产党承担着实现“两个一百年”奋斗目标的历史使命，这更加要求加强和维护党中央权威和集中统一领导。面对党情、国情、世情变化，以习近平同志为核心的党中央把保证全党服从中央、维护党中央权威和集中统一领导作为党的政治建设的首要任务，改革和完善坚持党的领导的体制机制，严明党的政治纪律和政治规矩。

党的十八大以来，党中央先后开展的群众路线教育实践活动、“三严三实”专题教育活动、“两学一做”学习教育、“不忘初心、牢记使命”主题教育、党

① 《中共中央关于加强党的执政能力建设的决定》，人民出版社 2004 年版，第 37 页。

② 《十七大以来重要文献选编》上，中央文献出版社 2009 年版，第 40、42 页。

③ 《中共中央关于加强和改进新形势下党的建设若干重大问题的决定》，人民出版社 2009 年版，第 19 页。

史学习教育等集中教育活动，在思想上和行动上强化了党员干部对维护党中央权威维护和集中统一领导的意识。同时，坚持思想建党和制度治党相结合，陆续制定或修订了《中国共产党廉洁自律条例》《关于新形势下党内政治生活的若干准则》《中国共产党党内监督条例》《中国共产党纪律处分条例》《中国共产党巡视工作条例》《中国共产党党务公开条例》《党政领导干部选拔任用工作条例》《中共中央政治局关于加强和维护党中央集中统一领导的若干规定》《中国共产党重大事项请示报告条例》《中国共产党党组工作条例》等党内法规，从制度上保证党的领导全覆盖，保证党中央集中统一领导更加坚强有力。2012 年 11 月，党的十八大报告把维护党中央权威和集中统一领导列入党的纪律建设部分。报告指出，党的集中统一是党的力量所在，是实现经济社会发展、民族团结进步、国家长治久安的根本保证。党面临的形势越复杂，肩负的任务越艰巨，就越要加强党的纪律建设，越要维护党的集中统一。要坚决维护中央权威，在思想上政治上行动上同党中央保持高度一致，坚决贯彻党的理论和路线方针政策，保证中央政令畅通，决不允许"上有政策、下有对策"，决不允许有令不行、有禁不止。①

中共十八届六中全会通过了《关于新形势下党内政治生活的若干准则》，又作了新的调整，将维护党中央权威单独列为一部分。准则要求，坚持党的领导，首先是坚持党中央的集中统一领导。一个国家、一个政党，领导核心至关重要。全党必须牢固树立政治意识、大局意识、核心意识、看齐意识，自觉在思想上政治上行动上同党中央保持高度一致。党的各级组织、全体党员特别是高级干部都要向党中央看齐，向党的理论和路线方针政策看齐，向党中央决策部署看齐，做到党中央提倡的坚决响应、党中央决定的坚决执行、党中央禁止的坚决不做。②

新《准则》规定，涉及全党全国性的重大方针政策问题，只有党中央有权作出决定和解释。全国人大、国务院等，中央和国家机关各部门、各人民团体、

① 《十八大以来重要文献选编》上，人民出版社 2014 年版，第 43 页。

② 《关于新形势下党内政治生活的若干准则》，人民出版社 2016 年版，第 13 页。

省自治区直辖市的党组织要定期向党中央报告工作。研究涉及全局的重大事项或作出重大决定要及时向党中央请示报告，执行党中央重要决定的情况要专题报告。遇有突发重大问题和工作中发现重大问题要及时向党中央请示报告，情况紧急必须临机处置的，要尽职尽力做好工作，并迅速报告。①

党的十九大报告指出，中国特色社会主义最本质的特征是中国共产党领导，中国特色社会主义制度的最大优势是中国共产党领导，党是最高政治领导力量。党政军民学，东西南北中，党是领导一切的。必须增强政治意识、大局意识、核心意识、看齐意识，自觉维护党中央权威和集中统一领导，自觉在思想上政治上行动上同党中央保持高度一致，完善坚持党的领导的体制机制，确保党始终总揽全局、协调各方。②党的十九大报告首次把政治建设纳入党建总体布局，而且摆在首位和统领地位，是党的根本性建设，决定党的建设方向和效果。党的十九大报告相较于十八大报告，将维护党中央权威和集中统一领导纳入政治建设领域，指出，党的政治建设的首要任务是保证全党服从中央，坚持党中央权威和集中统一领导。全党要坚定执行党的政治路线，严格遵守政治纪律和政治规矩，在政治立场、政治方向、政治原则、政治道路上同党中央保持高度一致。③

党的十九大前后不仅将维护党中央权威和集中统一领导纳入党的政治建设范畴，而且其内涵和外延得到发展，提出了“两个维护”，即坚决维护习近平总书记党中央的核心、全党的核心地位，坚决维护党中央权威和集中统一领导。

新时代维护党中央权威和集中统一领导的一个突出特色是形成了制度体系，成为党的领导体系的重要组成部分。坚决维护党中央权威，健全“总揽全局、协调各方”的党的领导制度体系，把党的领导落实到国家治理各领域各方面各环节。党的领导制度体系中，维护党中央权威和集中统一领导的各项制度居于首位和统领地位。其他各方面制度，归根到底是为了维护党中央权威和集

① 《关于新形势下党内政治生活的若干准则》，人民出版社 2016 年版，第 14—15 页。

② 《中国共产党第十九次全国代表大会文件汇编》，人民出版社 2017 年版，第 16—17 页。

③ 同上书，第 50 页。

中统一领导；维护党中央权威和集中统一领导的各项制度是完善其他各项制度的保障。

（一）完善落实“两个维护”的制度

“两个维护”具有“唯一性”和“单向性”，党中央具有最高权威性。“两个维护”是有明确的意蕴和对象的，不能是多向性和随意性。坚决维护习近平总书记党中央的核心、全党的核心地位，对象是习近平总书记而不是其他任何人，具有“唯一性”；坚决维护党中央权威和集中统一领导，指向是中共中央而不是其他任何组织，具有“单向性”。“两个维护”不能层层讲核心、层层讲看齐，不能层层套用、层层延伸。党中央具有最高权威性，党中央的权威决定各级党组织的权威，各级党组织的权威来自党中央的权威。“两个维护”具有一体性，习近平总书记的核心地位天然包含于党中央权威和集中统一领导之中，是后者的进一步聚焦和升华。两者在本质上是一体的，维护习近平总书记核心地位，就是维护党中央权威和集中统一领导；维护党中央权威和集中统一领导，首先要维护习近平总书记核心地位。在中国共产党建设历史上，我们党逐步形成了中国共产党、党中央和党的领袖三个层次的领导核心，分别指向党的领导的三类主体：作为整体的党、更具体的中央委员会及其产生的机构、领袖个体。中国共产党的领导核心是相对于外部组织而言的，即中国共产党领导经济社会文化等各项事业，领导政权、军队、群团等各类组织。党中央的领导核心是从内部关系而论的，即在党内各级组织中，党的全国代表大会及其选举产生的中央委员会、中央委员会选举产生的政治局、政治局常务委员会处于领导地位。领袖意义上的核心是从中央高层领导集体方面而论的，即个体领导人是党的领导、中央领导的人格化体现。领袖、党中央、中国共产党构成一个同心圆，共同组成党的领导核心的实体力量。也就是说，党的领导应该体现为党中央及其领导下的各级党组织的领导，体现为党的最高领导人的领导，否则，党的领导就会被口号化、标签化、空泛化。①

① 刘潇：《增强“四个意识”践行“两个维护”》，《领导科学论坛》2019 年第 24 期。

完善落实“两个维护”，在思想层面要强化“四个意识”。政治意识是政治建设的潜层和先导，政治建设的首要任务是维护党中央权威和集中统一领导，政治意识的首要意识是维护党中央权威和集中统一领导。大局意识是党员干部的内在格局和思想境界，讲政治就是大局。大局意识包含讲政治的意识和支持维护中央全局的行为。核心意识就是维护习近平总书记的核心地位，这是“两个维护”重要一翼，维护习近平总书记的核心地位，就是维护党中央权威和集中统一领导。看齐意识就是向以习近平同志为核心的党中央看齐，具有单向性和单层次性，向党中央看齐而不是层层看齐，就是维护党中央权威和集中统一领导。

把“两个维护”的政治基因融入到各项制度规定，不断完善保障“两个维护”的制度机制。“两个维护”是对民主集中制在横向和纵向的创造性运用。“四个服从”从根本上说，就是为了“两个维护”，“两个维护”是民主集中制的创造性运用和发展，是在更广泛民主和共识的基础上更好的集中，一方面要保证党的领导人的活动处于党和人民的监督之下，同时维护一切代表党和人民利益的领导人的威信。民主集中制要从横向和纵向两个维度来理解，民主集中制是党的根本组织原则，是处理横向和纵向关系的基本原则，我们不能以横向民主集中制来裁量和对比纵向民主集中制，在实行中，容易出现重横向而轻纵向，进而由此带来权力消解和组织涣散。“两个维护”在规约横向民主集中同时，强化了纵向民主集中，具有很强的时代性。党的十八大以来，党中央陆续制定或修订了《关于新形势下党内政治生活的若干准则》《中国共产党党内监督条例》《中共中央政治局关于加强和维护党中央集中统一领导的若干规定》《中国共产党重大事项请示报告条例》《中国共产党党组工作条例》《中国共产党纪律处分条例》《中国共产党问责条例》等党内法规，从制度上保证党中央权威和集中统一领导。通过党内规章制度的内容形成导向机制、约束机制和惩戒机制，建构了以党章为根本依据的“两个维护”的制度机制。

坚决做到“两个维护”，必须反对任何形式的“低级红”“高级黑”和“伪忠诚”。[①] “低级红”是把党的信念和主张简单化、庸俗化，有些行为违反常理的，暗含的也是“黑”。“高级黑”在语言上可能更讲究技巧，有时披着学术的外衣，伪装性更强。通过反对“低级红”“高级黑”，增强政治敏锐性和政治鉴别力，进而增强“两个维护”的自觉。忠诚是共产党员最基本、最重要的政治品格，党员不仅要组织上入党，更要思想上入党、行动上忠诚，坚决反对“两面派”和“两面人”。如果口头上空喊与党中央保持高度一致，实际却各行其是，那就是阳奉阴违的两面派、两面人，是最大的不讲政治，现实中，少数党员干部过着“双面人生”，说一套做一套，台上一套台下一套，人前一套背后一套，批评别人是一套、面对自己又是一套，把忠诚老实当作面具，以掩盖信仰上的荒芜、对钱权的贪念，这种“伪忠诚”的实质是背叛，是党内政治文化的毒瘤。[②] “两个维护”本质上要求忠诚于党、忠诚于核心，反对两面派、两面人。

（二）健全党中央对重大工作的领导体制，建立完善决策议事协调机构

加强党的全面领导，首先要加强党对重大工作的领导；健全党的领导制度体系，首先要健全党中央对重大工作的领导体制。党的十八大以来，党中央坚持全面从严治党与全面深化改革双轮驱动，深化党和国家体制改革，建立健全党中央对重大工作的领导体制，强化中央决策议事协调机构的重要作用。通过中央决策议事协调机构，加强对重大工作的顶层设计、统筹协调、整体推进，强化党对政治、经济、文化、社会、生态文明、国防和军队、外交、党建等工作的全面领导。党的十九大后，党中央在深化党和国家机构改革中，着力从制度安排上发挥党的领导这个最大的体制优势，适当归并党中央决策议事协调机构，统一各委员会名称，进一步完善了党中央对重大工作的领导体制。[③]

（三）完善党中央重大决策落实机制

一分部署，九分落实。维护党中央权威和集中统一领导，不能仅仅是口号，

---

① 《中共中央关于加强党的政治建设的意见》，人民出版社 2019 年版，第 9 页。

② 沈小平：《让“伪忠诚”无处遁形》，《辽宁日报》2018 年 9 月 11 日。

③ 丁薛祥：《完善坚定维护党中央权威和集中统一领导的各项制度》，《人民日报》2019 年 11 月 18 日。

归根到底要落实到行动上。维护党中央权威和集中统一领导，关键看落实。口号喊得震天响，行动起来轻飘飘，这实际上是弱化党中央权威和集中统一领导。要建立完善贯彻落实党中央决策部署的任务分工、督促检查、情况通报、监督问责等制度机制。① 党中央是否有权威和实行集中统一领导，关键看中央决策部署能否政令畅通、贯彻落实，中央和地方的传输反应通道是否顺畅。党中央权威和集中统一领导的成效，关键看中央决策部署落实程度。要通过建立完善贯彻落实党中央决策部署的任务分工、督促检查、情况通报、监督问责等制度机制，推动习近平新时代中国特色社会主义思想往心里走、往实里走、往深里走，抓好习近平总书记重要指示批示和党中央决策部署落实见效，但是，有的地方和部门在贯彻落实中仍存在不在乎、装样子、做选择、搞变通，空泛表态、敷衍塞责，有令不行、有禁不止，弄虚作假、阳奉阴违等问题。② 要建立中央决策部署和习近平总书记重要指示批示的跟踪、落实进度、反馈、奖惩机制，全面压实责任。

（四）严格执行向党中央请示报告制度

维护党中央权威和集中统一领导是中央领导层的政治责任。中央政治局会议审议通过《中共中央政治局关于加强和维护党中央集中统一领导的若干规定》，规定中央政治局同志要坚持每年向党中央和总书记书面述职；要严格遵守有关宣传报道的规定。党中央还做出了一系列重大制度安排，中央书记处和中央纪律检查委员会、全国人大常委会党组、国务院党组、全国政协党组、最高人民法院党组、最高人民检察院党组每年向中央政治局常委会、中央政治局报告工作，中央政治局同志每年向党中央和习近平总书记书面述职，健全一系列中央决策议事协调机构工作机制等。③

如果说健全党中央对重大工作的领导体制、强化党中央决策议事协调机构职能作用主要体现了立新，那么，严格执行向党中央请示报告制度则是在历史积淀上的传承发展。请示报告制度是党的优良传统和显著优势，是确保全党统一、上下一致重要制度保障。新中国成立以前，党内早已规定下级组织向上级

①②③ 丁薛祥：《完善坚定维护党中央权威和集中统一领导的各项制度》，《人民日报》2019 年 11 月 18 日。

组织和党中央请示汇报工作，革命形势的变动，中央在特定时空环境下，权力下放较大，请示报告强度在不同阶段略有差异，但总体上来讲，请示报告制度逐步走向规范化、制度化。特别是1948年“九月会议”，通过了《关于各中央局、分局、军区、军委分会及前委会向中央请示报告制度的决议》，党中央逐步从下放权力到上收权力，更加强调党的集中统一领导和组织纪律性，维护党中央权威以克服无纪律和无政府的“双无状态”，将一切可能和必须集中的权力集中于党中央和中共中央派出机关，以保证全党在思想上统一、行动上一致，为夺取解放战争最后胜利和建立新中国提供了重要保障。

党的十八大以来，针对一些地方和部门请示报告意识不强、内容把握不准、程序方式不规范，在请示报告上打折扣、搞变通、不实事求是等突出问题，党中央制定出台了《中国共产党重大事项请示报告条例》，确立了请示报告的工作体制。依据《中国共产党重大事项请示报告条例》等规章制度，建立请示报告清单，明确必须向中央请示报告的事项。《中国共产党重大事项请示报告条例》规定，涉及党和国家工作全局的重大方针政策，经济、政治、文化、社会、生态文明建设和党的建设中的重大原则和问题，国家安全、港澳台侨、外交、国防、军队等党中央集中统一管理的事项，以及其他只能由党中央领导和决策的重大事项，必须向党中央请示报告。① 超出自身职权范围的事项必须请示报告，在自身职权范围内关乎全局、影响广泛的重要事情和重要情况也应当请示报告。②

明确党组织应当向上级党组织请示、报告、报备的事项。严格执行请示报告制度，坚持权责明晰，既牢记授权有限，该请示的必须请示，该报告的必须报告，又牢记守土有责，该负责的必须负责，该担当的必须担当；坚持规范有序，严格按照党章党规规定的主体、范围、程序和方式做好向党中央请示报告工作。③ 党组织应当向上级党组织在请示、报告、报备三个方面执行请示报告制度。

---

① 《中国共产党党内重要法规汇编》，党建读物出版社2019年版，第252页。

②③　丁薛祥：《完善坚定维护党中央权威和集中统一领导的各项制度》，《人民日报》2019年11月18日。

表 3.1　党组织应当向上级党组织在请示、报告、报备三个方面执行请示报告制度的内容

党组织	内　　容
请示① 不必向上级党组织请示： 1. 属于自身职权范围内的日常工作 2. 上级党组织就有关问题已经作出明确批复的 3. 事后报告即可的事项等	1. 贯彻落实党中央决策部署和上级党组织决定中的重要情况和问题，需要作出调整的政策措施，需要支持解决的特殊困难 2. 重大改革措施、重大立法事项、重大体制变动、重大项目推进、重大突发事件、重大机构调整、重要干部任免、重要表彰奖励、重大违纪违法和复杂敏感案件处理等 3. 明确规定需要请示的重要会议、重要活动、重要文件等 4. 重大活动、重要政策的宣传报道口径，新闻宣传和意识形态工作中的全局性问题和不易把握的问题 5. 出台重大创新举措，特别是遇到新情况新问题且无明文规定、需要先行先试，或者创新举措可能与现行规定相冲突、需经授权才能实施的情况 6. 属于自身职权范围内但事关重大或者特殊敏感的事项 7. 重大决策时存在较大意见分歧的情况 8. 跨区域、跨领域、跨行业、跨系统工作中需要上级党组织统筹推进的重大事项 9. 调整上级党组织文件、会议精神的传达知悉范围，使用上级党组织负责同志未公开的讲话、音像资料等 10. 其他应当请示的重大事项
报告② 不必向上级党组织报告 1. 具体事务性工作 2. 没有实质性内容的表态和情况反映等	1. 学习贯彻习近平新时代中国特色社会主义思想，统筹推进“五位一体”总体布局和协调推进“四个全面”战略布局的重要情况 2. 党中央以及上级党组织重要会议、重要文件、重大决策部署贯彻落实情况，习近平总书记重要指示批示贯彻落实情况，上级党组织负责同志交办事项的研究办理情况 3. 加强党的建设，履行全面从严治党责任，包括集中学习教育活动、意识形态工作、党组织设置及隶属关系调整、民主生活会、党风廉政建设、落实中央八项规定精神、党员干部直接联系群众、巡视巡察整改、发现重大违纪违法问题等情况 4. 全面工作总结和计划 5. 重大专项工作开展情况 6. 重大敏感事件、突发事件和群体性事件应对处置情况 7. 经济社会发展中出现的重要情况和重大舆情 8. 本地区、本部门、本单位工作中具有在更大范围推广价值的经验做法和意见建议 9. 其他应当报告的重大事项
报备③	1. 党内法规和规范性文件 2. 领导班子成员分工 3. 有关干部任免 4. 党委委员、候补委员职务的辞去、免去或者自动终止 5. 其他应当报备的重大事项

① 《中国共产党党内重要法规汇编》，党建读物出版社 2019 年版，第 253 页。

② 同上书，第 254 页。

③ 同上书，第 254—255 页。

表 3.2　党员和领导干部分别请示、报告的事项

	事项	内　　容
党员①	请示	1. 从事党组织所分配的工作中的重要问题 2. 代表党组织发表主张或者作出决定 3. 按照规定需要请示的涉外工作交往活动 4. 转移党的组织关系 5. 其他应当向党组织请示的事项
	报告	1. 贯彻执行党组织决议以及完成党组织交办工作任务情况 2. 对党的工作和领导干部的意见建议 3. 发现党员、领导干部违纪违法线索情况 4. 流动外出情况 5. 其他应当向党组织报告的事项
领导干部②	请示	1. 超出自身职权范围，应当由所在党组织或者上级党组织作出决定的重大事项 2. 属于自身职权范围但事关重大的问题和情况 3. 代表党组织对外发表重要意见 4. 因故无法履职或者离开工作所在地 5. 其他应当向党组织请示的事项
	报告	1. 学习贯彻习近平新时代中国特色社会主义思想，贯彻落实党中央决策部署和党组织决定中的重要情况和问题 2. 遵守政治纪律和政治规矩，坚决维护习近平总书记党中央的核心、全党的核心地位，坚决维护党中央权威和集中统一领导情况 3. 坚持民主集中制，发扬党内民主，正确行使权力，参与集体领导情况 4. 参加领导班子民主生活会和所在党支部（党小组）组织生活会情况 5. 履行管党治党责任，加强党风廉政建设和反腐败工作以及遵守廉洁纪律情况 6. 重大决策失误或者应对突发事件处置失当，纪检监察、巡视巡察和审计中发现重要问题，以及违纪违法情况 7. 可能影响正常履职的重大疾病等情况 8. 其他应当向党组织报告的事项

维护党中央权威和集中统一领导是中央领导层的政治责任。中央政治局会议审议通过《中共中央政治局关于加强和维护党中央集中统一领导的若干规

① 《中国共产党党内重要法规汇编》，党建读物出版社 2019 年版，第 259 页。

② 同上书，第 259—260 页。

定》，规定中央政治局同志要坚持每年向党中央和总书记书面述职；要严格遵守有关宣传报道的规定。党中央还做出了一系列重大制度安排，中央书记处和中央纪律检查委员会、全国人大常委会党组、国务院党组、全国政协党组、最高人民法院党组、最高人民检察院党组每年向中央政治局常委会、中央政治局报告工作，中央政治局同志每年向党中央和习近平总书记书面述职，健全一系列中央决策议事协调机构工作机制等。①

（五）健全维护党的集中统一的组织制度

严密的组织体系和严格的组织制度是中国共产党的光荣传统和独特优势，党的力量来自组织，党的全面领导和全部工作要靠党的各级组织去实现。政治属性是党组织的基本属性，政治功能是党组织的基本功能，要全面贯彻新时代党的组织路线，完善新时代党的组织体系。明确各级党组织、党员领导干部的职责定位，明确党中央的最高权威性。党中央是党的最高领导机关，是党的组织体系的大脑和中枢，对党和国家事业发展重大工作实行集中统一领导，涉及全党全国性的重大方针政策问题只能由党中央作出决定和解释。②所有党组织和全体党员都必须牢固树立一盘棋意识，在党中央集中统一领导下齐心协力、步调一致开展工作，形成党的组织体系整体合力。③

第三节　维护党中央权威和集中统一领导的各项制度历史启示

维护党中央权威和集中统一领导是党的建设的主线和主旋律，不论是党的建设的伟大工程，还是党的建设新的伟大工程，维护中央权威和集中统一领导，

① 丁薛祥：《完善坚定维护党中央权威和集中统一领导的各项制度》，《人民日报》，2019 年 11 月 18 日。

② 《中共中央关于加强党的政治建设的意见》，人民出版社 2019 年版，第 12 页。

③ 同上书，第 13 页。

把党建设得更加团结有力量是始终不变的目标。从建党伊始只有50多个党员的小党，到全国执政时400多万党员的执政党，再到今天拥有9100多万党员的世界大党，中国共产党由弱小走向强大，见证了国家和民族的发展轨迹，也见证了自身建设的心路历程。从诞生那一刻起，集中、统一、纪律就成为党的原始基因，且一直强化。尽管在革命、建设、改革和复兴强国的不同历史时期，维护党中央权威和集中统一领导的时代背景和具体要求略有不同，但主线和主旋律始终未变。历史是最好的教科书和营养剂，党的建设史是指导党建的最好教科书和营养剂。党的建设的百年历程，对新时代维护党中央权威和集中统一领导，积淀了宝贵经验、提供了有益启示。

一、把政治建设摆在首位和统领地位

从维护党中央权威和集中统一领导到“两个维护”，反映了党情、国情和世情变化的新要求，是中国共产党维护党中央权威和集中统一领导的新发展。“两个维护”具有极强的政治意蕴和政治导向，是党的政治建设的主线和精要。维护党中央权威和集中统一领导，必须把政治建设摆在首位、统领地位和根本性建设地位，把准政治方向，才能保证党建的正确方向。党的十九大以来，党的政治建设视域得到极大拓展、内涵得到极大丰富。

首先，政治建设纳入党建总体布局。党的十九大第一次把政治建设纳入党建总体布局，以政治建设统领党的建设其他各个方面。政治建设的首要任务是维护党中央权威和集中统一领导，而维护党中央权威和集中统一领导的首要是维护习近平总书记党中央的核心、全党的核心地位。完善维护党中央权威和集中统一领导的各项制度，首先要完善情感上拥护核心、行动上跟随核心、政治上捍卫核心的制度机制。其次，政治建设升格为首位。党的政治建设在入局的同时，摆在了首位，实现了升格。首位是政治建设在党建总体布局的高度和位置，“两个维护”是政治建设的首位，实现了再升格，是首位中的首位。要建立和巩固政治建设和“两个维护”的首位度机制，保证其定位而不掉位。习近平总书记指出：“‘两个维护’要体现在坚决贯彻党中央决策部署的行动上，体现在履职尽责、做好本职工作的实效上。体现在党员、干部的日常言行上。战争年代，党中央和毛主席用电台智慧全党全军，‘嘀嗒、嘀嗒’就是党中央和毛主席的声音，全党全军都无条件执行。大家想想，如果党中央发出的号令没人听，做不到令行禁止，那还谈什么维护党中央权威和集中统一领导！”①再次，政治建设决定方向效果。政治建设的首位和统领地位，塑造了根本性建设的高度，决定了党建的方向和效果，具有定向和引领作用，要在政治立场、政治方向、政治原则、政治道路上同以习近平同志为核心的党中央保持高度一致。

二、强化政治信仰教育和政治理论武装

政治信仰是共产党人的精神脊梁，是思想的“总开关”。最危险的动摇是政治信仰的动摇，最危险的滑坡是政治信仰的滑坡。习近平总书记指出：“理想信念就是共产党人精神上的‘钙’，没有理想信念，理想信念不坚定，精神上就会‘缺钙’，就会得‘软骨病’。”②政治信仰一旦动摇或滑坡，在政治立场、政治方向、政治原则和政治道路上发生动摇或偏转。新时代需要新理论领航，要强化政治理论武装。习近平新时代中国特色社会主义思想系统回答了新时代坚持和发展什么样的中国特色社会主义、怎样坚持和发展中国特色社会主义的重大时代课题，是当代中国马克思主义、21 世纪马克思主义，是全党全国人民的行动指南，必须长期坚持并不断发展。要推动学习教育往深处走、往心里走、往实处走，做到学深悟透、融会贯通、真信笃行。政治教育是维护党中央权威和集中统一领导的推进剂，要弘扬马克思主义学风，建设学习型政党、社会、国家，推进“两学一做”学习教育常态化制度化，“不忘初心、牢记使命”主题教育，与群众路线教育实践活动、“三严三实”专题教育、“两学一

① 《习近平谈治国理政》第 3 卷，外文出版社 2020 年版，第 100 页。

② 《十八大以来重要文献选编》上，中央文献出版社 2014 年版，第 339 页。

做”学习教育逻辑衔接起来，知行合一、由外而内，政治主题鲜明、教育效果显著。

三、强化党中央决策议事协调机构职能作用

贯彻落实好中央决策部署，保证中央政令畅通，首先要建立贯彻落实机构和机制。中央决策议事协调机构是新时代治国理政、治党强国的重要设置，具有职能整合、机构协调、央地联动的特征，有利于更好贯彻落实中央决策部署。同时，要建立贯彻落实的法律制度保障，实现制度化法律化。将党的领导主张和重大决策部署转化为法律法规和政策政令，转化为领导体制、工作机制和管理方式方法创新，转化为推动经济社会发展的实际行动。优化完善推动党中央重大决策落实机制，制定责任清单，化解部门分歧，消除条块梗阻，力戒形式主义、官僚主义。① 此外，要建立报告通告制度和监督反馈机制，建立定期就习近平总书记重要指示批示和党中央决策部署贯彻落实情况“回头看”和报告、通报制度，切实解决贯彻落实中的困难和问题，确保党中央政令畅通、令行禁止。②

四、严守党的政治纪律和政治规矩，严肃党内政治生活

政治建设是根本性建设，政治纪律是最根本的纪律，政治规矩是最根本的规矩。古人云：欲知平直，则必准绳；欲知方圆，则必规矩。马克思主义政党是靠信仰纪律组织起来的政党，纪律是极其重要的一环。毛泽东说，路线是“王道”，纪律是“霸道”。③ 没有规矩，不成政党，更不成马克思主义政党。守规矩首先要尊崇党章。党章是党的总章程、总规矩，严明政治纪律要从维护和遵守党章入手，党员领导干部要牢固树立党章意识，在任何时间、任何情况下都做到政治信仰不变、政治立场不移、政治方向不偏。发展积极健康的

①② 丁薛祥：《完善坚定维护党中央权威和集中统一领导的各项制度》，《人民日报》，2019 年 11 月 18 日。

③ 《毛泽东文集》第 2 卷，人民出版社 1993 年版，第 374 页。

党内政治文化，营造良好政治生态，严肃党内政治生活。习近平总书记多次强调要严守政治纪律和政治规矩，营造风清气正的政治生态。加强党的建设，必须营造一个良好从政环境，也就是要有一个好的政治生态。自然生态要山清水秀，政治生态也要山清水秀。开展严肃认真的党内政治生活，是我们党区别于其他政党的重要特征，也是我们党的光荣传统。党内政治生态良好、党内政治生活健康，党内就会风清气正、向心团结、步调一致，党的事业就会健康蓬勃发展；反之，则会弊病丛生、离心涣散，党的事业就会遭遇挫折损失。要增强党内政治生活的政治性、时代性、原则性、战斗性。健康的党内政治文化、良好的党内政治生态，严肃的党内政治生活，推动了政党的健康发展。要完善和严格执行重大事项请示报告制度，依据《中国共产党重大事项请示报告条例》等规章制度，建立请示报告清单，确保“四个明确”，明确必须向中央请示报告的事项，明确党组织应当向上级党组织请示、报告、报备的事项，明确党员和领导干部分别请示、报告的事项，明确中央领导层维护党中央权威和集中统一领导的政治责任。同时，要严肃监督执纪问责。维护党中央权威和集中统一领导，一方面需要正向引导，另一方面需要反向惩戒和鞭策，进一步加强关于“两个维护”的监督执纪问责。纪委是维护党纪的政治机关，监督执纪问责是政治工作。要把“两个维护”作为执纪监督的重点，强化运用监督执纪“四种形态”，处理好“树木”和“森林”的关系，重点查处违反政治纪律和政治规矩的行为，特别是对贯彻落实党中央决策不坚决、打折扣、搞变通，对习近平总书记批示指示敷衍塞责、阳奉阴违、弄虚作假、不担当不作为等行为，强化反向惩戒和警示教育，守护好维护党中央权威和集中统一领导的政治职责和底线。

五、突出政治功能和政治标准，健全维护党的集中统一的组织制度

党的力量来源于组织，党的全面领导和全部工作要依靠党的各级组织去实现。中共中央是党的组织体系的“神经中枢”，是党的组织体系的掌舵者、引领者和“总司令”，具有最高权威性。深化党和国家机构改革，首先要强化党

中央的最高权威性。① 中央国家机关组织是离党中央最近的党组织，维护党中央权威和集中统一领导，中央国家机关要走在前列、做出表率。党的地方组织的根本任务是确保党中央决策部署贯彻落实，有令即行、有禁即止。党的地方组织具有“承上启下”的作用，是中央政令畅通、令行禁止的主要环节。维护党中央权威和集中统一领导，“难题”是中央和地方关系，换言之，是党中央、中央国家机党组织与地方党组织关系问题。维护党中央权威和集中统一领导，从纵向上来讲，主要是理顺党中央与地方各级党组织的关系，保证中央政令不走样、不打折扣、不搞变通。加强基层党组织建设，要突出政治功能。党的基层组织是确保党的路线方针政策和决策部署贯彻落实的基础，也是党的组织体系的重要组成部分和党的肌体的“神经末梢”。基础不牢，地动山摇。必须扎实做好抓基层、打基础的工作，使每个基层党组织都成为坚强战斗堡垒。党组织向基层延伸和覆盖，是中国共产党的显著组织特征和优势。以提升组织力为重点，突出政治功能，把基层党组织建设成为宣传党的主张、贯彻党的决定、领导基层治理、团结动员群众、推动改革发展的坚强战斗堡垒；扩大基层党组织覆盖面，着力解决一些基层党组织弱化、虚化、边缘化问题。坚持正确选人用人导向，要突出政治标准。为政之要，贵在得人用人。坚持党管干部原则，坚持德才兼备、以德为先，坚持五湖四海、任人唯贤，坚持事业为上、公道正派，把“五好”干部标准落到实处，突出政治标准，提拔重用牢固树立“四个意识”和“四个自信”、坚决维护党中央权威、全面贯彻执行党的理论和路线方针政策、忠诚干净担当的干部。② 选人用人首先要聚焦在政治忠诚、政治定力、政治担当等方面，强化政治体检和政治考察，严把政治关、品行关、作风关、廉洁关，建立完善的选人用人体系。

---

① 《十八大以来重要文献选编》上，中央文献出版社 2014 年版，第 351 页。

② 《中国共产党第十九次全国代表大会文件汇编》，人民出版社 2017 年版，第 51 页。

第四章　健全党的全面领导、提高党的执政能力和领导水平制度百年历史演进

党的十九届四中全会通过的《决定》提出坚持和完善党的领导制度体系的一系列要求，把坚持和完善的各项制度分为根本制度、基本制度和重要制度，其中党的领导制度，就是最根本的制度。中国特色社会主义制度最本质的特征和最大的政治优势就是党的领导，党的领导的政治定位决定了党的领导制度在各项制度中的政治定位。《决定》对“健全党的全面领导制度”“健全提高党的执政能力和领导水平制度”提出了新要求，体现了党对执政规律的深刻认识，牢记执政使命的战略思考。党的执政能力和领导水平决定和影响着国家治理能力，国家治理能力的现代化也体现在党的执政能力和领导水平上，提高党的执政能力和领导水平也是提高党科学执政、民主执政、依法执政的水平的能力保障。

第一节　理论逻辑与时代价值

党的全面领导是对党“总揽全局、协调各方”领导核心地位的界定。上溯其理论起源，马克思、恩格斯、列宁等经典作家为无产阶级政党提出了许多重要的思想，对健全党的全面领导制度具有指导意义。健全党的全面领导、提高

党的执政能力和领导水平制度具有深厚的理论基础、时代价值。当前要直面现实问题，充分发挥制度的功能作用。

一、健全党的全面领导、提高党的执政能力和领导水平制度的理论基础

（一）马克思主义关于党的领导的思想理论

马克思、恩格斯为无产阶级政党的领导指明了方向，加强党的领导是马克思主义建党思想的重要内容。马克思主义的诞生，使社会主义的发展由空想变为科学，从构想变成现实，引领国际共产主义运动一步步向前推进。在马克思、恩格斯等革命导师的指导下，无产阶级开始组织建立自己的政党。马克思在论及政党对革命的引领作用时指出："无产阶级在反对有产阶级联合力量的斗争中，只有把自身组织成与有产阶级建立的一切旧政党不同的、相对立的政党，才能作为一个阶级来行动。"① 恩格斯强调："无产阶级要在决定关头强大到足以取得胜利，无产阶级必须组成一个不同于其他所有政党并与它们对立的特殊政党，一个自觉的阶级政党。"② 马克思恩格斯认为，以往一切国家的基本特征，就是建立了特殊的机关来保障统治阶级的特殊利益。它表面上是替国民服务，实际上是压迫和掠夺人民大众，"巴黎公社给共和国奠定了真正民主制度的基础"。③ 他们向共产党揭示了一个根本任务：无产阶级革命除了打碎旧的国家机器和代之以无产阶级的国家机器外，还要采取切实有效的举措，防止无产阶级掌权后，自己的政府和公职人员从社会公仆变成社会主人。这些思想十分明确地指明了无产阶级政党的政治原则，在政党的政治属性中作出行为遵循的规范，进而揭示自身建设的方向，其经典性可见一斑。

列宁是马克思、恩格斯思想的继承者和实践者，他领导俄国革命取得成功，使科学社会主义从理论转变为现实，在马克思主义政治发展史上具有重大意义。列宁对无产阶级政党必须树立高度的政治意识有着深刻的认识。19 世纪末 20

① 《马克思恩格斯文集》第 3 卷，人民出版社 2009 年版，第 228 页。

② 《马克思恩格斯文集》第 10 卷，人民出版社 2009 年版，第 578 页。

③ 《马克思恩格斯选集》第 2 卷，人民出版社 1995 年版，第 377 页。

世纪初，列宁批判了经济主义，阐明了政治斗争与经济斗争的关系。他指出，“政治是经济的集中的表现”，“政治就是各阶级之间的斗争”，“政治是一种科学，是一种艺术”。[①]这些对马克思主义基本原理的表述，从政治的本质、属性及其特征的角度为无产阶级政党加强党的领导提供了理论上的科学依据。列宁认为，以马克思主义为指导的布尔什维克党要在哲学和政治上自觉坚持无产阶级的党性原则，这是马克思主义政党最根本的理论立场和政治立场。他在《唯物主义和经验批判主义》一文中提出了“哲学上究竟有没有党派以及哲学上的无党性有什么意义的问题”。[②]列宁将全部哲学划分为唯物主义与唯心主义两大派别的思想是建立在恩格斯关于思维与存在关系问题基础上的，进而指出按其实质来说，唯物主义和唯心主义是两个斗争着的党派，哲学上的党派斗争“归根到底表现着现代社会中敌对阶级的倾向和思想体系”。[③]“严格的党性是阶级斗争高度发展的伴随现象和产物。反过来说，为了进行公开而广泛的阶级斗争，必须发展严格的党性。”[④]因此，指导无产阶级运动，维护无产阶级利益和人民群众利益，在政治立场上站稳脚跟，就要始终保持政治思想的先进性。

（二）西方政党学说为党的领导提供理论镜鉴

广义而言，政党作为一个特定组织嵌入到政治结构和政治过程中，是以最终实现其政治目的为目标。当今世界政党总数多达5000个左右，政党政治成为普遍现象，各国治理中政党发挥什么功能以及怎样发挥功能问题非常突出。对于认识加强中国共产党的领导，具有拓宽思路和加深规律认识的积极意义。

正如萨托利所说，政党开始和宗教相关联，尤其是新教中的分裂派。[⑤]随着工业革命的发展，资本主义制度逐渐成熟，政党这一概念也有所发展。自国家产生以来，党的领导就和人们紧密地联系在一起。近代以来，随着社会一体

① 《列宁选集》第4卷，人民出版社2012年版，第416页。

② 《列宁全集》第2卷，人民出版社1995年版，第227页。

③ 同上书，第240页。

④ 《列宁选集》第1卷，人民出版社1995年版，第672页。

⑤ ［意］萨托利：《政党与政党体制》，杨德山译，商务印书馆2006年版，第13页。

化的发展，人们越出了各自所直接归属的群体进入到一个多元的社会，个人的利益越来越多地和国家联系在一起。党的领导，尤其是党的领导的质量和水平对每个公民具有更加重要的价值和意义。现代国家的建立开辟了公民与国家密切互动的时代，创造了民众与政治紧密关联的场景，党的领导成为了人们所面对的与社会生活、经济生活、文化生活具有同等重要地位的一个方面。在这样一种生活中，社会与国家之间相互联系，决定了党的领导是“一系列复杂的过程，某种输入由此而被转换为我们称之为官方政策、决策和执行行动输出”。① 如政治系统理论的创立者伊斯顿指出的，政治系统是一个“行为系统，它处于一个环境之中，本身受到这种环境的影响，又对这种环境产生反作用”。② 它由四个部分组成：需求的输入，支持的输入，对支持的压力和反应，对特定支持者的输出。显然，党的领导的涵义就是以公民及由公民组成的各种群体参与和影响政治的活动，是公民及社会成员与政治机构之间的一种生生不息的信息交换、回应和处理的过程。过一种好的政治生活是当代政治发展的必然要求，由此，对政治的建设质量和发展水平的要求也就在所难免，尤其对于那些有过各种磨难和政策失误经历的国家和民族来说，政治的建设质量和发展水平尤为重要。糟糕的政治生活不仅扰乱国家的健康运作，而且给国民带来社会动荡的折磨。不过由于各国社会制度和政治状况不同，对政治的建设质量和发展水平的理解和解释各有差别。在此问题上，人们提出了不同的准则，如民主准则、法律准则、人权准则、制度准则、稳定准则、发展准则等。③ 这些认知从一个侧面反映了国外学者对党的领导的关切，对开拓无产阶级政党加强党的领导具有一定的理论参考价值。

由此可见，政党谋求发展必须以加强自身党的领导为前提，政治历来都不是空洞的说教的理论，而是具有决定政党兴衰成败，关乎国家民众福祉安康实实在在的实践，任何政党放弃政治就会失去立足之地。

---

① ［美］戴维·伊斯顿：《政治生活的系统分析》，王浦劬译，华夏出版社 1999 年版，第 22 页。

② 同上书，第 16 页。

③ 常士訚：《政治生活质量问题探析——以发展中国家为视角》，《学术界》2019 年第 10 期。

二、健全党的全面领导、提高党的执政能力和领导水平制度的时代价值

在国家治理体系中，党总揽全局、协调各方的领导制度体系居于统领地位，在国家治理能力中，党的执政能力和领导水平发挥着决定性作用。党的全面领导制度、提高党的执政能力和领导水平制度健全了，坚持和完善中国特色社会主义制度、推进国家治理体系和治理能力现代化就抓住了关键和根本。

（一）推进国家治理体系和治理能力现代化的根本方向和根本保证

其一，健全党的全面领导、提高党的执政能力和领导水平制度是马克思主义建党学说和国家学说揭示的科学真理。健全党的全面领导、提高党的执政能力和领导水平制度，说到底就是要把党的领导这个最本质特征坚持好、这个最大优势发挥好。其二，健全党的全面领导、提高党的执政能力和领导水平制度是新中国成立 70 多年来历史成就的制胜密码。新中国成立后，我们党为建设社会主义国家制度进行了不懈努力，逐步确立并巩固了我们国家的国体、政体、根本政治制度、基本政治制度、基本经济制度和各方面的重要制度。[①]这其中，极为重要的是健全党的全面领导、提高党的执政能力和领导水平制度。中国共产党的领导，是历史的选择、人民的选择；中国共产党是中国人民和中华民族的主心骨，是复兴征程上的坚强领导核心。其三，健全党的全面领导制度、提高党的执政能力和领导水平是新时代战胜各种风险挑战的必然要求。

（二）贯彻党的领导是全面的、系统的、整体的本质要求

“党的领导必须是全面的、系统的、整体的，必须体现到经济建设、党的领导、文化建设、社会建设、生态文明建设和国防军队、祖国统一、外交工作、党的建设等各方面。哪个领域、哪个方面、哪个环节缺失了弱化了，都会削弱党的力量，损害党和国家事业”。[②]必须从制度机制上，把党的全面领导具体落

① 陈希：《健全党的全面领导制度》，《〈中共中央关于坚持和完善中国特色社会主义制度、推进国家治理体系和治理能力现代化若干重大问题决定〉辅导读本》，人民出版社 2019 年版，第 72 页。

② 《中国共产党领导是中国特色社会主义最本质的特征——关于新时代坚持和发展中国特色社会主义的领导力量》，《人民日报》2019 年 7 月 30 日。

实到治国理政的方方面面，落实到各级各类组织的活动之中。其一，完善坚定维护党中央权威和集中统一领导的各项制度。党章规定“四个服从”，最根本的是全党各个组织和全体党员服从党的全国代表大会和中央委员会；党中央强调“四个意识”，最根本的是坚决维护党中央权威和集中统一领导；坚持党的全面领导，最根本的是坚持党中央权威和集中统一领导。其二，完善党领导人大、政府、政协、监察机关、审判机关、检察机关、武装力量、人民团体、企事业单位、基层群众自治组织、社会组织等制度。健全党的全面领导、提高党的执政能力和领导水平制度的一项重要任务，就是确保各级各方面在党的统一领导下，各就其位、各司其职、各尽其责、有序协同，保证中央和地方各级政令统一、运行顺畅、执行高效、充满活力。其三，完善党领导各项事业，提高党的执政能力和领导水平的具体制度。要健全党领导经济社会各方面重要工作的制度规定，确保党管干部、党管人才、党管意识形态、党对经济工作的领导、党对政法工作的领导、党管农村工作、党管办学方向等落到实处。①

（三）解决好我国社会主要矛盾，保证社会主义前进方向

一方面，健全党的全面领导、提高党的执政能力和领导水平制度才能解决好我国社会主要矛盾。当前，我国改革已经进入攻坚期和深水区，各种深层次矛盾和问题相互交织，如果这些问题得不到切实有效地解决，就会影响民心所向和社会稳定。只有坚持党对一切工作的领导，才能明确国家和社会发展的重点工作、统筹社会各方面发展关系、协调社会多种资源的分配，才能定位人民群众的需求和期待、设计符合人民群众利益的方案、解决人民群众最迫切的需要，才能切实落实“五位一体”总体布局和“四个全面”战略布局，真正解决好我国社会的主要矛盾。另一方面，健全党的全面领导、提高党的执政能力和领导水平制度，才能保证社会主义前进方向。受国内外敌对势力的阻挠以及世界社会主义发展状况的影响，中国特色社会主义的历史进程并不是一帆风顺的，

① 陈希：《健全党的全面领导制度》，《〈中共中央关于坚持和完善中国特色社会主义制度、推进国家治理体系和治理能力现代化若干重大问题决定〉辅导读本》，人民出版社 2019 年版，第 75—79 页。

其中夹杂着各种错误社会思潮的干扰。只有坚持党对一切工作的领导，才能在顽强抵御敌对势力的诋毁破坏、有力回应社会内部的误会疑惑、有效整合社会发展的各种力量的过程中，坚定“四个自信”，确保中国特色社会主义的根本前进方向。

（四）应对国内外政治经济形势的时代发展要求

面对百年未有之大变局，国际局势日益复杂多变，对进一步加强党的领导，提高党的执政能力和领导水平提出了新的要求和挑战。中国的发展面临着更大的挑战和新的机遇，时代的发展要求全面加强党的领导，提高执政能力和领导水平。健全党的全面领导、提高党的执政能力和领导水平制度是适应科技发展的要求。在党的领导和各级领导干部中，要有着本领恐慌和知识不足的紧迫感，随着网络时代的深入发展，大数据技术、人工智能和区块链等最新的科技发展和快速运用，即为今天的工作提供便捷有力的手段，也提出了新的挑战，如何适应现代科技的发展，不断推进我们党的全面领导，提高党的执政能力和执政水平，也是我们今天需要迫切加以研究和面对的问题，是进一步深化改革的实践中的现实需要。在现实生活中，形式主义、官僚主义屡禁不绝，这些问题的表面上是为官不为，或者消极应付等表现，但是实质内在的原因恰恰是因为党的领导不到位，执政的能力和水平还需提高的结果。民主集中制是健全提高党的执政能力和领导水平的基本的原则，但是在实际民主集中制的运行过程中易出现随意性，在现实中仍部分存在过度集中和过度分散的两种极端状况，在民主不够与集中不够两个极端摇摆的现象、党委一把手搞“一言堂”和“家长制”的现象、党政一把手关系紧张的现象、班子成员之间“井水不犯河水”“以邻为壑”甚至互相拆台的现象，等等，都不同程度存在着。党的十八大以后，随着全面从严治党的深入推进，党风、政风焕然一新，获得了人民群众称赞的转变。但一些党员干部不担当、不作为、缺乏精气神、懒政怠政的现象仍旧存在，形式主义、官僚主义在一些地方一些部门盛行，并发生了一些新变化。如何在全面从严治党中全面加强党的领导、提高党的执政能力和领导水平，仍需进一步探究。

三、发挥党的全面领导、提高党的执政能力和领导水平制度的功能作用

（一）健全党的全面领导、提高党的执政能力和领导水平制度直面的现实问题

新时代我国社会主要矛盾已转化为人民日益增长的美好生活需要和不平衡不充分的发展之间的矛盾。在实现中华民族伟大复兴的道路上，不仅要面对创新能力不强、生态环境形势严峻、民生领域短板等国内突出问题，还要应对霸权主义、强权政治、贸易保护主义等来自国际社会的不确定因素，同时，全面从严治党不力等问题依然存在。

现实生活中，部分地方的地区和单位的党组织不仅不能领导一切，很多时候反而处于边缘化位置，这其中最重要的表现，就是在经济社会发展决策中的边缘化。如，地区和单位书记被排除于基层经济社会发展决策之外，对重要决策不知情、不把控。一些地区和单位党组织在群众中威信不高、权威下降，信任度不够，认同感不强，甚至出现说话没人听、办事没人跟的尴尬现象。有的地区和单位党组织不仅不能号召群众、凝聚群众，反而被黑恶势力所绑架，或自己主动走向黑恶化，离群众越来越远。

（二）发挥健全党的全面领导、提高党的执政能力和领导水平制度的积极功能定位

立足于执政党层面，党的领导的功能集中表现加强内部管理、调节党内政治生态等方面，从而巩固执政地位，增强执政基础。在加强党的党的领导语境下，从巩固执政地位、增强执政基础的要求注重合法性意义上建设，有助于创新理论研究，保持行动自觉。从执政合法性角度看，党的领导直接或间接影响着党的功能发挥。中国共产党主要承担着六个方面的功能，即国家建设、社会整合、政策供给、价值分配、利益协调、全局调控。①这六个功能构成检验执政能力的基本要素。执政能力的变化进而影响执政党这六个方面功能的实现程度。优质的党的领导将提升中国共产党自我净化、自我完善、自我革新、自我

① 林尚立：《执政党执政的功能体系》，《学习时报》2001 年 1 月 8 日。

提高的能力，进而达到提高执政党的执政能力，有效实现其执政功能的目标。

立足于党组织层面，中国共产党严密的组织体系形成中央、地方和基层三个层级的架构，不同层级的党组织发挥政治功能具体要求不同。“党对于人民群众的领导作用，就是正确地给人民群众指出斗争的方向，帮助人民群众自己动手，争取和创造自己的幸福生活。”[①] 党中央是全党的核心，制定党的路线方针政策是发挥政治功能的主要任务。地方党委（组）在党的组织体系中居于中层地位，担负结合本地方本区域实际贯彻落实党的路线方针政策的责任。基层党组织居于党执政的末梢，直接面对群众，是确保党的路线方针政策和决策部署贯彻落实的基础，肩负直接教育党员、管理党员、监督党员和组织群众、宣传群众、凝聚群众、服务群众的职责。党组织发挥政治功能要着力四个重要方面：一是教育管理功能。通过党的领导，党员干部自觉接受教育管理。让党员干部深刻理解党内规范制度，达到引导教育党员干部的目的。二是锻炼纠偏功能。参与党的领导，锻炼党员干部意志，提升党员干部能力。通过党的领导中的理想信念教育、人际互动、制度约束等多种方式，在党的领导中起到教育与监督党员干部的作用，实现“四种形态”。三是甄别鉴定功能。党的领导常态化、细致化，具有见微知著的作用，观察细节，能够直观清楚地了解到党员干部的品质，意志与和能力，作为鉴别党组织干部的有效标准。四是树立权威的功能。规范党的领导树立权威至关重要。采取规范严肃党的领导，确保党中央权威，坚持全党令行禁止，是保障党和国家前途命运、实现全国人民利益根本所在。

立足于党员个体层面，党员是政党组织的细胞，加强党的领导需要全体党员积极参与。党的领导的一个重要功能是提高全体党员的政治素质，把握政治方向，坚定政治立场，加强政治训练。加入党的组织就意味着确立政治身份，党员的社会角色必须与政治属性相符合，拒绝政治冷漠是党员的本分。对党员和干部个体来说，党的领导存在多种功能：自我教育、自我改造、自我提升等。参与党的领导，实现党员干部的党组织教育和自我教育相统一，自我教育至关

① 《邓小平文选》第1卷，人民出版社1994年版，第217页。

重要。要继承和发扬党的优良传统和作风，用党性严格要求自己，通过党组织教育和自我教育两种方式，不断锻炼意志力，增强制度约束意识，努力改造个人主观世界，坚定共产主义理想、马克思主义和中国特色社会主义信念。要持续提高党员干部的能力与行为素质，做到严以修身、严以用权、严以律己，拒绝利益诱惑，坚定为人民服务信念。发挥党的领导功能，就是要使全体党员保持健康的状态，提高党的政治免疫力。发挥党的领导正向功能需多方面支持：确保价值导向和目标指向的正确性，树立巩固中央权威，健全制度机制和落实方案，选择科学的实施方法和理性的路径，等等。加强党的领导只有在党员个体层面上产生功效，才能保证党的肌体健康，才能以党的纯洁性永葆党的先进性。

（三）健全党的全面领导、提高党的执政能力和领导水平制度的内在要求

党的全面领导制度是一种组织体系，提高执政能力和领导水平是健全党的全面领导的具体工作机制。健全提高执政能力和领导水平制度是党的全面领导制度的科学化、专业化、具体化的路径，是健全党的全面领导制度的具体表现形式。健全党的全面领导提出的具体内涵，包括集中统一领导，总揽全局、协调各方的领导核心作用，完善党和国家的机构职能体系，加强和完善选拔制度、组织制度和人才制度，党的全面领导制度为提高党的执政能力和领导水平提供了组织的安排和保障；提高党的执政能力和领导水平的民主集中制、决策体系建设和党政领导干部的执政能力的提升与担当作为的激励机制是具体的工作机制，是履行党的全面领导制度的方式方法。民主集中制是提高党的执政能力与领导水平的原则。

第二节　健全党的全面领导、提高党的执政能力和领导水平制度的历史考察

健全党的全面领导、提高党的执政能力和领导水平制度是党在领导革命和建设历史进程中总结出来的一条宝贵经验，其基本内容、表现形式和作用力度

等在不同时期由于领导任务和历史环境的差别而有所不同，经历了由探索到提出、到强化的历史演进历程。

一、新民主主义革命时期健全党的全面领导、提高党的执政能力和领导水平制度

获取领导地位和巩固领导制度是现代政党功能的重要体现。从1921年中国共产党成立到1949年新中国成立，是党的领导制度在新民主主义革命时期形成和确立的时期。其中，从1921年7月中共一大的召开到1935年遵义会议的召开，这一时期是中国共产党领导制度奠基时期。主要表现为：各级组织机构、领导机构逐渐设立，它们各自的职权和运行机制、规则、规范，也逐渐确立；民主集中制逐渐受到重视；集体领导制度逐步确立。这些努力奠定了中国共产党领导制度的雏形。

（一）党的创建时期与土地革命时期党的全面领导制度探索

中国共产党创立之初，就开始探索党对革命事业的领导制度。毛泽东在《中国社会各阶级的分析》中指出："谁是我们的敌人？谁是我们的朋友？这个问题是革命的首要问题。……不可不注意团结我们的真正的朋友，以攻击我们的真正的敌人"。① 同时他也明确提出，"工业无产阶级是我们革命的领导力量"。②

建党初期党的全面领导制度的萌芽。建党伊始，中国共产党根据形势的变化，有效地凸显了党在革命斗争中的领导核心作用，广泛团结各方力量，凝聚为中华民族的磅礴力量。马克思曾经指出，制定一个鲜明的纲领对共产党而言是极为重要的，"制定一个原则性纲领从而在全世界面前树立起一些可供人们用以判定党的运动水平的界碑"。③ 领导制度包括从中央到地方各级党组织的地位、职能；党组织同国家权力机关、行政机关、审判机关、检察机关及群众团

---

① 《毛泽东选集》第1卷，人民出版社1991年版，第3页。

② 同上书，第9页。

③ 《马克思恩格斯选集》第3卷，人民出版社1995年版，第4页。

体的关系；党委的集体领导制度，与其他民主党派的关系等。第一，党的全面领导制度的最初探索。一方面，确立了中央和地方各级党组织的分工。1921年11月，陈独秀以中央局书记的名义签署，向全国各地党组织发出《中国共产党中央局通告》，这是中央领导机构成立后下发的第一份文件。另一方面，中共五大正式提出党的集体领导。党的五大通过《组织问题议决案》指出，“中央应该实行集体领导，从中央到省委以至支部”。这是党中央首次提出集体领导制度，以及对总书记职权的规定，这对党的建设来说是一个大进步，在制度建设史上是具有开创意义的。然而，由于当时多数党员的马列主义水平不高，党的自身建设没有能根据当时的形势来一次大的转变，这一条文未能较好地得到实行。中共五大还通过的职工运动议决案明确指出了党与工会的关系，决议指出，党与工会，过去未能有正确的关系。不是使工会成了党的附属机关，就是工会完全脱离了党的指导。工会的斗争应当完全在党的指导之下，同时不能使工会失去它独立的性质。为此，决议就党对于工会的指导作了具体的阐明：一是党的支部在群众中起作用，使群众完全受党的影响，二是在工会机关建立党团组织，用党的意志去影响工会的一切工作。第二，党的自身建设制度的逐步形成。一是明确规定了党组织的“指导原则为民主集中制”。① 党的五大闭幕后不久，1927年6月1日，中央政治局通过的《中国共产党第三次修正章程议决案》(以下简称“五大党章”)明确规定：党组织的“指导原则为民主集中制”，要求“按照民主集中制的原则在一定区域内建立这一区域内党的最高机关，管理这一区域内党的部分组织”。② 这不仅是党章史上第一次表述民主集中制的概念，也是对党的组织制度发展成果的集中概括。二是构建完善了党的各级组织系统。党创建后就把“组织”建设放在突出地位。一大纲领规定了入党的基本条件，并要求凡是有党员5人以上的地方必须成立委员会，对超过10人的地方委员会的构成进行了明确。二大党章单列“组织”一章，初步明确了各个组织的基本职权，后来各个时期的党章基本上都坚持了这一做法。特别是五大修正

①② 《中国共产党党章汇编》，人民出版社1979年版，第23页。

党章，第一次规定入党者的年龄必须在 18 岁以上，第一次把党与青年团的关系列入，第一次划分了党的组织系统，[①]“全国、省、市或县、区、生产单位”各个层级，并就各个层级的组织构成以及主要职责进行了规定，第一次专列“党的支部”一章，鲜明指出：支部是党的基本组织，是党与群众发生直接关系的组织。要求凡有党员三人以上的厂矿、农村、兵营、学校、街道等单位或地方均得成立支部，明确了支部的 6 项任务等规定。六大党章还单列“党的组织系统”一章。三是着力加强了党的纪律和纪检机构建设。

土地革命时期党的全面领导制度的初创。土地革命时期，毛泽东分析了红色政权能够存在的原因、强调了工农武装割据的必要性，并逐渐把党的工作中心和重心转移到农村，着手建立农村革命根据地，最后总结形成了关于农村包围城市、武装夺取政权革命道路的系统理论。第一，首次提出民主集中制原则。1927 年 6 月 1 日，中国共产党第五届中央政治局制定并通过了《中国共产党第三次修正章程决议案》，在其第二章“党的建设”中，提出“党部的指导原则为民主集中制”。这是“民主集中制”这个科学概念在中国共产党党章中的第一次使用，明确提出和肯定民主集中制原则，从而使赋予个人服从组织、少数服从多数、下级服从上级、全党服从中央的基本原则可靠的理论指导和坚实基础，这是中国共产党自成立以来就反复强调的原则。为了避免产生“一言堂”和个人权力凌驾于党的集体领导之上这类现象，大会规定“按照民主集中制的原则在一定区域内建立这一区域内党的最高机关，管理这一区域内党的部分组织”。[②]第二，创造性地提出“支部建在连上”的原则。1927 年 9 月，中国工农红军在三湾改编，这是中国共产党建设新型人民军队最早的一次成功探索和实践，它标志着毛泽东建设人民军队思想的形成。三湾改编初步解决了如何把以农民及旧军人为主要成分的革命军队建设成为一支无产阶级新型人民军队的问题，它保证了党对军队的绝对领导，奠定了政治建军的基础。同时，从另一个

① 《中国共产党党章汇编》，人民出版社 1979 年版，第 24 页。

② 《中国共产党历次党章汇编：1921—2002》，中国方正出版 2006 年版，第 70 页。

角度看，三湾改编是中国共产党对军队领导的一次民主集中制的重要实践。三湾改编的三项重要内容之一是“在军、团、营、连均设士兵委员会，官长同时为士兵委员会。全连士兵大会选举5人—7人或9人为连士委执委，推主席1人。以全营人数按每5人举一代表组成全营士兵委员会，推举11人—13人组织营士执委，推举1人为主席。按全团人数每10人举代表一人组织全团代表会，推举17人至19人组织团士执委，推举1人任主席。全军按30人—50人举一代表组织全军代表会，选举19人—21人或23人组织军士执委，选一人为主席，军士执委选5人—7人为常委。连无常委机关，军团常委均设机关于政治部内日常办公，营常委不设机关”。[①] 士兵委员会就是在军队中实现民主的一个组织形式。

（二）中国共产党集体领导制度的确立和领导政权的初步实践

中国共产党以民主集中制为党的组织制度和领导制度，决定了党组织自身的领导制度将采取委员制或集体领导制度。但中国共产党创立初期，集体领导制度并没有真正建立起来。在很长一段时间内，党内在很大程度上家长制盛行。一直到遵义会议，集体领导制度才得以确立。随着抗日战争的爆发，中国共产党率先提出抗日民族统一战线号召。这个时期党的领导制度主要集中在党的集体领导制度建设上，同时也对从中央到地方各级党组织的地位、作用、职能以及党同民众团体的关系作出了若干规定。中共中央在1942年9月通过的《关于统一抗日根据地党的领导及调整各组织间关系的决定》中，首次出现了“党领导一切”的观点。

遵义会议与中国共产党集体领导制度的初步确立。1935年1月，著名的遵义会议在中国共产党的长征途中拉开帷幕。大会取消了三人团，取消了博古、李德的最高军事指挥权。毛泽东被增选为中央政治局常委。结合当时党内形势，常委进行进一步分工。由张闻天负总责，朱德总司令、周恩来总政委仍负

---

① 陈毅：《关于朱毛军的历史及其状况的报告》，《井冈山革命根据地》上，中共党史资料出版社1987年版，第365页。

责中央军委的日常工作，周恩来为“党内委托的对于指挥军事下最后决心的负责者”，毛泽东为“周恩来军事指挥上的帮助者”，[①] 刘伯承任参谋长。会后为工作的方便，进一步组成周、毛、王（稼祥）三人领导小组，全权负责军事指挥。会议指出了党的领导存在的问题：过去书记处和政治局对于军委的领导也是非常不够的，“书记处于政治局最大部分的注意力是集中在扩大红军与保障红军的物质供给方面……然而对于战略战术方面则极少注意，而把这一责任放在极少数的同志身上”。[②] 大会在严肃批评了博古、李德、凯丰等人的错误之后，允许保留不同意见，也没有进行无情打击。遵义会议在危急关头挽救了中国革命、挽救了中国。正确运用民主集中制的原则解决党内矛盾，少数服从多数，大会一经作出决策，个人严格服从集体，这就使民主集中制这一根本的组织原则和工作原则得到了充分体现，为党内民主集中制的实践树立了典范。

抗日战争期间党的领导制度的主要探索。首先，党的苏区代表会议起党中央开始实行集体领导制度。1937 年 6 月，在中国共产党白区代表会议上，刘少奇号召党的领导人要大力提倡、积极实践民主精神，反对特权，“重要问题应该民主决定”。针对以往党内偏重集中的倾向，中国共产党苏区和白区代表会议提出了注重扩大党内民主、活跃党内民主生活的问题，从而对健全民主集中制起到了积极推动作用。其次，党的六届六中全会丰富和发展了党的领导制度。1938 年，中共六届六中全会召开，会议强调了增强党的纪律的重要性，毛泽东在会上指出：“鉴于张国焘严重地破坏纪律的行为，必须重申党的纪律：（一）个人服从组织；（二）少数服从多数；（三）下级服从上级；（四）全党服从中央。”[③] 根据毛泽东的报告通过的《中央扩大的六中全会政治决议案》指出：“认真实行党的民主集中制——个人服从组织，少数服从多数，下级服从上级，中央是全党最高的领导，用以严格党的纪律。”[④] 把“个人服从组织，少数服从多

① 张培森：《张闻天年谱》上卷，中共党史出版社 2000 年版，第 238 页。

② 中央档案馆：《中共中央文件选集》第 9 册，中共中央党校出版社 1986 年版，第 457 页。

③ 《毛泽东选集》第 2 卷，人民出版社 1991 年版，第 528 页。

④ 中央档案馆编：《中共中央文件选集》（第 10 册），中共中央出版社 1985 年版，第 704 页。

数，下级服从上级，全党服从中央”概括为民主集中制的基本纪律。同一天通过的《扩大的中央第六次全会关于各级党部工作规则与纪律的决定》第十九条规定：“个人服从组织，少数服从多数，下级服从上级，全党服从中央，党的一切工作由中央集中领导，是党在组织上民主集中制的基本原则，各级党的委员会的委员必须无条件的执行，成为一切党员与干部的模范。”①

解放战争期间党的领导制度的发展。进入解放战争以来，党员数量剧增，党的组织不断扩大，但如何实施党委集体领导、正确发挥各级党委会的职能，在许多地区和部队的党组织中并没有真正解决。正如1947年晋冀鲁豫军区政治部关于部队中党委的组织与领导的报告指出的：“大半年来，各纵委旅委都没有建立起党的领导，有什么事情，仍然采取由上级首长找下级首长来谈一下，就分头下去作的办法……部队之党委的领导与工作是很弱的，甚至于有的是半停顿的状态。”②为适应革命形势发展的需要，保证全党全军执行政策的高度一致，克服党内存在的一些严重的无政府无纪律状态，确立新的战略任务和战略决战方针，彻底打倒国民党蒋介石政权。1948年9月，中共中央政治局召开会议（九月会议），作出了健全党委制和要求全党建立请示报告制度、召开党的各级代表大会和代表会议的决定。这是中共中央自撤离延安后召开的第一次政治局（扩大）会议，也是自抗战胜利以来到会人数最多的一次中央会议。在这次会议上，中共中央以“军队向前进，生产长一寸，加强纪律性”为中心议题，正式提出建设500万人民解放军，消灭敌人500个旅，从1946年7月算起用5年左右的时间，从根本上打倒国民党反动统治的伟大战略任务。会议还通过了《关于各中央局、分局、军区，军委分会及前委会向中央请示报告制度的决议》中，对中央和地方关于重大问题的决策权限作出了详细的规定。决策权属于中央的：第一，大政方针方面：党的路线、方针，政策及全国性的各种具体方针、政策，全国解放区党政军民工作的基本方针和任务，国统区党与群众工作的基

① 《毛泽东选集》第2卷，人民出版社1991年版，第677页。

② 中国人民解放军政治学院党史教研室编：《中共党史参考资料》（第11卷），1979年，第182页。

本方针和任务，各解放区党政军组织系统的建立：党政军中有关统一施行的各种重要条例法规。第二，政治方面：对时局及对全国性问题的态度；与全国性的民主党派、人民团体等的合作，全国性战犯的处理，对外关系的建立及国际事务的处理等。第三，军事方面：战略方针及战略计划，军区及野战军的整训计划，军制的建立、军事教育方针的决定，特种情报机构的设立，后勤系统的建立等。第四，经济方面；全国各解放区通用的经济，财政、金融、贸易政策的制定，各大解放区之间的财政调剂，货币贸易关系的调整对外贸易方针及统一管理，全国性工矿企业的兴办。决策仅属于地方的问题，必须事先请示中央，经中央批准后方可执行。

二、新中国成立至改革开放前健全党的全面领导、提高党的执政能力和领导水平制度

全国政权建立后，中国共产党的组织也扩展到全国各地区、各民族及各行各业（尤其是重要的企业），党员人数在急剧增长。据统计，1956 年时党员的数量比 1945 年中共七大时增加了 8 倍，比 1949 年全国解放时增加了 2 倍，[①] 而且多数党员都在各级国家机关、经济组织、文化组织、人民团体中担负一定的领导职务。

（一）确立“党领导一切”的重要原则

中华人民共和国成立以后，中国共产党成为执政党和最高的政治领导力量，党要自觉地肩负对一切方面领导的重任，即人民民主专政需要工人阶级的领导。“因为只有工人阶级最有远见，大公无私，最富于革命的彻底性。”[②] 特别是在中共八大后，基本确立了党的中央、地方、基层各级党委内部结构与纵向层级的新格局。

组织系统和领导系统在全国范围的建立。1949 年 10 月到 1952 年 12 月中

① 《邓小平文选》第 1 卷，人民出版社 1993 年版，第 214 页。

② 《毛泽东选集》第 4 卷，人民出版社 1991 年版，第 1479 页。

国共产党中央领导工作的机构是：中共中央委员会、书记处、组织部、宣传部、社会部、职工运动委员会、妇女运动委员会、青年工作委员会、纪律检查委员会、办公厅、马列学院管理委员会、政策研究室、工业交通工作部、农村工作部、调查部、对外联络部、财贸部、编译局、人民日报社、新华通讯社等。1949年11月9日中共中央政治局会议通过《关于成立中央及各级党的纪律检查委员会的决定》。1955年3月下旬，中国共产党举行全国代表会议，通过《关于成立党的中央和地方监察委员会的决议》，成立中国共产党中央和地方监察委员会代替中央和地方各级党的纪律检查委员会，并选举了中央监察委员会的组成成员。党的八大对党中央领导机构新格局的构建，受到苏共体制模式与“以苏为鉴”改革探索的双重影响。在苏共中央的组织架构中，其书记处职权被明确规定为“负责日常的组织性的工作和执行性的工作”。① 党的八大确立党主席-总书记的二元建构以及党中央副主席从1人增至4人，其基本考虑就是建立几道“防风林”，保证党的集体领导的长期稳定性，而政治局（常委会）-书记处的组织建构也蕴涵着合理配置党中央内部权力的深刻用意。当然，大规模有计划经济建设对加强中央集中统一领导的内在要求，也是党的八大健全与完善中央领导机构的主要动因。②

政法系统实行党内审批制。1951年在镇压反革命运动中，为了保证对镇反运动的有力领导，中国共产党多次强调加强党的领导，毛泽东在审阅第四次全国公安会议决议草案时指出：“整个镇压反革命的工作，必须在各级党委的统一领导之下。一切公安机关和有关镇压反革命的机关的负责同志，都必须和过去一样，坚决接受党委的领导。”③ 中共中央发出《关于镇压反革命活动的指示》，规定有关逮捕、判刑尤其是死刑判决，均须经过相当一级党委审批；特别重要的案件判决，则须报经党中央批准。政法系统党内审批制度由此发端。此后，中国共产党逐渐直接介入司法领域。各级党委设立政法委书记，分管政法系统。

① 《苏联共产党章程汇编》，求实出版社1982年版，第48页。

② 陈丽凤：《建国后中共领导体系的确立与特征》，《甘肃理论学刊》2008年第4期。

③ 《毛泽东文集》第6卷，人民出版社1999年版，第123页。

直到1979年，对政法系统的党内审批制度才被取消。1951年2月，中共中央批转《河北省委关于改善领导方法的决定》中指出：党委主要掌握全面工作方针、政策的领导，凡属政府日常的工作，统由政府部门办理。

（二）党直接领导大规模社会主义建设

1956年中国全面社会主义建设开始之际，鉴于苏共二十大揭露了苏联社会主义建设中的许多弊端以及随后发生的波匈事件，中国共产党开始反思中国社会主义政治体制和经济管理体制上存在的问题，并进行了一系列的改革探索。

《论十大关系》的理论探索及其后行政体制改革。1956年毛泽东发表《论十大关系》，论述了调动国内外一切积极因素为社会主义建设服务的基本方针，强调了建设社会主义必须根据本国情况走自己的道路的根本思想。毛泽东指出："中央和地方的关系也是一个矛盾。解决这个矛盾，目前要注意的是，应当在巩固中央统一领导的前提下，扩大一点地方的权力，给地方更多的独立性，让地方办更多的事情。""我们不能像苏联那样，把什么都集中到中央，把地方卡得死死的，一点机动权也没有"。①而地方和地方的关系问题主要是地方的上下级关系问题，"中央要注意发挥省市的积极性，省市也要注意发挥地、县、区、乡的积极性，都不能够框得太死"。②1956年5月国务院召开全国体制会议，根据《论十大关系》的精神制定了《国务院关于改进国家行政体制的决议（草案）》，《决议》规定在划分中央和地方行政管理职权的时候，应遵循的原则主要是：赋予各省、市、自治区以一定范围的经济管理权限；凡带有全局性、战略性和关键性的企业事业单位的管辖权，由中央掌握，其他企业和事业，应尽可能地交给地方管理。

（三）党全面领导制度的曲折发展

"文化大革命"的十年，是新中国成立以来党和国家遭到最严重的挫折和损失的十年。在这个阶段党的民主集中制的原则和集体领导的原则不断受到削弱

① 《毛泽东文集》第7卷，人民出版社1999年版，第30页。

② 同上书，第32—33页。

甚至严重破坏。

一方面，突出以阶级斗争为纲，把毛泽东思想神化和教条化。党的八大明确了执政后的国内主要矛盾是人民对于经济文化迅速发展的需要同当前经济文化不能满足人民需要的状况之间的矛盾。但这样的正确定位并没有在实践中落实下去。党的八届三中全会上改变了八大关于我国社会主要矛盾的判断，将主要矛盾错误地定位为是“无产阶级与资产阶级的矛盾、社会主义道路与资本主义道路的矛盾”，从而为阶级斗争扩大化提供了理论支撑。八届十中全会把党内一些认识上的分歧当作阶级斗争的反映来对待，提出阶级斗争必须年年讲、月月讲。阶级斗争问题被严重扩大化和绝对化。

“九·一三”事件以后，在毛泽东的支持下，周恩来主持中央日常工作，在非常困难的情况下，周恩来作出了种种努力，使党的建设出现了转机。特别是在落实党的干部政策方面，使遭受打击和迫害的部分干部恢复名誉、安排了工作。

1975年，邓小平主持中央日常工作，他着重加强了党自身的整顿，使全国形势明显好转。具体说来，邓小平在以下几方面进行了大量的努力：第一，建立坚强的领导班子。要实现党的领导，必须建立各级强有力的领导班子作为组织保证。1975年5月，他在钢铁工业座谈会上的讲话中指出，“钢铁生产搞不好，关键是领导班子问题，是领导班子软、懒、散……领导班子问题，是关系到党的路线能不能贯彻执行的问题”。①1975年9月下旬，邓小平在农村工作座谈会上就各方面要整顿的问题指出：“整顿的核心是党的整顿。只要抓住整党这个中心环节，各个方面的整顿就不难……整党主要放在整顿各级领导班子上……领导班子整顿好了，党员的问题就容易解决了。”②第二，坚决同派性作斗争，增强党性，加强纪律性。“文化大革命”对党的建设造成了极大的破坏，其中派性的破坏作用尤其突出。这是造成党组织涣散、纪律松弛的根源之一，

---

① 《邓小平文选》第2卷，人民出版社1994年版，第8页。

② 同上书，第35页。

严重地破坏党的无产阶级先锋队的性质。邓小平把组织纪律问题提高到党的原则和党的组织制度建设高度，要求党员要照章办事。遵守党的纪律，不搞派性，对增强党的组织纪律观念，加强党的领导都作出了积极贡献。第三，落实干部政策，解放和安排干部。为搞好全面整顿工作，邓小平指出，“必须认真落实政策”，[①] 在落实政策时，还要特别注意那些老工人、技术骨干、老劳模，要把这一部分人的积极性调动起来。

三、改革开放至十八大前党的全面领导、提高党的执政能力和领导水平制度

1978 年 12 月召开的中共十一届三中全会实现了新中国成立以来中国共产党的历史上具有深远意义的伟大转折。这次会议使党和国家从“文化大革命”的灾难中走了出来，在政治体制问题上，尤其是作为政治体制核心的领导制度问题上，从理论上进行了反思，从实践中进行了拨乱反正。党和国家的领导制度进入了改革和完善的新时期。从党政分开，到党在宪法和法律范围内活动，再到依法治国和依法执政，这一过程充分体现出中国共产党的领导制度从传统的革命体制向现代执政体制的转变。

（一）改革开放初期党的全面领导制度的转型

推动党的领导制度转型。从 1978 年党的十一届三中全会召开到党的十四届三中全会，党的领导制度改革主要任务是借助权力关系的变化和调整，冲破高度集中的计划经济体制下的领导模式，推动党的领导的转型，同时又通过体制的变革和创新来规范权力关系，探索建立适应社会主义市场经济条件下的领导制度。[②] 党和国家领导制度改革纲领的提出。1980 年 1 月 16 日，邓小平在中共中央召集的干部会议的讲话中强调，党在国家政治生活中的领导地位，是国家宪法明确规定了的。要坚持党的领导地位，就必须改革和完善党的领导制度。

① 《邓小平文选》第 2 卷，人民出版社 1994 年版，第 10 页。

② 王超：《改革开放以来党的领导制度改革的历史考察与基本经验》，《新视野》2020 年第 1 期。

邓小平指出，“为了坚持党的领导，必须努力改善党的领导”，①“我们要改善党的领导，除了改善党的组织状况以外，还要改善党的领导工作状况，改善党的领导制度”。②同时对贯彻实施集体领导和个人分工负责相结合的制度作了具体阐述：“各级党委要真正实行集体领导和个人分工负责相结合的制度。要明确哪些问题应当由集体讨论，哪些问题应当由个人负责。重大问题一定要由集体讨论和决定。决定时，要严格实行少数服从多数，一人一票，每个书记只有一票的权利，不能由第一书记说了算。集体决定了的事情，就要分头去办，各负其责，决不能互相推诿。失职者要追究责任。集体领导也要有个头，各级党委的第一书记，对日常工作要负起第一位的责任。在党委的其他成员中，都要强调个人分工负责。”③1981 年 6 月，《关于建国以来党的若干历史问题的决议》提出了中国共产党必须在宪法和法律范围内活动的原则。中共十二大通过的党章正式规定：“党必须在宪法和法律的范围内活动。必须保证国家的立法、司法、行政机关、经济、文化组织和人民团体积极主动地、独立负责地、协调一致地工作。”④

把党的领导写入宪法。新中国成立后的 1954 年宪法、1975 年宪法和 1978 年宪法，先后以不同的方式写入了党的领导。1982 年宪法还对国家领导制度作了以下几项规定：第一，恢复设置国家主席和副主席职务，履行国家元首的职责。第二，国家设立中央军事委员会，领导全国武装力量。这就确立了军队在国家体制中的地位。中共中央军委和国家中央军委实际上是一个机构，目的在于既能保证党对军队的领导，又能通过国家政权机构加强武装力量建设。第三，国务院实行总理负责制，总理召集和主持国务院常务会议和国务院全体会议，根据宪法和法律，规定行政措施，制定行政法规，发布决定和命令。国务院各部、委实行部长、主任负责制。这些改革措施不仅对健全国家领导制度非常必

① 《邓小平文选》第 2 卷，人民出版社 1994 年版，第 268 页。

② 同上书，第 269 页。

③ 同上书，第 341 页。

④ 中共中央文献研究室编：《十二大以来重要文献选编》上卷，人民出版社 1986 年版，第 68 页。

要，也可以说是纠正党政不分偏差的重大措施。

加强顶层设计和摸着石头过河相结合。改革开放后，全党全国坚持解放思想、实事求是，以应对改革进程中出现的问题。1980年12月16日，针对“改革如何进行”的问题，陈云在中央工作会议上发表了《经济形势与经验教训》的重要讲话。讲话中指出要慎重处理：“我们要改革，但是步子要稳。因为我们的改革，问题复杂，不能要求过急……也就是要‘摸着石头过河’。”[①]邓小平在该会议闭幕式上也同意陈云的观点，表示“这个讲话在一系列问题上正确地总结了我国三十一年来经济工作的经验教训，是我们今后长期的指导方针”。[②]关于改革，邓小平也多次提到通过摸索来找寻改革的具体方法和途径。其中，他谈到，“我们现在做的事都是一个试验。对我们来说，都是新事物，所以要摸索前进”。[③]以及“我们现在所干的事业是一项新事业，马克思没有讲过，我们的前人没有做过，其他社会主义国家也没有干过，所以，没有现成的经验可学。我们只能在干中学，在实践中摸索”。[④]这一系列关于探索改革的看法，是党在坚持马克思列宁主义和毛泽东思想的基础上，解放思想，实事求是，遵循客观规律的结果。改革开放开辟了中国特色社会主义道路，是党领导全国人民探求“什么是社会主义、怎样建设社会主义”的破解路径。这期间，“摸着石头过河”既是改革的主要指导方针，也是改革初期的主要特征。早在改革开放之初，邓小平就敏锐地提出，“在整个改革开放的过程中，必须始终注意坚持四项基本原则”。[⑤]“坚持四项基本原则的核心，是坚持党的领导”。[⑥]1982年，在宪法修改工作中，邓小平面对争议，果断决策，坚持推动把“党的领导”写进了宪法序言，将党的领导地位提到了新的高度。

---

① 《十一届三中全会以来重要文献选读》上，人民出版社1987年版，第238页。

② 《邓小平文选》第2卷，人民出版社1994年版，第354页。

③ 《邓小平文选》第3卷，人民出版社1993年版，第174页。

④ 同上书，第258—259页。

⑤ 同上书，第379页。

⑥ 《邓小平文选》第2卷，人民出版社1994年版，第358页。

党的领导制度的进一步完善。从1985年下半年到1987年上半年间，邓小平多次指出，现在经济体制改革每前进一步，都深深感到政治体制改革的必要性。“我们所有的改革最终能不能成功，还是决定于政治体制的改革。”① 邓小平一方面强调政治体制改革必须与经济体制改革相适应；另一方面又明确提出政治体制改革必须具体化，要进行总体设计，要有一个蓝图。1986年9月，中共中央成立政治体制改革研讨小组，开始总体方案的酝酿和设计。1987年10月召开的党的十三大全面部署了中国的政治体制改革。党的十三大报告在论及如何切实有效推进党内民主制度建设问题上，重点谈到了健全党的集体领导制度。报告确定先从中央起，理顺中央领导机构之间的关系，解决好集体领导和集体决策的问题。这包括：建立中央政治局常委向中央政治局、中央政治局向中央全会定期报告工作的制度，适当增加中央全会每年开会的次数，使中央委员会更好地发挥集体决策作用，建立中央政治局、政治局常委会的工作规则和生活会制度，使集体领导制度化，加强对党的领导人的监督和制约。党的十三大还确定地方各级党组织也要相应建立和完善相关的议事规则、表决制度和生活会制度。这些措施使党的集体领导制度更易于操作和遵循。②

党的十三大报告还提出“要理顺党和行政组织同群众团体的关系”问题，首先重申了工会、共青团、妇联等群众团体在我国的地位和作用，指出这些群众团体“历来是党和政府联系工人阶级和人民群众的桥梁和纽带”，③ 在社会主义民主生活中具有重要作用。报告认为，要理顺党同这些组织的关系，应主要在两方面作努力，即一方面，各种群众团体能够按照自己的特点，独立自主地开展工作，能够在维护全国人民总体利益的同时，更好地表达和维护各自所代表的群众的具体利益；另一方面，这些群众团体也要改革其组织制度，转变活动方式，积极参与社会协商对话、民主管理和民主监督，把工作重点放在基层，

① 《邓小平文选》第3卷，人民出版社1994年版，第164页。

② 刘新力：《现代化进程中党的领导制度与执政方式研究》，中共中央党校博士论文2000年。

③ 《十一届三中全会以来历次党代会、中央全会报告公报决议决定：上册》，中国方正出版社2008年版，第305页。

赢得群众特别是基层群众的信任。

（二）十四届三中全会以来探索适应社会主义市场经济的领导制度

1993 年 11 月党的十四届三中全会审议通过《中共中央关于建立社会主义市场经济体制若干问题的决定》。《决定》指出：社会主义市场经济体制是同社会主义基本制度结合在一起的，建立社会主义市场经济体制，就是要使市场在国家宏观调控下对资源配置起基础性作用。

对民主集中制新的理论概括。长期以来，中国共产党的领导人对民主集中制作了许多理论上阐述，丰富了民主集中制的内容，为进一步加强民主集中制的制度建设指明了方向。民主集中制作为党和国家的根本领导制度、领导原则已经是党内的共识。但在具体实践中，如何执行这一领导制度和领导原则，还需要具体、细致的制度和程序。在政治体制和领导制度改革的实践中，中国共产党对此进行了进一步的探索。

恢复开放型思想领导体系。党的思想领导主要是通过加强党的意识形态建设，推进马克思主义中国化、时代化、大众化的形式来实现的。党在指导思想建设上坚持解放思想、实事求是、与时俱进的思想路线。

（三）十六大以来推动党的领导的改善，探索契合依法治国的领导制度

完善领导制度建设，进一步梳理党委与各种组织的关系。制度是开展各项工作的合法性依据，当前推进党的执政能力建设首要的就是以制度为保障，按照总揽全局、协调各方的原则进一步改进党和人大、政府、政协等各个方面的关系，使之能够充分发挥各自的职能作用。因此，进一步改进党与人大、政府、政协等各方面关系具体体现在以下几点。

第一，党与人大的关系。胡锦涛在党的十七大报告中指出，“支持人民代表大会依法履行职能，善于使党的主张通过法定程序成为国家意志”。[①] 党在探索、加强党的领导和发挥人大职权的问题时应坚持正确把握两个原则：一是人大及

① 胡锦涛：《高举中国特色社会主义伟大旗帜　为夺取全面建设小康社会新胜利而奋斗——在中国共产党第十七次全国代表大会上的报告》，《人民日报》2007 年 10 月 15 日。

其常委会要自觉接受党的领导，这是人民代表大会制度必须坚持的一项重要原则。党组织对人大实行政治领导，即大方向、全局性的指导性工作，推荐干部，服务人民等。在一些重大问题的决策上，人大及其常委会要事先请示党组织。二是党组织不包办人大工作，确保人大工作的独立性和自主性。各级党组织要严格依法办事，在法律规定的范围内开展活动。关于国家建设的重要政策主张，要经过全国人民代表大会严格的法定程序审议、修改并通过后才能变为国家意志。在此过程中党组织无权介入。这些原则把党的领导、人民当家作主和依法治国有机统一起来，加强和改善了党对人大的领导。

第二，党与政府的关系。因此正确处理党与政府的关系，对于加强党的领导能力具有重要作用。在加强党的领导与发挥政府职权问题时主要从以下几点着手：一是规范党和政府机构的设置，避免重复设立。明确党的领导机构的功能和作用，坚决不以党代政处理事务，坚持党政分开。二是进一步明确党政职能。党的领导职能主要体现在政治领导方面，如国家、社会的发展方向；党的自身建设及其他涉及全局性的重大问题决策；向国家机关推荐重要干部；制定贯彻执行上级党组织和同级党代会决议的措施；在动员、组织所属党组织和广大党员实现党的任务等方面，党发挥着导向性的重要作用。同时，党委要支持政府履行法定职能，依法行政，着力解决机构重叠、职责交叉、政出多门的问题。正确统筹党委、政府的关系，因为只有这样，才可以使党真正地处于总揽全局的地位，发挥协调、领导各项工作的核心作用，从而更好地加强和改善党的领导。

第三，党与政协的关系。进一步加强党的领导和发挥政协作用职权的问题应重视两个原则：一是政协及其常委会要自觉接受党的领导，在政治协商、参政议政和民主监督过程中全面贯彻党的路线、方针、政策。政协工作要尽职而不越位、切实有效而不做表面工作。二是按照党总揽全局、协调各方的原则，进一步加强和改善党对人民政协的领导，支持人民政协依照章程独立负责、协调一致地开展工作。人民政协是党联合各民主党派、人民团体和各界人士并同他们团结合作、协商议事的重要场所，因此各级党组织要支持政协依法履行职责，发挥政协作为共产党领导的多党合作和政治协商的重要机构作用。党通过设立在政协的党组和在政协工作的共产党员及民主协商议程，把党的领导转化为政协各界的共识。因此，党的各级组织在实践中，逐步跳出“统”和“管”传统思维，通过制定有关法律、行政监管，实现对社会组织的领导。

进一步落实党的科学执政、依法执政、民主执政的执政方式。作为执政党，必须始终秉持科学执政、民主执政、依法执政的理念，进一步完善党的领导方式和执政方式。“成为科学执政、民主执政、依法执政的执政党”，回答了执政党“怎样执政”的问题。要在对客观规律把握的基础上加强党的执政能力建设，在领导中国特色社会主义事业中运用科学的思想、科学的制度、科学的方法；坚持科学执政，就是要遵循共产党执政规律、社会主义建设规律和人类社会发展规律，严格按规律办事，推动执政方式的科学化。坚持民主执政，就是要为人民执政、靠人民执政，支持和保障人民当家作主地位有效落实，在中国特色民主政治发展的实践中把党的领导、人民当家作主和依法执政有机统一起来。执政党要保证对政府的政治领导，但不能越俎代庖，因为民主执政是社会主义政治文明的重要内容之一。执政党在完成决策后，以立法形式赋予政府执行责权，其后就要密切关注政策是否得以较好执行，以及行政是否超越、滥用了宪法和法律所赋予的权力。坚持依法执政，就是坚决走法治的道路，实行依法治国，领导立法、带头守法、保证执法，推进国家经济、政治、文化、社会生活的法制化和规范化。实行依法执政意味着党从过去主要依靠政策、行政手段和行政命令来领导管理国家事务的执政方式逐步转向不仅依靠政策而且主要依靠法律手段，依靠法律程序来历代管理国家事务。党必须通过合法途径和程序，将自己的主张和政策上升为国家法律，并领导人民运用法律手段管理国家，使国家的领导工作走上法治化的轨道。

党必须在宪法和法律规定的范围内活动，确保依宪执政、依法行政。自党的十五大以来确立的进一步把依法治国作为党领导人民治理国家的基本方略。把人民当家作主、依法治国与党的领导统一起来，这一原则至今仍具有非常重要的意义。具体说来，这一原则包括三方面的内容：宪法和法律是社会主义建设的法律保证；把党的主张经过法定程序变成国家意志，来实现对国家的政治领导；尊重和维护宪法和法律的权威，从中央到基层，一切党的组织和党员的活动都不能同国家的宪法和法律相抵触。①党坚持以法治国，把所有的国家权力纳入法治化的轨道，使权力在法律、法规、制度规定的范围内行使，保证权力沿着制度化和法律化的轨道规范运行。实现权力制约效能化，就要加强对权力的监督和制约，党的十六大提出建立结构合理、配置科学、程序严密、制约有效的权力运行机制，从决策和执行等环节上加强对权力的监督。中央出台的《中国共产党党内监督条例（试行）》和《中国共产党纪律处分条例》，以制度和党内法规的手段制约和监督权力的行使，形成制度化的监督体系，切实保证权为民所用。②

综上所述，通过对十六大以来党的领导原则、执政方式及领导水平三个方面的梳理，详细阐述领导制度的完善过程及其执行成效。"总揽全局、协调各方"是新时期正确处理党与其他社会组织关系的领导原则。首先只有正确把握和运用这一原则，才能为真正发挥党的领导核心作用；党的执政方式是党的领导方式的重要内容，只有党的执政方式得以提高，领导方式才可能进一步的增强；执政能力建设是我党取得执政和领导地位后的一项根本建设。十六大提出了加强党的执政能力建设的战略任务，这是全面推进党的建设新的伟大工程的重大部署。因此，唯有着力提高党的执政能力建设，才能使党的领导水平得以显著提高。党的十七大强调："中国特色社会主义事业是改革创新的事业。党要站在时代前列带领人民不断开创事业发展新局面，必须以改革创新精神加强自身建设，始终成为中国特色社会主义事业的坚强领导核心。"③因此，面对不断变化的世情、国情和党情，加强和改进党的执政能力建设，按照"总揽全局、协调各方"的原则，实现党的科学执政、民主执政、依法执政理念是坚持党的领导

① 周鹤龄等：《辉煌六十年》（党建卷），上海党建文化研究中心，2009 年版第 13、14 页。

② 周敬青：《试论"立党为公、执政为民"的理论底蕴》，《探索》2004 年第 4 期。

③ 胡锦涛：《高举中国特色社会主义伟大旗帜 为夺取全面建设小康社会新胜利而奋斗——在中国共产党第十七次全国代表大会上的报告》，《人民日报》2007 年 10 月 15 日。

的根本要求。

四、新时代健全党的全面领导、提高党的执政能力和领导水平制度

中国特色社会主义进入了新时代，党中央作出全面从严治党的重大战略部署，它为“四个全面”战略布局引领方向，提供坚强的政治保证。全面从严治党关键是要抓党性、党风，党中央通过不间断开展党风建设实践，为全面从严治党提供了可靠的实践遵循。党的十八大以来，“推进改革的目的是要不断推进我国社会主义制度自我完善和发展，赋予社会主义新的生机活力。这里面最核心的是坚持和改善党的领导、坚持和完善中国特色社会主义制度，偏离了这一条，那就南辕北辙了”。[①] 党的十八大以来，我国的国际地位显著提升，经济发展水平在世界上名列前茅，人民生活状态发生重大改变，中等收入群体比重持续提高，民主法治建设不断推进，社会治理体系更加完善，党的面貌、国家的面貌、人民的面貌、军队的面貌、中华民族的面貌发生了前所未有的变化。我们党为应对重大风险考验与党内存在的突出问题，出台了各项极具针对性的重大方针政策，革新党风和社会风气，全面从严治党取得突出成效。

（一）不断完善关于党的全面领导的制度体系

坚持和加强党的全面领导的实质是坚决做到“两个维护”。党的十九大以来新出台的中央级党内法规与规范性文件可以清晰地看出，“坚持和加强”是针对党的建设提出的要求，其本质是要做到“两个维护”。正是因为党的领导弱化的各种问题层出不穷，党的全面领导更需要坚持和加强。2019 年新修订的《中国共产党问责条例》第七条规定，党组织、党的领导干部违反党章和其他党内法规，不履行或者不正确履行职责，有下列情形之一，应当予以问责：“（一）党的领导弱化，“四个意识”不强，“两个维护”不力，党的基本理论、基本路线、基本方略没有得到有效贯彻执行，在贯彻新发展理念，推进经济建设、政治建

① 习近平：《在中共十八届三中全会第二次全体会议上的讲话》，载《习近平关于协调推进“四个全面”战略布局论述摘编》，中央文献出版社 2015 年版，第 69 页。

设、文化建设、社会建设、生态文明建设中，出现重大偏差和失误，给党的事业和人民利益造成严重损失，产生恶劣影响的；（二）党的政治建设抓得不实，在重大原则问题上未能同党中央保持一致，贯彻落实党的路线方针政策和执行党中央重大决策部署不力，不遵守重大事项请示报告制度，有令不行、有禁不止，阳奉阴违、欺上瞒下，团团伙伙、拉帮结派问题突出，党内政治生活不严肃不健康，党的政治建设工作责任制落实不到位，造成严重后果或者恶劣影响的。”①这就从党内法规的高度规定坚持和加强党的全面领导就必须勇于肩负管党治党主体责任，落实“两个维护”各方面的要求。因此，从行动逻辑的层面上看，坚决做到“两个维护”与坚持和加强党的全面领导是相吻合的。《中共中央关于加强党的政治建设的意见》非常鲜明地强调了两者的一致性，坚持和加强党的全面领导首先应聚焦于党的组织体系的内部关系，而后才将党组织和一切工作的关系考虑进去。只有立足于党的建设的范畴，才可以准确地理解、阐释坚持和加强党的全面领导的理论内涵和实践路径。由此就更加容易理解，为什么在党的十九大报告当中，以新时代党的建设总要求提出“坚持和加强党的全面领导”的，而没有将其简单地等同于“坚持党对一切工作的领导”。从党中央关于党的建设的布局中，可以进一步理解坚持和加强党的全面领导对党员在思想和行动上提出的规范性要求。②

（二）在全面从严治党中加强党的领导

加强廉政道德风险点监管制度。对领导干部的权力进行制约，防止公共利益与私人利益之间的冲突，防止官员腐败，就应重视加强对涉及“人”“财”“物”“权”等重要廉政道德风险点的监管。为推进全面从严治党、更加“严紧硬”地管党治党。《中国共产党问责条例》细化了党的问责工作。问责对象是各级党委（党组）、党的工作部门及其领导成员，各级纪委（纪检组）及其领导成员，重点是主要负责人。《中国共产党问责条例》剑指管党治党方面

① 《中国共产党党内法规选编》（2012—2017），法律出版社2019年版，第719页。

② 张弛、梁慧敏：《坚持和加强党的全面领导规范化》，《理论与改革》2019年第5期。

的失误现象，即问责于“党组织和党的领导干部违反党章和其他党内法规，不履行或者不正确履行职责”等情形。诸如“党的领导弱化”，给党的事业和人民利益造成严重损失，产生恶劣影响的；“党的建设缺失”，党内和群众反映强烈，损害党的形象，削弱党执政的政治基础的；全面从严治党不力，造成严重后果的；“维护党的纪律不力”，造成恶劣影响的；“推进党风廉政建设和反腐败工作不坚决、不扎实”，损害群众利益的不正之风和腐败问题突出的，等等。《中国共产党问责条例》规定，对党组织的问责方式包括：检查、通报、改组；对党的领导干部的问责方式包括：通报、诫勉、组织调整或者组织处理、纪律处分。

加强干部从政作风的制度建设。干部作风建设是管党治党的长期性课题，其涵盖范围几乎贯穿党的建设的各个方面。但是对干部从政作风具体行为规范的制度，最具代表性的则是十八大以来，党的群众路线教育活动中出台的“八项规定”和“六条禁令”，及其相关的具体制度。“八项规定”旨在纠正当时人民群众极其反感的党内普遍存在的“四风”问题，即形式主义、官僚主义、享乐主义、奢靡之风。“八项规定”紧扣党政领导干部从政行事作风，以中央政治局改进工作作风、密切联系群众的名义，于 2012 年 12 月 4 日出台。其具体的内容包括：“要改进调查研究”“精简会议活动”精简文件简报“规范出访活动”“改进警卫工作”“改进新闻报道”“严格文稿发表”“厉行勤俭节约”八个方面的从政作风的自觉约束。其后，浙江省委在学习中央上述精神后，于 12 月 26 日补充出台“六条禁令”。“六条禁令”经中央转发，与“八项规定”同为作风建设的制度规定。“六条禁令”的具体内容是：严禁用公款相互走访、送礼、宴请等拜年活动；严禁向上级部门赠送土特产；严禁违反规定收受礼品、礼金、有价赠券等；严禁滥发财物，包括奖金、津贴、补贴和实物，要加强对公车的管理，不准公车私用；严禁超标准接待；严禁组织和参与赌博活动。“六条禁令”从另一个层面约束党的组织及党员干部的行为，对于厘清党内关系及党内外关系，端正作风具有普遍性意义。“八项规定”与“六条禁令”出台后，中央以上率下做出示范。党的作风建设以踏石留印，抓铁有痕的决心和恒心，坚持不懈。

中纪委开通监督网，搭起曝光台，开展监督、问责加上惩戒的综合治理。

2018 年 10 月起实施的《中国共产党纪律处分条例》涵盖有关六大纪律的有关规定，明确了干部违纪行为的具体性质，做到责任清楚，有责必问。并要求坚决执行“一案双查”，严肃责任追究。不但要追究腐败案件当事人的责任，还要追究相关领导的责任，进一步主动防范违纪行为的发生，增强各级干部的廉洁自律意识。制度的权威来自法规制度的执行力，因此，对于从严治党制度建设来说，法规制度体系的完备固然重要，但落脚点还在于法规制度的贯彻落实。为此需要做到领导干部作执行从严治党制度的表率，领导干部执行制度的情况直接影响从严治党制度的贯彻落实。《中国共产党廉洁自律准则》和《中国共产党纪律处分条例》是加强党内监督的重要制度安排，为党内监督和群众监督明确了标准，使党员和群众的监督有规可依。既要充分发挥相关职能部门监督检查的作用，也要注重发挥人大、政协和人民群众以及新闻媒体的监督作用。在网络社会中，还需要充分利用互联网等平台的作用，健全网络举报和受理机制、网络信息收集和处置机制，形成监督合力，保障全面从严治党制度得到贯彻落实。

加强与干部从政相关的私人领域约束的制度。长期以来，鉴于共产党人必须对党的组织忠诚与襟怀坦白的传统观念和要求，对于党政领导干部在私人领域的约束主要靠个人的自觉，组织与制度的规定并不那么刚性。然而，在改革与开放的新形势下，权力与利益纠葛日益密切。在从政相关私人领域对掌握权力的党政领导干部进行刚性约束的制度建设，显得刻不容缓。关于这一方面的制度主要有《关于领导干部报告个人有关事项的规定》《关于对配偶子女均已移居国（境）外的国家工作人员加强管理的暂行规定》《配偶已移居国（境）外的国家工作人员任职岗位管理办法》，以及多地出台的《关于进一步规范领导干部配偶、子女及其配偶经商办企业行为的规定（试行）》等。

（三）准确判断社会主要矛盾，加强党对经济工作的领导

党对社会主要矛盾的变化的科学认识，推动了我国经济水平在四十多年改革发展中取得了举世瞩目的成就。改革开放初，除了在某些重工业领域取得重

大成就外，全国范围的产业现状可以说是百业待举。1978年我国国内生产总值约为1495亿美元，美国是2.357万亿美元，[①]我国约占美国的6.3%。当年我国人口约为9.6亿。当时落后的生产力并不能满足如此庞大人口的需求，使得国民依旧在温饱线上挣扎，生活水平很低。在这危难时刻，党和国家领导人果断把工作重心转移到经济建设上来，大力发展生产力。1981年党的十一届六中全会指出我国当前所要解决的主要矛盾“是人民日益增长的物质文化需要同落后的社会生产之间的矛盾”，[②]是对当时的国内状况的正确判断，符合当时的基本国情。“人民日益增长的物质文化需要”指的是“需求”方面，“落后的社会生产”指的是“供给”方面。从主要矛盾的表述上看，还是需要大力发展社会生产力，提高供给总量，满足全体国民的基本生活需要。从马斯洛层次需求理论上来分析，这是处在底端的“生理需求”。

改革开放四十多年，我国在经济领域取得巨大成就。经初步核算，2017年我国国内生产总值约合美元12.6万亿美元，位居世界第二，是仅有的两个超十万亿美元总量的大国之一，仅次于美国的19.362万亿美元，约占美国的65%。在我国部分地区和城市，生产水平接近或已经达到甚至领先于发达国家水平。当前，我们已经处在全面建成小康社会的决胜阶段，不久就会实现“第一个一百年”的奋斗目标，国民的基本物质生活需求得到满足。但是，随着社会的不断进步和发展，国民的需求层次不断提高，而且国内的经济发展不平衡不充分的特征已经凸显。人民群众在已经满足基本物质生活需求的基础上，开始追求更加美好的生活；同时，我国的东、中、西、东北四个地区的经济发展水平存在不平衡的特点，在发展质量和发展效益上体现出不充分的特点，距离中国创造和中国智造还有一段距离。而且，不平衡不充分的发展已经成为制约满足人民美好生活需求的主要因素。因此，党和国家在进行了深入的调查研究后，于十九大报告中指出“中国特色社会主义进入新时代，我国社会主要

① 世界银行官方网站，https://data.worldbank.org.cn/indicator/NY.GDP.MKTP.CD?end=2016&locations=US&start=1978&view=chart。

② 《十一届三中全会以来重要文献选读》上，人民出版社1987年版，第528页。

矛盾已经转化为人民日益增长的美好生活需要和不平衡不充分的发展之间的矛盾”①。

第三节　健全党的全面领导、提高党的执政能力和领导水平制度的启示

坚持和完善党的领导制度体系，重要任务就是完善坚定维护党中央权威和集中统一领导的各项制度，健全党中央对重大工作的领导制度，强化党中央决策议事协调机构职能作用，完善推动党中央决策落实机制，健全维护党的集中统一的组织制度，确保令行禁止，进而把党的全面领导落实到各个层面、各个领域以及各方面工作的全过程之中。中国共产党和国家领导制度的演变历程以及新时期以来的改革所取得的成就，也给领导制度的改革和完善提供了启示：

一、始终坚持党的领导

“中国特色社会主义最本质的特征是中国共产党领导，中国特色社会主义制度的最大优势是中国共产党领导。”② 中国共产党领导全体人民进行革命斗争，就是为了实现社会主义、共产主义崇高理想。革命胜利后，我们党通过曲折探索，终于带领全体中国人民走上了中国特色社会主义道路，这是一条适合中国国情的正确发展道路。可以说，没有党的领导，就没有新中国，就没有中国特色社会主义。在 1979 年党的理论工作务虚会上，邓小平强调全体中国人民都“必须在党和政府的统一领导下”，③ 为实现四个现代化贡献力量。在 1980 年他又谈到“目前的形势和任务”时，再次指出“中国由共产党领导，中国的社会主义现代化建设事业由共产党领导，这个原则是不能动摇的；动摇了中国就要

①② 习近平：《决胜全面建成小康社会　夺取新时代中国特色社会主义伟大胜利——在中国共产党第十九次全国代表大会上的报告》，《人民日报》2017 年 10 月 28 日。

③ 《邓小平文选》第 2 卷，人民出版社 1994 年版，第 163 页。

倒退到分裂和混乱，就不可能实现现代化”。①1982 年 9 月召开的党的十二大通过的《中国共产党章程》中明确指出“党的领导主要是政治、思想和组织的领导”。1987 年 9 月，党在十三大报告中对党的领导进一步作出新概括：“党的政治领导、思想领导、组织领导，要通过政治原则、政治方向、重大决策的领导和思想政治工作、向政权机关推荐重要干部等来实现。”② 这一系列讲话在改革开放初期对打破计划经济体制下党“一元化”领导、激发多方积极性具有重要意义。习近平在 2016 年 1 月在主持政治局常委会会议时强调：“党政军民学，东西南北中，党是领导一切的。”③ 在党的十九大报告中，习近平再次强调这一原则。2018 年全国两会上将“中国共产党领导是中国特色社会主义最本质的特征”写入宪法，明确党的领导在中国特色社会主义建设中的重要作用。改革开放走过四十多年，取得重大成就的原因在于坚持党的领导。中国特色社会主义进入新时代，在决胜全面小康、建设社会主义现代化强国和实现民族伟大复兴的紧要关头，再提“党领导一切”充分表明，党的领导是新时代中国特色社会主义取得成功和走向胜利的根本政治保证，在全面深化改革过程中，既要发挥各方积极性，又要保持政治定力。

二、形成良好的制度制定生态环境

坚持和完善党的全面领导，提高执政能力和领导水平需要制度环境、体制机制设计、干事创业文化的建设。把那些常规性的工作，经验性的做法，乃至创造性的实践及时地变成制度化的安排，变成可行的、可操作的程序，我们的工作才能不断发展，解决现实的问题。在制度的制定上一定要有容错的空间，让制度本身具有更好的适应性，使得它能够保证每个人发挥自己的独特性、创造性、积极性，这样的制度才是最有生命力的制度。

---

① 《邓小平文选》第 2 卷，人民出版社 1994 年版，第 267—268 页。

② 《十四大以来重要文献选编》上，人民出版社 1996 年版，第 950 页。

③ 习近平：《决胜全面建成小康社会　夺取新时代中国特色社会主义伟大胜利——在中国共产党第十九次全国代表大会上的报告》，《人民日报》2017 年 10 月 28 日。

三、加强调查研究是谋事成事之道

中国共产党和国家领导制度的形成和改革的历史证明：一是领导制度及其改革必须坚持从我国国情出发，总结自己的实践经验，同时借鉴人类政治文明的有益成果。但是，我们不能照搬西方政治制度的模式。二是领导制度的改革只能是渐进式的，只能有领导、有步骤地推进，没有一蹴而就。离开具体的历史条件和国情来谈论领导制度不仅没有理论意义，而且会在实践中导致恶果。因此要在中国的具体国情上进行政治体制改革。改进党的领导方式，密切群众关系。中国共产党一直高度重视调查研究，调查研究是我们的基本工作方式。中国特色社会主义进入新时代，我们面临的问题、挑战将越来越多，密切联系群众工作尤为重要。习近平同志特别重视走进基层和人民群众，在倾听群众声音中为群众排忧解难。党的一切工作都要深入实际，走向基层，走近群众，不仅要继续走好网下线下的群众路线，更要走好网上线上的群众路线。我们更要善于从细枝末节中见微知著，还要开动脑筋，勤于思考，善于总结。

四、加强干部队伍建设提供坚强组织保障

要完善岗位匹配性和适应性。执政能力的发挥决定于领导职能的规定性，做好正确的角色定位，想干事还要符合职责的要求，才能干好事。良好的执政能力的发挥离不开相互配合的班子集体，通过领导班子的匹配、团队搭配来更好地提升领导干部适应新时代要求下的各种执政能力和领导能力。领导者的本身素质是有限的，领导职位的要求又是千差万别的，领导班子匹配是弥补领导者个体素质欠缺的基本手段，领导素质的内在构成上具有相互影响、相互制约的关系。应当按照加强党的执政能力建设的总体要求，尊重领导者的个体差异，根据领导班子的层次、工作性质及其特点等实际情况，借鉴和运用现代领导素质理论和人才测评技术，确定其合理的结构，以提高领导班子的整体领导效能。领导班子结构的合理匹配与领导个体素质的培养与提升具有同等重要的作用，通过团队的合作，通过组织的力量来使一个人发挥出它最大的优势和力量，从

而提升整个团队和组织的执政能力。领导干部要全面增强学习本领、政治领导本领、改革创新本领、科学发展本领、依法执政本领、群众工作本领、狠抓落实本领和驾驭风险本领，发扬斗争精神，增强斗争本领。领导干部必须发扬斗争精神增强斗争本领，锤炼过硬政治素质，锻造高强执政能力，坚定坚持和完善中国特色社会主义的制度自信，为推进国家治理体系和治理能力现代化提供坚强组织保障。

五、健全选贤任能制度夯实执行之基

领导制度改革就是要在坚持四项基本原则的前提下，对领导制度、管理体制、工作方式等方面存在的问题和弊端进行改革，加强社会主义民主政治建设。贯彻新时代组织路线，建设忠诚干净担当的高素质专业化干部队伍，坚持党管干部原则，坚持好干部标准，推进素质培养、知事识人、选拔任用、从严管理、正向激励体系建设，把提高治理能力作为新时代干部队伍建设的重大任务，健全从严管理监督干部制度；健全科学严密的组织制度，不断增强党组织政治功能和组织力战斗力；实行更加积极，更加开放，更加有效的人才政策，构建具有全球竞争力的人才制度体系，加快人才制度和政策创新，完善人才培养评价流动激励机制，聚天下英才而用之。①

六、学习、实践乃必由之路

健全党的全面领导制度，提高执政能力领导水平，制度要落实到每个党员干部的执政本领上。提升执政本领的必由之路是理论学习和社会实践。系统地通过学习教育、实践锻炼、自我修炼、传帮带和群众监督，向群众学习，一系列的组织安排和个体的主动学习，自觉行动，提升执政本领，践行党的全面领导，提高执政能力与领导水平。党政领导干部尤其应该具备国际的视野，将中

---

① 陈希：《健全党的全面领导制度》，《〈中共中央关于坚持和完善中国特色社会主义制度、推进国家治理体系和治理能力现代化若干重大问题决定〉辅导读本》，人民出版社 2019 年版，第 78 页。

国的经验、中国的故事、中国的成就融入世界发展中，必须主动地学习、借鉴国外的话语体系，形成开放的思维，包容的胸怀，才能真正发出中国的声音，形成中国的影响。在新时代不断把中国特色社会主义伟大事业推向前进，我们党既要政治过硬，也要本领高强。要始终保持锐意进取、奋发向上的精神风貌，深化对共产党执政规律、社会主义建设规律、人类社会发展规律的认识，以制度化的方式不断增强党的政治领导力、思想引领力、群众组织力、社会号召力。

第五章　全面从严治党制度百年历史演进

完善全面从严治党制度实质主要是指党的纪律建设领导制度，是确保“党不变性”永葆先进性和纯洁性的根本制度保障，是坚持和完善党的领导制度体系的根本政治要求。打铁必须自身硬。《决定》强调完善全面从严治党制度，就是“坚持党要管党、全面从严治党，增强忧患意识，不断推进党的自我革命，永葆党的先进性和纯洁性。贯彻新时代党的建设总要求，深化党的建设制度改革，坚持依规治党，建立健全以党的政治建设为统领，全面推进党的各方面建设的体制机制。坚持新时代党的组织路线，健全党管干部、选贤任能制度。规范党内政治生活，严明政治纪律和政治规矩，发展积极健康的党内政治文化，全面净化党内政治生态。完善和落实全面从严治党责任制度”。[①] 党为适应客观环境变化及社会发展的需要，通过制度化的方式不断对纲领政策、组织结构、领导体制、阶级基础和社会基础进行调整，使政党运行实现规范化和科学化。党的领导制度体系的有效运行依赖于党的意识形态调适、组织建设体制、政治生态氛围、党内民主推进。其一，实现党的意识形态的包容性。意识形态是一个政党所代表阶级利益、价值观、政治倾向等的集中反映，是政党纲领、行为取向的理论依据，是政党统合党员和凝聚民众的思想、纲领和口号，这是政党

① 《中共中央关于坚持和完善中国特色社会主义制度　推进国家治理体系和治理能力现代化若干重大问题的决定》（2019 年 10 月 31 日中国共产党第十九届中央委员会第四次全体会议通过），《人民日报》2019 年 11 月 6 日。

的灵魂。不可否认，意识形态和执政理念固有的阶级性和继承性，但作为执政党，要充分认识到意识形态的引领作用，使执政党意识形态能够反映且代表绝大多数人的利益。在信息化时代，执政党应树立贴近实际、贴近生活、贴近民众的传播新理念，实现传播方式的即时性、形象性和互动性，增强执政党意识形态传播实效性。其二，实现党的组织建设的内聚性。组织建设是政党执政的硬件基础。涉及党组织设立与发展，组织结构与组织原则的制定，涉及党内精英录用、培养与擢升，对社会精英的吸纳与整合，主要包括组织原则、组织运行机制、党员吸纳和干部选拔等方面。其三，党的防治腐败保持纯洁性。有效防治腐败，自我纯洁，赢得民众信任和支持是政党能够长期执政的重要政治保证。执政党防治腐败要确立和强化防治腐败的理念、防治腐败的制度体系、防治腐败制度的执行力。其四，党内民主的互动性。党内民主是执政党的生命力源泉。在政党政治实践中，党内民主必然涉及党内民主理念、党内选举制度、党内民主决策制度、党内民主监督制度、党内民主发展路径等方面。执政党建设离不开党内民主，它既是党的本质规定性，同时也是执政党建设和发展的现实要求。党内民主发展直接承担着推进执政党的建设和发展的功能，对执政党决策、领导和监督等活动的优化起着重要的作用。

第一节　完善全面从严治党制度的重大意义和理论基础

一、完善全面从严治党制度的重大意义

第一，完善全面从严治党制度是党领导实现中华民族伟大复兴的根本保证。 实现中华民族伟大复兴是近代以来中华民族最伟大的梦想。“历史已经并将继续证明，没有中国共产党的领导，民族复兴必然是空想”。[①] 打铁必须自身硬，党

① 《党的十九大报告辅导读本》，人民出版社2017年版，第16页。

要始终成为时代先锋、民族脊梁，始终永葆马克思主义执政党性质，自身必须始终过硬。“伟大斗争、伟大工程、伟大事业、伟大梦想，紧密联系，相互贯通、相互作用，其中起决定性作用的是党的建设新的伟大工程”，[①] 而全面从严治党则是统揽“四个伟大”的支点。进行伟大斗争必须全面从严治党，党的十八大以来，习近平总书记多次强调，在新的历史条件下进行具有许多新的历史特点的伟大斗争。党要时刻准备应对重大挑战、抵御重大风险、克服重大阻力、解决重大矛盾，自身必须始终过硬，才能走好新时代长征路。推进伟大事业必须全面从严治党，中国特色社会主义是改革开放以来党的全部理论和实践的主题。党的十八大以来，“四个全面”的战略布局开辟了中国特色社会主义的新境界。这个战略布局，既有战略目标，也有战略举措，具有重大战略意义。全面建成小康社会是战略目标，全面深化改革、全面依法治国、全面从严治党是三大战略举措。“四个全面”相辅相成、相互促进、相得益彰。其中，全面从严治党具有特殊意义，虽然同为战略举措，但因全面深化改革和全面依法治国都是在党的领导下进行，没有全面从严治党，就没有党的坚强领导，前两大举措就很难做到，那么战略目标也就无从实现。因此，在“四个全面”战略布局中，全面从严治党是根本，是灵魂。建设伟大工程必须全面从严治党，党的十八大以来，以习近平同志为核心的党中央全面加强党的领导，把全面从严治党纳入“四个全面”战略布局，打出一整套组合拳，着力解决人民群众反映最强烈、对党的执政基础威胁最大的突出问题，为党和国家各项事业发展提供了坚强政治保证。世情、国情、党情的新变化，使党面临着许多前所未有的新考验，党的建设任务比以往任何时候都更加繁重。必须以更新的要求、更大的决心、更大的勇气、更大的气力抓紧抓好建设新的伟大工程，推动全面从严治党向纵深发展。实现伟大梦想必须全面从严治党。实现中华民族伟大复兴的中国梦凝聚了几代中国人的夙愿，越接近目标，面临的风险就越大，遇到的问题就越复杂，党必须在新的历史起点上，坚持全面从严治党永远在路上。无论是推动全面从严治党向

---

① 《党的十九大报告辅导读本》，人民出版社 2017 年版，第 17 页。

纵深发展还是坚持全面从严治党永远在路上，都必须充分发挥制度的根本性、稳定性、权威性作用，必须完善全面从严治党制度，必须形成确保自身始终坚强有力的制度机制。

第二，完善全面从严治党制度是确保党对一切工作的领导的根本保证。中国共产党是中国特色社会主义的领导核心，这句话并不抽象，有着实实在在的内容。党的十九大报告明确指出，要坚持党对一切工作的领导，并将其作为新时代坚持和发展中国特色社会主义基本方略的第一条，强调“党是最高政治领导力量”[①]。“党政军民学，东西南北中，党是领导一切的”[②]被作为重大的政治原则写入党的根本大法。坚持党对一切工作的领导就是要通过全面从严治党来建立健全坚持党的全面领导的组织体系、制度体系、工作机制，切实把党的领导落实到改革发展稳定、内政外交国防、治党治国治军等各领域各环节。党的力量来自组织。党对一切工作的领导必须依靠党的坚强组织体系才能实现。2018 年，习近平总书记在全国组织工作会议上指出，“我们党是按照马克思主义建党原则建立起来的，形成了包括党的中央组织、地方组织、基层组织在内的严密组织体系。这是世界上任何其他政党都不具有的强大优势”，“党中央是大脑和中枢，党中央必须有定于一尊、一锤定音的权威，这样才能‘如身使臂，如臂使指，叱咤变化，无有留难，则天下之势一矣’”。[③]“地方党委是贯彻落实党中央决策部署的‘中间段’，要认真贯彻执行地方党委工作条例，把地方党委建设成为坚决听从党中央指挥、管理严格、监督有力、班子团结、风气纯正的坚强组织”。[④]党组要贯彻落实党中央和上级党组织决策部署，发挥好把方

① 习近平：《决胜全面建成小康社会，夺取新时代中国特色社会主义伟大胜利》，《十九大以来重要文献选编》上，中央文献出版社 2019 年版，第 14 页。

② 《中国共产党章程》，人民出版社 2017 年版，第 22 页。

③ 习近平：《在全国组织工作会议上的讲话》（2018 年 7 月 3 日），《十九大以来重要文献选编》上，中央文献出版社 2019 年版，第 560 页。

④ 《习近平在中央政治局第二十一次集体学习时强调贯彻落实好新时代党的组织路线不断把党建设得更加坚强有力》，《人民日报》2020 年 7 月 1 日。

向、管大局、保落实的重要作用。各基层党组织是党的肌体的“神经末梢”，要发挥战斗堡垒作用。全体党员特别是领导干部要强化党的意识和组织观念，自觉做到思想上认同组织、政治上依靠组织、工作上服从组织、感情上信赖组织。一段时期内，一些同志曾对此产生了模糊认识，讳莫如深，语焉不详，甚至搞包装，一些部门、单位不敢旗帜鲜明地坚持党的领导，部分单位党组织出现了弱化、虚化、边缘化的问题，直接导致了这些地方和部门党的领导弱化的问题。党的十八大以来，为了坚持和加强党的全面领导，围绕各级各类组织加强党的领导习近平总书记发表过一系列重要讲话，如要加强党对经济工作的领导、坚持党对军队绝对领导是强军之魂，做好民族工作关键在党，加强党对统战工作的领导，把全面从严治党的要求体现在党领导经济工作之中等，同时出台一系列党内法规制度，如《中国共产党党组工作条例》《中国共产党农村工作条例》《关于加强和改进城市基层党的建设的工作的意见》《关于加强和改进中央和国家机关党的建设的意见》等，使弱化党的领导的状况得到了根本性扭转。事实证明，事业越是向前发展，就越需要坚持和完善党的领导，确保党始终成为中国特色社会主义的坚强领导核心，坚持党对一切工作的领导。无论哪个领域、哪个方面、哪个环节党的领导弱化了，都会出现“短板效应”，必须通过完善全面从严治党制度来实现党的全面领导。

第三，完善全面从严治党制度是确保党中央集中统一领导的根本保证。坚持和完善党的领导内涵丰富，但其中坚决维护党中央权威和集中统一领导最关键。“坚决维护党中央权威、保证全党令行禁止，是党和国家前途命运所系，是全国各族人民根本利益所在”。① 坚持党的领导，首先是坚持党中央的集中统一领导。一个国家一个政党，领导核心至关重要。“一段时间以来，无视党中央权威的现象广泛存在，有些还很严重”。② 如立场不稳、丧失原则，在重大原则

① 《关于新形势下党内政治生活的若干准则》,《十八大以来重要文献选编》(下)，中央文献出版社 2018 年版，第 423—424 页。

② 习近平:《维护党中央权威，贯彻民主集中制》,(2017 年 2 月 23 日)《十八大以来重要文献选编》下，中央文献出版社 2018 年版，第 584 页。

问题和大是大非面前立场摇摆、态度暧昧，没有同党中央保持高度一致；在贯彻党的决议和党中央决策部署上搞上有政策下有对策；有的弄虚作假，向党中央打埋伏、有的阳奉阴违等等。令之不行，政之不立。“党中央制定的理论和路线方针政策，是全党全国各族人民统一思想、统一意志、统一行动的依据和基础。只有党中央有权威，才能把全党牢固凝聚起来，进而把全国各族人民紧密团结起来，形成万众一心、无坚不摧的磅礴力量”。①党的十八大以来，党的集中统一领导在全面从严治党中不断加强。保证全党服从中央，是党的政治建设的首要任务，出台了一系列法规制度，如《关于新形势下的党内政治生活准则》《中共中央政治局关于加强和维护党中央集中统一领导的若干规定》，建立和实行中央政治局成员每年向党中央和总书记书面述职制度，建立和实行中央书记处和中央纪律检查委员会，全国人大常委会、国务院、全国政协、最高人民法院、最高人民检察院党组每年向中央政治局常委会、中央政治局报告工作制度；成立全面深化改革、全面依法治国、国家安全、军民融合发展等党中央的议事协调机构，完善和健全了党中央集中统一领导的体制机制。通过以政治建设为统领的党的建设体制机制，通过思想教育、纪律保证、选人用人、抓好反腐败斗争等多种方式提升全党确保党的集中统一领导的自觉性和坚定性。

第四，完善全面从严治党制度是确保党始终“总揽全局、协调各方”的根本保证。坚持党领导一切，绝不是党来替代一切组织、机构去直接领导，更不是“包打天下”，而是“总揽全局、协调各方”。“坚持党的领导，发挥党总揽全局、协调各方的领导核心作用，是我国社会主义市场经济体制的一个重要特征”。②“所谓总揽全局，就是各级党委要把主要精力放在抓方向、议大事、管

① 习近平：《维护党中央权威，贯彻民主集中制》，（2017年2月23日）《十八大以来重要文献选编》下，中央文献出版社2018年版，第585页。

② 习近平：《在十八届中央政治局第十五次集体学习时的讲话》（2014年5月26日），《人民日报》2014年5月28日。

全局上，集中精力抓好带有全局性、战略性、根本性和前瞻性的重大问题，把握政治方向，决定重大事项，安排重要人事任免，抓好思想政治工作，维护社会政治稳定，有效地实施党在各个领域的政治、思想、组织的领导”。①“协调各方”，就是党委要从推进全局整体工作的要求出发，统筹协调好“四套班子”的关系，统筹安排组织、纪律、宣传、统战、群众团体等方面的工作，使各方面都能各司其职、相互配合，形成合力。正如习近平总书记所指出的，“这就像‘众星捧月’，这个‘月’就是中国共产党”，②“中国特色社会主义大厦需要四梁八柱来支撑，党是贯穿其中的总的骨架，党中央是顶梁柱”③。要把“总揽全局，协调各方”落到实处，要着力发挥党把方向、谋大局、定政策、促改革、抓落实的作用，把方向，就是各级党委要确保事业发展坚持正确的政治方向、政治原则、政治道路；谋大局，就是各级党委要牢固树立大局意识，自觉服从大局、坚决维护大局。定政策，就是各级党委要坚持以人民为中心，抓好群众最关心最直接最现实的利益问题，制定切实管用的政策措施。促改革，就是各级党委要着眼推进国家治理体系和治理能力现代化，适应经济发展由高速增长阶段转向高质量发展阶段的基本特征，科学确定改革思路，敢于担当；抓落实，就是各级党委都要真抓实干，明确自己职责范围的任务，一个目标一个目标分解，一件任务一件任务落实。由此可见，“总揽全局，协调各方”是党对一切工作的领导的具体实现形式。为此，党的十八大以来，出台了《中国共产党党内监督条例》《中国共产党问责条例》《关于进一步激励广大干部新时代新担当新作为的意见》等法规制度，以确保党“总揽全局、协同各方作用”的切实发挥。特别是党的十九届三中全会审议通过的《中共中央关于深化和国家机构改革的决定》，要深化党和国家机构改革，以加强党的全面领导为统领，把加强党对一切工作的领导贯彻到改革各方面全过程，形成总揽全局、协调各

---

① 冯秋婷：《党的领导是全面领导的丰富内涵与深刻意蕴》，《毛泽东研究》2019 年第 5 期。

② 习近平：《论坚持党对一切工作的领导》，中央文献出版社 2019 年版，第 9 页。

③ 同上书，第 11 页。

方的党的领导体系。“总揽全局、协调各方”是党的领导经验的总结，要贯彻落实这一原则，必须通过完善全面从严治党制度来改进党的领导方式和执政方式。

二、完善全面从严治党制度的理论基础

马克思、恩格斯揭示了人类社会发展规律，认为无产阶级要想获得自身的解放，就必须推翻现存的剥削阶级制度，领导建立无产阶级政权。而无产阶级要完成这一历史使命，必须组建政党并重视政党自身的建设，强调纪律对于无产阶级政党和所领导的事业的极端重要性，把保持党的纪律作为无产阶级政党的一条建党原则。1859 年，马克思在与恩格斯的通信中强调“我们现在必须要绝对的保持党的纯洁性和纪律，否则将一事无成”。① 无产阶级政党的纪律性既是机器大生产背景下的工人的特殊品质，更是无产阶级革命的客观需要。社会存在决定社会意识，这是马克思主义经典作家分析工人阶级及其政党的组织性纪律性的理论依据。资产阶级是资本主义社会中的统治阶级，是社会的既得利益者。无产阶级要推翻资产阶级的统治，就意味着要剥夺剥夺者，这对资产阶级无疑是致命性打击，他们必定会动员一切力量和资源维护自己的既得利益和统治地位。无产阶级革命行动越是坚决有力，资产阶级的抵抗就越是强烈，在这场决斗中，无产阶级必须建立政党，以便组织政治斗争，建立无产阶级政权和自己的统治。这是一项前所未有的历史使命。同历史上的革命运动所不同的是，无产阶级不是以一种阶级统治代替另一种阶级统治，也不是以一种私有制来代替另一种私有制，而是消灭私有制，实行公有制，建立人类历史上从未有过的新社会。如此艰巨而繁重的任务要求无产阶级政党必须具备历史上任何阶级都未曾有过的高度自觉性、组织性、纪律性。正如恩格斯所总结的，“要使无产阶级在决定关头强大到足以取胜，无产阶级必须（马克思和我

① 《马克思恩格斯全集》第 29 卷，人民出版社 1972 年版，第 413 页。

1847 年以来就坚持这种立场）组成一个不同于其他所有政党并与它们对立的特殊政党，一个自觉的阶级政党”。① 这种极强的纪律性在《共产主义者同盟章程》第二条关于盟员的七项条件得到充分彰显，比如其中规定，不得参加任何反共产主义的（政治的或民族的）团体并且必须把参加某团体的情况报告有关的领导机关；要服从同盟的一切决议；要保守同盟的一切机密等。虽然马克思恩格斯所在时代还没有出现无产阶级政党执政的国家，但是在著名的“巴黎公社原则”中，就特别强调防止社会公仆变成社会主人。这说明建立全面从严治党制度不仅是马克思主义建党原则的本质要求，也是在取得执政地位后仍然要坚持的。

严明纪律是列宁建党原则的最鲜明特征，列宁在《俄共（布）第九次代表大会闭幕词》中论述了无产阶级执政党为什么必须要严明纪律从严治党。他认为，我们的党是执政党，是加入之后就有可能掌权的党。在这种情况下必须实行和保持严格的纪律，防止各种有害的渣滓钻进和混入执政党里来。党作为工人阶级先锋队，没有铁的纪律是不行的。“如果我们党没有极严格的真正铁的纪律，……那么布尔什维克党别说把政权保持两年半，就是两个半月也保持不住”。② 在列宁从严治党思想的指导下，为了保持党的先进性和纯洁性，俄共（布）在党的建设实践中进行了大量的制度设计，如俄共（布）八大通过的《关于组织问题》的决议强调，“党的组织绝不应当以降低党员的质量为代价，来换取党员数量的增加”；③ 中国共产党是以马克思列宁主义为指导建立起来的无产阶级政党，完善全面从严治党制度是其应有之义。

---

① 《马克思恩格斯选集》第 4 卷，人民出版社 1995 年版，第 685 页。

② 《列宁选集》第 4 卷，人民出版社 2012 年版，第 135 页。

③ 转引自：辛向阳：《十月革命胜利初期列宁苏维埃政权建设的思想及其启示》，《探索》2017 年第 2 期。

第二节　全面从严治党制度的历史考察

“打铁必须自身硬”。党的十九届四中全会审议通过的《中共中央关于坚持和完善中国特色社会主义制度、推进国家治理体系和治理能力现代化若干重大问题的决定》，“把全面从严治党制度作为党的领导制度的重要组成部分，纳入中国特色社会主义制度和国家治理体系之中，深刻揭示了治党与治国、坚持党的领导与加强党的建设的内在统一关系。全面从严治党是一项系统工程，需要建立完善覆盖党的建设方方面面的制度体系”，① 以永葆党的先进性和纯洁性，确保党始终成为中国特色社会主义事业的坚强领导核心。回顾中国共产党百年发展历程，全面从严治党制度伴随着党的发展壮大不断地丰富完善。

一、新民主主义革命时期全面从严治党制度

1949 年，毛泽东在《论人民民主专政》一文中总结新民主主义革命成功的经验时指出，“我们的二十八年，就大不相同。我们有许多宝贵的经验。一个有纪律的，有马克思列宁主义的理论武装的，采取自我批评方法的，联系人民群众的党。一个由这样的党领导的军队。一个由这样的党领导的各革命阶级各革命派别的统一战线。这三件是我们战胜敌人的主要武器。这些都是我们区别于前人的。依靠这三件，使我们取得了基本的胜利”。② 由此可见，“一个有纪律的、有马克思列宁主义的理论武装的、采取自我批评方法的、联系人民群众的” ③ 是新民主主义革命全面从严治党的“关键词”，而全面从严治党制度建设也紧紧围绕这四大方面展开。而其中的纪律最为关键，正如习近平总书记引用周恩来的话指出，“毛泽东同志特别把有纪律放在最前面，这不是偶然的。因为

---

① 江金权：《完善全面从严治党制度》，《学习月刊》2020 年第 3 期。

②③ 《毛泽东选集》第 4 卷，人民出版社 1991 年，第 1480 页。

这是决定党能否坚持革命、战胜敌人、争取胜利的首要条件”。①

（一）以制度规范党的政治纪律、组织纪律、廉洁纪律

列宁曾经指出，“一个弄得精疲力竭的又弱又落后的国家竟然战胜了世界上几十个最强大的国家，如果想一想出现这种历史的奇迹的根本原因究竟在哪里，那么，我们可以看出，根本原因就在于集中、纪律和空前的自我牺牲精神”。②这样的结论同样适用于新民主主义革命时期的中国共产党，在这一历史时期，中国共产党从诞生之初就处于秘密状态，也多次遭到严厉的迫害和血腥的镇压，在这样异常艰难的环境中依然能够带领人民完成民族独立和人民解放的历史使命，集中、纪律和自我牺牲精神是其中的充要条件，而三个方面的核心便是纪律，集中是执行纪律的客观结果，自我牺牲是执行纪律的特殊方式。纪律是多方面的，中国共产党在新民主主义革命时期重在从制度方面规范了政治纪律、组织纪律和廉洁纪律。

1. 以制度明确政治纪律是“共产党所必具的最低条件”

政党是一个政治组织，政治纪律是最重要、最根本、最关键的纪律。政治纪律是指党员和各级组织在政治方向、立场、言论、行为方面必须与党的中央保持高度一致，确保令行禁止。

第一，政治忠诚制度。对党绝对忠诚是最重要的政治纪律，中国共产党第一次全国代表大会通过的《中国共产党纲领》，“在加入我们的队伍以前，必须与那些我们的纲领背道而驰的党派和集团断绝一切联系”。③此后，党对政治纪律的认识是伴随着革命发展不断深入的，党的五大是在大革命的紧急关头召开的，当时“四一二”反革命政变刚刚过去半个月，党的五大通过的《组织问题议决案》明确指出，“党内纪律非常重要，但宜重视政治纪律”，④这是党的历史上第一次提出政治纪律的概念，并将其摆在各项纪律之首，是维护党的集中统

---

① 《十八大以来重要文献选编》上，中央文献出版社 2014 年版，第 764 页。

② 《列宁毛泽东和邓小平论民主集中制》，中国方正出版社 1994 年版，第 164 页。

③ 夏利彪编：《中国共产党党章及历次修正案文本汇编》，法律出版社 2016 年版，第 2 页。

④ 中央档案馆：《中共中央文件选集》第 3 册，中共中央党校出版社 1983 年版，第 67 页。

一的政治保证。在五大之后召开的中共中央临时政治局扩大会议通过的《政治纪律决议案》中指出："本党第五次大会对于党内政治纪律的整顿，非常主观，只有最严密的政治纪律，才能够增厚无产阶级政党的斗争力量，这是每一个共产党所必具的最低条件。"[①] 五大党章单列党的建设一章，特别强调"严格党的纪律是全体党员及全体党部最初的最重要的义务，党部机关之决议，应当敏捷的与正确的执行之"。[②] 七大党章增加了"总纲"，作为基本纲领加在党章的前面，是党章的前提和总则，是维护党的政治纪律的根本遵循。"凡是党员，都必须承认这个总纲，并以这个总纲作为自己一切活动的准则"，[③] 而对于"凡不执行中央和上级组织的决议，及违犯党章、党纪者"，[④] 各级党的组织按照具体情况给予处分。七大党章是新民主主义革命时期最完备最科学的一部党章，对要遵守党的政治纪律做了系统规定：一是明确为什么？即党是按照民主集中制组织起来，以自觉的，一切党员都要履行的纪律连接起来的统一的战斗组织，而党的力量来源正在于党的坚强团结、意志统一，行动一致；二是明确是什么？即在党内不容许有离开党的纲领和党章的行为，也不允许有破坏小组织活动及阳奉阴违的两面行为；三是明确怎么办？党必须经常注意清除自己队伍中破坏党纲党章党纪而不能改正的人出党。

第二，请示报告制度。请示报告制度是确保党的集中统一领导的重要保证。1924 年 11 月 1 日，时任中央组织部长的毛泽东签发《中央通告第二十一号》要求，"每次接到中央文告后，应即提出会议讨论，并尽力执行，执行时有无障碍及其结果，均应随时报告中央"。[⑤] 四大之后，中央要求驻地方的中央执行委员和候补委员每月至少对驻地的政治状况和党的工作情况向中央报告一

---

① 转引自：高波：《中国共产党的自我革命——党章中的纪律和规矩》，中国方正出版社 2018 年版，第 99 页。

② 夏利彪编：《中国共产党党章及历次修正案文本汇编》，法律出版社 2016 年版，第 28 页。

③ 同上书，第 65 页。

④ 同上书，第 57 页。

⑤ 中共四大史料编纂委员会编：《中国共产党第四次全国代表大会》，中共党史出版社 2004 年版，第 134 页。

次。1926年2月13日，《中央通告第七十七号——各级党组织必须按时按要求向中央作工作报告》，明确报告分为政治报告（就地方动态和党组织应对策略做综合性报告）、部门专项工作报告（组织、宣传、工运等）、不定期报告（临时报告和统计表册）。土地革命时期，与党内监督相配套，实施严格的党内请示报告制度。1928年，中央《关于各省对中央的报告大纲》即对报告时间、种类、内容、保密要求等作出规定，若不按时上送既“停发经费”。1931年12月，毛泽东、项英等签发临时中央政府《关于建立报告制度问题》的通令，强调建立苏维埃政府自下而上的经常报告制度，自上而下的工作检查制度，并规定定期报告频次，遇有临时问题也要及时请示报告。军队也同样要执行请示报告制度，1937年10月，毛泽东、谭政下达《关于建立政治工作报告制度的指示》，要求部队各级政治机关每7天向上级报告一次部队政治、敌我政治、纪律及地方工作情况。

解放战争时期，1948年1月，鉴于“正确地规定和执行政策的极端重要性，鉴于以往有些地方擅自决定政策和上下联系不够的教训”①，在革命形势取得极大进展的情况下，许多解放区连成一片，全国胜利在望的关键时刻，要求党迅速克服存在于党内和军队内的无纪律无政府状态，把一切必须和可能集中的权力集中于中央，毛泽东为中共中央起草了《关于建立报告制度》，要求“各中央局和分局，由书记负责（自己动手，不要秘书代劳），每两个月，向中央和中央主席作一次综合报告”，② 报告的内容“包括该区军事、政治、土地改革、整党、经济、宣传和文化等各项活动的动态”，③ 每次1000字左右为限，对于各野战军首长和军区首长，从今年起，“除作战方针必须随时报告和请示，并且照过去规定，每月作一次战绩报告、损耗报告和实力报告外”，④ 内容有关于该军纪律，物质生活，指战员情绪，技术、战术进步或退步的情况，敌军的长处、短处和士气高低，我军政治工作的情况等。“每两个月要作一次政策性的综合报

① 中共中央文献研究室编：《毛泽东传》（1893—1949），中央文献出版社2004年版，第859页。

②③ 《毛泽东选集》第4卷，人民出版社1991年版，第1264页。

④ 同上书，第1265页。

告和请示”。[①] 到1948年七八月间，毛泽东敏锐地意识到历史将跨入一个新的极端，他进一步强调要从全局着眼，加强集中统一的指挥，要求各中央局、各野战军前委坚持定期向中央作综合性报告的制度。8月15日，“毛泽东以中共中央的名义起草一封给林彪和东北局的长达两千字的电报，批评林彪在收到中央规定六个月以来一直没有按规定向中央作综合性报告，‘使我们完全不了解你们在这件事上何以采取这样的敷衍态度”，[②] 对于林彪的“常委各同志均极忙碌”的托词，毛泽东责问并严厉指出，“我们认为所以使你们采取此种态度的主要理由，并不是你们所说的一切，而是在这件事上，在你们的心中存在着一种无纪律的思想”，[③] 当林彪就此问题向中央做了检讨并送来综合报告后，毛泽东强调需要此种报告的目的是为了看得出一个大战略区的全貌，以确保在大决战前夕能够克服经验主义、无纪律状态和无政府状态，从而实现由局部胜利过渡到全国胜利。

第三，巡视工作制度。中国共产党作为马克思列宁主义政党，从建党之初就特别强调党中央的绝对权威，为了加强中央对地方的全面领导，从特派员制度到巡视制度均发挥了关键性作用。《中国共产党纲领》规定，“工人、农民、士兵和学生等地方组织的人数很多时，可以派他们到其他地区去工作，但是一定要受到当地执行委员会最严格的监督”，[④] 这在二大党章中即被明确为特派员，“中央执行委员会得随时派员到各处召集各种形式的临时会议，此项会议应以特派员为主席”，[⑤] 这一制度安排可以说是“党的巡视制度的早期萌芽”，[⑥] 这一制度当时在各地的罢工中得到了很好的运用，“差不多天天有特派员派出”[⑦]。土地革命时期，既是早期党内巡视监督的实践加速期，也是巡视制度建设的突破

---

① 《毛泽东选集》第4卷，人民出版社1991年版，第1265—1266页。

②③ 中共中央文献研究室编：《毛泽东传》，中央文献出版社2013年版，第867页。

④ 夏利彪编：《中国共产党党章及历次修正案文本汇编》，法律出版社2016年版，第2页。

⑤ 同上书，第7页。

⑥ 高波：《中国共产党的自我革命——党章中的纪律和规矩》，中国方正出版社2018年版，第26页。

⑦ 邓中夏：《中国职工运动简史（1919—1926）》，人民出版社1979年版，第39页。

期。1927 年 11 月，中共中央在上海召开临时政治局扩大会议，通过《最近组织问题的重要任务决议案》要求“应当开始建立各级党部的巡视指导制度”，① 由此开始，党正式从中央到地方建立并实行巡视制度。大革命之后的巡视重点是恢复重建各级党组织，指导各级党的领导机关改造工作。至 1928 年 5 月，中央在第四十七号通告中要求省委委员必须轮流到所属县区党部巡视工作，上级对下级非十分必要时不应采取书面形式，常务所在地留 3 人已足，为了避免被全部破获的风险，具体规定广东湖南等省有五六个巡视员，其他省份有两三个以上的巡视员。巡视制度的正式确立，是党内监督体系不断完善的体现，也是加强党的集中统一领导的重要保证。1928 年 10 月 8 日，中共中央颁布《中央通告第五号——巡视条例》，对为什么要巡视、各级党部的巡视员的人数、巡视员的条件等都做了具体规定，并把巡视制度确定为保证上级党部正确指导的主要方法，将其作为党的主要路线之一。1931 年 5 月，六届四中全会通过了《中央巡视条例》，明确巡视员的身份定位为“中央对各地党部考查和指导工作的全权代表”“巡视员在巡视过程中必须做巡视日记，至少两礼拜向中央报告一次（将报告编成号码），要绝对消灭过去‘一次算账’的办法”“各地党部在中央巡视员工作完结之时，对巡视员须作一总的批评，用书面写给中央”，② 要求各省各地参照本条例建立巡视制度，苏区巡视条例，参照此规定，这标志着巡视制度的正式确立。这一制度对于党实现党内的集中统一发挥了极为关键的作用。

2. 通过制度实现“组织能使力量倍增”

在党的纪律体系中，政治纪律是“纲”，其他纪律是“目”，组织纪律位于“目”之首位。组织纪律是对各级组织、党员及其相互关系进行规范和协调的基本规则。规范主要是对党员、组织体系的规范，协调则是对各主体相互关系的

① 高波：《中国共产党的自我革命——党章中的纪律和规矩》，中国方正出版社 2018 年版，第 49 页。

② 中共中央文献研究室、中央档案馆编：《建党以来重要文献选编（一九二一——一九四九）》第 8 册，中央文献出版社 2011 年版，第 378 页。

协调，正如刘少奇在七大修改党章的报告中所指出的，全体党员是按照一定规律组织起来为统一的有机体，而这个规律就是民主集中制。

第一，保持党员纯洁性制度。严把党员入口和畅通党员出口以确保党员队伍的纯洁性。一大纲领强调党员身份认定的组织确认原则，明确接收新党员的手续。二大党章规定，除“工人只须地方执行委员会承认报告区及中央执行委员会即为党员”“凡经中央执行委员会，直接承认者，或已经加入第三国际所承认之各国共产党者，均得为本党党员”①外，对于其他身份人员入党，则要求“党员入党时，须有党员一人介绍于地方执行委员会，经地方执行委员会之许可，由地方执行委员会报告区执行委员会，由区执行委员会报告中央执行委员会，经区及中央执行委员会次第审查通过，始得为正式党员”，②这样“介绍-许可-报告-审查”的入党程序，多级审查的制度设计旨为保障党的组织健康。三大党章规定入党需有介绍人，同时规定党员“候补期”，劳动者三个月，非劳动者六个月。四大党章对于吸收新党员的程序要求做了调整，“经支部会议之通过，地方委员会之审查批准，始得为本党候补党员”，五大党章规定“凡承认本党党纲及章程，服从党的决议，参加党的一定组织中工作并缴纳党费者，均得为本党党员”③，“服从党的决议”，参加党的工作等提升入党门槛。六大党章区分了工人、农民手工业者知识分子及各机关下级服务人员、各机关高级服务人员，脱离其他政党而加入本党者等不同身份的入党要求，同时附注“介绍人应对被介绍者负责，如遇有介绍者不确实时，则应受党纪之制裁，以至于开除党籍”，“新党员未批准为正式党员时，各相当党部，得委任该新党员以某种工作，借以考察其程度及其对党之了解”。④经历了大革命的风雨洗礼，党对于党员纯洁性的要求更高，而且将责任落地，有利于强化入党介绍人的纪律观念和责任意识。七大党章对于党员入党作了非常细致的规定，年龄上原则上要求必须满18岁“有自己的比较确定的政治上的判断力”，依据被接收入党者的社会地位

①② 夏利彪编：《中国共产党党章及历次修正案文本汇编》，法律出版社2016年版，第5页。

③ 同上书，第15、21页。

④ 同上书，第32—33页。

将党员分为四类，对四类党员的入党要求逐级递增；对于党员坚持个别履行入党手续，“成批地集体地入党，是不能认为有效的”；设立组织员制度，将发展党员的工作委托给“有经验的、思想与作风都是纯正的工作人员去主持”，各级党委必须依靠他们去进行详细的谈话及参加审查与介绍；设置党员候补期，分为半年、一年、两年三种，在候补期内，必须对其进行初步的教育，并保证党的组织考察候补人的政治品质，特别强调“对于候补党员的教育与审查，是党的组织一项必须注意进行的工作”。①

新民主主义革命时期，党在严把党员入口的同时也十分注重党员的管理及畅通党员出口。二大党章对于党的组织生活即有规定，“各级组织，为本党组织系统，训练党员及党员活动之基本单位，凡党员皆必须加入”。② 并规定六种违纪情形，即“言论行动有违背本党宣言章程及大会各执行委员会之决议案；无故联续二次不到会；欠缴党费三个月；无故四个星期不为本党服务；经中央执行委员会命令其停止出席留党察看期满而不改悟；泄漏本党秘密”③，以上情形只有一种纪律处分，那就是“开除”，充分彰显“零容忍”的从严态度。三大党章首次规定党员可以“自请出党”。五大党章设立单独条款进一步完善了开除党员的程序，“须经隶属之支部大会及省监察委员会决议及得省委员会之批准方能生效，并将其开除的理由刊布在党的刊物；在省委未批准以前得停止其一切权利及工作”，④ 规范的“支部大会决议 + 省监察委员会决议 + 省委员会批准”的完备程序，将开除理由刊布在党的刊物即纳入党务公开的范畴，均提升了开除出党的严肃性和规范性。至六大党章时，被开除的党员若不服从开除决议，可以上诉至最高党的机关。七大党章规定了党员的义务与权利，明确党员必须参加党内政治生活和国内的革命运动，刘少奇强调，“党员积极参加党内政治生活的必要性，而不只是强调参加党的组织生活，因为一个党员，是必须在政治上

---

① 夏利彪编：《中国共产党党章及历次修正案文本汇编》，法律出版社 2016 年版，第 101—102 页。

② 同上书，第 5、6 页。

③ 同上书，第 8 页。

④ 同上书，第 29、22 页。

来关心党的一切，在政治上是对党负责的”，党员必须为人民服务；遵守党的纪律，模范遵守革命政府的法纪和一切其他革命组织的纪律，同时精通自己的业务，“如果我们的党员，只有革命的热情，而无熟练的业务本领，那我们就不能领导人民的事业，就不能建设强盛的国家”。①

第二，组织体系逐步完善。建党初期，“组织问题为吾党生存和发展之一个最重要的问题”。②为了开展工人运动，党成立了公开做职工运动的总机关——中国劳动组合书记部。1923年6月，党的三大通过的《中国共产党执行委员会组织法》对中央领导机构的组织结构、人员结构、职责分工、工作制度等做出规定，这是党的第一个组织法。1923年10月，中央局发布《教育宣传委员会组织法》对委员会的组成、职责、会议制度作出规定，这是第一部规范党的工作部门的法规制度。1924年5月，中共中央举行的第三届中央执行委员会第一次扩大会议通过《党内组织及宣传教育问题议决案》，强调在大产业的工人里扩大党是当时的主要任务，“这次扩大会议前，中共中央设有职工运动委员会作为工作机构。扩大会议之后，中共中央开始设立组织秘书、宣传报刊、宣传教育、工农、妇女、工会运动、出版等工作机构”。③1925年的中共四大，为迎接群众斗争的深入推进，明确有三个党员可成立一个支部，这在组织建设史上具有里程碑的意义。五大党章对党的组织体系作为明确规定，即为“全国——全国代表大会——中央委员会；省——省代表大会——省委员会；市或县——市或县代表大会——市或县委员会；区——区代表大会——区委员会；生产单位——支部党员全体大会——支部干事会”。④大革命失败后，在白色恐怖环境下，八七会议改革党的组织制度，通过了《党的

① 夏利彪编：《中国共产党党章及历次修正案文本汇编》，法律出版社2016年版，第103、104页。

② 中共中央组织部、中共中央党史研究室、中央档案馆编：《中国共产党组织史资料》第8卷，文献选编（上）（1921.7—1949.9），中共党史出版社2000年第1版，第50页。

③ 中共中央党史研究室编：《中国共产党的九十年》（新民主主义革命时期），中共党史出版社、党建读物出版社2016年版，第81页。

④ 夏利彪编：《中国共产党党章及历次修正案文本汇编》，法律出版社2016年版，第23页。

组织问题决议案》，规定党的六大前由中央临时政治局执行中央委员会的职权，强调“现时秘密状态之中，需要最大限度的集权”。[①] 此后又发出《中央通告第四十七号——关于白色恐怖下党组织的整顿、发展和秘密工作》，提出党的组织工作要适应秘密环境，这些法规为恢复和发展党组织继续进行革命斗争提供了制度保障。1927 年 9 月，三湾改编从组织上确立了党对军队的领导，规定建立党的各级组织和党代表制度，党的制度建在连上，班、排有小组，连以上设党代表，营、团设党委，成立士兵委员会，实行民主制度，在政治上官兵平等，这一改编，使军队的精神面貌焕然一新，战斗力显著提升。

第三，确立民主集中制为党的指导原则。中共一大通过的《中国共产党纲领》规定，“我们党承认苏维埃管理制度”，[②] “苏维埃管理制度”的核心即是列宁所确立的民主集中制原则，“为了保证党内团结，为了保证党的工作集中化，还需要有组织上的统一，而这种统一在一个已经多少超出了家庭式小组范围的党里面，如果没有正式规定的党章，没有少数服从多数，没有部分服从整体，那是不可想象的”。[③] 至党的二大时，在组织架构内部，则必须执行严格的组织纪律，明确了“全国大会及中央执行委员会之议决，本党党员皆须绝对服从之”，“全国代表大会为本党最高机关；在全国大会闭会期间，中央执行委员会为最高机关”，“本党一切会议均取决多数，少数绝对服从多数”，“下级机关须完全执行上级机关之命令；不执行时，上级机关得取消或改组之”。[④] 由此可见，“四个服从”的民主集中制的组织原则在二大党章之中已见雏形。民主集中制在中共三大通过的《中国共产党中央执行委员会组织法》中也得到了充分体现，这是党的历史上第一个关于党的中央组织机构及其制度的法规性文件。在

---

① 中共中央文献研究室、中央档案馆编:《建党以来重要文献选编（一九二一——一九四九）》第 4 册，中央文献出版社 2011 年版，第 450 页。

② 夏利彪编:《中国共产党党章及历次修正案文本汇编》，法律出版社 2016 年版，第 2 页。

③ 《列宁选集》第 1 卷，人民出版社 2012 年版，第 499 页。

④ 夏利彪编:《中国共产党党章及历次修正案文本汇编》，法律出版社 2016 年版，第 7—8 页。

决策机制上，“中央执行委员会及中央局之一切决定，以多数取决”。[①]

五大党章第一次明确了党部的指导原则是民主集中制，第一次提出了集体领导的原则，规定中央应该实行集体的领导。在党章的制度设计中均有体现，“中央委员会，选举正式中央委员一人为总书记及中央正式委员若干人组织中央政治局指导全国一切政治工作”，“全体中央委员会议得改组中央政治局；中央政治局互推若干人组织中央常务委员会（secretariat）处理党的日常事务”。[②]六大党章将民主集中制由五大时的“党部指导原则”上升为全党的组织原则，同时明确三项内容：“下级党部与高级党部由党员大会代表会议及全国大会选举之”，“各级党部对选举自己的党员，应作定期的报告”，“下级党部一定要承认上级党部的决议，严守党纪，迅速且切实的执行共产国际执行委员会和党的指导机关之决议”。[③]对于如何真正实行民主集中制，六大通过的《政治决议案》强调必须防止出现“消灭民权主义（过度集中）”和“极端民主主义”两种倾向。在《古田会议决议》中，毛泽东针对党内存在的“极端民主化”的问题，提出了五条具体路线：“党的领导机关要有正确的指导路线，遇事要拿出办法，以建立领导的中枢”，“上级机关要明了下级机关的情况和群众生活的情况，成为正确指导的客观基础”，“党的各级机关解决问题，不要太随便。一成决议，就须坚决执行”，“上级机关的决议，凡属重要一点的，必须迅速地传达到下级机关和党员群众中去。其办法是开活动分子会，或开支部以至纵队的党员大会（须看环境的可能），派人出席作报告”，“党的下级机关和党员群众对于上级机关的指示，要经过详尽的讨论，以求彻底地了解指示的意义，并决定对它的执行方法”。[④]七大党章关于民主集中制相对六大党章的表达更为精炼，规定了四

① 中国共产党中央执行委员会组织法［中国共产党第三次全国代表大会文件（一九二三年六月）］，载中国共产党历次全国代表大会数据库，http://cpc.people.com.cn/GB/64162/64168/64555/4428214.html。

② 夏利彪编：《中国共产党党章及历次修正案文本汇编》，法律出版社2016年版，第24页。

③ 同上书，第34页。

④ 《毛泽东选集》第1卷，人民出版社1991年版，第89—90页。

项基本条件，关键词为“选举”“定期报告”“服从”（党员个人服从所属党的组织，少数服从多数，下级组织服从上级组织，部分组织统一服从中央）“遵守党纪、无条件执行决议”。①

在此后的解放战争中，党一直以民主集中制的原则加强组织建设。健全党委制，是实现民主集中制的重要环节。因“近查有些（当然不是一切）领导机关，个人包办和个人解决重要问题的习气甚为浓厚。重要问题的解决，不是由党委会议做决定，而是由个人做决定，党委委员等于虚设”②的现象，1948年9月20日，党中央发布了《健全党委制》的决定，以加强党的集体领导，规定“今后从中央局到地委，从前委至旅委以及军区（军分会或领导小组）、政府党组、民众团体党组、通讯社和报社党组，都必须建立健全的党委会议制度”，③一切重要问题“均须交委员会讨论，由到会委员充分发表意见，做出明确决定，然后分别执行”，而对于“复杂的和有分歧意见的重要问题，又须有个人商谈，使委员们有思想准备，以免会议决定流于形式或不能做出决定”。④集体领导是党的优良传统，《健全党委制》是纠正违背集体领导原则的重要举措，邓小平在八大修改党章的报告中给予高度评价，“这个决定的重要意义，促使那些把集体领导变为有名无实的组织纠正自己的错误，并且扩大了实行集体领导的范围”。⑤1949年3月，在七届二中全会上，毛泽东在作总结的第二部分，即《党委会的工作方法》则是对如何践行党委制，加强和改进党对领导相关原则和方法作了进一步明确，具体而言有十二个方面：“党委书记要善于当‘班长’”，“要把问题摆到桌面上来”“互通情报”，“不懂得和不了解的东西要问下级，不要轻易表示赞成或反对”，“学会‘弹钢琴’”，“要‘抓紧’”“胸中有‘数’”，“安民告示”，“精兵简政”，“注意团结那些和自己意见不同的同志一道

① 夏利彪编：《中国共产党党章及历次修正案文本汇编》，法律出版社2016年版，第49页。

②③ 《毛泽东选集》第4卷，人民出版社1991年版，第1340页。

④ 同上书，第1341页。

⑤ 中共中央文献研究室、中央档案馆编：《建党以来重要文献选编（一九二一——一九四九）》第25册，中央文献出版社2011年版，第497—498页。

工作”，“力戒骄傲”，“划清两种界限”（革命还是反革命；正确和错误、成绩和缺点）。①

第四，设置专门纪律审查机构。一是规定成立中央监察委员会。一大纲领规定“地方执行委员会的财政、活动、政策必须接受中央执行委员会的监督”，② 中共三大通过的《中国共产党中央执行委员会组织法》规定，“中央执行委员会财政报告，由大会指定审查委员会（中央执行委员不得当选）审查后报告大会”，③“中央审查委员会”是党内法规中首次出现的中央层面监督主体，是重要的制度创新。1925 年广东区委监察委员会的设立是第一个地方纪律检查机构。五大党章规定，“为巩固党的一致及权威起见，在全国代表大会及省代表大会选举中央及省监察委员会”，④ 这一机构设置是中国共产党人挽救革命的关键抉择。1938 年 9 月 29 日，六届六中全会通过《关于各级党委暂行组织机构的决定》，对党的各级组织机构作出细致的规定，提出在区党委之下恢复重建党的监察委员会的工作要求，委员须有三年以上的党籍，但得兼职。此外，《关于各级党部工作规则与纪律的决定》规定了监察委员会的五个方面指责：“监察各级党的机关、干部、党员的工作与对于党的章程决议之正确执行；审查党的各级机关之账目；管理审查并决定对于违反党章党纪之党员的处分，或取消其处分；审查并决定所有要求恢复党籍或重新入党者之党籍；监察党员关于破坏革命道德的行为”⑤。“七大党章专章规定党的监督机关，指出在党的中央委员会认为必要时，得成立党的中央监察委员会及各地方党的监察委员会，其职责在于决定

① 中共中央文献研究室、中央档案馆编：《建党以来重要文献选编（一九二一——一九四九）》第 25 册，中央文献出版社 2011 年版，第 189—193 页。

② 夏利彪编：《中国共产党党章及历次修正案文本汇编》，法律出版社 2016 年版，第 2 页。

③ 中国共产党中央执行委员会组织法［中国共产党第三次全国代表大会文件（一九二三年六月）］，载中国共产党历次全国代表大会数据库，http://cpc.people.com.cn/GB/64162/64168/64555/4428214.html。

④ 夏利彪编：《中国共产党党章及历次修正案文本汇编》，法律出版社 2016 年版，第 28 页。

⑤ 转引自：高波：《中国共产党的自我革命——党章中的纪律和规矩》，中国方正出版社 2018 年版，第 131、132 页。

或取消对党员的处分，受理党员的控诉”，[①] 这一制度规定直接影响了此后党的纪律检查体制机制建设。

二是规定成立中央审查委员会。党的六大之后监督执纪机构发生实质性变化。六大党章取消了五大党章设立的监察委员会，而设立审查委员会，职责亦发生了很大变化，其职责仅为“为监督各级党部之财政会计及各机关之工作”，对于犯纪律的问题，“由党员大会或各级党部审定之”，“各级委员会得成立特别委员会以预先审查关于违犯党纪的问题，此种特别委员会之决议，经该级党部批准后发生效力”。[②] 这里的审查委员会与八七会议选举产生的审查委员会不同，后者主要是审查党内是否存在不可靠分子。

三是成立中央党务委员会。1931 年 6 月，中央成立中共中央特别工作委员会，作为最高监察和纪律检查机关。临时中央局从上海迁入江西中央苏区后，为了适应革命需要，根据共产国际关于在苏区建立党的监察委员会的指示，1933 年 9 月，中共中央作出《关于成立中央党务委员会及中央苏区省县监督委员会的决议》提出，“在党的中央监督委员会未正式成立以前特设立党务委员会，各省县于最近召集的省县级党代表大会时选举省县级的监督委员，成立各省县监督委员会”，[③] 其主要职责在于维护无产阶级政党铁的纪律，正确执行铁的纪律等。1934 年六届五中全会，选举产生了以陈云为书记的中央党务委员会（后由李维汉继任）。当时在中央层面存在两个监督机构：一是中央审查委员会；二是中央党务委员会，在具体工作内容上，前者负责机关内部经济、财务的监督，后者负责对党员遵守党章党纪的监督。与此同时，在中央苏区，行政监察机构也不断建立起来。

3. 始终保持对腐败高度警觉的廉洁纪律制度

作为一个新生政党，党内既没有什么谋取私利的政治资本，也没有多少滋生腐败的物质资源，但是党对于“腐败”呈现出高度警惕的状态。1925 年的省

① 黄大熹：《中国共产党组织结构发展路径的历史考察》，湖南师范大学博士论文 2003 年。

② 夏利彪编：《中国共产党党章及历次修正案文本汇编》，法律出版社 2016 年版，第 40、41 页。

③ 孙铁编著：《党的组织工作词典》，中国展望出版社 1987 年版，第 25 页。

港大罢工中，罢工委员会利用机关报《工人之路》(特刊)对所属机构进行监督，揭发腐败行为。如第168期就曾要求一名由携款潜逃的会计7天内回会，否则实行通缉归案追究。“工人纠察队特别设立‘告密箱’以便侦缉发现贪腐问题，凡工人得到某人徇私腐败的真凭实据，均可投发告书，查有实据者，送交会审处依法审理”，这是群众监督的生动体现，也是“群众信访制度”①的成功尝试。伴随着革命潮流的高涨，党未雨绸缪地防止产生投机腐败，1926年8月4日，中共中央发出《中央扩大会议通告——坚决清洗贪污腐化分子》，这是党的第一部反腐败党内法规，指出基于党乘着革命高潮有突飞发展的同时，“投机腐败分子之混入，也恐是难免的事。尤其在比较接近政权的地方或政治、军事工作较发展的地方，更易有此现象”，②好在党的指导机关力量很强，这些投机分子不能动摇党的政策，但其社会影响极坏，“最显著的事实，就是贪污的行为，往往在经济问题上发生吞款、揩油的情弊”，为此特训令各级党部，“迅速审查所属同志，如有此类行为者，务须不容情的洗刷出党，不可令留存党中，使党腐化，且败坏党在群众中的威望”，③各级党部必须将立即执行也必须将执行情况具报中央。

1931年11月27日，中华苏维埃共和国中央执行委员会第一次会议决定设立工农检察部，并通过《工农检察部的组织条例》，规定各级执行委员会及城市苏维埃应当设立工农检察部或科，为各级政府机关组成部分，实行双重领导体制，其职责主要在于对本级苏维埃政府机关、由国家资本在内的企业等进行监督检查，若工作人员有诸如行贿、浪费公款、贪污等行为，有权报告法院，以便施行法律上的检查和裁判。1932年9月，中央工农检察部颁布《工农检察部控告局的组织纲要》，规定各级工农检察部都必须设立控告局。为了方便群众举

---

① 转引自：高波：《中国共产党的自我革命——党章中的纪律和规矩》，中国方正出版社2018年版，第89页。

② 中共中央文献研究室、中央档案馆编：《建党以来重要文献选编》(1921—1949)第三册，中央文献出版社2011年版，第348页。

③ 同上书，第348—349页。

报，还在群众集中地设立控告箱，对于“苏维埃政府机关和经济机关，有违反苏维埃政纲、政策及目前任务，离开工农利益发生贪污、浪费、官僚腐化和消极怠工的现象，苏维埃公民无论是谁都有权向控告局控告”。①

土地革命时期，根据地出台了廉政制度。1930年3月，闽西工农代表大会通过《政府工作人员惩办条例》，规定侵吞公款300元以上者，受贿至50元以上者实行枪决。1931年11月1日，中国共产党苏区第一次代表大会《关于党的建设问题决议案》强调党员违反苏维埃纪律、对于革命有损害行为要比非党员工农分子受更严厉的革命纪律制裁。至1933年12月15日，中华苏维埃政府发布由毛主席签发的《关于惩治贪污浪费行为》的第26号训令规定：“凡苏维埃机关、国营企业及公共团体工作人员贪污公款在500元以上者，处以死刑”，“贪污公款在100元以下者，处以半年以下的强迫劳动”。②这是中国共产党局部执政时第一部反腐败专门法规，为从严管理干部奠定了坚实基础。在全面抗战时期，中国共产党公开提出建设廉洁政府的政治纲领，“在抗战中建立与改造地方政府，使之成为抗日的、民主的、廉洁的政府，统一其领导与组织”。③1939年公布了《陕甘宁边区惩治贪污条例（草案）》，条例对贪污行为有严格的界定，并根据贪污行为的轻重，施以相应的处罚，规定，“贪污1000元以上者，处以死刑；贪污500元以上者，处以五年以上有期徒刑或死刑；贪污500元以下者处以五年以下不等之有期徒刑”。④边区政府不但制订了惩贪反腐的规定，而且对共产党员提出了更高的要求，特别规定了“共产党员有违法者从重治罪”的原则。抗日战争时期党员干部将铁的纪律内化于心，外化于行。林伯渠在陕甘宁边区第二届参议会上的政府工作报告中指出：“廉洁奉公，已成

① 转引自：高波：《中国共产党的自我革命——党章中的纪律和规矩》，中国方正出版社2018年版，第129、130页。

② 高波：《中国共产党的自我革命——党章中的纪律和规矩》，中国方正出版社2018年版，第138页。

③ 中共中央文献研究室、中央档案馆编：《建党以来重要文献选编（一九二一——一九四九）》第15册，中央文献出版社2011年版，第680页。

④ 师乃松：《陕甘宁边区的党风廉政建设》，《党史文汇》2011年第6期。

为政府人员一般具有的品质。”①

（二）通过思想教育制度和整风决定加强马克思列宁主义的理论武装

以思想教育制度确保党的先进性。中国共产党从成立初期就十分注意对党员的教育，中共一大“鉴于当时的党‘几乎完全由知识分子组成’，大会‘决定要特别注意组织工人，以共产主义精神教育他们”。②在大革命时期，党的各级组织非常重视对干部和党员进行马克思列宁主义和党的政策教育，为此大力加强宣传出版工作，先后创办许多刊物，如《向导》等。在土地革命时期，红军是以农民为主体组织起来的，红军中的农民占多数，在这种情况下，如何通过教育克服党内军内的非无产阶级思想成为亟待解决的根本性问题。《中国共产党红军第四军第九次代表大会决议》(即《古田会议决议》)直言不讳地指出，红军党内最迫切的问题是教育的问题，为了有计划地进行党内教育，纠正过去之无计划的听其自然的状态，规定了材料和方法，材料包括：“（一）政治分析；（二）上级指导机关的通告的讨论；（三）组织常识；（四）红军党内八个错误思想的纠正；（五）反机会主义及托洛茨基主义反对派问题的讨论；（六）群众工作的策略和技术；（七）游击区域社会经济的调查研究；（八）马克思列宁主义的研究；（九）社会经济科学的研究；（十）革命的目前阶段和它的前途问题”。③这些方法和材料除了社会经济科学的研究限于使用在干部分子外，其余都适用于一般党员。而方法则包括如党报、政治简报、编辑各种教育同志的小册子、训练班、有组织地分配看书、对不认字党员读书报、个别谈话、批评等十八种，实现了党内教育的常态化、制度化。同时还提出了对于军队士兵的政治教育，其方法设计更为具体，包括上政治课、早晚点名讲话、集合讲话等。④

---

① 《林伯渠文集》，华艺出版社 1996 年版，第 261 页。

② 转引自：中共中央党史研究室著：《中国共产党的九十年》(新民主主义革命时期)，中共党史出版社、党建读物出版社 2016 年版，第 38 页。

③ 转引自：黄爱英：《井冈山斗争时期党的思想政治工作研究》，湖南师范大学博士论文 2012 年。

④ 中共中央文献研究室、中央档案馆编：《建党以来重要文献选编（一九二一——一九四九）》第 6 册，中央文献出版社 2011 年版，第 741—743、750—751 页。

此后，在“中央根据地还创办了马克思共产主义学校、列宁师范学校、中央农业学校、高尔基戏剧学校等，加强马克思主义理论教育，着力培养各方面的干部和专门人才”。①

以整风教育制度确保党的纯洁性。对党的历史进行系统回顾反思，加强整风，也是党坚持用马克思列宁主义理论武装全党的重要方式。1941—1944 年间，对于党的历史特别是党在 1931 年至 1934 年这一时期的历史进行讨论，实现了全党在马克思列宁主义思想的统一。中共扩大的六届七中全会通过的《关于若干历史问题的决议》，鲜明地指出，“为了学习中国革命的历史教训，以便‘惩前毖后，治病救人’，使‘前车之覆’成为‘后车之鉴’，在马克思列宁主义思想一致的基础上，团结全党同志如同一个和睦的家庭一样”，“全党必须加强马克思列宁主义的思想教育，并着重联系中国革命的实践，以达到进一步地养成正确的党风，彻底地克服教条主义、经验主义、宗派主义、山头主义等项倾向之目的”。② 这种联系实际、有的放矢的党内教育经过实践检验是非常有效的，为抗日战争和解放战争的胜利凝聚了共同的思想力量、提供了科学的方法指导。

以干部教育制度确保队伍的战斗力。建立党校是中国共产党培养干部的重要渠道。1924 年 5 月，党的扩大执行委员会会议通过《党内组织宣传教育问题决议案》，第一次明确提出设立党校。同年 12 月，刘少奇等人在萍乡创办了安源地委党校。之后，北京、上海等地党的领导机关也陆续办起党校。1934 年 4 月，党中央要求在各苏区中央分局所在地必须设立一个以上的党校。1933 年 3 月，为了广泛地、系统地传播马克思主义，同时也是适应革命和战争的需要，用马克思主义的理论去武装革命干部的头脑，大批地训练工农干部，中共中央局集中了中央苏区的党、团、政府、工会的力量，创办了一个大规模的苏维埃党校——马克思共产主义学校（中央党校前身），开设党的建设、苏维埃建设等课程。但因第五次反围剿失败，实行战略转移，党的干部教育培训工作一度陷

① 转引自：中共中央党史研究室著：《中国共产党的九十年》（新民主主义革命时期），中共党史出版社、党建读物出版社 2016 年版，第 140 页。

② 《毛泽东选集》第 3 卷，人民出版社 1991 年版，第 955、998 页。

入停滞。延安时期，随着革命形势的发展，党中央更加认识到干部教育培训的战略地位。1938 年 10 月，在党的六届六中全会上，毛泽东强调，“政治路线确定之后，干部就是决定的因素。因此，有计划地培养大批的新干部，就是我们的战斗任务”。① 全民族抗战时期，大批知识青年奔赴延安，中共中央创办了一批干部学校和专门学校，培训干部，如中国人民抗日军事政治大学、陕北公学等。“各级党组织还普遍建立干部在职学习制度，对提高干部的政治、文化素质起到了重要作用”。②

（三）严明以批评与自我批评为有力武器的党内监督制度

在中共三大的报告中，陈独秀第一次对中央委员会的错误进行反思，“党内存在严重的个人主义倾向”，并且自我批评“犯了很多错误”。③ 批评和自我批评的优良传统在实际中呈现为一种自我革新的鲜明态度。1927 年 8 月 7 日，中共中央在湖北汉口召开紧急会议（即八七会议），进行了深刻的自我反思，对于右倾机会主义错误进行严肃批评，强调“我们要纠正过去的错误，要注意群众，要由下而上”。④ 通过《党的组织问题议决案》指出，“最近党所做的机会主义的错误，需要彻底的讨论，付在群众之中加以审查并根据之以审查各级党部的指导机关”。⑤ 通过发动各级党组织来审查讨论指导机关的错误，释放出党内民主监督和自我革命的强烈信号。在严重的危机面前，中国共产党正是通过自我反思及时制定出继续进行革命斗争的新方针，“使党在政治上大进了一步”。⑥

---

① 《毛泽东选集》第 2 卷，人民出版社 1991 年版，第 526 页。

② 中共中央党史研究室著:《中国共产党的九十年》(新民主主义革命时期)，中共党史出版社、党建读物出版社 2016 年版，第 233 页。

③ 中共中央文献研究室、中央档案馆编:《建党以来重要文献选编（一九二一——一九四九）》第 1 册，中央文献出版社 2011 年版，第 245—246 页。

④ 中共中央文献研究室、中央档案馆编:《建党以来重要文献选编（一九二一——一九四九）》第 4 册，中央文献出版社 2011 年版，第 401 页。

⑤ 高波:《中国共产党的自我革命——党章中的纪律和规矩》，中国方正出版社 2018 年版，第 100 页。

⑥ 中共中央党史研究室著:《中国共产党的九十年》(新民主主义革命时期)，中共党史出版社、党建读物出版社 2016 年版，第 104 页。

对于如何进行批评和自我批评，中共中央于1927年12月强调，“取消所谓‘惩办’制度，对于工作有错误的同志，如果不是有系统有路线的坚持自己错误的同志，应当纠正他并且在工作中去训练他。凡是同志做了错误，他要是能纠正过来，应当使他工作而表现他的改正”。[①]由此可见，“惩前毖后、治病救人”的方针在此时已有初现。1929年《古田会议决议》号召要发动地方党对红军党的批评和群众政权机关对红军的批评，以影响红军的党和红军的官兵。批评和自我批评的目的是什么？1942年2月1日，毛泽东在中央党校开学典礼上的讲话中强调，“我们反对主观主义、宗派主义、党八股，有两条宗旨是必须注意的：第一是‘惩前毖后’，第二是‘治病救人’”。[②]“惩前毖后”就是“对以前的错误一定要揭发，不讲情面，要以科学的态度来分析批判过去的坏东西，以便使后来的工作慎重些，做得好些”。“治病救人”的意思就是揭发错误和批评缺点的目的，完全是为了救人，“任何犯错误的人，只要他不讳疾忌医，不固执错误，以至于达到不可救药的地步，而是老老实实，真正愿意医治，愿意改正”，“把他的毛病治好，使他变为一个好同志”，这个工作绝对不是“痛快一时，乱打一顿”，决不能采用鲁莽的态度。[③]1945年4月，毛泽东在《学习和时局》中指出，“实行惩前毖后、治病救人的方针，借以达到既要弄清思想又要团结同志这样两个目的。对于人的处理问题取慎重态度，既不含糊敷衍，又不损害同志，这是我们的党兴旺发达的标志之一”。[④]

（四）构建全心全意为人民服务的群众工作制度和作风要求

中共二大通过的《关于共产党的组织章程议决案》指出，“我们既然要组成一个做革命运动的并且一个大的群众党，我们不能忘了两个重大的纪律：

---

① 高波：《中国共产党的自我革命——党章中的纪律和规矩》，中国方正出版社2018年版，第105页。

② 《毛泽东选集》第3卷，人民出版社1991年版，第827页。

③ 同上书，第827—828页。

④ 同上书，第938页。

（一）党的一切运动都必须深入到广大的群众里面去。（二）党的内部必须有适应于革命的组织与训练”。[①] 那么究竟如何深入到广大群众中去呢？中共二大通过的《关于议会行动的决案》要求，“每次示威运动发生，本党议员必为示威行列的领袖，跑在群众的前面”，“本党议员必须常常保持与群众的直接接触，每年必须到选举他的区域往返几次，召集选民开种种会议，演说政治、经济、国际等情形及访察群众的新要求。他们在议会中的演说稿，必须用一切工人、农人、妇孺都能懂解能动听的文字，常常汇印成小册子，散布于城市与乡村”。[②] 深入到群众中又要发挥怎样的作用呢？中共二大通过的《关于“工会运动与共产党”的议决案》规定，“共产党也可说是一个人的头脑，全体工人便是人的身体。所以共产党无论在那种劳动运动中，他都要是‘先锋’和‘头脑’”。[③] 中国共产党成立后的头两年一直处于秘密状态，但是其要求与群众保持密切联系，充当群众“先锋”的思想在中共二大时已明确。自从南昌起义开启武装夺取政权，全面从严治党的征程就一致伴随着从严治军而展开，这在群众工作制度体系尤为明显。1927 年 10 月 3 日，工农革命军离开三湾向宁冈古城前进，毛泽东就宣布了行军纪律：说话要和气，买卖要公开，不拿群众一个红薯。1928 年 1 月 25 日，毛泽东率部队下山在遂川县城对工农革命军提出“一个红枣都不能动”的要求，宣布工农革命军最早的“六项注意”：“还门板，捆铺草，说话和气，买卖公平，不拉伕、请来伕子要给钱，不打人骂人。”[④]1928 年 4 月 3 日，毛泽东正式宣布部队必须执行“三条纪律”即：“第一，行动听指挥；第二，不拿工人农民一点东西；第三，打土豪要归公”；六项注意，即“（一）上门板；（二）捆铺草；（三）说话和气；（四）买卖公平；（五）借东西要还；（六）损

① 《关于共产党的组织章程决议案》，载中国共产党历次全国代表大会数据库，http://cpc.people.com.cn/GB/64162/64168/64554/4428167.html。

② 《关于议会行动的决案》，载中国共产党历次全国代表大会数据库，http://cpc.people.com.cn/GB/64162/64168/64554/4428168.html。

③ 《关于“工会运动与共产党”的议决案》，载中国共产党历次全国代表大会数据库，http://cpc.people.com.cn/GB/64162/64168/64554/4428169.html。

④ 马立强：《人民军队早期作风纪律建设》，《中国纪检监察报》2016 年 8 月 1 日第 6 版。

坏东西要赔”，[①]后来，六项注意又增加了洗澡避女人和不搜俘虏腰包两项内容，发展成为三大纪律、八项注意。从严治军的制度规定对于正确处理军队内部关系特别是军民关系发挥了重要作用。1944年11月1日，八路军南下支队在延安东关机场举行誓师大会，毛泽东指出，“要像‘王者之师’那样，遵守三大纪律八项注意，真正做到纪律严明，秋毫无犯。要跟群众打成一片，忠实地为人民服务”。[②]1945年3月1日，新四军代理军长陈毅在起草《建军报告》时指出，“群众纪律便是我党的新创造。有名的三大纪律八项注意是养成军队官兵以人民的切身利益为自己的利益，一碗一筷之微，必不可侵犯，就是把我军官兵英勇牺牲献身人民事业的精神，表现于日常于人民共处的关系之中。这种群众纪律制度便成为军民结合的桥梁”。[③]

1947年10月10日，《中国人民解放军总部关于重行颁布三大纪律八项注意的训令》对实行多年各地各军略有出入的规定予以统一，重行颁布，各地各军最高首长，可以根据具体情况，规定若干项目，以命令施行，具体来说，三大纪律为“一切行动听指挥”“不拿群众一针一线”“一切缴获要归公”，八项注意为“说话和气”“买卖公平”“借东西要还”“损坏东西要赔”“不打人骂人”“不损坏庄稼”“不调戏妇女”“不虐待俘虏”。[④]到1949年3月党的七届二中全会召开，毛泽东告诫全党，“如果国家，主要的就是人民解放军和我们的党腐化下去，无产阶级不能掌握住这个政权，那还是有问题的”，提出“两个务必”“务必使同志们继续地保持谦虚、谨慎、不骄、不躁的作风，务必使同志们继续地保持艰苦奋斗的作风”，[⑤]全会还根据毛泽东的提议，作出“禁止给党的领导人

① 中共中央党史研究室著：《中国共产党的九十年》（新民主主义革命时期），中共党史出版社、党建读物出版社2016年版，第113页。

② 中共中央文献研究室编：《毛泽东年谱（1893—1949）》（修订本）（中卷），中央文献出版社2013年版，第555页。

③ 《陈毅军事文选》，解放军出版社1996年版，第299页。

④ 《毛泽东选集》第4卷，人民出版社1991年版，第1241页。

⑤ 中共中央党史研究室著：《中国共产党的九十年》（新民主主义革命时期），中共党史出版社、党建读物出版社2016年版，第338页。

祝寿，禁止用党的领导者的名字作地名、街名和企业的名字，不要把中国同志和马克思、恩格斯、列宁、斯大林并列等重要规定”[①]。密切联系群众，是党的优良传统，也是中国共产党取得革命胜利的重要法宝。

纵观新民主主义革命时期全面从严治党制度呈现出以下鲜明特点：第一，对制度治党的认识是伴随革命形势发展而不断深入。革命是历史的火车头，在整个新民主主义革命时期，基于党成长发展的客观环境，即在一个农村人口占绝对多数的国家如何壮大工人阶级的先锋队组织？艰苦细致的党内教育是重要方式，所以思想建设始终被放在党的建设的首位，并在长期实践中形成为党的独特优势。但是思想建设要取得一定的效果就必须有严密的组织体系和严格的组织纪律来保证。《古田会议决议》便是思想建设制度化的实践开端，制度治党随着革命形势的发展不断深入。1938 年 9 月 26 日，中共中央政治局举行会议，成立“中央规则起草委员会”，由刘少奇负责起草若干党规党法。三天后，1938 年 9 月 29 日至 11 月 6 日，中共中央在延安桥儿沟召开六届六中全会，毛泽东做了《论新阶段》的报告，对于张国焘严重破坏纪律的行为，必须重申党的纪律，即“个人服从组织，少数服从多数；下级服从上级；全党服从中央”。他强调必须对党员进行有关纪律的教育的同时，也要使一般党员能够监督党的领袖人物也一起遵守纪律，“为使党内关系走上正轨，除了上述四项最重要的纪律外，还须制定一种较详细的党内法规，以统一各级领导机关的行动”。[②]对于“最重要的纪律”和“较详细的党内法规”之间的关系，刘少奇曾经指出，“党章，党的法规，不仅是要规定党的基本原则，而且要根据这些原则规定党的组织之实际行动的方法，规定党的组织形式与党的内部生活的规则”[③]，至此，制度建设开始步入法规化的新阶段。

第二，“以民主促集中”是新民主义主义革命时期的全面从严治党制度的

---

① 中共中央党史研究室著：《中国共产党的九十年》（新民主主义革命时期），中共党史出版社、党建读物出版社 2016 年版，第 338 页。

② 《毛泽东选集》第 2 卷，人民出版社 1991 年版，第 528 页。

③ 《刘少奇选集》上卷，人民出版社 1981 年版，第 316 页。

鲜明特点。对一个新生政党而言，除了政治纲领具有独特性之外，其治党风格也具有自身特点，而对于中国共产党而言，这个关键词就是“民主”。如，1927年9月29日，起义军到达江西永新县三湾村进行了“三湾改编”，将不足千人的部队由一个师缩编为一个团，“建立党的各级组织和党代表制度，党的支部建在连上，班、排有小组，连以上设党代表，营、团设党委；成立各级士兵委员会，实行民主制度，在政治上官兵平等”，①“红军的物质生活如此菲薄，战斗如此频繁，仍能维持不敝，除党的作用外，就是靠实行军队内的民主主义。官长不打士兵，官兵待遇平等，士兵有开会说话的自由，废除烦琐的礼节，经济公开”。②正是这样的民主制度，一位连长在写给妻子的信中说，“我们天天行军打仗，钱也没有，衣也没有穿，但是精神非常的愉快，较之从前过优美生活的时代好多了，因为是自由的，绝不受任何人压迫；同志之间同心同德，团结一致”。③通过支部建在“连”上，在连以上设立专做思想政治工作的党代表，将民主制度落实落地，最终实现了党对军队的绝对领导。

第三，“从严”是新民主主义革命时期的制度执行关键词。制度的生命力在于执行，在整个新民主主义革命时期，党坚持自我净化、自我完善、自我革新、自我提高，将严重违反政治纪律和政治规矩的人清除出党，维护党中央权威和全党的团结统一，不断纯洁党的队伍，保证党的肌体健康。制度的总量虽然不多，但是制度的执行力度很大，可谓“零容忍”。

二、新中国成立至改革开放前全面从严治党制度

1949年10月新中国成立到1976年10月“文化大革命”结束，全面从严

---

① 中共中央党史研究室著:《中国共产党的九十年》(新民主主义革命时期)，中共党史出版社、党建读物出版社2016年版，第105页。

② 《毛泽东选集》第1卷，人民出版社1991年版，第65页。

③ 中共中央文献研究室编:《毛泽东年谱》(1893—1949)(修订本)(上卷)，中央文献出版社2013年版，第221页。

治党制度经历了丰富完善—曲折探索—重大挫折的三个发展阶段。为了更好地呈现这样的历史特征，本部分分为三个历史阶段分别阐述。

（一）新中国成立到党的八大全面从严治党制度的丰富完善

从中华人民共和国成立到基本完成社会主义改造，中国实现了从新民主主义到社会主义的历史性转变。党已从过去长期处于秘密状态到全国范围内公开建党，党的规模不断扩大，党面临全国执政环境的新考验。党在新中国成立至社会主义制度正式确立的七年中，全面从严治党制度呈现出先实践探索后制定制度的特色，即一般情况下，由中共中央发出指示，先由地方或者部门在实践中进行探索，积累有效经验，后再由中共中央制定相关制度；或针对党内存在的突出问题和矛盾，在党内发生重大事件后或开展各种运动后，就一些重要工作制定制度，制度简单明了，操作性强。

1. 建立执政党对国家的一元化领导制度

新中国成立初期，由于各级政权机构尚处于初创阶段而党的领导机构和组织比较健全，党在全面抗日战争阶段形成的一元化领导方式沿用下来，其中的一个重要体现就是在国家机构中设置党组制度。1949 年 11 月，经中共中央政治局讨论通过，中共中央发出《关于在中央人民政府内组织中国共产党党委会的决定》和《关于在中央人民政府内建立中国共产党党组的决定》，正式确立了党组制度和党的一元化领导制度，形成了新中国党政关系的基本格局。围绕这样的制度要求，党在治国理政实践中不断地丰富完善相关制度：

第一，完善请示报告制度。新中国成立初期，党内出现了分散主义的问题。党内请示报告制度是确保党集中统一的重要保证，为了克服分散主义的问题，1953 年 3 月，中共中央在《关于加强中央人民政府系统各部门向中央请示报告制度及加强中央对于政府工作领导的决定（草案）》中要求，“为了使政府工作避免脱离党中央领导的危险，今后政府工作中一切主要的和重要的方针、政策、计划和重大事项，必须经过党中央的讨论和决定或批准”“政府各部门对于中央的决议和指示的执行情况及工作中的重大问题，均须定期地和及时地向中央报告或请示”①。

第二，完善民主集中制。民主集中制是我们党的根本组织制度和领导制度，是领导班子的根本工作制度。必须坚持民主基础上的集中，才能真正意义上实现党的一元化领导。

民主集中制的基本问题之一在于正确地解决党内关系问题，包括党员与党的组织、党的上下级组织之间、党的中央组织与地方组织的关系问题。邓小平在党的八大修改党章的报告指出，“在目前，党的上下级关系中的缺点，从总的方面说来，主要地还是对于发扬下级组织的积极性创造性注意不足”，诸如“上级机关所作的硬性规定太多”，“有些上级的领导人员还喜欢摆架子，耍威风”②等，所以八大党章关于民主集中制的上下级关系，增加了新的要求。如在民主集中制的基本条件方面，“党的各级领导机关必须经常听取下级组织和党员群众的意见，研究他们的经验，及时地解决他们的问题”，③“党的下级组织必须定期向上级组织报告工作。下级组织的工作中应当由上级组织决定的问题，必须及时向上级请求指示”。④在中央地方、上级下级的职权范围上，八大党章要求对党的中央组织和地方组织的职权应当进行适当的划分，“凡属全国性质的问题和需要在全国范围内作统一规定的问题，应当由中央组织处理，以利于党的集中统一；凡是地方性质的问题和需要由地方决定的问题，应当由地方组织处理，以利于因地制宜”。⑤关于政策问题和讨论和决策的执行，八大党章规定，关于党的政策问题“在党的领导机关没有作出决议以前，党的下级组织和党的委员会的成员，都可以在党的组织内和党的会议上自由地切实地进行讨论，并且向党的领导机关提出自己的建议。但是党的领导机关一经作出决议，他们就必须服从。下级组织如果认为上级组织的决议不符合本地区、本部门的实际情况，应当向上级组织请求改变这个决议；但是如果上级组织认为仍然应当执行原来

① 《建国以来重要文献选编》第4册，中央文献出版社2011年版，第67—71页。

② 《邓小平文选》第1卷，人民出版社1994年版，第227页。

③④ 夏利彪编：《中国共产党党章及历次修正案文本汇编》，法律出版社2016年版，第150页。

⑤ 同上书，第152页。

的决议，下级组织就必须无条件地加以执行”，① “关于全国性质的政策问题，在中央领导机关没有发布意见和作出决议以前，各部门、各地方组织和它们的负责人，除了自行讨论和向中央领导机关提出建议以外，不许自由发布意见和作出决议”。② 这就是民主基础上的集中和集中指导下的民主，党通过各种途径鼓励基层组织和党员的积极性和创造性，确保党的生活生气勃勃，同时“党是一切党员都要遵守的纪律联结起来的统一的战斗组织”，“党是阶级的最高组织，它必须努力在国家生活的各个方面发挥它的正确领导和核心作用”。③

民主集中制的基本问题之二在于党的集体领导问题。邓小平在八大修改党章的报告中所指出的“党的集体领导的制度，在实践中还是有许多缺点”，少数党组织的负责人还是有个人包办的行为，他们或者很少召集开会，或者开会只是形式主义的，“他们既没有使会议的参加者对于所要决定的问题，在会议以前具有思想上的准备，在会议上，又没有造成便于展开讨论的气氛，实际上形成强迫通过”，④ 所以八大党章规定，“党的各级组织实行集体领导和个人负责相结合的原则，任何重大问题都由集体决定”。⑤

“党的民主集中制的基本要求之一，是党的各级代表大会的定期召集和充分发挥作用。”⑥ 为此，八大党章将党的全国的、省一级的和县一级的代表大会，都改作常任制，全国代表大会每届任期五年，省、自治区、直辖市代表大会每届任期三年，县、自治县、市代表大会每届任期二年，而且这三级代表大会每年开会一次，实行年会制，“代表大会常任制的最大好处，是使代表大会可以成为党的充分有效的最高决策机关和最高监督机关”，“代表由于是常任的，要向选举他们的选举单位负责，就便于经常地集中下级组织的、党员群众的和人民

①② 夏利彪编：《中国共产党党章及历次修正案文本汇编》，法律出版社 2016 年版，第 152 页。

③ 同上书，第 145 页。

④ 《邓小平文选》第 1 卷，人民出版社 1994 年版，第 231 页。

⑤ 夏利彪编：《中国共产党党章及历次修正案文本汇编》，法律出版社 2016 年版，第 150、152、145 页。

⑥ 《邓小平文选》第 1 卷，人民出版社 1994 年版，第 232 页。

群众的意见和经验，他们在代表大会会议上，就有了更大的代表性，而且在代表大会闭会期间，也可以按照适当的方式，监督党的机关的工作”。① 这种制度设计对于充分发扬党内民主大有裨益，一切发展党内民主的设计都不是为了削弱集中，而是确保党的生机勃勃，确保党的各级委员会都能够真正吸收群众意见，使得工作更有成效。党一直注重在党和国家政治生活中发扬民主，如，八大党章以“预备期”代替沿用已久的“候补期”，就是接受了党外人士建议之举。

2. 以党的团结为重点强化党的政治纪律和组织纪律

第一，有针对性地强调党的团结。政治纪律是党最根本的纪律。同战争年代相比，党在执政条件下自身建设发生的问题，多与权力和地位交织在一起。正当过渡时期总路线提出的时候，党内就发生了分裂党、破坏党的团结统一的活动，基于此，1954 年召开的七届四中全会通过了《关于增强党的团结的决议》，重申党的政治纪律和组织纪律，要求全党尤其是党的高级干部提高维护党的团结的自觉性，同一切破坏党的团结，损害中央威信、妨碍中央的统一领导的言论和行动作坚决斗争。“党的团结的重要保证之一是严格遵守民主集中制和集体领导的原则，必须反对把自己领导的地区和部门当作独立王国……如果避开党组织和党中央，进行和散布个人或小集团的政治活动和政治意见，这在党内就是一种非法活动，就是违反党的纪律、破坏党的团结的活动，必须加以反对和禁止”②。

第二，建立宣传思想工作制度，保障执政条件下的意识形态工作。新中国成立初期，围绕宣传思想工作，党建立了一系列的具体制度，如，1951 年 1 月，《中共中央关于在全党建立对人民群众的宣传网的决定》提出要建立宣传员和报告员制度。1952 年 9 月，中共中央转发教育部党组《关于在高等学校试行政治工作制度的报告》，明确了在高等学校试行政治工作制度等。

第三，制定保守党和国家秘密的相关制度。保守党的秘密，是中国共产

① 《邓小平文选》第 1 卷，人民出版社 1994 年版，第 233 页。

② 中共中央党史研究室著:《中国共产党的九十年》(社会主义革命和建设时期)，中共党史出版社，党建读物出版社 2016 年版，第 452—453 页。

党的组织纪律。新中国成立之后，保守党的秘密的战略任务定位就由保障革命胜利转变为巩固党的政治地位和人民政权建设、维护国家安全和利益。为此，1950 年 10 月，《中共中央关于加强保守党和国家机密的决定》，建立了有关保密的制度和纪律，要求全党克服麻痹思想，提高警惕。后于 1951 年 5 月又作出了六条补充规定，并制定实施《中国共产党各级党委保密委员会组织通则》，对于各级党委保密委员会的职责任务、会议制度和报告制度做了具体规定。

3. 完善党员、干部的教育管理制度

组织建设是党的建设的重要基础，党的组织路线为党的政治路线服务。新中国成立初期，围绕党员、干部出台了一系列制度要求。

第一，以制度完善对党员的教育管理以适应全面执政新形势。根据党的执政地位更进一步提升党员标准。这主要体现在以下几个方面：

一是把好党员入口。由于“党的事业的胜利，党对于人民所负的责任的加重，党在人民中间的威信的增长，这一切，都要求对于党员提出更高的标准”。[①] 为此，八大党章提出具体要求：首先，申请入党的人必须经过支部个别地履行入党手续，经过一年的预备期，才能转正；其次，强化入党介绍人对拟入党人员的党章党规的入门教育责任；此外，强化了党委的入党审查责任和党的政治规矩。

二是完善党员义务。八大党章新增“维护党的团结，巩固党的统一”，“认真地执行党的政策和决议，积极地完成党分配给自己的任务”，“把党的、国家的、也就是人民群众的利益，摆在个人的利益之上；在两种利益发生抵触的时候，坚决地服从党的、国家的、也就是人民群众的利益”，“实行批评和自我批评，揭露工作中的缺点和错误，并且努力加以克服和纠正；向党的领导机关直到党的中央委员会报告工作中的缺点和错误；同党内外一切危害党和人民的利益的现象进行斗争”，“对党忠诚老实，不隐瞒和歪曲事实真相”，“时刻警惕敌

---

① 夏利彪编：《中国共产党党章及历次修正案文本汇编》，法律出版社 2016 年版，第 187 页。

人的阴谋活动，保守党和国家的机密”，[①] 这些新增的规定覆盖政治纪律、组织纪律、工作纪律等，其本质都是为了确保党的队伍的纯洁性。围绕党员的权利，八大党章新增了在工作中发挥创造性等条款，其目的是增强党员的主体地位，促进党内民主。

三是完善奖惩制度。八大党章对党员的奖励和处分做了调整：首先，是取消了对党员的奖励，原因在于“从根本上说，我们共产党员不是为奖励而工作的。我们是为人民群众的利益而工作。当我们的工作是正确的努力的，因而我们得到了人民群众的信任的时候，这对于共产党员说来，就是最高的奖励”[②]；其次，简化了党员的处分一直沿用至今，“党员违反党的纪律，各级党的组织可以按照具体情况，分别给以警告、严重警告、撤销党内职务、留党察看、开除党籍的处分”，[③] 留党察看的时间不得超过两年。党组织对党员作出处分或者鉴定性的决议的时候，八大党章规定本人有权要求亲自参加，这样可以确保党组织有机会听到本人的陈述，确保决议更加科学。

四是完善党内监督批评制度。八大党章规定，“任何党员和党的组织都必须受到党的自上而下的和自下而上的监督”“任何政党和任何个人在自己的活动中都不会是没有缺点和错误的。中国共产党和它的党员必须经常用批评和自我批评的方法揭露和消除自己的缺点和错误”[④]；“对于犯了错误的党员，只要所犯的错误可以在党内改正，并且本人愿意改正，党就应该采取治病救人的方针，把他们留在党内加以教育，帮助他们改正错误；而对于那种坚持不改正错误并且进行危害党的活动的分子，就必须进行坚决的斗争，直至开除他们出党”。[⑤]

五是以强化群众路线加强党员的群众纪律制度。群众路线是党自诞生以来就非常重视的重大理论和实践课题。邓小平认为“群众路线是我们党的组织工

① 夏利彪编：《中国共产党党章及历次修正案文本汇编》，法律出版社 2016 年版，第 146、147、148 页。

② 《邓小平文选》第 1 卷，人民出版社 1994 年版，第 250 页。

③ 夏利彪编：《中国共产党党章及历次修正案文本汇编》，法律出版社 2016 年版，第 149 页。

④⑤ 同上书，第 145 页。

作中的根本问题，是党章中的根本问题，是需要在党内反复进行教育的”，面对党执政后的实际，他认为“由于我们党现在已经是在全国执政的党，脱离群众的危险，比以前大大地增加了，而脱离群众对于人民可能产生的危害，也比以前大大地增加了”，① 基于此八大党章在总纲和条文方面都对党的群众路线提出了新要求。总纲规定，“党的领导能否保持正确，决定于党能否把群众的经验和意见，经过分析和概括，系统地集中起来，变为党的主张，又经过党在群众中的宣传和组织工作，变为群众自己的主张和行动，并且在群众的行动中对党的主张加以检验、补充和修正”②，因而对于党员而言，就必须“理解党的利益和人民利益的一致性，对党负责和对人民负责的一致性，都必须全心全意为人民服务，遇事同群众商量，倾听群众的意见，关心群众的痛痒，尽力帮助群众实现他们的要求”，“同脱离群众、脱离实际生活的官僚主义现象进行斗争”。③

新中国成立后，“中国共产党已经是执政的党，已经在全部国家工作中居于领导地位”，④ 党十分重视执政环境下党组织自身建设，从党的基本队伍来看，绝大多数党员积极发挥模范作用，使党在人民群众中享有很高威信，但是部分党组织和干部思想作风存在着诸如骄傲自满、官僚主义等情绪和问题，1950年，中共中央发出《关于在全党全军开展整风运动的指示》，要求严格整顿的党的作风，首先是干部作风。从下半年开始，全党整风运动分批进行，将由上而下地整顿领导与由下而上的检查工作相结合，有针对地克服上级机关的官僚主义和中下级机关的命令主义。1951 年 2 月，中央发出《中共中央政治局扩大会议决议要点》，提出进行一次整党，时间跨度三年时间即从 1951 年下半年到 1954 年春结束。其后召开的第一次全国组织工作会议，决定对党的基层组织进行一次普遍的整顿，在党员中国进行必须具备的八项条件的教育，特别是关于社会主义、共产主义前途的教育，对每一个党员进行审查，对犯有严重错误的

① 《邓小平文选》（第 1 卷），人民出版社 1994 年版，第 216、221 页。

②③ 夏利彪编：《中国共产党党章及历次修正案文本汇编》，法律出版社 2016 年版，第 144 页。

④ 同上书，第 163 页。

进行处理，“有41万人被开除出党或被劝告退党”，[①]同时，基层又谨慎地发展了一些新党员，党员纯洁性和素质都有很大提升。

第二，建立干部分级分类管理制度以提升干部管理科学性。党的干部是党的各级组织的骨干，也更多地受到党和人民的信任。新中国成立以后，党加强了对干部的管理，以此来实现对政府的领导，加强党管干部工作。1953年11月，中共中央下发《关于加强干部管理的决定》，确立了干部分级分部管理。所谓分级，就是在中央及各级党委之间建立分工管理各级干部的制度，根据干部的级别分别有中央局、分局及各级党委管理。所谓分部管理，就是指按照工作需要将全体干部划分为九类，由中央及各级党委的各部根据类别进行管理。此后，中共中央还发布了《关于干部分管后有关干部任免、调动应注意事项的通知》《关于中央管理的干部的任免手续问题的通知》等，进一步加强干部管理的规范性和制度化。邓小平在八大关于修改党章的报告中指出，“根据粗略的统计，全党有相当于县委委员一级以上的干部三十多万人，这三十多万人的工作的好坏，对于党的事业有决定的影响”，“党的干部的管理工作，在近几年的一个重要进步，是开始实行了分级分部的管理，使干部的管理工作同政治和业务的检查监督工作，互相结合了起来”。[②]与此同时，对于干部考核奖惩、干部鉴定、干部待遇方面都给予了制度的规定。如在干部考核奖惩方面，1952年8月，政务院颁布《国家机关工作人员奖惩暂行条例》，规定了干部奖惩的种类、办法、权限等。在干部鉴定方面，为了更加精准地评价和使用干部，中央组织部制定了《关于干部鉴定工作规定》。在干部评级及待遇方面，1950年7月，中组部下发《关于干部评级问题的意见》；1952年3月，中央军委发出《评定各级干部等级指示》，建立军队干部等级制度。

此外，以零容忍的反腐态度加强干部廉洁纪律制度。对贪污腐败的零容忍。1951年12月1日，针对部分党政机关出现的贪污、浪费和官僚主义的问题，

① 中共中央党史研究室著：《中国共产党的九十年》（社会主义革命和建设时期），中共党史出版社、党建读物出版社2016年版，第452页。

② 《邓小平文选》第1卷，人民出版社1994年版，第250—251页。

中共中央出台《关于实行精兵简政、增产节约、反对贪污、反对浪费和犯规官僚主义的决定》和《关于反贪污斗争必须大张旗鼓地去进行的指示》，指出进城两年多来，各地严重的贪污案件不断发生，强调要积极发动人民群众开展“三反”斗争，“彻底揭露一切大中小贪污事件，着重打击大贪污犯，对中小贪污犯则采取教育改造不使重犯的方针”①。当时在全国范围内造成比较大震慑的就是刘青山、张子善利用职权盗用公款最终蜕化为大贪污犯被执行死刑，这向世界宣告，中国共产党对利用执政地位谋取私利的腐败现象的零容忍。

4. 建立健全党内纪律检查和监督制度

监督执纪机构的设计是全面从严治党制度完善的重要缩影。新中国成立后，党中央对于党内监督机构的设计高度重视，基于全国范围内执政的党的新定位，1949 年 11 月，中共中央政治局会议通过《关于成立中央及各级党的纪律检查委员会的决定》，“为了更好地执行党的政治路线和各项具体政策，加强党的组织性与纪律性，密切联系群众，保证党的一切决议的正确实施，决定成立党的中央和各级纪律检查委员会”。②1950 年，中共中央发出《关于各级党的纪律检查委员会与党委关系的指示》，明确了上级纪委在工作上、业务上对下级纪委有指导关系，但其指示或决定同下级党委意见不同时，则应提请同级党委决定。而在此前的 1949 年 10 月，中央人民政府委员会第三次会议决定，成立中央人民政府政务院人民监察委员会，行使监察政府机关和公务员履职情况等职能，此后，地方各级人民监察委员会也逐步建立，均实行双重领导，即上级监察部门和同级党政的领导，以同级的党政领导为主。建立人民监察通讯员制度，监察通讯员由各机关团体推荐，经监察委员会审查合格后聘任，监察通讯员为义务职。1951 年 7 月 6 日，政务院九十二次会议通过了《各级人民政府人民监察委员会设置监察通讯员试行通则》，其作用在于，“调查政府机关、企业部门及其公务人员的违法失职、作风不良、损害国家或人民利益等情况，向

① 中共中央党史研究室著：《中国共产党的九十年》(社会主义革命和建设时期)，中共党史出版社、党建读物出版社 2016 年版，第 408 页。

② 杨永华主编：《中国共产党廉政法制史研究》，人民出版社 2005 年版，第 281 页。

监委作通讯报告；征集群众对政府政策、法令、设施的意见，向监委作通讯报告；宣传监察制度的意义及其作用”①，这样的制度设计在1959年4月的第二届全国人大第一次会议通过了国务院关于撤销监察部的议案后退出历史舞台。1955年3月，党的全国代表会议通过了《关于成立党的中央和地方监察委员会的决议》，以监察委员会代替纪委，并赋予更广泛的权力。1956年，邓小平在八大修改党章的报告中指出，“党的监察委员会应当不限于受理案件，而且要积极地检查党员遵守党的章程、党的纪律、共产主义道德和国家法律、法令的状况”。②

（二）党的八大后至“文化大革命”发动前全面从严治党制度的曲折探索

经历了新中国成立最初7年的整顿和建设，全面从严治党制度在实践中不断地丰富完善，党的八大制定的中国共产党执政后的第一部党章是全面从严治党制度的集大成者。此后，由于持续发动各种运动，八大党章没有得到很好的贯彻落实，全面从严治党制度也随之进入了曲折探索的阶段。

明确党内政治生活的目标要求。1957年4月27日，中共中央正式发出《关于整风运动的指示》，决定对全党进行普遍、深入的反对官僚主义、宗派主义和主观主义的整风运动，明确运动应该是一次“既严肃认真又和风细雨的思想教育运动”，“恰如其分的批评和自我批评运动”，③毛泽东后来指出，党希望通过整风，达到的目标是“造成一个又有集中又有民主，又有纪律又有自由，又有统一意志、又有个人心情舒畅、生动活泼，那样一种政治局面”。④但是这样的目标在党的建设实践中并没有实现。直到“七千人大会”总结“大跃进”以来的经验教训，开展批评和自我批评，加强民主集中制和责任制，增强党的团结，

① 转引自：高波：《中国共产党的自我革命——党章中的纪律和规矩》，中国方正出版社2018年版，第191页。

② 《邓小平文选》第1卷，人民出版社1994年版，第254页。

③ 中共中央党史研究室著：《中国共产党的九十年》（社会主义革命和建设时期），中共党史出版社、党建读物出版社2016年版，第488页。

④ 中共中央文献研究室编：《建国以来重要文献选编》第10册，中央文献出版社2011年版，第429—430页。

正视了党内制度执行不到位的实际。正如刘少奇所说，“近几年来，在党内生活中发生了许多不正常现象，这并不是由于我们党内无章可循，无法可守，也不是由于党所制定的章程、制度不正确，而是这些章程、制度在一些党组织中，没有被执行，或者被歪曲、被破坏了。党的第八次代表大会通过的党章，是全党的法规，是党的生活的准则。一切党组织和全体党员，都必须无条件地、不折不扣地按照党章办事”。①

建立小组制度以强化党的一元化领导。为了加强党的集中统一领导，1958年6月10日，中共中央发出《关于成立财经、政法、外事、科学、文教小组的通知》明确“这些小组是党中央的，直隶中央政治局和书记处，向他们直接作报告。大政方针在政治局，具体部署在书记处。只有一个‘政治设计院’，没有两个‘政治设计院’”，“具体执行和细节决策属政府机构及其党组”，“决定权在党中央”。② 中央各小组的成立，一定程度上强化了党中央的最高决策中心地位，确保党中央的一元化领导地位。

坚持问题导向完善干部教育和管理制度。第一，建立干部轮训和劳动制度。进入全面社会主义建设时期，干部队伍质量仍然存在着良莠不齐的情况。“有建党时期的，有北伐战争时期的，有土地革命时期的，有抗日战争时期的，有解放战争时期的，有全国解放以后的”干部，③ 针对这一情况，1961年9月15日，中共中央发出《关于轮训干部的决定》，将教育干部提高到了新的战略高度，明确训练内容是“社会主义建设和党的建设两个方面，着重解决党的建设和党的生活存在的问题。应该使干部在这次学习中能够冷静地考虑一下，自己在近几年的工作中和党的生活中，有无忽视或违反党规党法的思想行动，有无忽视或违反党的民主集中制、说假话、侵犯群众利益等的错误行为，以便接受

---

① 中共中央文献研究室编：《建国以来重要文献选编》第15册，中央文献出版社2011年版，第67页。

② 中央档案馆中共中央文献研究室：《中共中央文件选集（1949年10月—1966年5月）》第28册，人民出版社2013年版，第150页。

③ 《论党的组织工作》，中共中央党校出版社1986年版，第106页。

经验教训改进今后的工作，并不断加强自己的党性锻炼”。[①] 这一次的轮训干部犹如政治体检，对于提升干部的思想觉悟、增强党的团结发挥了很大的作用，自此之后，干部轮训工作逐步迈入常态化制度化轨道。鼓励干部参加劳动是这一时期干部教育的另一项制度要求。1949 年 10 月，毛泽东在同绥远负责人的谈话中就指出：“干部要参加生产指挥和劳动。劳动可以改造思想，改造人。”[②]1957 年 4 月 27 日，中共中央发出《关于整风运动的指示》，强调“为了加强党同广大劳动人民的联系，彻底改变许多领导人员脱离群众的现象，在进行整风运动的同时，应该在全党提倡各级党政军有劳动力的主要领导人员以一部分时间同工人农民一起参加体力劳动的办法，并且使这个办法逐步地形成一种永久的制度”。[③]5 月 10 日，中共中央发布《关于各级领导人员参加体力劳动的指示》，要求凡是能够参加体力劳动的干部都应该每年抽出一部分时间参加一部分体力劳动。以制度来要求干部参加劳动，这对于反对官僚主义，增强干部的群众观念具有积极意义。此外，1962 年 9 月，党的八届十中全会通过《关于有计划有步骤地交流各级党政领导干部的决定》，建立干部定期交流制度。第二，反对特权制度。以反对特权为重点来加强干部的生活纪律制度。1956 年 11 月，八届二中全会上，刘少奇强调要防止产生“特殊阶层”，周恩来则指出，“脱离群众，高高在上，生活特殊，讲究排场，中国的统治阶级过去是这样的，我们也很容易这样做”。[④] 对此，党始终注意从制度层面来加以规范，1962 年 12 月 28 日中共中央监察委员会在《关于严肃处理违法乱纪、腐化堕落等错误和反对特殊化行为的意见（草案）》，指出，“生活腐化，严重违反共产主义道德的，必须给予纪律处分”，[⑤] 对于政治上、思想上、生活上已经蜕化变质的分

① 转引自：高波：《中国共产党的自我革命——党章中的纪律和规矩》，中国方正出版社 2018 年版，第 208 页。

② 《毛泽东文集》第 6 卷，人民出版社 1999 年版，第 10 页。

③ 《关于整风运动的指示》，《人民日报》1957 年 4 月 27 日。

④ 《周恩来选集》（下卷），人民出版社 1984 年版，第 230 页。

⑤ 《中国共产党反腐倡廉文献通典》第 2 卷，党建读物出版社 2009 年版，第 538 页。

子，“必须开除党籍”，[1] 各级监委应当着重检查处理“违法乱纪、腐化堕落的案件”，[2] 对于党员干部特殊化作风和违反制度的行为，“主要是依靠健全和严格执行制度，严格组织生活，加强思想教育，发动群众监督来进行纠正”。[3]

完善监督执纪机构的制度设计。1962 年 9 月 27 日，党的八届十中全会通过《关于加强党的监察机关的决定》，加强了党内监督专门机关的执纪职能，明确党委必须定期讨论党的监察工作，监委委员和候补委员具有列席同级党委全体会议的权力，这为各级监委履行监督职责提供了条件，赋予地方各级监委有权不通过同级党委，向上级党委、上级纪委指导党的中央，直接反映情况，检举党员的违法乱纪行为。同时规定，建立派出常驻监察组。1963 年 1 月 17 日，中央印发了《党的监察工作人员守则（草案）》对监察工作人员提出了纪律要求，防止“灯下黑”。1963 年 2 月 22 日，《中共中央监委关于派驻各中央局、国务院所属各部门监察组报告请示制度的通知》对于派驻监察工作进一步做出规范：对于党员违反纪律的情况，要随时编写情况简报，对于监察组发出的工作计划、通知、通报等重要文件，都要报中央监委备案。

完善基层组织建设制度。为了加强基层党组织建设，中共中央在这一时期针对农村、国营工业企业、商业企业基层组织工作分别制定了《中国共产党农村基层组织工作条例试行草案》、《中国共产党国营工业企业基层组织工作条例试行草案》和《中国共产党商业企业基层组织工作条例试行草案》，健全党的组织建设制度。1963 年 1 月 21 日，中共中央对《组织工作会议纪要》作出批示，提出执政的党，必须党要管党，加强党的建设，执行民主集中制，把党的基层工作的正常秩序建立起来。

纵观这一时期全面从严治党制度建设，呈现出以下特点：

第一，立足“全面执政”地位完善全面从严治党制度。“革命”与“全面执政”，不同的历史定位，不同的使命目标，不同的建设要求，中国共产党人

---

①② 《中国共产党反腐倡廉文献通典》第 2 卷，党建读物出版社 2009 年版，第 538 页。

③ 同上书，第 539 页。

在传承中创新。邓小平在八大修改党章的报告中指出，“中国共产党已经是执政的党，已经在全部国家工作中居于领导地位”，“执政党的地位，使我们面临着新的考验”。[①]比如，对于执政后脱离群众脱离实际的问题，八大党章总纲和条文都给予了充分的强调，此外还通过《关于整风运动的指示》《关于各级领导人员参加体力劳动的指示》《关于严肃处理违法乱纪、腐化堕落等错误和反对特殊化行为的意见（草案）》以进一步加强党员尤其是领导干部与群众的联系，反对搞特权；对于执政后部分领导干部的骄傲自满情绪，搞个人崇拜、独立王国的实际行动，通过《关于增强党的团结的决议》的制度以确保党的团结。

第二，“干部”成为全面从严治党制度规范的关键对象。政治路线确定之后，干部就是决定性要素。新中国成立以后，特别是社会主义改造的开始，党领导人民进行社会主义建设任务越来越艰巨，经济建设使得社会分工日益精密，组织机构增多，党的干部队伍迅速扩大的同时朝着专业化方向发展，党委集中统一管理干部的体系已经不能适应形势的需要。比如说，如何培养经济建设急需的各种专业干部？党委直接管理的干部范围过宽，与各个业务管理部门联系不密切，如何确保干部的人岗相适？缺乏完善的干部管理、考核、评定制度难以发挥干部积极性等。为了解决以上问题，在新中国成立到“文化大革命”期间，党出台了一系列干部教育管理制度。

第三，制度的执行力相对欠缺，“运动式治党”的方式仍然比较盛行。中国共产党诞生于半殖民地半封建社会的中国，直到 1949 年成为全面执政的党，党始终处于激烈的战争环境中，与这种环境相适应，党通过简捷高效的“运动式”治党成效明显。新中国成立初期，面对阶级敌人的疯狂反扑，采取“运动式”治党的方式来凝聚全党意志，镇压反革命仍不失为一种有效的方式。但是随着主要矛盾的转移，进入社会主义建设时期，党的主要任务由阶级斗争到大规模的经济建设，继续采取政治运动方式开展党的建设显示出诸多的不适应。如，

① 夏利彪编：《中国共产党党章及历次修正案文本汇编》，法律出版社 2016 年版，第 163—164 页。

经济建设是长期任务，需要稳定的政治环境和建设环境；协调党内关系是党的建设的经常性任务，采用疾风骤雨式政治运动来处理会加剧党内混乱无序的状态，导致党内政治生活的不健康，也使全面从严治党的工作呈现出时紧时松的状态，不利于党员教育管理的正常化。社会主义建设时期的全面从严治党的实践充分证明只有依靠制度治党才更可靠。

（三）“文化大革命”时期全面从严治党制度的重大挫折

1966年到1976年的“文化大革命”，是一场由领导者错误发动，被反革命集团利用，给党、国家和各族人民带来严重灾难的内乱。这场全局性、长时间的“左”倾错误使国家秩序遭到破坏的同时，也是全面从严治党制度遭到重大挫折。这一时期，虽然也制定了党章和相关党内法规，但从总体上来说，因为党在指导思想上严重的“左”倾错误，因而全面从严治党制度也发生了严重错误，九大党章、十大党章便有直接体现。

1969年的中共九大是在极不正常的情况下召开的，“各省、市、自治区，中央各部委党委以至基层党组织，都还没有恢复或建立，绝大多数党员还没有恢复组织生活，九大的代表不可能从选举中产生，他们或由革命委员会与各造反派组织协商决定，或直接由上级部门指定”。[①]因而，九大党章的修改也是在极不正常的情况下进行的，仅有6章12条，取消了全面从严治党诸多制度，如，对党员权利和义务的规定、党内民主、党的集体领导制度、党的监察机关，对党内生活和党内关系的许多方面都没有再作出明确的规定，特别是明确写出了“林彪同志一贯高举毛泽东思想伟大红旗，最忠诚、最坚定地执行和捍卫毛泽东同志的无产阶级革命路线。林彪同志是毛泽东同志的亲密战友和接班人”，[②]严重违反党的民主集中制。十大党章沿袭了九大党章的内容和结构，只是作了个别的修改，删去了林彪的内容，但是仍然是在无产阶级专政下继续革命的理论指导下产生的，正如邓小平所指出的，“九大、十大搞的党章，实际上

① 中共中央党史研究室著：《中国共产党的九十年》（社会主义革命和建设时期），中共党史出版社、党建读物出版社2016年版，第578页。

② 夏利彪编：《中国共产党党章及历次修正案文本汇编》，法律出版社2016年版，第202页。

不大像党章，党员有些什么权利和义务，究竟怎么样才算个共产党员，不合条件怎么办，都没有规定好，需要修改”。①

粉碎“四人帮”后，1977年党的十一大通过《中国共产党章程》对部分内容作了修改，重申民主集中制，设立纪律检查委员会，恢复党员预备期等，全面从严治党制度也呈现出在徘徊中前进的特点。应该说，新中国成立初期，全面从严治党制度设计对于保持党的纯洁性和先进性发挥了很好的作用，但是随着“左”倾错误在党内的发展，很多很好的制度被破坏，直到“文化大革命”结束才慢慢恢复，也让全党更加充分地认识到制度治党之于党的重要性。

三、改革开放至十八大前全面从严治党制度的发展

1978年12月召开的党的十一届三中全会作出实行改革开放的历史性决策，同时深刻影响了党的建设和党的领导，正如公报所指出的“根据党的历史的经验教训，全会决定健全党的民主集中制，健全党规党法，严肃党纪”②，全面从严治党制度至此进入恢复发展阶段。1980年8月18日，邓小平发表题为《党和国家领导制度的改革》中对于制度的重要性有着多角度的阐释，特别是对“文化大革命”的反思中强调，“文化大革命”的十年浩劫，“这个教训是极其深刻的。不是说个人没有责任，而是说领导制度、组织制度问题更带有根本性、全局性、稳定性和长期性。这种制度问题，关系到党和国家是否改变颜色，必须引起全党的高度重视”③。在这一思想的指导下，党的领导制度、组织制度、监督制度不断地丰富完善。1987年党的十三大报告首次提出“必须从严治党”。1992年党的十四大把“坚持从严治党”载入党章的总纲部分。1994年9月召开的十四届四中全会通过了《中共中央关于加强党的建设几个重大问题的决定》，

① 《邓小平文选》第2卷，人民出版社1994年版，第269页。

② 中共中央文献研究室编：《三中全会以来重要文献选编》上，中央文献出版社2011年版，第11页。

③ 《邓小平文选》第2卷，人民出版社1994年版，第333页。

在这次会议上，江泽民同志再次重申了制度的“四性”特征，明确“注重制度建设，是这次全会决定的一个重要指导思想”①，到2001年，在庆祝中国共产党成立80周年大会上的讲话中，江泽民强调要从制度体系上保证民主集中制的正确执行。此后，党的具体制度不断健全，如党内通报制度、干部民主评议制度等。党的十六大以后，党中央先后制定了一系列全面从严治党的制度规定，如《中国共产党党内监督条例（试行）》等，制度治党向纵深推进。2008年2月18日，胡锦涛在全国组织工作会议上的讲话中提出，“逐步建立内容完备、结构合理、功能健全、科学管用的党内制度体系，使各项制度相互协调、相互衔接，不断提高制度的系统性、协调性、可操作性，最大限度地发挥制度体系的整体合力和综合效应”②。在十七届中纪委五次全会上，提出建立健全制度执行的监督机制。由此可见，全面从严治党制度伴随着改革进程不断地深入发展。

（一）以民主集中制为核心的党的组织制度体系不断完善

党是按照民主集中制原则建立起来的有组织的整体，通过自上而下的组织机构构建组织体系，通过组织体系把全体党员组织起来，形成一个坚强而富有战斗力的整体。在1977年12月28日的中央军委全体会议上的讲话中，邓小平指出，“我们讲团结，必须贯彻执行党的民主集中制原则”③。“文化大革命”之后，制度层面恢复民主集中制是从十一大党章开始，叶剑英在十一大修改党章的报告中指出过去路线斗争的经验，“进一步证明了民主集中制的极端重要性”，④他再一次强调了民主和集中的辩证关系，“任何破坏党的民主生活，侵害党员民主权利的行为，都是违反民主集中制的，是党的纪律所不允许的”，基于此认识，党章修正草案规定，“党员有权对党的各级组织和各级领导工作人员提出批评和建议”，“决不允许任何人压制批评和打击报复”；与此同时，“如果没

---

① 江泽民：《论党的建设》，中央文献出版社2001年版，第162页。

② 转引自：周义程、马曼：《中共主要领导人制度治党思想演进历程的文本学考察》，《党政研究》2015年第5期。

③ 《邓小平文选》第2卷，人民出版社1994年版，第84页。

④ 编写人夏利彪：《中国共产党党章及历次修正案文本汇编》，法律出版社2016年版，第228页。

有集中的指导，民主就会失去正确的方向”，所以“为了保证我们党的行动统一，必须加强党的纪律”。1980 年，邓小平在中央工作会议上强调，“各级组织、每个党员都要按照党章的规定，一切行动服从上级组织的决定，尤其是必须同党中央保持政治上的一致。这一点在现在特别重要。谁要违反这一点，谁就要受到党的纪律的处分。党的纪律检查工作要把这一点作为当前的重点”。①

党的代表大会制度不断完善。党的代表大会制度是党的根本制度，健全党的各级代表大会制度对于贯彻党的民主集中制提高党的战斗力具有重要意义。1980 年，经中共中央书记处讨论同意，中组部下发了《关于开好县、市、州党代表大会的几点意见》和《关于地方各级党代表大会有关选举若干问题的暂行办法》，“这两个文件对于健全地方代表大会制度、恢复党内民主生活起到了十分重要的指导作用”。②1985 年 2 月 1 日，中共中央组织部印发《关于党的地方各级代表大会若干具体问题的暂行规定》，对于地方各级代表大会的代表名额以及比例、代表的产生、代表资格的审查、预备会议的任务、主席团的产生、委员候补委员、顾问委员会、纪检委员的名额与产生以及各级领导的产生、选举办法、报批手续都做了非常细致的规定，（其中关于顾问委员会根据党的十四大决定后不再设立，相关条文自然失效），这标志着党的各级代表大会逐步走向制度化。2008 年 5 月 5 日，中共中央印发《中国共产党全国代表大会和地方各级代表大会代表任期制暂行条例》，指出实行党代会代表任期制，对于党代会代表在党代会召开期间和闭会期间工作方式、党代表大会履行职责的保障等都予以明确，使党代表大会制度进一步完善，党代表大会在党和国家政治政治生活中发挥着越来越重要的作用。

党委工作制度不断健全。地方党委工作制度是党的重要组织制度。1996 年 4 月 5 日，《中国共产党地方委员会工作条例》（试行），这是健全党的民主集中制的重要法规，对于地方党委的职责、组织原则，特别是对议事决策中全委会、

① 《邓小平文选》第 2 卷，人民出版社 1994 年版，第 366 页。

② 刘靖北：《改革开放以来党的建设制度改革的历史成就》，《党的文献》2018 年第 6 期。

常委会、书记办公会、重大问题决策做了详细的规定，明确全委会、党委会及其成员对该条例的执行应当受到监督，各级党委要向党代会、常委会要向全委会报告执行条例的情况并接受审议，对违反行为规定追究责任，这对于坚持和健全党内民主集中制，加强和改善地方党委领导发挥了重要作用。各级党委根据党章和党委工作条例，不断完善工作机制，健全集体领导、个人分工负责相结合的制度。

党内选举等民主制度不断完善。党内民主选举是保障党员民主权利的重要措施。党内选举方式通常有等额选举和差额选举。十三大党章对实行差额选举制度做了明确规定，这为发扬党内民主，充分保障选举人意志创造了制度条件。1988 年中共中央组织部印发《关于党的省、自治区、直辖市代表大会实行差额选举的暂行办法》，对省级代表大会的选举办法做细致规定，“党内差额选举制度在实践中得到很好贯彻，其范围涵盖基层党组织委员、书记、地方各级党委委员、常委，中央委员会委员”。[①]1990 年 6 月 27 日，中共中央印发《中国共产党基层组织选举工作暂行条例》，全面规范基层党组织的选举及实施。1993 年 7 月 6 日中共中央办公厅转发中央组织部《关于党的基层组织任期的意见》对十四大党章关于“党的基层委员会每届任期三年或四年，总支部委员会、支部委员会每届任期两年或三年”规定针对不同类型的基层党组织予以细化，“大中型企业、大专院校、规模较大的科研院所党的委员会、地（市、州、盟）级以上机关党的委员会执行四年任期，其他党的基层委员会执行三年任期”。[②]为了加强地方组织建设，1994 年 1 月 26 日，中共中央印发《中国共产党地方组织选举工作条例》，对地方各级代表大会的委员、常委、书记和副书记的产生办法都做了相应的规定。

进一步发扬党内民主，保证党员权利的正常行使和不受侵犯。1995 年 1 月 7 日，中共中央印发了《中国共产党党员权利保障条例（试行）》，对党章规定

① 刘靖北：《改革开放以来党的建设制度改革的历史成就》，《党的文献》2018 年第 6 期。

② 《中国共产党党内法规选编》（1978—1996），法律出版社 2009 年版，第 213 页。

的党员权利进行细化，专章规定对党员各项权利进行保护、对侵犯党员权利行为的惩处以及党员权利受到侵犯时的救济途径，由各级党委、纪委负责条例的实施、监督检查。2004 年 9 月 22 日，中共中央印发《中国共产党党员权利保障条例》，明确保障党员权利是党的各级组织和各级领导干部职责所在，有失职渎职的，要追究有关责任者的责任。程序性制度是相对于实体制度而言的，是保障党员权利义务得以顺利实现的技术型制度。主要包括党籍管理制度、转移党组织关系制度、党员鉴定制度、交纳党费制度等，这些制度有的以党内根本大法党章给予保障，有的制定了专门性的党内法规制度。如，按期缴纳党费是履行党员义务的重要内容，也是增强党员的组织观念和主体意识的重要方式，1994 年、1998 年和 2008 年，中共中央组织部根据形势发展相继印发《关于共产党员交纳党费办法的规定》《关于中国共产党党费收缴、管理和使用的规定》《关于中国共产党党费收缴、使用和管理的规定》。

党员发展制度与时俱进。党员发展制度是造血机制，关系党的生机活力，党一贯予以高度重视。1990 年 8 月 1 日，中共中央组织部印发《中国共产党发展党员工作细则》(试行)，第一次以党内法规的形式对于“把好党员入口关”提出系统要求和作出程序性规定，分别规范积极分子–预备党员–正式党员的各方面工作要求，明确要求各级党委必须把发展党员工作列入重要议事日程，地(市)、县每半年要检查一次，省级党委每年要检查一次，特别是“县以上党委和组织部门要重视对组织员的选拔、配备和培训，充分发挥他们在发展党员工作中的作用”，①将党的优良传统制度化、规范化。随着经济体制改革及人事劳动制度改革的深入，党员流动率越来越高，范围也更广，为了保证流动党员也能参加组织生活，发挥先锋模范作用，1994 年 1 月 4 日中共中央组织部印发《关于加强党员流动中组织关系管理的暂行规定》，要求“党员外出务工经商或从事其他正当职业，有固定地点、时间在 6 个月以上的”，应将组织关系转入“所去地方或单位党组织”，“时间在 3—6 个月，应出具党员介绍信，由所去地

① 《中国共产党党内法规选编》(1978—1996)，法律出版社 2009 年版，第 103 页。

方或单位党组织负责安排其参加党的有关活动”。[①]1994 年 12 月 19 日，《中共中央组织部关于试行〈流动党员活动证〉制度的通知》指出，为了进一步改进和加强流动党员管理，根据党的十四届四中全会精神，本着有利于党员合理流动，有利于党组织管理，有利于党员发挥作用的原则，试行《流动党员活动证》制度，党员可持证在外出所在地或单位党组织参加党的组织生活，交纳党费，但不享有表决权、选举权和被选举权。

建立民主评议制度。根据党的十三大提出从严治党的要求，中组部制定了《关于建立民主评议党员制度的意见》，1988 年 12 月 15 日，中共中央予以批转，决定于年底开始在全国城乡基层党组织中逐步建立和实行民主评议党员的制度，这是新时期对党员进行教育和加强监督的重要措施，也是消除腐败分子和妥善处置不合格党员的一种有效方法。评议内容规定了是否具有共产主义信念及其能否坚决贯彻等较为原则性的五个方面，具体内容由各地各部门结合实际情况确定，“党政机关和大中型企业评议党员干部，要把顾全大局、清正廉洁、严守法纪作为重要内容”，[②]评议的基本方法包括学习教育、自我评价、民主评议、组织考察、表彰和处理等五个方面，并明确规定民主评议党员每年进行一次，形成制度。

优化党员队伍建设。2004 年 7 月 9 日，中共中央办公厅转发《中共中央组织部关于进一步做好新形势下发展党员工作的意见》，这是根据党的十六大精神“两个先锋队”的建设要求，在做好在工人、农民、知识分子、军人和干部中发展党员工作的同时，开展在其他社会阶层，包括“民营科技企业的技术人员、受聘于外资企业的管理技术人员、个体户、中介组织的从业人员、自由职业人员”[③]中发展党员，以增强党的阶级基础，扩大党的群众基层，把党建设成为优秀人才高度密集的政党，以提高党的领导水平和执政能力。2005 年 4 月 17 日，中共中央办公厅转发《中共中央组织部、中共教育部党组、共青团中央关于加

---

① 《中国共产党党内法规选编》(1978—1996)，法律出版社 2009 年版，第 104 页。

② 同上书，第 144 页。

③ 《中国共产党党内法规选编》(2001—2007)，法律出版社 2009 年版，第 93 页。

强和改进在大学生中发展党员工作和大学生党支部建设的意见》，这是优化党员队伍建设和加强大学生思想政治工作的重要举措，对于把党建设成为优秀人才高度密集的政党，对于实施科教兴国、人才强国战略，确保党的事业后继有人具有重大战略意义。2006年6月26日，在对开展以实践“三个代表”重要思想为主要内容的保持共产党员先进性教育活动经验进行系统总结的基础上，中共中央办公厅印发《关于加强党员经常性教育的意见》《关于做好党员联系和服务群众工作的意见》《关于加强和改进流动党员管理工作的意见》和《关于建立健全地方党委、部门党组（党委）抓基层党建工作责任制的意见》等制度，以构建先进性建设的长效机制。2007年7月4日，中共中央办公厅印发《关于在全国农村开展党员干部现代远程教育工作的意见》，这是通过远程教育夯实党在农村执政根基的一项基础工程。

基层党组织建设制度不断健全完善。针对“文化大革命”期间，党的组织设置乱象直接影响了党的政治领导力，改革开放之后一些组织设置陆续调整，1979年8月17日，在《中共中央办公厅关于中央直属机关领导体制问题的通知》中，中央政治局常委批准对中央办公厅和中央组织部关于中央直属机关建立部务会议和部长办公会议制度，实行集体领导，不再成立部党委及选举产生机关党委，管理本机关党的日常工作的报告予以批准，并转发了中央各部委和各人民团体党组遵照执行，这是因为“党中央各部委是中央的办事机构，它在中央直接领导下工作”，如中央组织部是协助中央管理全党干部工作和党的建设的主要业务部门，“部的领导班子是由中央决定任免的，若再由本机关党员选举产生的党委来执行这样的任务是不适宜的”。①

基础不牢，地动山摇，基层党组织建设作为全面从严治党的基础性工程，一直被高度重视。党的十一届三中全会后，“文化大革命”期间遭到严重破坏的基层党组织逐步恢复。1982年，中共中央组织部对基层党组织分涣散、瘫痪、半瘫痪的类型进行整顿。“1984年后，随着经济体制改革的不断推进，中

① 中共中央办公厅法规局编：《中央党内法规和规范性文件汇编》（1949年10月—2016年12月）（下册），法律出版社2017年版，第23—24页。

共中央对基层党组织的地位功能作出调整，明确在企业、医院、中小学校、科研院所实行厂长、院长、校长、所长负责制，党组织在其中发挥政治核心作用。1986 年，中组织下发《关于调整和改进农村中党的基层组织设置的意见》，1990 年中组部等五部门召开农村基层组织建设座谈会，确立了以党支部为核心的村级组织建设工作格局"。① 这一时期，围绕不同领域党的基层组织建设，相继出台了《中国共产党全民所有制工业企业基层组织工作条例》《关于加强股份制企业中党的工作的几点意见》《关于在现代企业制度百家试点企业中加强和改进党的工作的意见》（试行）《关于加强街道党的建设工作的意见》《关于在社会团体中建立党组织有关问题的通知》《中国共产党农村基层组织工作条例》《关于在实施关闭、破产国有企业中加强党的工作的意见》《关于加强社会力量举办学校党的建设工作的意见》《关于加强和改进科研院所党的建设工作的意见》《关于加强社会团体党的建设工作的意见》《关于在个体和私营等非公有制经济组织中加强党的建设工作的意见》（试行）《中国共产党基层组织选举工作暂行条例》《关于党的基层组织任期的意见》《关于深入开展农村党的建设"三级联创"活动的意见》《关于进一步加强和改进街道社区党的建设工作的意见》《关于加强和改进中央企业党建工作的意见》《关于加强和改进非公有制企业党的建设工作的意见》（试行）《关于加强行业系统基层党建工作的意见》《中国共产党党和国家机关基层组织工作条例》《中国共产党普通高等学校基层组织工作条例》《关于党的基层组织实行党务公开的意见》《关于推进学习型党组织建设的意见》《关于加强新形势下基层党建带团建工作的意见》对各领域的基层党的建设工作、基层党组织建设各方面的工作都作出精细化的分类指导，使基层组织建设的工作格局、责任体系、保障机制得到进一步健全完善，为加强基层党组织建设提供了有力的保障。

（二）干部人事制度不断改革创新

"政治路线确定之后，干部就是决定的因素"。② 改革开放之初，邓小平就

① 刘靖北：《改革开放以来党的建设制度改革的历史成就》，《党的文献》2018 年第 6 期。

② 《毛泽东选集》第 2 卷，人民出版社 1991 年版，第 526 页。

明确提出了干部队伍“革命化、年轻化、知识化、专业化”的方针，党的十二大党章第一次以专门一章对有关党的干部问题做出规定，党中央围绕干部人事制度作出了一系列改革与创新。

1. 深化干部选拔任用制度改革

把好入口，选拔任用制度是建设高素质的干部队伍的基础环节。改革开放以来，党始终坚持干部队伍建设的“革命化、年轻化、知识化、专业化”的四化要求和德才兼备的原则，坚持任人唯贤的干部路线，不断改革完善干部选拔任用机制。

第一，完善干部选拔任用的实体制度和程序制度。1980年邓小平在《党和国家领导制度的改革》中强调，在确保干部坚持社会主义道路和党的领导的前提下，“干部队伍要年轻化、知识化、专业化，并且要把对于这种干部的提拔使用制度化”，提出关键要“健全干部的选举、招考、任免、考核、弹劾、轮换制度，对各级各类领导干部（包括选举产生、委任和聘用的）职务的任期，以及离休、退休，要按照不同情况，作出适当的、明确的规定”。①1986年1月28日，中共中央发布《关于严格按照党的原则选拔干部的通知》，坚持问题导向，对选拔干部过程中的个人好恶、“走后门”、以权谋私等问题进行坚决纠正和防止，重申组织人事工作纪律、程序规定、群众路线、德才考察、集体讨论、实践锻炼的要求。1990年7月7日，中共中央印发《关于党和国家机关领导干部交流制度的决定》，这是培养锻炼干部、提高干部综合素质、提升领导水平的重要制度改革。为了贯彻党的干部路线，形成富有生机与活力的用人机制。1994年党的十四届四中全会强调要加快党政领导干部选拔任用的制度改革。1995年2月9日，中共中央印发了《党政领导干部选拔任用工作暂行条例》，对选拔任用领导干部的原则、选拔任用条件，民主推进程序、考察、酝酿、讨论决定、依法推荐、提名与民主协商、交流回避、辞职降职、纪律监督都做了详细规定，为“选好干部”做出制度性规定，其中明确了一些具体制度，党政领导干部交

① 《邓小平文选》（第2卷），人民出版社1994年版，第326、331页。

流制度、任职回避制度、辞职制度、降职制度等。1998 年中共中央组织部、人事部印发《关于党政机关推行竞争上岗的意见》，明确“实行竞争上岗是干部选拔任用方式的一项改革，是构建干部竞争激励机制的重要组成部分，对于促进机关干部能上能下、能进能出和优秀人才脱颖而出，克服选人用人不正之风，提高干部队伍的整体素质，具有积极作用”，① 规定了实施竞争上岗的一般程序和方法，包括公布职位、公开报名、资格审查、考试、演讲答辩、民主测评、组织考察、决定任命。1999 年 3 月 3 日，中共中央组织部印发《关于进一步做好公开选拔领导干部工作的通知》，对于一段时间采取公开推荐与考试考核的办法选拔领导干部给予了充分肯定，围绕把握范围、规范程序等公开选拔干部做出制度化规定。2000 年 12 月 14 日，中共中央组织部印发《关于推行党政领导干部任前公示制的意见》，这一制度是为了将干部选拔中的民主工作从干部推荐、考察环节延伸到决策阶段，把民主参与的范围由部分干部扩展到广大群众，“体现了坚持党管干部原则与充分发扬民主、走群众路线的有机结合”，② 明确了公示对象、范围、方式、时间和程序，对群众反映的问题要进行调查核实，坚持实事求是、客观公正的原则予以处理。2002 年 7 月 9 日，中共中央印发《党政领导干部选拔任用工作条例》，这是 1995 年暂行条例的基础上修订，将其间来探索形成的公开选拔、竞争上岗写入党内法规。2009 年 1 月 4 日，中共中央组织部、人力资源和社会保障部印发《关于注重从基层和生产一线选拔党政领导机关干部的意见》，这是加强党政机关领导班子和干部队伍建设的一项重要任务，是从干部结构上保证党政领导机关与人民群众血肉联系的战略举措，各级党委（党组）要有计划地通过公务员录用、公开选拔、公开遴选、公务员调任、职位聘任等多种途径选拔基层和生产一线的优秀干部和人才，逐步建立来自基层和生产一线的党政干部选拔培养机制。

围绕干部队伍“四化”建设要求，对后备干部和年轻干部的选拔制度化是

① 《中国共产党党内法规选编》（1996—2000），法律出版社 2009 年版，第 177 页。

② 同上书，第 238 页。

干部选拔任用制度的重要组成部分。1981 年，邓小平在中共省、市、自治区委员会书记座谈会上更是明确指出，老干部第一位的任务是选拔中青年干部。培养后备干部是实现领导班子“四化”要求的紧迫任务，1983 年 10 月 5 日，中共中央组织部发布了《关于建立省部级后备干部制度的意见》，明确了后备干部的人数、条件、选定、培养和考核管理。干部，只有大胆使用，才能培养起来，1992 年 11 月 3 日和 1993 年 12 月 30 日，中共中央组织部相继发布了《关于积极大胆地做好选拔年轻干部工作的通知》和《关于进一步做好培养选拔少数民族干部工作的意见》，前者明确要将选拔优秀年轻干部与改善领导班子结构紧密结合起来，对各级领导班子中的年轻干部人数都做了细致的规定，同时明确要加大对年轻干部的培养和后备干部工作，后者则要求加大对少数民族干部的教育培养。2000 年 6 月 23 日，中共中央办公厅印发《深化干部人事制度改革纲要》，对党政干部制度、国有企业人事制度、事业单位人事制度均做出了改革的规定要求，打出了一套“制度组合拳”。9 月 2 日，中共中央组织部印发《党政领导班子后备干部工作暂行规定》，对后备干部的配备比例和结构、选拔、培养、管理、任用都做了详细规定。2000 年 9 月 5 日，中共中央办公厅转发《关于进一步做好培养选拔优秀年轻干部的意见》，强调在世纪之交的重要历史时刻，培养优秀年轻干部是一项十分重要而紧迫的战略任务，必须坚持高标准、严要求，重点把好政治关。2009 年 4 月 17 日，中共中央组织部印发《关于加强培养选拔年轻干部工作的意见》，对年轻干部培养提出了具体的要求，建立培养选拔年轻干部工作责任制。

第二，制定干部选拔任用监督制度。1986 年 7 月 24 日，中共中央办公厅、国务院办公厅发布《关于加强县以上领导机关秘书工作人员管理的规定》，这是加强对领导身边人员管理、提高秘书党性和综合素质的重要举措。为了坚决防止和纠正选人用人上的不正之风，2000 年 2 月 2 日，中共中央组织部印发《关于建立干部监督工作督察员制度的办法》(试行)，督察员独立于被督查地区和部门的人事任免工作，主要着力于对干部选拔中的情况了解、受理举报、提出整改意见等。2000 年 12 月 25 日，中共中央组织部发布《关于加强组织部门干部监督工作若干意见》(试行),对做好领导班子和领导干部的监督工作提出有针对性的新要求:如执行民主集中制的情况、省部级领导干部家庭财产报告制度、个人重大事项请示报告制度、任期经济责任审计制度、干部谈话和诫勉制度、回复组织函询制度等。2003年6月19日,中共中央办公厅印发《党政领导干部选拔任用工作监督检查办法(试行)》,规定对党政领导干部选拔任用工作的检查,实行上级检查与本级自查自纠相结合,定期检查与不定期抽查相结合,党委(党组)负责本地区、本部门党政领导干部选拔任用工作的日常监督,主要领导成员是第一责任人,建立健全党政领导干部选拔任用工作有关事项报告制度、完善组织(人事)部门与纪检机关(监察部门)等的联席会议制度以加强监督。2008年5月5日,中共中央纪委、中共中央组织部印发《关于深入整治用人上不正之风进一步提高选人用人公信度的意见》,要求加强干部选拔任用的民主监督,包括党内民主监督、群众监督作用、舆论监督作用,在坚决查处用人上的违规违纪行为的同时加强从源头上防治用人上不正之风的工作,要加强干部的思想道德教育,完善干部选拔任用机制,建立健全干部选拔任用工作责任追究制度。2010年3月7日,中共中央办公厅印发《党政领导干部选拔任用工作责任追究办法》(试行)。2010年3月9日,中共中央组织部印发《党政领导干部选拔任用工作有关事项报告办法》(试行)、《地方党委常委会向全委会报告干部选拔任用工作并接受民主评议办法》(试行)、《市县党委书记履行干部选拔任用工作职责离任检查办法》(试行),其中,为了加强对干部选拔任用工作的民主监督,地方党委常委会每年向全委会报告工作时,要专题报告年度干部选拔任用工作情况,并在一定范围内接受对本级党委干部选拔任用工作和新选拔任用领导干部的民主评议,即"一报告两评议"制度。2010年8月20日,中共中央组织部印发《关于防止县乡领导干部任职年龄层层递减的意见》,这是针对一个时期以来,一些县乡两级干部在任职年龄上层层递减,导致许多年富力强的干部得不到合理使用而制定的制度,要求坚持合理的年龄结构,不能层层递减,健全干部选拔任用和退出机制,增强县乡干部队伍生机和活力,坚持关心爱护与严格管理相结合,切实发挥退出领导干部岗位干部的积极作用。

第三，关注特殊领域的干部选拔任用。2008 年 4 月 10 日，中共中央组织部、教育部、财政部、人力资源和社会保障部关于印发《关于选聘高校毕业生到村任职工作的意见》（试行），这是一举多得的重要举措，"为加强农村基层组织建设，培养有知识、有文化的新农村建设带头人；培养具有坚定理想信念和奉献精神，对人民群众有深厚感情的党政干部后备人才，形成来自基层和生产一线的党政干部培养链；引导高校毕业生转变就业观念，面向基层就业创业，到经济社会发展最需要的地方施展才华，为建设社会主义新农村、实现全面建设小康社会宏伟目标提供人才支持和组织保证"①，从 2008 年开始，连续选聘 5 年。2009 年 4 月 7 日，中共中央组织部等多部门联合印发《关于建立选聘高校毕业生到村任职工作长效机制的意见》，长效的体现在于制度化，定期选聘制度、岗位培训制度、配套保障制度、跟踪培养制度、正常流动制度、齐抓共管制度等。2010 年 5 月 10 日，多部门联合印发《关于做好大学生"村官"有序流动工作的意见》，引导聘用期满大学生"村官"通过留村任职工作、考录公务员、自主创业发展、另行择业、继续学习深造等"五条出路"有序流动。2012 年 7 月 29 日，多部门联合印发《关于进一步做好大学生村官的意见》，进一步明确了目标规划、规范岗位管理、改进选聘工作、加强教育关爱、注重实际使用、健全保障机制、积极扶持创业、鼓励留村任职、完善招考制度、加大选拔力度、拓宽发展渠道、加强组织领导。2009 年 4 月 8 日，中共中央组织部印发《关于加强村党支部书记队伍建设的意见》，村党支部书记是村领导班子的带头人，是村党支部发挥领导核心作用的关键，为了培养造就一支守信念、讲奉献、有本领、重品行的村党支部书记队伍，明确村党支部书记的职责在于推动科学发展、带领农民致富、密切联系群众、维护农村稳定，加强村党支部建设，这就必须建立健全选拔培养制度、岗位责任和监督机制、教育培养机制、激励保障机制。在这其中，县委要发挥关键作用，乡镇党委抓好具体实施。2010 年 10 月 24 日，中共中央组织部印发《关于加强乡镇党委书记队伍建设的意见》，乡

① 《中国共产党党内法规选编》（2007—2012），法律出版社 2014 年版，第 206 页。

镇党委是乡镇、村各种组织和各项工作的领导核心，乡镇党委书记是党在农村基层的执政骨干，为了培养造就一批“思想政治素质好、贯彻执行政策能力强、推动科学发展能力强、处理复杂问题能力强、联系服务群众能力强”①的乡镇党委书记队伍，提出了12条具体的工作意见。

2. 建立健全干部考核制度

干部考核是为了全面公正地评价领导干部的政治素质与履职状况，于选人用人具有导向性意义。1978年，邓小平提出“要实行考核制度”。②干部考核制度对于选贤任能、提高干部素质具有重要意义，也为了“改变好坏不分、赏罚不明、能上不能下、能进不能出的‘铁饭碗’”的不良现象，1979年11月21日，中共中央组织部发布《关于实行干部考核制度的意见》，从德、能、勤、绩四个方面进行考核，考核实行领导和群众相结合的方法，把平时考核和定期考核相结合，恢复和健全考察了解干部制度，如民主生活会、年终鉴定、功过纪实等。党组织要通过和干部谈话、听取思想、工作汇报和群众反映等方法了解干部情况，并注意搜集干部本人写的有价值的工作总结、报告、文章，作为定期考核的基础，对于考核结果要做到赏罚分明、有升有降。1983年，全国组织工作座谈会要求从德能勤绩四个方面对党政领导干部实行年度考核。1988年中共中央组织部印发《关于试行地方党政领导干部年度考核制度的通知》，开始对于全国县级以上党委政府及其工作部门领导干部的年度考核进行规范，这对于调动干部工作积极性，提到干部的综合素质和能力，具有深远意义。此后，党根据实际情况的发展，不断完善干部考核评价制度。

1998年，经中共中央批准，中共中央组织部印发了《党政领导干部考核工作暂行规定》，对领导班子和领导干部进行考核，包括平时考核、任职前考核、定期考核，对于领导班子主要考核思想政治建设、领导现代化建设的能力、工作实绩三个方面，对于领导干部则考核思想政治素质、组织领导能力、工作作

---

① 《中国共产党党内法规选编》(2007—2012)，法律出版社2014年版，第353页。

② 《邓小平文选》第2卷，人民出版社1994年版，第102页。

风、工作实绩、廉洁自律五个方面，将定期考核的基本程序设置了考核准备、述职、民主测评、个别谈话、调查核实、撰写考核材料、综合分析评定考核结果、反馈八个步骤，并将考核结果作为领导干部选拔任用、职务升降、奖惩、培训、调整级别和工资的重要依据。2006年，中共中央组织部印发《体现科学发展观要求的地方党政班子和领导干部综合考核评价试行办法》，2009年7月16日，中共中央组织部印发《地方党政领导班子和领导干部综合考核评价办法》(试行)《党政工作部门领导班子和领导干部综合考核评价办法》(试行)《党政领导班子和领导干部年度考核办法》(试行)，规定了民主推荐、民主测评、民意调查、个别谈话、实绩分析、综合评价、结果运用等详细内容。2009年7月20日，印发《关于建立促进科学发展的党政领导班子和领导干部考核评价机制的意见》，要求各地区各部门要把这三个试行《办法》和《意见》结合起来一并抓落实，推动干部考核评价机制逐步完善。2011年10月13日，中共中央组织部印发《关于加强对干部德的考核意见》，这是为落实德才兼备、以德为先的用人标准而立，突出德在干部标准中的优先地位，树立"以德修身、以德服众、以德领才、以德润才、德才兼备"的正确导向。对干部德的考核，坚持政治性、先进性、示范性的要求，以对党忠诚、服务人民、廉洁自律为重点，加强对政治品质和道德品行的考核，强调要把德的考核作为干部选拔任用的首要依据。至此，涵盖任职考核、年度考核、平时考核、换届考核的领导班子和领导干部的考核评价制度，逐步建立起来，对于树立正确的政绩观，全面从严治吏发挥了重要作用。

3. 建立健全干部教育培训体系

党历来重视干部的学习培训工作，始终把健全干部学习培训制度作为全面从严治党制度的重要内容。

一是实行干部在职学习制度。党具有重视培养干部的优良传统，为了适应新时期党对干部的要求，与机构改革并行的就是提高干部队伍素质，1982年10月3日，中共中央、国务院发布《关于中央党政机关干部教育工作的决定》，期待通过干部教育工作使全体干部在"马克思主义理论、专业知识、科学文化水平和领导管理能力”等方面都有所提高，成为“坚持社会主义道路、具有必备的专业知识和党和国家的合格工作人员”。[①] 自 1982 年机构改革以来，省部级干部经过几次调整，年龄和文化结构有了很大改善，考虑到这些同志多数是近几年从较低层次党政工作岗位或专业技术岗位提拔到较高层次任职的客观实际，基于高级干部“要坚定不移而又卓有成效地执行党在新时期的基本路线，做到既坚持四项基本原则，又坚持改革开放，领导好社会主义建设事业，不仅需要坚持正确的政治方向，而且需要有驾驭全局、处理复杂矛盾的能力”，[②]1989 年 12 月 27 日，中共中央印发《关于建立健全省部级在职领导干部学习制度的通知》，强调在改革开放的新时期，新情况新问题层出不穷，必须加强省部级以上领导干部的学习制度，每届任期内，须到中央党校进修一次，每年至少拿出半个月时间选读一些马克思主义理论著作等，提高马克思主义理论素养、增强领导才能，确保领导干部养成学习习惯，增强工作能力。

二是健全党委（党组）中心组理论学习制度。1998 年中共中央《关于在全党深入学习邓小平理论的通知》要求坚持以领导干部为重点带动全党的学习，其中要求建立领导干部脱产进修制度、健全党委（党组）中心组理论学习制度、坚持领导干部在职自学制度、建立领导干部理论学习考核制度等，提升领导干部的理论学习水平。1998 年 11 月 21 日，中共中央发布《关于在县处级以上党政领导班子、领导干部中深入开展以“讲学习、讲政治、讲正气”为主要内容的党性党风教育的意见》，用整风的精神，认真解决党性党风方面存在的问题，明确规定“三讲”教育必读书目，增强在改造客观世界的同时改造主观世界的自觉性。2002 年，党十六大组成的新一届领导集体，认真落实高级干部带头学习的号召，开启了中央政治局集体学习制度。2008 年 9 月 1 日，中共中央办公厅印发《关于进一步加强和改进党委（党组）中心组学习的意见》，强调深入学习中国特色社会主义理论体系是党委中心组学习的首要任务，掌握和运用马克

① 《中国共产党党内法规选编》（1978—1996），法律出版社 2009 年版，第 243 页。

② 中共中央办公厅法规局编：《中央党内法规和规范性文件汇编》（1949 年 10 月—2016 年 12 月）（下册），法律出版社 2017 年版，第 679 页。

思主义立场、观点、方法是根本目的，要坚持学习理论和指导实践相结合，坚持改造主观世界和改造客观世界相结合，坚持运用理论和发展理论相结合。

三是完善干部教育培训相关制度。党校是党委直接领导下培养党员领导干部和理论干部的学校，中共中央相继印发《中国共产党党校工作暂行条例》《关于面向21世纪加强和改进党校工作的决定》，并于2008年9月3日，印发《中国共产党党校工作条例》，再一次全方位重申党校的各方面工作，要提高学员5个方面的素质和能力："掌握马克思主义的立场、观点、方法，具有履行职责所需的马克思主义理论水平"；"具有共产主义远大理想，坚定不移地走中国特色社会主义道路，始终同党中央保持一致"；"坚持解放思想、实事求是、与时俱进，树立大局意识，注重调查研究，善于分析解决改革发展中的重大问题"；"坚持全心全意为人民服务的根本宗旨，增强理当为公、执政为民的意识，严于律己，言行一致，艰苦奋斗，清正廉洁"；"有强烈的事业心和责任感，具备胜任本职工作所需的基本知识和领导能力"。① 2006年，中共中央印发《干部教育培训工作条例（试行）》，推进干部教育培训工作科学化、制度化、规范化。2008年8月11日，中共中央组织部印发《关于在干部教育培训中进一步加强学风建设的若干意见》，加强学风建设是党的优良传统，也是加强党的执政能力建设的客观需要，要求无论什么级别的干部都要牢记"两个务必"，加强党性锻炼。2011年2月10日，中共中央办公厅转发《中央纪委、中央组织部、中央宣传部关于领导干部反腐倡廉教育的意见》，将反腐倡廉教育融入领导干部培养、选拔、管理、使用全过程。2000年10月13日，中共中央组织部、中共中央宣传部《关于建立县级以上党政领导干部理论学习考核制度的若干意见》，对学习态度、基本理论和基本知识、运用理论指导改造主客观世界的情况进行考核，以脱产理论学习考核、党委（党组）中心组学习的考核、在职自学的考核，强化理论学习考核是重点，并要求建立县级以上党政干部政治理论水平任职资格考试制度，对考核结果建立学习档案，建立健全干部理论学习的约束和激励机制。

① 《中国共产党党内法规选编》（2007—2012），法律出版社2014年版，第243页。

4. 建立健全干部管理相关制度

第一，实施离退休制度。1979 年，邓小平明确提出建立干部退休制度。此后，党的十一届五中全会提出废除干部领导职务终身制。1982 年 2 月，中共中央发布《关于建立老干部退休制度的规定》，这是党和国家制度改革的关键一步，明确"老同志退休离休和退居二线的制度，是保障党和国家政治生活正常进行和健全发展的一项极其重要的制度"，① 与这一制度相配套的是顾问委员会制度，这一制度是干部领导职务从终身制走向退休制的一种过渡，在十二大党章中予以确立，为实现干部的代际更替，为党和国家选拔革命化、年轻化、知识化、专业化的干部队伍发挥了举足轻重的作用。1984 年 6 月 3 日，针对机构改革后大批老干部退出领导岗位离职休养，中共中央办公国务院办公厅印发《关于贯彻执行离休干部生活待遇的通知》根据"基本政治待遇不变，生活待遇略为从优"的原则，明确了离休干部在住房、参观、医疗、用车、秘书等方面的规定。

第二，完善干部廉洁制度。这既是干部制度的重要保障，亦是构建反腐败预防机制的重要组成。主要包括三个方面的制度构成：

一是干部廉洁从政制度。为了从根本上纠正党政机关和领导干部经商、办企业等不良现象，确保党政领导干部廉洁从政，1984 年至 1992 年间，中共中央、国务院发布相继发布《关于严禁党政机关和党政干部经商、办企业的决定》、《关于禁止领导干部的子女、配偶经商的决定》、《关于党政机关干部不兼任经济实体职务的补充通知》、《关于进一步制止党政机关和党政干部经商、办企业的规定》和说明、《关于严格控制党政机关干部出国问题的若干规定》、《关于县级以上党和国家机关退（离）休干部经商办企业问题的若干规定》、《关于清理党和国家机关干部在公司（企业）兼职有关问题的通知》等，从这一系列文件可以充分感受到党对清理这一顽症痼疾给予的坚定决心。1993 年 10 月 5 日，中共中央、国务院发布《关于反腐败斗争近期要抓好几项工作的决定》，强

① 《中国共产党党内法规选编》(1978—1996)，法律出版社 2009 年版，第 234 页。

调党政机关党员领导干部要带头廉洁自律，做到“五条规定”①、要查办一批大案要案绝不姑息、要狠刹几股群众反映强烈的不正之风。三天后，中共中央纪律检查委员会、中共中央组织部、监察部发布《关于党政机关县（处）级以上领导干部廉洁自律“五条规定”的实施意见》。1993 年 12 月 29 日，中共中央纪律检查委员会发布《关于党政机关县（处）级以上干部违反廉洁自律“五条规定”行为的党纪处理办法》。1994 年 4 月 20 日，中共中央纪律检查委员会发布《关于中央纪委三次全会重申和提出的党政机关县（处）级以上领导干部廉洁自律“五条规定”的实施意见》。1995 年 4 月 14 日，中共中央纪律检查委员会《关于党政机关县（处）级以上领导干部廉洁自律补充规定的实施和处理意见》，明确规定“不准违反规定建私房”“不准违反规定参加集资建房”“不准违反规定使用军警车号牌及外籍车号牌”，“未经批准不准用公款和单位车辆学习驾驶技术”，“不准参加公款制度的营业性歌厅、舞厅、夜总会等的娱乐活动”②。

1997 年 3 月 28 日，中共中央印发《中国共产党党员领导干部廉洁从政若干准则（试行）》，强调保证党员领导干部廉洁从政要立足于教育，着眼于防范。1997 年 9 月 3 日，中央纪律检查委员会公布具体的《中国共产党党员领导干部廉洁从政若干准则（试行）实施办法》，此后，又出台了《关于中央企业领导人员廉洁自律若干规定的实施办法（试行）》《关于领导干部不得参加自发成立的“老乡会”、“校友会”、“战友会”组织的通知》《关于加强国有企业领导人廉洁自律工作的意见》。2005 年 12 月 19 日，中共中央办公厅印发《关于对党员领导干部进行诫勉谈话和函询的暂行办法》《关于党员领导干部述职述廉的暂行规定》，这主要根据《中国共产党监督条例》加强对党员干部的日常教育和管

---

① “五条规定”：1. 不准经商办企业；不准从事有偿的中介活动；不准利用职权为配偶、子女和其他亲友经商办企业提供任何优惠条件；2. 不准在各类经济实体中兼职（包括名誉职务）；个别经批准兼职的，不得领取任何报酬；不准到下属单位和其他企业事业单位报销应由个人支付的各种费用；3. 不准买卖股票；4. 不准在公务活动中接受礼金和各种有价证券；不准接受下属单位和其他企业事业单位赠送的信用卡；也不准把本单位用公款办理的信用卡归个人使用；5. 不准用公款获取各种形式的俱乐部会员资格，也不准用公款参与高消费的娱乐活动。

② 《中国共产党党内法规选编》（1978—1996），法律出版社 2009 年版，第 411—413 页。

理。2006 年 9 月 28 日，中共中央办公厅、国务院办公厅《关于加强农村基层党风廉政建设的意见》，提出要建立和完善对农村基层干部的监督制度，如乡镇领导杆子议事规则要落实重大事项集体决策制度、建立健全农村集体资金、资产和资源管理制度等，推动政务、村务和党务公开。2007 年中共中央纪委印发《关于严格禁止利用职务上的便利谋取不当利益的若干规定》，这是由于涉钱涉权的交易越来越具有隐蔽性和复杂性而作出的针对性规定。2008 年 4 月 10 日，中共中央纪委、中共中央组织部印发《关于退出现职、接近或达到退休年龄的党政领导干部在企业兼职、任职问题的意见》。2009 年 7 月 1 日，中共中央办公厅、国务院办公厅印发《国有企业领导人员廉洁从业若干规定》。2009 年 10 月 1 日，中共中央办公厅印发《关于进一步从严管理干部的意见》，包括强化预防、及时发现、严肃纠正的工作机制；认真执行各项报告制度、及时发现问题的机制，落实谈心谈话制度，做好任前核查工作；健全监督机制，多层次多渠道管理约束干部；认真执行问责制度；进一步增强责任意识，切实履行好从严管理干部的职责。

2010 年 1 月 18 日，中共中央印发《中国共产党党员领导干部廉洁从政若干准则》，这是规范党员领导干部从政行为的重要基础性党内法规，对于保证党员干部廉洁从政，形成用制度规范从政行为、按制度办事、靠制度管人的有效机制。2011 年 3 月 22 日，中共中央纪委印发《〈中国共产党党员领导干部廉洁从政若干准则〉实施办法》，明确提出了廉政从政行为规范，禁止利用职权和职务上的影响谋取不正当利益、私自从事营利性活动、违反公共财物管理和使用的规定，假公济私、化公为私；禁止违反规定选拔任用干部、利用职权和职务上的影响为亲属及身边工作人员谋取利益、讲排场、比阔气、挥霍公款、铺张浪费；禁止脱离实际，弄虚作假，损害群众利益和党群干群关系。此后，相继印发《党政主要领导干部和国有企业领导人员经济责任审计规定》《农村基层干部廉洁履行职责若干规定》(试行)《关于加强廉政风险防控的指导意见》等法规制度。

二是建立干部个人事项报告制度。干部收入申报是保持党政机关领导干部廉洁从政的重要举措，1995 年 4 月 30 日，中共中央办公厅、国务院办公厅印发《关于党政机关县（处）级以上领导干部收入申报的规定》，每年申报两次，对不如实申报的情况给予责令改正直至党纪处分。1997 年 1 月 31 日，中共中央办公厅印发《关于领导干部报告个人重大事项的决定》。2006 年 9 月 24 日，中共中央办公厅印发《关于党员领导干部报告个人有关事项的决定》，这是新形势下干部管理监督的重要举措，要求所有符合报告条件的党员领导干部对九个方面①的报告事项全面如实报告一次。2010 年 5 月 26 日，中共中央办公厅、国务院办公厅印发《关于领导干部报告个人有关事项的规定》，对领导干部个人应当报告的事项予以明确。

三是实行干部档案、任期及回避制度。干部档案是对领导干部各方面的素质情况进行记录，跟踪考察领导干部的政治素质、廉洁自律等方面的情况。2009 年 7 月 6 日，中共中央组织部印发《干部人事档案材料收集归档规定》，强调干部人事档案材料收集收档工作遵循真实、全面、及时、规范的原则，重点收集反映干部自然情况和德、能、勤、绩、廉等方面的材料，以此作为选拔任用领导干部的重要依据，有助于实现以素质选干部，破除论资排辈等旧观念。2006 年 6 月 10 日，中共中央办公厅印发《党政领导干部职务任期暂行规定》《党政领导干部交流工作规定》《党政领导干部任期回避暂行规定》，加强干部管理，加强党风廉政建设，规定党政领导职务每个任期 5 年，各级党委党组可根据干部管理权限调任、转任对党政领导干部的工作岗位进行调整。

（三）党内政治生活和作风建设制度化

严肃认真的党内政治生活是全面从严治党的基础环节。作风建设是党保持

---

① 《关于党员领导干部报告个人有关事项的规定》第三条党员领导干部应当报告下列事项：（一）本人的婚姻变化情况；（二）本人持有因私出国（境）证件的情况；（三）本人因私出国（境）的情况：（四）子女与外国人、港澳台居民通婚的情况；（五）配偶、子女出国（境）定居及有关情况；（六）配偶、共同生活的子女（指同财共居的子女，下同）私人在国（境）外经商办企业的情况；（七）配偶、共同生活的子女担任外国公司驻华、港澳台公司驻境内分支机构主管人员的情况：（八）配偶、子女被司法机关追究刑事责任的情况；（九）本人认为应当向组织报告的其他事项。

同人民群众血肉联系的有效途径。改革开放以来，围绕这两个方面的制度建设，形成了比较全面的制度体系。

第一，党内政治生活制度化。“文化大革命”之后的中国，肃清党内政治生活中“左”的错误，恢复正常的党内政治生活并使其制度化，是全面从严治党最重要的任务。1980 年 2 月，党的十一届五中全会讨论和通过的《关于党内政治生活的若干准则》指出，“在新的历史时期，必须认真维护党规党法，切实搞好党风，加强和改善党的领导，在全党和全国范围内造成一个既有民主又有集中，既有自由又有纪律，既有个人心情舒畅、生动活泼又有统一意志、安定团结的政治局面”，①并“重申”党内政治生活的十二条准则，“坚持党的政治路线和思想路线”，“坚持集体领导，反对个人崇拜”，“维护党的集中统一，严格遵守党的纪律”，“坚持党性，根绝派性”，“要讲真话，言行一致”，“发扬党内民主，正确对待不同意见”，“保障党员的权利不受侵犯”，“选举要充分体现选举人的意志”，“同错误倾向和坏人坏事作斗争”，“正确对待犯错误的同志”，“接受党和群众的监督，不准搞特权”，“努力学习，做到又红又专”。②这十二项要求可以说是全面从严治党制度建设的基本遵循。1980 年，中共中央宣传部、组织部联合发出《关于加强教育健全党的组织生活的意见》，“使得党员教育的一些传统制度，如学习制度、思想汇报制度、表彰优秀党员制度等，逐步得到恢复”。③

此外，自从 1980 年贯彻《关于党内政治生活的若干准则》以来的实践证明，县以上领导干部参加组织生活的情况有了明显的好转，同时通过生活会对于端正路线、提高觉悟、增强领导核心的团结、严肃组织纪律、纠正不正之风发挥了很大的作用。但与此同时，也有部分单位存在着生活会召开不按期、走过场、不能开诚布公交换意见、摆问题但解决的不好等现象。为此，1981 年 8

① 中共中央办公厅法规局编：《中央党内法规和规范性文件汇编》（1949 年 10 月—2016 年 12 月）（下册），法律出版社 2017 年版，第 591 页。

② 同上书，第 591—601 页。

③ 刘靖北：《改革开放以来党的建设制度改革的历史成就》，《党的文献》2018 年第 6 期。

月25日，中共中央组织部发布《关于进一步健全县以上领导干部生活会制度的通知》，要求“县级以上党委常委除了必须编入党的一个组织参加组织生活外，同时还要坚持每半年开一次党委常委（党组）生活会，并要求及时向上级党委或组织部门报告生活会情况”，生活会的内容“以认真检查贯彻执行党的路线、方针、政策、决议和《准则》的情况”，[①] 本着“团结—批评—团结”的精神认真地开展批评和自我批评。1990年中共中央印发《关于县以上党和国家机关领导干部民主生活会的规定》，更加权威系统地对党员领导干部的“双重组织生活”之民主生活会予以规定，强调民主生活会以达到“统一思想、增强团结、互相监督、共同提高”为目的，不得开成汇报工作或研究部署的工作会议，建立上级党组织对下级单位党员领导干部民主生活会情况的通报制度、执行民主生活会制度的一次抓一次的责任制。[②]1997年1月14日，中共中央纪律检查委员会、中共中央组织部针对民主生活会中存在的“政治性、思想性、原则性不够强，汇报工作多，思想交锋少，批评和自我批评开展得不认真甚至根本没有开展起来”的突出问题，印发《关于提高县以上党和国家机关党员领导干部民主生活会质量的意见》，号召全党要提高对民主生活会重要性的认识，明确民主生活会的定位是“党内政治生活中的一项重要制度，是解决领导班子自身矛盾、加强党内监督、提高领导干部思想水平和党性修养的有效途径，是建设高素质干部队伍的一项重要措施”，民主生活会必须根据实际需要重点解决一两个突出问题，必须充分做好会前的准备工作，党委（党组）主要负责同志要切实负起开好民主生活会的责任，而对于群众反映的突出问题和会上检查出来的主要问题必须制定相应的整改错误，提高民主生活会的质量，坚持民主生活会情况通报制度。2000年4月12日，中共中央纪律检查委员会、中共中央组织部印发《关于改进县以上党和国家机关领导干部民主生活会的若干意见》，将民主生活会改为每年召开一次，以便于集中时间和精力解决领导班子存在的突出问

① 《中国共产党党内法规选编》（1978—1996），法律出版社2009年版，第152—154页。

② 同上书，第104页。

题，强调要认真抓好会前的几个重要环节：可以通过“群众提、自己找、上级点、互相帮”的方法“找准党性党风方面存在的突出问题”以确定会议主题；组织好学习，为开好会奠定思想基础；切实发挥党委（党组）书记“第一责任人”的作用。[①] 民主生活会制度在实践中不断发展完善，成为健全党内政治生活的重要制度。

第二，党的作风建设制度化不断发展。为了修复“文化大革命”破坏的党的优良传统，十一届三中全会提出搞好党风的重要任务，邓小平建议从健全党规党法入手，在最短时间内制定出必须遵守的章程和纪律。中纪委于 1979 年下半年牵头组织起草《关于高级干部生活待遇的若干规定》，对高级干部的住房、用品、食品供应、出差出国等方面作出详细规定。邓小平就这一规定在中央党政军机关副部长以上干部会议上强调，“人民群众对干部特殊化是很不满意的”，“我们先从对高级干部的生活待遇作出规定开始，再逐步地作出关于各级干部的生活待遇问题的一些规定，克服特殊化。只要高级干部带头，这个事情就好办了”。[②] 面对机构改革之后一大批年轻干部被提拔到中央和省级以上的党政机关领导岗位，为了“贯彻中央提出的对在职干部既严格要求、又保证工作需要的原则”，1983 年 5 月 21 日，中共中央办公厅、国务院办公厅发布《关于新任副部长、副省长以上干部生活待遇的几项暂行规定》《关于简化各级领导干部外出活动接待工作的若干规定》，叫停接待中的铺张浪费和形式主义，明确“废除礼仪性的迎来送往、减少陪同人员，轻车简从、从俭安排食宿、禁止馈赠礼品、如实汇报工作、改进警卫形式和新闻采访”六项要求。[③] 此后，中央又陆续出台了《关于中央党政机关汽车配备和使用管理的规定》《关于在国内公务活动中严肃用公款宴请和有关工作餐的规定》《关于严禁用公费变相出国（境）旅游的通知》等。2001 年 9 月 26 日党的十五届六中全会通过《中共中央关于加强和改进党的作风建设的决定》，强调要对党的作风状况要有清醒的全面的估计，看

① 《中国共产党党内法规选编》（1996—2000），法律出版社 2009 年版，第 91 页。

② 《邓小平文选》（第 2 卷），人民出版社 1994 年版，第 216 页。

③ 《中国共产党党内法规选编》（1978—1996），法律出版社 2009 年版，第 258—259 页。

不到主流，悲观失望，是错误的；看不到问题的严重性，丧失警惕，不下大气力加紧解决，是危险的，作风建设既是一项“长期而艰巨的任务”，也是一项“现实而紧迫的工作”，当前和今后一个时期的作风建设关键在于贯彻“八个坚持、八个反对”。①2006年10月20日和2007年3月18日，中共中央办公厅、国务院办公厅关于印发《党政机关国内公务接待管理规定》《关于进一步严格控制党政机关办公楼等楼堂馆所建设问题的通知》。2001年12月4日，中共中央办公厅、国务院办公厅《关于进一步精简会议和文件的通知》，要求减少会议数量、压缩会议规模。2009年始，中共中央办公厅、国务院办公厅印发《关于深入开展“小金库”治理工作的意见》、《关于开展工程建设领域突出问题专项治理工作的意见》、《评比达标表彰活动管理办法》（试行）、《关于进一步精简文件和简报的意见》、《节庆活动管理办法》（试行）。

信访工作是党联系群众了解情况的一条重要渠道，是一项经常性的政治任务。1980年3月3日中共中央组织部印发《各级党委组织部门处理来信来访工作暂行条例》，对组织部门如何处理来信来访工作作了细致的规定，涉及受理范围、原则和方法、组织领导以及信访干部的基本素质，特别强调了对于“文化大革命”中的冤假错案，要坚决地、认真地予以平反或纠正。②1982年4月8日，中共中央办公厅、国务院办公厅转发《党政机关信访工作暂行条例》（草案），对组织部门的原则和方法做了重申和加强，特别是强调要加强县一级党委和政府的信访工作，以就地解决为基本前提，努力把问题解决在基层，同时专章规范信访工作人员守则，授权各级党委政府可根据实际情况制定细则。1996年4月24日，中共中央纪律检查委员会、监察部《关于纪检监察机关接待处理集体上访的暂行办法》，规定了相应的处置原则。2003年6月4日，中共中央

① “八个坚持、八个反对”：坚持解放思想、实事求是，反对因循守旧、不思进取；坚持理论联系实际，反对照抄照搬、本本主义；坚持密切联系群众，反对形式主义、官僚主义；坚持民主集中制，反对独断专行、软弱涣散；坚持党的纪律，反对自由主义；坚持清正廉洁，反对以权谋私；坚持艰苦奋斗，反对享乐主义；坚持任人唯贤，反对用人上的不正之风。

② 《中国共产党党内法规选编》（1978—1996），法律出版社2009年版，第128页。

纪委办公厅印发《关于加强纪检监察基层信访举报工作的意见》，基层信访举报工作对于密切党同人民群众血肉联系的，推动党风廉政建设和反腐败斗争具有重要意义。2005 年 2 月 1 日，中共中央纪委办公厅印发《关于依纪依法规范纪检监察信访举报工作的若干意见》，要求加强制度建设推进依纪依法处理信访举报，完善信访举报受理制度、来信处理制度、来访接待制度、健全举报电话处理制度等。

1990 年，党的十三届六中全会通过了《中共中央关于加强党同人民群众联系的决定》，基于 20 世纪末要实现的国民生产总值翻一番的战略目标与党内滋生的官僚主义、主观主义、形式主义、个人主义和以权谋私等现象的矛盾，要求全党必须以整风精神来加强党同人民群众的联系。明确密切联系群众的首要问题是“保证决策和决策的执行符合人民的利益”，① 全党要普遍深入地进行马克思主义群众观点和党的群众路线的再教育，对各级领导机关和领导干部必须加强监督，建立和完善党内监督党外监督，自上而下和自下而上的监督。

2006 年 6 月 27 日，中共中央组织部关于印发《党委组织部门信访工作暂行规定》，对于信访事项的受理、办理和督办、责任追究、组织领导都做了全面的规定。2007 年 3 月 10 日，《中共中央、国务院关于进一步加强新时期信访工作的意见》，明确信访工作是党的群众工作的重要组成部分，“是党和政府联系群众的桥梁、倾听群众呼声的窗口、体察群众疾苦的重要途径，在正确处理人民内部矛盾、维护社会和谐稳定、加强党风廉政建设和反腐败斗争中发挥重要作用” ② 大力推行领导干部接待群众来访制度，包括阅批群众来信、定期接待群众来访、带案下访、包案处理信访问题等制度；建立健全长效工作机制，提高信访工作效率和管理水平，包括建立健全信访工作综合协调机制、信访问题排查化解机制、信访信息汇集分析机制、信访督查工作机制；提高基层化解矛盾的能力，加强县级信访工作；加强对信访工作的领导，健全信访工作领导体制，

① 《中国共产党党内法规选编》（1978—1996），法律出版社 2009 年版，第 76 页。

② 《中国共产党党内法规选编》（2001—2007），法律出版社 2009 年版，第 608—609 页。

将信访工作列入重要议事日程，明确分管信访工作的领导同志，形成强有力的领导机制、落实信访工作领导责任制，主要领导是第一责任人、加强信访部门领导班子和干部队伍建设。2009年1月28日，中共中央办公厅、国务院办公厅转发中央处理信访突出问题及群体性事件联席会议通过的《关于领导干部定期接待群众来访的意见》《关于中央和国家机关定期组织干部下访的意见》《关于把矛盾纠纷排查化解工作制度化的意见》。在2008年全国各地开展县（市、区）委书记大接访活动，解决了大量信访问题，化解了一大批影响社会和谐稳定的突出矛盾和问题。为了将这一做法制度化、规范化，要求领导干部通过公示、接访、包案、落实等四种方式方法定期接待群众来访。

（四）党的监督制度逐步体系化

“文化大革命”结束后，党认真总结经验教训，大力推进党内监督制度建设，形成了科学有效的纪检监察体系和比较完备的党内监督体系。

1. 纪检机关领导体制改革深入推进

党的十一届三中全会决定正式恢复党的纪律检查机关，成立中共中央纪律检查委员会，其职责就是维护党规党法。1979年，全国县团级以上党委绝大多数建立了党的纪律检查机关，在同级党委领导下工作。“1980年，经党中央批准，纪委领导体制改为地方纪委受同级党委和上级纪委的双重领导，以同级党委为主的体制。党的十二大党章对纪委产生方式和领导体制作出重大调整，规定中央纪委由党的全国代表大会选举产生，在党的中央委员会领导下工作。党的地方各级纪委由同级代表大会选举产生，在同级党委和上级纪委的双重领导下工作，取消了‘以同级党委为主’的规定”。① 为了健全党的纪律检查系统，1983年3月2日，中共中央纪律检查委员会发布《关于健全党的纪律检查系统加强纪检队伍建设的暂行规定》，对纪检机关的设置、职责、干部配备都做了详细规定，特别明确了各级纪委的领导干部由同级党委和上级纪委双重管理。十四大党章对于纪检机关的双重领导体制和扩大各级纪委的权限问题作

① 刘靖北：《改革开放以来党的建设制度改革的历史成就》，《党的文献》，2018年第6期。

出进一步规定。党的十五大明确党委统一领导、党政齐抓共管，纪委组织协调，部门各负其责，依靠群众支持参与的机制。与此同时，国家监察体制也逐步确立。1987 年，国家监察部正式挂牌办公。1993 年，中央纪委和监察部开始合署办公，以实现党的纪律检查和行政监察相互支持，形成合力。

2. 建立健全党内巡视制度和派驻制度

巡视制度早在革命战争年代就已建立。改革开放后，党内巡视制度重新确立。党的十三届四中全会后，党中央明确提出要开展巡视工作。1990 年，党的十三届六中全会提出，中央和省区市党委可以根据需要派出巡视工作小组，对有关问题进行监督检查。1996 年，中共中央检查委员会印发《关于建立巡视制度的试行办法》，规定了巡视干部的选派、任务、职权、纪律和管理。1997 年 2 月 4 日，中共中央办公厅经中共中央批准转发中共中央纪律检查委员会《关于重申和建立党内监督五项制度的实施办法》。2003 年，《中国共产党党内监督条例（试行）》将巡视制度确定为党内监督的十项制度之一。据此，中央纪委、中组部正式组建巡视工作专门机构。2009 年 4 月 13 日，中共中央纪委、中共中央组织部关于《加强和改进省（区、市）巡视工作的若干意见》。党的十六大指出要建立和完善巡视制度。党的十七大把巡视作为一项重要制度写入党章，并强调要完善巡视制度。为提高巡视工作的质量和水平，必须健全体制机制，加强对巡视工作的组织领导，突出工作重点，增强巡视工作针对性，继续把市作为巡视的重点，加强对县的延伸巡视，加强制度建设，提高巡视工作制度化、规范化，贯彻落实《中国共产党巡视工作条例》（试行），修订完善相关制度；改进方式方法，着力发现问题；加强成果运用，不断增强巡视工作实效；强化机构建设，建设高素质巡视干部队伍。2009 年 7 月 2 日，中共中央印发《中国共产党巡视工作条例》（试行），对巡视机构设置、巡视程序、人员管理都做了规定。2010 年 4 月 1 日，中共中央纪委、中共中央组织部印发《关于被巡视地区、单位配合中央巡视组开展巡视工作的暂行规定》。2012 年 4 月 16 日，中共中央纪委、组织部、中央巡视工作领导小组印发《关于国务院国资委对中央企业、部分中央企业和中管金融企业对所属单位开展巡视工作的意见》（试行），党的上级组织对下级组织及其领导班子进行监督，是党章赋予党组织的重要责任。党的十六大以来，国务院国资委借鉴中央巡视组的做法，对所管理的中央企业开展巡视，发现和推动解决了一批突出问题。2012年8月2日，中共中央纪委、中共中央组织部印发《省、自治区、直辖市党委对县（市、区、旗）巡视工作实施办法》，规定省、自治区、直辖市党委在每届任期内对县至少巡视1次。

1991年4月23日，中共中央纪律检查委员会发布《关于中央纪委派驻纪检组和各部门党组纪检组（纪委）若干问题的规定》，明确了派驻纪检组受中央纪委和部门党组（党委）的双重领导，主要职责在于检查所在部门和系统的路线、方针、政策和决议的执行情况、检查所在部门违犯党纪的案件、协助所在部门加强党风建设等。2000年9月，中央纪委、中央组织部、中编办、监察部联合下发了《关于加强中央纪委、监察部派驻纪检监察机构管理的意见》，进一步明确了中央纪委、监察部派驻机构是中央纪委、监察部的组成部分，受中央纪委、监察部和驻在部门党组（党委）、行政的双重领导，以中央纪委、监察部领导为主。2006年4月6日，中共中央纪委《关于中共中央纪委派驻纪检组履行监督职责的意见》，派驻监督不断深化。

3. 建立健全党的监督制度体系

党的十一届三中全会后，党内监督制度得到了多方面的发展，党和国家的监督工作呈现新格局。1982年，党的十二大通过的《中国共产党章程》，专门写入“党的纪律”和“党的纪律检查机关”两章，对纪律检查机关的性质、地位、功能、权限都作了明确规定，为新时期的监督工作提供了理论指导和法理依据。此后，党的监督制度体系伴随着监督工作实践不断建立健全。1987年7月29日，中共中央纪律检查委员会发布《关于对党员干部加强党内纪律监督的若干规定》（试行），强调党内纪律监督是保证全党按照党章和《准则》办事的重要保障，明确“党内纪律监督的重点，是各级领导干部，特别是主要领导干部”，① 并采取分级负责的办法，充分保护监督者与被监督者的正当权利。

① 《中国共产党党内法规选编》（1978—1996），法律出版社2009年版，第337页。

2003 年 12 月 31 日，中共中央印发《中国共产党党内监督条例（试行）》，这是坚持党要管党、从严治党的方针，加强党内民主，保持党的先进性的一部非常重要的党内法规，明确了 7 个方面的重要监督内容，10 个方面的监督制度，其中包括集体领导和分工负责、重要情况通报和报告、述职述廉、民主生活会、信访处理、巡视、谈话和诫勉、舆论监督、询问和质询等。

2012 年 10 月 21 日，中共中央办公厅、国务院办公厅印发《关于建立健全中央重大决策部署贯彻执行情况监督检查机制的意见》，加强监督检查有利于增强党员干部贯彻落实中央重大决策部署的自觉性和坚定性，维护中央权威建立健全监督检查及时跟进机制、监督检查组织领导机制、监督检查科学运作机制、监督检查惩戒激励机制、检举检查常态运行机制。2007 年中共中央办公厅印发《地方党委委员、纪委委员开展党内询问和质询办法（试行）》的通知，党的党委委员、纪委委员对所在委员会全体会议决议、决议执行中存在的问题提出询问和质询，这是加强党内监督的重要举措。2009 年 6 月 30 日，中共中央办公厅、国务院办公厅印发《关于实行党政领导干部问责的暂行规定》，这是加强反腐倡廉法规制度建设，加强对干部的管理监督，增强党政领导干部责任意识的重要举措，对党政领导干部实行问责，坚持严格要求、实事求是，权责一致、惩教结合；依靠群众、依法有序的原则，问责方式有责令公开道歉、停职检查、引咎辞职、责令辞职、免职。

此外，1997 年 2 月 27 日，中共中央印发《中国共产党纪律处分条例（试行）》，将违犯党纪的行为分为政治类错误，组织、人事类错误，经济类错误，失职类错误，侵犯党员权利、公民权利类错误，严重违反社会主义道德类错误、违反社会管理秩序类错误等，视违反错误给予相应的纪律处分。2003 年中共中央印发《中国共产党纪律处分条例》，将纪律分为政治纪律、组织人事纪律、廉洁自律纪律、贪污贿赂行为等。对党的纪律予以明确，为全面从严治党提供了直接的制度遵循。

由此可见，除了专门机构的纪律监督外，还包括自上而下的监督，如巡视监督、报告监督、派驻机构的监督，也包括自下而上的监督，如党员监督、群众监督、媒体监督，也包括同级监督，如班子内部监督等，党的监督制度向体系化方向发展。

（五）反腐败工作逐步呈现标本兼治的制度化格局

改革开放对于党来说是一把双刃剑，既为党实现既定目标提供了有利条件，但也使我们党面临着严峻考验，尤其是腐败的考验。增强拒腐防变和抵御风险的能力，是一个执政党的长期课题。改革开放以来的反腐败实践，已经形成了教育、制度、监督并重的惩治和预防腐败体系。

反腐败斗争是加强党和政权建设，密切党群关系，保持社会稳定的重要工作。随着改革开放的深入推进，权力寻租现象也越发严重。2003 年 5 月 30 日，中共中央纪委办公厅、监察部办公厅印发《关于进一步加强和做好反腐败抓源头工作的实施意见》，强调要坚持标本兼治、综合治理的方针，加大从源头上预防和治理腐败，重点加强行政审批制度改革、财政管理体制改革、干部人事制度改革、推行政府采购制度、全面实行产权交易进入市场制度。2005 年 1 月 3 日，中共中央印发《建立健全教育、制度、监督并重的惩治和预防腐败体系实施纲要》，坚持标本兼治、综合治理、惩防并举、注重预防，是党对执政规律和反腐倡廉工作规律认识的进一步深化。从制度来看，要完善民主集中制等基本制度、推进从源头防治腐败的制度创新、提高制度建设质量水平；从监督来看，要加强对领导机关、领导干部特别是各级领导班子主要负责人的监督、加强对重点环节和重点部位权利行使的监督、发挥各监督主体，如党内监督、人大监督、政府专门机关监督、司法监督、政协监督、社会监督，形成监督合力。2008 年 5 月 13 日，中共中央印发《建立健全惩治和预防腐败体系 2008—2012 年工作规划》，健全反腐倡廉法规制度，完善党内民主集中制、党内民主和党内监督制度；完善违纪行为惩处制度，制定纪律处分条例和公务员处分条例的配套法规，修订纪律检查机关控告申诉工作条例，完善反腐败领导体制和工作机制的具体制度，如修订《关于党风廉政建设责任制的规定》，加强反腐倡廉国家立法工作，深化体制机制制度改革，推进干部人事和司法体制改革，完善干部选拔任用制度、优化司法职权配置、推进行政管理和社会体制改革，推进财税、金融和投资体制改革，完善金融企业公司治理，建立健全现代金融企业制度等。改革开放以来的反腐败工作形成了领导干部廉洁自律、查办案件、纠正部门和行业不正之风的反腐倡廉三项工作格局，从侧重遏制到标本兼治，逐步加大治本力度。

此外，党风廉政建设责任制度逐步完善。1998 年 11 月 21 日，中共中央、国务院印发《关于实行党风廉政责任制的规定》，明确“实行党风廉政责任制，要坚持从严治党、从严治政；立足教育，着眼防范；集体领导与个人分工负责相结合；谁主管，谁负责；一级抓一级，层层抓落实”，分清全面领导责任和直接领导责任，将责任制的执行情况作为“对领导干部的业绩评定、奖励惩处、选拔任用的重要依据”。①1999 年 2 月 6 日，中共中央办公厅《关于进一步加强督促检查工作的意见》，这是对继 1995 年试行以来发布的正式意见，再次强调“决策作出后，关键是要抓落实，并且要通过督促检查推动决策落实”，指出督促检查工作时一个重要的领导环节和领导方法，从根本上来说，“是对各级党委和领导工作作风的监督和检查，是决策落实的重要推动力，是落实工作不可缺少的辅助力量”，② 把抓落实作为督促检查工作的出发点和落脚点，紧密围绕党的中心工作进行，把中央宏观决策与地方党委具体决策贯彻落实的督促检查有机结合起来，要做好党委领导同志批办事项的专项查办工作。2010 年 11 月 10 日，中共中央、国务院印发《关于实行党风廉政建设责任制的规定》，实行党风廉政建设责任制，坚持党委统一领导、党政齐抓共管，纪委组织协调，部门各负其责，依靠群众的支持和参与。领导班子主要负责人是职责范围内党风廉政建设第一责任人，应当重要工作亲自部署、重大问题亲自过问、重点环节亲自协调、重要案件亲自督办。全面从严治党制度开始呈现出责任倒逼的新格局。

改革开放以来的全面从严治党制度建设是党的历史方位发生重大转变的环境下进行的。自 1978 年改革开放以来，党“已经从一个受到外部封锁和实行计

---

① 《中国共产党党内法规选编》(1996—2000)，法律出版社 2009 年版，第 84—85 页。

② 同上书，第 429 页。

划经济条件下领导国家建设的党，转变为一个在对外开放和发展社会主义市场经济条件下领导国家建设的党”。① 纵观这一时期的全面从严治党制度建设，呈现出以下特点：

第一，“制度”建设作为基础性建设开始贯穿于全面从严治党的方方面面。经历了“文化大革命”的十年内乱，党对制度的认识更加深入，正如邓小平在总结“文化大革命”教训时所指出的，“不是说个人没有责任，而是说领导制度、组织制度问题更带有根本性、全局性、稳定性、长期性。这种制度问题，关系到党和国家是否改变颜色，必须引起全党的高度重视”，“制度好可以使坏人无法任意横行，制度不好可以使好人无法充分做好事，甚至会走向反面”。② 改革开放以来党的建设经历了波澜壮阔的历程，全面从严治党制度一步步推进，从 1978 年的十一届三中全会到 1989 年的十三届四中全会的八年，以邓小平同志为核心的党的第二代中央领导集体，在开辟中国特色社会主义道路的进程中，开创了党的建设新的伟大工程，不断健全党内法规，如党的十一届三中全会通过的《关于党内政治生活准则》，废除干部职务终身制实行离退休制度，十二届二中全会通过的《中共中央关于整党的决定》有关从 1983 年 3 月起对党的思想作风和组织的全面整顿，党和国家领导制度的改革；从 1989 年十三届四中全会到 2002 年党的十六大的 13 年中，以江泽民同志为核心的党的第三代中央领导集体把党的建设新的伟大工程推向了 21 世纪，党的十四届四中全会通过了《关于加强党的建设几个重大问题的决定》，“两个先锋队”写入党章中并修改入党的要求；从 2002 年党的十六大到 2012 年党的十八大的 10 年，以胡锦涛同志为总书记的党中央牢牢把握党的执政能力建设和先进性建设的主线，党的十六届四中全会通过了《关于加强党的执政能力建设的决定》，把思想政治建设放在领导班子建设的首位来抓，颁布《公务员法》《干部教育培训工作条例（试行）》《党员权利保障条例》《党内监督条例（试行）》《建立健全教育、制度、监督并重的惩治与预防腐败体系实施纲要》等，全面从严治党制度不断丰富。

---

①② 习近平：《改革开放 30 年党的建设回顾与思考》，《学习时报》2008 年 9 月 8 日。

第二，党章作为党的根本大法的权威性更加彰显。实现党和国家长治久安，必须依靠制度，而党章作为党的全部活动的基础和依据，“党章的修改和完善是党的制度建设的最重要的内容”①。自党的十二大制定了新党章之后，党的十三大到党的十八大历次党代会，党章都进行了与时俱进的修改。党的十二大的报告特别强调，必须在全党进行新党章的普遍教育，并严格执行。每一个党员是否真正符合党章所规定的条件，能否充分履行党员的义务，将成为他是不是一个合格的党员的根本标准。中央纪委向党的十二大的政治报告中指出，对今后的工作建议其中便有一条，要经常检查各级党组织和党员贯彻执行党章和贯彻《关于党内政治生活的若干准则》的情况。1987 年 1 月 13 日，中央纪委还专门发出《关于共产党员必须严格遵守党章的通知》，强调资产阶级自由化思想是违背党章总纲的，是违反政治纪律的，强调“遵守党章，特别是遵守党的政治纪律，是对每个共产党员的起码要求”，“坚决同一切违背党章的错误言行进行斗争，是各级党的组织和每个党员义不容辞的职责”，“要在全党进行党章的再学习、再教育，以增强党性，提高遵守纪律的自觉性”②。可以说，改革开放以来全面从严治党制度建设就是建构在贯彻党章的基础之上。

第三，党内民主制度被提升到关系党的生命的高度来认识。这一时期通过的诸多党内制度，贯穿其中的一条主线便是加强党内民主。如，干部的选拔任用制度，将民主推荐、民意评议、民意测验作为选拔任用考核领导干部的重要程序、实行领导干部公开选拔、竞争上岗、建立领导干部任前公示制度等，都是为了不断提升干部选拔任用的民主化和科学化。在 2007 年召开的十六届中央委员、中央候补委员和省部级主要领导干部参加的会议中，对新提名的中央政治局组成人员预备人选进行了民主推荐，胡锦涛亲自主持这次民主推荐会，给予高度评价，认为这样做有利于选准选好优秀人才、完善党和国家领导人的产生机制。再如，党的代表大会制度，自党的十二大以来党的各级代表大会按期

① 习近平：《改革开放 30 年党的建设回顾与思考》，《学习时报》2008 年 9 月 8 日。

② 中共中央纪律检查委员会办公厅主编：《中国共产党党风廉政建设文献选编》第五卷，中国方正出版社 2001 年版，第 775—777 页。

召开，在党和国家政治生活中举足轻重，党的十七大决定实行党的代表大会任期制，选择一些县市区试行党代表大会常任制。又如，党的集体领导制度更加规范，“党中央制定并不断完善中央政治局、中央政治局常委会、中央书记处工作规则，连同1996年颁布试行的《中国共产党地方委员会工作条例》，标志着党委集体领导和民主决策逐步制度化、规范化”，① 此后的十七大进一步推行地方党委重大事项票决制度，党内民主制度逐步完善。

第四，全面从严治党制度开始迈入体系化，注重长效机制。制度的生命力在于执行，全面从严治党是一项系统工程，要确保制度成效，必须探索制度的体系化路径，探索长效机制。这一时期的干部制度和反腐倡廉制度开始呈现出体系化的特征，如针对新形势下腐败现象的滋生蔓延，反腐败工作开始探索预防机制—监督机制—惩戒机制—协调机制的纵向闭环系统，横向上形成领导干部廉洁自律、查办案件、纠正部门和行业不正之风的反腐倡廉三项工作格局，筑起思想道德和党纪国法两道防线，实行党风廉政建设责任制，推动反腐败工作从侧重遏制到构建标本兼治的长效机制。再如，关于党的先进性建设这一马克思主义政党建设的根本要求和永恒主题，通过系统制度来构建长效机制，2006年6月21日，中共中央同时印发《关于加强党员经常性教育的意见》《关于做好党员联系和服务群众工作的意见》《加强和改进流动党员管理工作的意见》《关于建立健全地方党委、部门党组（党委）抓基层党建工作责任制的意见》等4个保持共产党员先进性长效机制的文件，形成了整体推动、相互促进的基本格局。

四、党的十八大以来全面从严治党制度建设

党要管党，从严治党，是党的建设的一贯要求。党的十八大以来，以习近平同志为核心的党中央提出全面从严治党思想，强调全面从严治党永远在路上，作出了“加强党内法规制度建设是全面从严治党的长远之策、根本之策”的重大判断，将党内法规制度建设提到了前所未有的战略高度。

① 习近平：《改革开放30年党的建设回顾与思考》，《科学决策》2008年第9期。

（一）以党的政治建设统领党的各方面建设的体制机制

1. 以政治建设法规制度坚持政治领导

“坚持党的政治领导，最重要的是坚持党中央权威和集中统一领导，这要作为党的政治建设的首要任务。”① 坚持党中央权威和集中统一领导是马克思主义执政党处理党内关系的根本要求，是确保全党思想上统一、行动上一致的根本要求，是确保党的事业不断发展壮大的根本所在。对于一个拥有 9100 多万党员、在近 14 亿人口的发展中大国中长期执政的大党来说，如果没有党的集中统一领导，没有党中央权威，党就会变成一盘散沙，党的路线方针政策谈何执行？“维护党中央权威和集中统一领导，是贯彻执行民主集中制的内在要求，是关系党、民族、国家前途命运的原则性问题，是根本的政治纪律和政治规矩。”② 事在四方，要在中央。坚决维护党中央权威和集中统一领导，最关键的是坚决维护习近平总书记党中央的核心，全党的核心地位。万山磅礴必有主峰，龙衮九章但挚一领。核心凝聚力量，是团结统一的保证，是马克思主义政党的鲜明优势。《中共中央政治局关于加强和维护党中央集中统一领导的若干规定》，强调加强和维护党中央集中统一领导是全党共同的政治责任，首先是中央领导层的政治责任。在《中共中央关于加强党的政治建设的意见》关于坚持党的政治领导的要求中，放在第一位是坚决做到“两个维护”“要教育引导广大党员干部从历史和现实、理论和实践、国内和国际的结合上深刻认识、强化认同，不断增强拥护核心、跟随核心、捍卫核心的思想自觉政治自觉行动自觉，始终同以习近平同志为核心的党中央保持高度一致，做到党中央提倡的坚决响应、党中央决定的坚决执行、党中央禁止的坚决不做。”③《中国共产党重大事项请示报告条例》，指出“重大事项请示报告工作以习近平新时代中国特色社会主义思想为指导，坚持和加强党的全面领导，坚持党要管党、全面从严治党，贯彻民主

---

① 习近平：《增强推进党的政治建设的自觉性和坚定性》，《求是》2019 年第 14 期。

② 本刊编辑部：《以党的政治建设为统领把我们党建设得更加坚强有力》，《求是》2019 年第 14 期。

③《中共中央关于加强党的政治建设的意见》（2019 年 1 月 31 日），《中国共产党重要党内法规学习汇编》，中国法制出版社 2019 年版，第 315 页。

集中制，坚决维护习近平总书记党中央核心、全党的核心地位，坚决维护党中央权威和集中统一领导，保证全党团结统一和行动一致，确保党始终总揽全局、协调各方”。① 由此可见，“两个维护”是贯穿党内法规制度的一条根本政治原则，是党的十八大以来形成的重大政治成果和宝贵经验，是确保党在革命性锻造中更加坚强的重要政治纪律和政治规矩。需要注意的是，“‘两个维护’有明确的内涵和要求，维护习近平总书记核心地位，对象是习近平总书记而不是其他任何人；维护党中央权威和集中统一领导，对象是党中央而不是其他任何组织。党中央的权威决定各级党组织的权威，各级党组织的权威来自党中央的权威，‘两个维护’既不能层层套用，也不能随意延伸”。②

2. 以思想建设法规制度把准政治方向

习近平总书记在多个场合都讲过一个发人深省的故事，“红军过草地的时候，伙夫同志一起床，不问今天有没有米煮饭，却先问向南走还是向北走。这说明在红军队伍里，即便是一名炊事员，也懂得方向问题比吃什么更重要。如果在方向问题上出现偏离，就会犯颠覆性错误”。③ 中国共产党人的政治方向是什么？“我们所要坚守的政治方向，就是共产主义远大理想和中国特色社会主义共同理想、‘两个一百年’奋斗目标，就是党的基本理论、基本路线、基本方略。”④ 党的十八大以来，围绕理想信念教育，《中共中央关于加强党的政治建设的意见》《中国共产党宣传工作条例》《中国共产党党委（党组）理论学习中心组学习规则》《中国共产党党员教育管理工作条例》《中国共产党党校（行政学院）工作条例》等一系列法规制度均强调要对党员和领导干部进行共产主义远大理想和中国特色社会主义共同理想的宣传与教育，形成了全方位理想信念教育制度。

3. 以组织建设法规制度筑牢政治基础

政党作为组织，其成员是“党员”，是组织的主体，党员是政治身份。加强

---

① 《中国共产党重大事项请示报告条例》，《中国共产党重要党内法规学习汇编》，中国法制出版社2019年版，第153—154页。

② 丁薛祥：《完善坚定党中央权威和集中统一领导的各项制度》，《党建研究》2019年第11期。

③④ 习近平：《增强推进党的政治建设的自觉性和坚定性》，《求是》2019年第14期。

党的自身建设，对主体的管理是关键。2013 年 6 月 28 日，习近平总书记在全国组织工作会议中指出，“党员是党的肌体的细胞。党的先进性和纯洁性要靠千千万万党员的先进性和纯洁性来体现，党的执政使命要靠千千万万党员卓有成效的工作来完成，党要管党、从严治党必须落实到党员队伍的管理中去”。① 加强党员队伍建设是一项系统工程，对普通党员而言，既要把好入口，还要畅通出口，而在其间则要加强党员的教育管理监督服务和权利保障等。《中国共产党发展党员工作细则》保持了原《细则（试行）》框架和内容的总体稳定，又坚持强烈的问题导向和从严要求，明确发展党员要“控制总量、优化结构、提高质量、发挥作用”的总要求。政党必须依托一定的成员而存在。党员不是一种自然身份，而是一种政治身份，是公民基于政治理想和认同，自愿申请、组织培养，举过手、发过誓而做出的理性选择。即便如此，为了更好增强组织凝聚力，依然还需要对党员进行教育与管理。2019 年 5 月 6 日，中共中央印发《中国共产党党员教育管理工作条例》，以条例的形式对党员教育管理工作做出基本规范。明确提出把用习近平新时代中国特色社会主义思想武装全党作为党员教育管理的首要政治任务。“总结运用党的十八大以来推进全面从严治党向基层延伸的重要经验，坚持融入日常、抓在经常，坚持从基础工作抓起、从基本制度严起，从 4 个方面对党员教育管理的方法途径作出规定：一是用好党的组织生活这一经常性手段，落实‘三会一课’、组织生活会、民主评议党员、谈心谈话等基本制度，组织党员定期参加支部主题党日、按期交纳党费，加强党员党性锻炼”②；二是根据党的事业发展和党的建设重点任务，坚持集中培训制度，有计划地组织党员参加集中轮训培训、党内集中学习教育，要求党员每年集中学习培训时间一般不少于 32 学时，使党员接受日常教育全覆盖、有保证、见实效；三是“组织引导党员发挥先锋模范作用，要求党组织设立党员示范岗、党

① 习近平：《在全国组织工作会议上的讲话》，《十八大以来重要文献选编》上，中央文献出版社 2014 年版，第 351 页。

② 《新时代党员教育管理工作的基本遵循——中央组织部负责人就印发〈中国共产党教育管理工作条例〉答记者问》，《党建研究》2019 年第 6 期。

员责任区，开展设岗定责、承诺践诺，引导党员参与志愿服务，充分调动广大党员积极性主动性创造性；四是坚持从严教育管理和热情关心爱护相统一，从政治、思想、工作、生活上激励关怀帮扶党员，落实对老党员等重点对象的服务措施，增强党员荣誉感归属感使命感，激励党员新时代新担当新作为”。①

党的力量来自组织，党的组织体系建设也是夯实党的组织基础的重要方面。党的十八大以来，围绕党的组织建设，出台了《中国共产党地方委员会工作条例》《中国共产党工作机关条例》（试行）、《中国共产党国有企业基层组织工作条例（试行）》、《中国共产党党和国家机关基层组织工作条例》、《中国共产党农村基层组织工作条例》、《中国共产党支部工作条例（试行）》、《关于加强和改进城市基层党的建设工作的意见》、《关于加强和改进中央和国家机关党的建设的意见》、《加强党的基层组织任期的意见》等一系列的法规制度，这些法规制度对于各领域各层级的基层组织机构设置及运行机制作出规范，有利于增强党的战斗力和凝聚力。

4. 以作风建设法规制度夯实政治根基

人民是历史的创造者，加强党的政治建设，必须紧扣民心这个最大的政治。“民之所好好之，民之所恶恶之”，要站稳人民立场，人民对美好生活的向往就是党的奋斗目标，人民群众反对什么，痛恨什么，我们就要坚决防范和打击，始终保持党同人民群众的血肉联系，以加强党的作风建设夯实政治根基。

第一，形成纠治形式主义、官僚主义、享乐主义、奢靡之风的制度体系。针对形式主义和官僚主义的问题，党的十八大之后，党出台的第一个党内法规制度就是《关于改进工作作风、密切联系群众的八项规定》，对中央政治局提出了八个方面的要求，主要内容围绕调查研究、会风文风、出访接待等，措辞明确，语言简练，如“提高会议实效，开短会、讲短话，力戒空话套话”；对于会议简报，“没有实质内容、可发可不发的文件、简报一律不发”；对警卫工

① 《新时代党员教育管理工作的基本遵循——中央组织部负责人就印发〈中国共产党教育管理工作条例〉答记者问》，《党建研究》2019 年第 6 期。

作，“减少交通管制，一般情况下不封路、不清场闭馆”；对文稿发表，“除中央统一安排外，个人不公开出版著作、讲话单行本，不发贺信、贺电、不题词、题字”。① 这份短短600多字的党内法规，一度被称为推进全面从严治党的第一把“手术刀”，坚持以上率下，“小切口”推动了“大变局”。此外还印发《党政机关公文处理工作条例》《关于解决形式主义突出问题为基层减负的通知》等一系列党内法规制度。其中《党政机关公文处理工作条例》对于公文起草的要求中特别强调了一切从实际出发，分析问题，实事求是，所提政策措施和办法切实可行；内容简洁，主题突出，文字简练；深入调查研究，充分进行论证，广泛听取意见等要求，力戒形式主义和官僚主义。②《关于解决形式主义突出问题为基层减负的通知》，要求以党的政治建设统领加强思想教育，解决党性不纯、政绩观错位问题；严格控制层层发文、层层开会，着力解决文山会海的反弹回潮的问题，对中央印发的政策性文件原则上不得超过10页，从中央层面做起，层层大幅度精简文件和会议，确保发到县级以下的文件、召开的会议减少30%—50%；加强计划管理和监督实施，着力解决监督检查考核过多过频留痕的问题，强调结果导向，关键看有没有解决实际问题，群众的评价怎么样；完善问责制度和激励关怀机制，着力解决干部不敢担当作为的问题③。针对享乐主义和奢靡之风的问题，2013年1月17日，习近平总书记在新华社《网民呼吁遏制餐饮环节“舌尖上的浪费”》材料上批示指出，要“努力使厉行节约、反对浪费在全社会蔚然成风”④，自此，中国在全社会掀起了厉行节约、反对浪费的运动，即便如此，群众仍旧担心新风只是“一阵风”。《党政机关例行节约反

① 《关于改进工作作风、密切联系群众的“八项规定”》，载中国共产党新闻网，http://fanfu.people.com.cn/n/2013/0109/c64371-20146477.html，2013年1月9日。

② 《党政机关公文处理工作条例》，载学习强国，https://www.xuexi.cn/5b222dcca0d841c9de93720248f05414/e43e220633a65f9b6d8b53712cba9caa.html，2012年4月16日。

③ 《关于解决形式主义突出问题为基层减负的通知》，《中国共产党重要党内法规学习汇编》，中国法制出版社2019年版，第346—349页。

④ 《厉行勤俭节约，反对铺张浪费》（2013年1月17日、2月22日），《习近平谈治国理政》，外文出版社2014年版，第363页。

对浪费条例》《党政机关国内公务接待管理规定》等一系列法规制度等出台，回应了群众关切。

2019年，习近平总书记专门作出重要批示，强调2019年要解决一些困扰基层的形式主义问题，切实为基层减负，并将2019年定为基层减负年，中共中央办公厅印发《关于解决形式主义突出问题为基层减负的通知》，其中特别要求从中央层面做起，“从领导机关首先是中央和国家机关做起，开展作风建设专项整治行动，发扬斗争精神，对困扰基层的形式主义问题进行大排查，着重从思想观念、工作作风和领导方法上找根源、抓整改”，①在“严格控制层层发文、层层开会，着力解决文山会海反弹回潮的问题”上明确规定，“认真贯彻落实中央八项规定及其实施细则精神，从中央层面做起，层层大幅度精简文件和会议，确保发给县级以下的文件、召开的会议减少30%—50%。发扬‘短实新’文风，坚决压缩篇幅，防止穿靴戴帽、冗长空洞，中央印发的政策性发件原则上不超过10页，地方和部门也要按此从严掌握”；②对于中央层面的检查，明确规定要实行“年度计划和审批报备制度，中央和国家机关有关部门原则上每年搞1次综合性督查检查考核”；③建立保障机制，“在党中央集中统一领导下，建立中央层面整治形式主义为基层减负专项工作机制”。④2020年出台的《关于持续解决困扰基层的形式主义问题　为决胜全面建成小康社会提供坚强作风保证的通知》，更是将坚持以上率下狠抓工作落实作为一项要求明确提出。由此可见，“以上率下”既是党的十八大以来作风建设法规制度的鲜明特点，亦是作风建设取得实效的关键所在。

第二，完善密切联系群众相关法规制度体系。《关于完善党员干部直接联系群众制度的意见》对密切联系群众相关制度作了系统规定，包括：调查研究制度、基层联系点制度、基层挂职任职制度、定期接待群众来访制度、与干部群众谈心制度、征集群众意见制度、党员承诺践诺制度等。此外，信访工作作为

①②③④ 《中共中央办公厅印发关于解决形式主义突出问题为基层减负的通知》，《人民日报》2019年3月12日。

送上门来的群众工作，是党和政府联系群众的重要桥梁、倾听群众呼声的重要窗口、体察群众疾苦的重要途径。面对信访工作存在的有关党员干部作风的问题，《关于创新群众工作方法解决信访突出问题的意见》，既着重强调把领导干部接访下访作为党员干部直接联系群众的一项重要制度，又对省、市、县、乡各级领导干部接访次数作出最低限定，即省级领导干部每半年至少 1 天，市厅级领导干部每季度至少 1 天，县（市、区、旗）领导干部每月至少 1 天，乡镇（街道）领导干部至少 1 天到信访街道场所，按照属地管理、分级负责的原则接待群众来访，并要求集中领导资源解决重大疑难复杂问题；既提出在市、县两级全部实行联合接访，又要求结合实际加强对进驻联合接访场所责任部门的动态管理，防止形式化。

5. 以纪律建设法规制度严明政治规矩

“路线是王道，纪律是霸道”，中国共产党是一个按列宁主义建党原则建立的政党，纪律严明是党的光荣传统和独特优势。党的十九大第一次将纪律建设纳入党的建设总体布局，明确纪律建设是全面从严治党的治本之策。“革命战争年代，我们党团结带领人民打败穷凶极恶的敌人、夺取中国革命胜利，靠的是铁的纪律保证。新的历史条件下，我们党要团结带领人民全面建成小康社会、基本实现现代化，同样要靠铁的纪律保证”。① 党的十八大之后，《中国共产党纪律处分条例》两次修订，把党章和其他主要党内法规对于党员和党组织的纪律要求细化，坚持纪严于法、纪法分开、纪在法前，删除法律已经明确规定的内容，明确规定违反党章就要给予相应的党纪处分，将 10 类违纪行为整合规范为政治纪律、组织纪律、廉洁纪律、群众纪律、工作纪律、生活纪律，真正回归党的纪律，为广大党员开出一项“负面清单”“严明党的纪律，首要的是严明政治纪律。党的纪律是多方面的，但政治纪律是最重要、最根本、最关键的纪律。遵守党的政治纪律是遵守党的全部纪律的重要基础。政治纪律是各级党组

① 习近平：《严明政治纪律，自觉维护党的团结统一》（2013 年 1 月 21 日），《十八大以来重要文献选编》上，中央文献出版社 2014 年版，第 131 页。

织和全体党员在政治方向、政治立场、政治言论、政治行为方面必须遵守的规矩，是维护党的团结统一的根本保证”①。党的十八大后修订的《中国共产党纪律处分条例》尤其突出政治纪律与政治规矩，对反对党的领导和党的基本理论、基本路线作出处分规定，增加拉帮结派、对抗组织等条款，确保中央政令畅通。

6. 以反腐败法规制度永葆政治本色

党的十九大报告强调腐败是党长期执政的最大威胁，反腐败斗争是马克思主义执政党保持政党先进性和纯洁性的保障，“反对腐败、建设廉洁政治，保持党的肌体健康，始终是我们党一贯坚持的鲜明政治立场”。②“廉洁”是从政者的价值原点，“反腐败”是构建廉洁政治的基石，反腐败是一场输不起的政治斗争。党的十八大以来，党深刻把握党风廉政建设规律，一体推进不敢腐、不能腐、不想腐。正如习近平总书记在十九届中央纪委四次全会上所指出的，“不敢腐、不能腐、不想腐是相互依存、相互促进的有机整体，必须统筹联动，增强总体效果。要以严格的执纪执法增强制度刚性，推动形成不断完备的制度体系、严格有效的监督体系，加强理想信念教育，提高党性觉悟，夯实不忘初心、牢记使命的思想根基”。③党的十八大以来，在以零容忍全覆盖无禁区惩治腐败的同时通过法规制度构建不能腐的制度笼子、不想腐的思想自觉。坚持问题导向，展开纪检监察机构和纪检监察体制改革。针对要么是“老好人”、要么是“阶下囚”的极端现状，找准根源，对症下药。“贪似火，无制则燎原；欲如水，不遏必滔天。一些人在腐败的泥坑中越陷越深，一个重要原因就是对其身上出现的一些违法违纪的小错，党组织提醒不够，批评教育不力，甚至睁一只眼闭一只眼。网开一面，法外施恩，就可能导致要么不暴露，要么就出大问题。所以，

① 习近平：《严明政治纪律，自觉维护党的团结统一》（2013年1月21日），《十八大以来重要文献选编》上，中央文献出版社2014年版，第132页。

② 中共中央纪律检查委员会中共中央文献研究室编：《习近平关于党风廉政建设和反腐败斗争论述摘编》，中央文献出版社中国方正出版社2015年版，第3页。

③《习近平在十九届中央纪委四次全会上发表重要讲话》，载中青在线，http://news.cyol.com/content/2020-01/13/content_18324124.htm，2020年1月13日。

要抓早抓小，有病就马上治，发现问题就及时处理，不能养痈遗患”。[①]党的十九大修改通过的《中国共产党章程》规定，“坚持惩前毖后、治病救人，执纪必严、违纪必究，抓早抓小、防微杜渐，按照错误性质和情节轻重，给以批评教育直至纪律处分。运用监督执纪‘四种形态’，让‘红红脸、出出汗’成为常态，党纪处分、组织调整成为管党治党的重要手段，严重违纪、严重触犯刑律的党员必须开除党籍”。[②]

明确纪委的职责定位，均以党内法规保障。《中国共产党章程》第四十六条对党的各级纪律检查委员会以明确定位，那就是党内监督专责机关，职责是监督、执纪、问责，分别出台了《中国共产党党内监督条例》《中国共产党纪律处分条例》《中国共产党问责条例》等党内法规，同时编制惩治与预防腐败体系的工作规划。“对反腐败机构自身的监督是一个世界性难题。十八大以来，为解决‘谁来监督纪委’的问题，中央纪委设立了一个新的部门——纪检监察干部监督室，以强化对中央纪委内部机件监察干部的监督。”[③]同时，出台《中国共产党纪律检查机关监督执纪工作规则》，从监督检查、线索处置、谈话函询、初步核实、审查调查、审理、监督管理等方面进行标准化、规范化，特别是对纪检监察干部的用权行为进行监督，坚决防止灯下黑。以党内法规不断完善党内派驻制度和巡视制度。自 2013 年始，党中央开始优化派驻机构的管理，覆盖范围从政府部门扩大到党委、人大和政协，工作人员全部收归纪检监察机关任命或聘用，由其提供财政预算和人员福利，以提升派驻工作的独立性。巡视，作为反腐败工作的利器，也是党的自身建设的利器。党的十八大以来，党章将其纳入党的组织制度体系，不断创新方式方法，把常规巡视、专项巡视和机动式巡视

---

① 中共中央纪律检查委员会中共中央文献研究室编：《习近平关于党风廉政建设和反腐败斗争论述摘编》，中央文献出版社中国方正出版社 2015 年版，第 98 页。

② 《中国共产党章程》，《中国共产党重要党内法规学习汇编》，中国法制出版社 2019 年版，第 26 页。

③ 过勇、潘春玲、宋伟：《“十八大”以来我国纪检监察机关对改革路径及成效分析》，《国家行政学院学报》2018 年第 5 期。

结合起来，使“回头看”成为常态，充分发挥巡视在反腐败斗争中的震慑作用，完善《中国共产党巡视工作条例》，出现了“现在的巡视有点‘八府巡按’的意思了，群众说，‘包老爷来了’，有‘青天’之感，有问题的干部害怕了”。[①]以党内法规正面倡导“不能腐”的思想自觉。反面警示与正面倡导辩证共治是党的十八大以来反腐败斗争的鲜明特点。“反面警示是戒尺，重在立规，根植底线，重在威慑；正面倡导是标尺，重在立德，立足高线，强调愿景。”[②]《中国共产党廉洁自律准则》以“正面清单”的方式列出党员领导干部的合格标准，倡导廉洁从政，自觉保持人民公仆本色；廉洁用权，自觉维护人民根本利益；廉洁修身，自觉提升思想道德境界；廉洁齐家，自觉带头树立良好家风。此外，加强反腐败国家立法，2018 年 3 月，十三届全国人大一次会议表决通过了《中华人民共和国监察法》，是对党的十八大以来全面从严治党实践的创新成果，能够有效地推动反腐败斗争规范化，开启法治反腐新征程。

（二）坚持新时代党的组织路线，构建党管干部、选贤任能制度体系

“育才造士，为国之本”，要按照好干部标准建设一支忠诚干净担当的高素质干部队伍，重点是要做好干部的培育、选拔、管理、使用工作。在 2018 年的全国组织工作会议上，习近平总书记围绕“着力培养忠诚、干净、担当的高素质干部”，提出了非常明确的五个方面要求，即要建立源头培养、跟踪培养、全程培养的素质培养体系；要建立日常考核、分类考核、近距离考核的知事识人体系；要建立以德为先、任人唯贤、人事相宜的选拔任用体系；要建立管思想、管工作、管作风、管纪律的从严管理体系；要建立崇尚实干、带动担当、加油鼓劲的正向激励体系。

1. 建立源头培养、跟踪培养、全程培养的素质培养的制度体系

首先，做好源头培养，把好源头关。对于刚刚参加工作的干部要像树苗一

---

① 中共中央纪律检查委员会中共中央文献研究室编：《习近平关于党风廉政建设和反腐败斗争论述摘编》，中央文献出版社中国方正出版社 2015 年版，第 114 页。

② 邹东升、姚靖：《改革开放以来党内反腐倡廉法规的建设与经验》，《甘肃社会科学》2019 年第 2 期。

样精心浇灌，通过理想信念宗旨教育加强党性修养，夯实从政之基，于源头处弄明白把握好“当干部为什么，在岗位上干什么”①，特别是要注重年轻干部培养，让他们多“墩墩苗”，要经过千锤百炼、艰苦锻炼才能在关键时刻经受住考验。2018 年 6 月 29 日中共中央政治局召开会议，审议《关于适应新时代要求大力发现培养选拔优秀年轻干部的意见》，在其后的全国组织工作会议上，习近平总书记特别强调要做好年轻干部工作。优秀年轻干部必须是对党忠诚，坚定不移听党话、跟党走的干部。“我们挑选优秀年轻干部，千条万条，第一条就是看是否对党忠诚；我们培养年轻干部，千条万条，第一条就是教育他们对党忠诚，坚决防止政治上的两面人。这一点，从一开始就要把握好，确保选的苗子政治上过硬”。② 政治上的忠诚不能停留在口号上，而是要看实践，拈轻怕重、报告个人事项打埋伏、八小时之外找不到人等都不能说是对党忠诚的。优秀年轻干部要有足够的本领来接班，要自觉地向实践学习，拜人民为师，既要意志坚定，也要勤勤恳恳，不能心猿意马。“优秀年轻干部要把当老实人、讲老实话、做老实事作为人生信条。”③

其次，要做好跟踪培养和全程培养，强化培养的动态性和全方位。干部培养不能一劳永逸，要及时掌握各级各类干部动态，有针对性地补短板、强弱项，既要注重干部素质的全领域培养，也要关注培养链条的全过程，纵横交错帮助干部一步步成长起来。一是不断筑牢信仰之基和从政之基；二是不断夯实廉政之基。组织上培养干部不容易，必须让他们始终有如履薄冰、如临深渊的警觉。《关于新形势下党内政治生活若干准则》对党员干部始终保持清正廉政的政治本色提出明确要求，“各级领导干部是人民的公仆，没有搞特殊化的权利”④；三是

① 习近平：《在全国组织工作会议上的讲话》（2018 年 7 月 3 日），《十九大以来重要文献选编》上，中央文献出版社 2019 年版，第 562 页。

② 同上书，第 569 页。

③ 同上书，第 570 页。

④《关于新形势下党内政治生活若干准则》，《中国共产党重要党内法规学习汇编》，中国法制出版社 2019 年版，第 216 页。

不断强化能力之基，要将知识结构改善和能力素质提升贯穿干部成长全过程。《关于进一步激励广大干部新时代新担当新作为的意见》指出，要着力增强干部适应新时代发展要求的本领能力，强化能力培训和实践锻炼，提高专业思维和专业素养，培养专业精神和专业作风，注重在基层一线和苦难艰苦地区培养锻炼，让干部在实践中砥砺品质、增长才干。

2. 建立日常考核、分类考核、近距离考核的知事识人制度体系

一是注重日常考核，要实现干部考核的经常化、制度化和全覆盖。2019 年 4 月 21 日中共中央办公厅印发的《党政领导干部考核工作条例》将平时考核单独设置一章，是为了实现对领导班子日常运行情况和领导干部一贯表现所进行的经常性考核，及时肯定鼓励、提醒纠偏。对于领导干部的考核，注重看一贯表现，“重点了解政治态度、担当精神、工作思路、工作进展，特别是对待是与非、公与私、真与假、实与虚的表现等情况”。① 领导班子和领导干部的平常考核的实现途径主要有以下几个方面：“（一）列席领导班子民主生活会、理论学习中心组学习、重要工作会议，参加重要工作活动等；（二）与干部本人或者知情人谈心谈话，到所在单位听取干部群众意见；（三）开展调研走访、专题调查、现场观摩等；（四）结合党内集中学习教育、纪委监委日常监督、巡视巡察、工作督查、干部培训等进行深入了解；（五）其他适当方法”。② 要将平时考核相关档案整理归档，作为了解评价领导班子日常运行情况和领导干部一贯表现的重要依据。二是注重分类考核，即要注重差异，提升干部考核的精准性和有效性。《党政领导干部考核工作条例》规定了领导干部的考核内容，主要在德、能、勤、绩、廉等方面，但同时明确要“坚持从实际出发，实行分级分类考核。考核内容应当体现不同区域、不同部门、不同类型、不同层次领导班子和领导干部特点”，“根据不同岗位职责要求，明确领导班子和领导干部不担当

① 《党政领导干部考核工作条例》，《中国共产党重要党内法规学习汇编》，中国法制出版社 2019 年版，第 414 页。

② 同上书，第 413 页。

不作为的具体情形和评价标准，推动工作落实和担当尽责”。[①] 由此可见，对领导干部实行分类考核，一方面，要“对资源禀赋、基础水平、发展阶段、主体功能区定位不同的地区在考核内容上要区别对待”；[②] 另一方面，则是对主要领导干部和班子成员，不同岗位的领导干部要有不同的考核要求，绝对不能上下一般粗，左右一个样。三是注重近距离考核，即是要重视干部考核的具体性和有效性。“要近距离接触干部，观察干部对重大问题的思考，看其见识见解；观察干部对群众的感情，看其品质情怀；观察干部对待名利的态度，看起境界格局；观察干部处理复杂问题的过程和结果，看其能力水平”，“既要在‘大事’上看德，又要在‘小节’上查人。”[③]《党政领导干部考核工作条例》规定，在考核中要“注重了解人民群众对经济社会发展的真实感受和评价”，在年度考核的民主测评中，对参加测评的人员范围，“按照知情度、关联度、代表性原则，结合实际确定”，考核工作的组织实施应当严肃认真，“多到基层干部群众中、多在乡语口碑中听取意见、了解情况，坚持在现场看、见具体事、多渠道、多层次、多侧面了解核实领导班子和领导干部的现实表现”。[④]

3. 建立以德为先、任人唯贤、人事相宜的选拔任用制度体系

选什么样的人、从哪里选、怎么把选出来的人用好是干部选拔任用的关键问题。选什么人，“自古昔以来，国之乱臣、家之败子，才有余而德不足，以至于颠覆者多矣”。[⑤] 党的干部是党的事业的骨干，必须把政治标准放在第一位，

---

① 《党政领导干部考核工作条例》,《中国共产党重要党内法规学习汇编》，中国法制出版社 2019 年版，第 413 页。

② 习近平:《在全国组织工作会议上的讲话》(2018 年 7 月 3 日),《十九大以来重要文献选编》上，中央文献出版社 2019 年版，第 563 页。

③ 习近平:《在全国组织工作会议上的讲话》(2013 年 6 月 28 日),《十八大以来重要文献选编》上，中央文献出版社 2014 年版，第 343 页。

④ 《党政领导干部考核工作条例》,《中国共产党重要党内法规学习汇编》，中国法制出版社 2019 年版，第 415、417、422 页。

⑤ 《资治通鉴》卷 1，中华书局 1950 年版，第 15 页。

“以德为先”，这里的“德”，第一位就是政治品德，政治上不合格的干部，职位越高、能力越强，对党的危害越大。要实现中华民族伟大复兴的历史使命，必须选拔牢固树立“四个意识”、坚定“四个自信”、做到“两个维护”的党员干部。“政治问题有的是灵魂深处的东西，特别是政治上的两面人，有很强的隐蔽性”，“要透过现场看本质，既听其言、更观其行，既查其表、更析其里”。①突出政治标准可以说贯穿于党的十八大以来出台的干部队伍建设党内法规的一条主线。2019年，中共中央印发了修订后的《党政领导干部选拔任用工作条例》，规定选拔任用党政领导干部的原则，第一位和第二位的分别是党管干部；德才兼备、以德为先、五湖四海、任人唯贤，要求选拔任用党政领导干部，必须把政治标准放在首位，在任职必须具备的基本条件中，摆在第一位的是就要求“牢固树立政治意识、大局意识、核心意识、看齐意识，坚决维护习近平总书记核心地位，坚决维护党中央权威和集中统一领导，自觉在思想上政治上行动上同党中央保持高度一致”“破格提拔的特别优秀干部，应当政治过硬、德才兼备、群众公认度高”。②

“任人唯贤”，怎么把“贤”选出来？必须要有系统完善、科学规范、有效管用、简便易行的选人机制。第一，要优化干部工作民主机制。第二，要拓宽选人视野。《党政领导干部选拔任用工作条例》规定，“党政领导干部可以从党政机关选拔任用，可以从党这个呢机关以外选拔任用，注意从企业、高等学校、科研院所等单位以及社会组织中发现选拔。地方党政领导班子成员应当注意从县（市、区、旗）、乡（镇、街道）党政领导职务的干部和国有企事业单位领导人员中选拔。”③

人岗相适，就是回答怎么用人的问题。“骏马能历险、犁田不如牛。坚车

① 习近平：《在全国组织工作会议上的讲话》（2018年7月3日），《十九大以来重要文献选编》上，中央文献出版社2019年版，第565页。

② 《党政领导干部选拔任用工作条例》，《中国共产党重要党内法规学习汇编》，中国法制出版社2019年版，第238、240页。

③ 同上书，第240、241页。

能载重，渡河不如舟”，必须构建事业为上、以事择人、人岗相适的用人机制。《党政领导干部选拔任用工作条例》规定，在干部考察中，要强化专业素养和工作实绩的考察。“为官择人者治、为人择官者乱”，用干部是为了干事业。《推进领导干部能上能下若干规定》（试行）重点是解决干部能下问题。强调坚持人岗相适、人尽其才，着力解决为官不为乱为等问题，最终形成能者上、庸者下、劣者汰的用人导向和从政环境。

4. 建立管思想、管工作、管作风、管纪律的从严管理制度体系

全面从严治党，关键在于从严治吏。为什么要管？因为从干部工作的链条来看，选拔任用和日常监督相辅相成。好干部是选出来的，同时也是管出来的。“要在日常监督上下功夫，坚持抓早抓小、防微杜渐，发现苗头性、倾向性问题及时批评教育、经常敲响思想警钟，使咬耳扯袖、红脸出汗成为常态。”①《中国共产党党内监督条例》明确党的领导机关和领导干部特别是主要领导干部是党内监督的重点对象，“党内监督没有禁区、没有例外。信任不能代替监督。各级党组织应当把信任激励同严格监督结合起来，促使党的领导干部做到有权必有责，有责要担当，用权受监督、失责必追究”，特别是强调要把纪律挺在前面，运用监督执纪“四种形态”，“经常开展批评和自我批评、约谈函询，让‘红红脸、出出汗’成为常态；党纪轻处分、组织调整成为违纪处理的大多数；党纪重处分、重大职务调整的成为少数；严重违纪涉嫌违法立案审查的成为极少数”，②这一要求也被写入党的十九大审议通过的《中国共产党章程》。实现了严在“用”前和严在“用”后的辩证统一。

管什么？要管思想、工作、作风、纪律，坚持严管就是厚爱。管思想，就是要坚持用习近平新时代中国特色社会主义思想武装头脑、推动工作，将思想管理与行为管理结合起来。这在《干部教育培训工作条例》、《中国共产党党校

① 习近平：《在全国组织工作会议上的讲话》（2018 年 7 月 3 日），《十九大以来重要文献选编》上，中央文献出版社 2019 年版，第 566 页。

② 《中国共产党党内监督条例》，《中国共产党重要党内法规学习汇编》，中国法制出版社 2019 年版，第 382 页。

（行政学院）工作条例》中均有体现。《中国共产党党委（党组）理论学习中心组学习规则》要求，“学习以政治学习根本，以深入学习中国特色社会主义理论体系为首要任务，以深入学习贯彻习近平总书记系列重要讲话精神为重点，以掌握和运用马克思主义立场、观点、方法为目的。”[①] 管工作，就是要锻造干部的担当和实干，绝不可为官不为。既通过《关于进一步激励广大干部新时代新担当新作为的意见》来实现正向激励，大力教育引导干部担当作为、干事创业，鲜明树立重实干重实绩的用人导向，以科学的干部考核评价机制来发挥激励鞭策作用，强化考核结果的运用，“将其作为干部选拔任用、评先奖优、问责追责的重要依据，使政治坚定、奋发有为的干部得到褒奖和鼓励，使慢作为、不作为、乱作为的干部受到警醒和惩戒。加强考核结果反馈，引导干部发扬成绩、改进不足，更好忠于职守、担当奉献”，[②] 切实为敢于担当的干部撑腰鼓劲，满怀热情关心关爱干部；还通过《推进领导干部能上能下若干规定（试行）》来形成能者上、庸者下、劣者汰的用人导向和从政环境，着力解决为官不正、为官不为、为官乱为等问题。管作风，就是要锻造干部为民意识。作风问题事关党的生死存亡，其本质是党性问题，作风是衡量干部党性的尺子，作风不正极易滋生腐败，要坚持作风建设永远在路上，以钉钉子精神一抓到底，锲而不舍、久久为功。管纪律，管思想、管工作、管作风能否到位，关键在于纪律建设能否首先到位。纪律建设是全面从严治党的治本之策，是党内治理的基本手段。

怎么管？要“管好关键人、管到关键处、管住关键事、关在关键时，特别是要把一把手管住管好。”[③]

---

① 《中国共产党党委（党组）理论学习中心组学习规则》，《中国共产党重要党内法规学习汇编》，中国法制出版社 2019 年版，第 307 页。

② 《关于进一步激励广大干部新时代新担当新作为的意见》，《中国共产党重要党内法规学习汇编》，中国法制出版社 2019 年版，第 343 页。

③ 习近平：《在全国组织工作会议上的讲话》（2018 年 7 月 3 日），《十九大以来重要文献选编》上，中央文献出版社 2019 年版，第 565 页。

5. 建立崇尚实干、带动担当、加油鼓劲的正向激励制度体系

“干部干部，要干字当头。这既是职责要求，也是从政本分”，[①] 而“勇于担当”是好干部的落脚点和试金石。要构建崇尚实干、带动担当、加油鼓劲的正向激励体系。第一，让有为者受重用。选人用人是风向标，《关于进一步激励广大干部新时代新担当新作为的意见》指出要鲜明树立重实干重实绩的用人导向，“坚持有为才有位，突出实践实干实效，让那些想干事、能干事、干成事的干部有机会有舞台”，[②] 大力选拔敢于负责、勇于担当、善于作为、实绩突出的干部，引导干部在其位、谋其政、干其事、求实效，努力做无愧于时代、人民、历史的好干部。第二，让实干者受激励。空谈误国，实干兴邦，要提倡实干，就必须要解决干与不干、干多干少、干好干坏一个样的问题，必须让实干者有保障受激励。党的十八大以来，对干部，党始终坚持严格管理和关心信任相统一，“政治上激励、工作上支持、待遇上保障、心理上关怀，增强干部的荣誉感、归属感、获得感”，不断地健全干部待遇激励保障制度体系，“完善机关事业单位基本工资标准调整机制，实施地区附加津贴制度”，“健全党和国家功勋荣誉表彰制度，做好平时激励、专项表彰奖励工作，落实体检、休假等制度，关注心理健康，丰富文体生活，保证正常福利，保障合法权益”，[③] 特别是对于基层和战斗在脱贫攻坚第一线的干部，在政策、待遇等方面倾斜，让他们更好地履职尽责。针对不同岗位的实干者，均给予激励保障。如针对公务员，制定了《公务员职务与职级并行规定》，建立职级晋升空间，促进公务员立足本职工作，激励公务员干事创业、担当作为。只要是政治素质好、具备职位要求的工作能力和专业知识，忠于职守，勤勉尽责，勇于担当，工作实绩好，群众公认度高，作风品行好，满足一定的年限要求就应当在职级职数内逐级晋升。第三，让担当者受保护。当今世界正处于百年未有之大变局，前进道路上还有许多的风险

① 习近平：《在全国组织工作会议上的讲话》（2018 年 7 月 3 日），《十九大以来重要文献选编》上，中央文献出版社 2019 年版，第 566 页。

② 《关于进一步激励广大干部新时代新担当新作为的意见》，《中国共产党重要党内法规学习汇编》，中国法制出版社 2019 年版，第 342 页。

③ 同上书，第 345 页。

和考验，需要攻坚克难、勇于担当的干部。“走前人没有走过的路、做前人没有做过的事，难免会出现瑕疵和失误”，“当干部敢抓敢管、敢闯敢试而遭遇挫折、受到非议时”，① 组织上必须为他们加油鼓劲、撑腰壮胆。《关于进一步激励广大干部新时代新担当新作为的意见》明确要建立容错纠错机制，宽容干部在改革创新中的失误错误，要求“各级党委（党组）及纪检监察机关、组织部门等相关职能部门，要妥善把握事业为上、实事求是、依纪依法、容纠并举等原则，结合动机态度、客观条件、程序方法、性质程度、后果影响以及挽回损失等情况，对干部的失误错误进行综合分析，对该容的大胆容错，不该容的坚决不容。对给予容错的干部，考察考核要客观评价，选拔任用要公正合理”。②

（三）以制度规范党内政治生活，全面净化党内政治生态

严肃党内政治生活是全面从严治党根本性、基础性的问题，关系党的生死存亡。党要管党首先要从党内政治生活管起，从严治党首先要从党内政治生活严起。习近平总书记在党的十九大报告中指出，“严格执行新形势下党内政治生活若干准则，增强党内政治生活的政治性、时代性、原则性、战斗性，自觉抵制商品交换原则对党内生活的侵蚀，营造风清气正的良好政治生态”。③《关于新形势下党内政治生活的若干准则》（以下简称《准则》）坚持问题导向和目标导向，坚持激浊和扬清两手抓，坚持传统和创新两手抓，从十二个方面做出规定，“既指出了病症，也开出了药方，既有治标举措，也有治本方略”。④

第一，坚定理想信念。志不立，天下无可成之事。共产主义远大理想和中国特色社会主义坚定信念，是党团结统一的思想基础。坚定理想信念是开展党

① 习近平：《在全国组织工作会议上的讲话》（2018 年 7 月 3 日），《十九大以来重要文献选编》上，中央文献出版社 2019 年版，第 564 页。

② 《关于进一步激励广大干部新时代新担当新作为的意见》，《中国共产党重要党内法规学习汇编》，中国法制出版社 2019 年版，第 344 页。

③ 习近平：《决胜全面建成小康社会夺取新时代中国特色社会主义伟大胜利——在中国共产党第十九次全国代表大会上的报告》，人民出版社 2017 年版，第 62 页。

④ 中共中央文献研究室编：《习近平关于全面从严治党论述摘编》，中央文献出版社 2016 年版，第 37、40、48 页。

内政治生活的首要任务。要求建立中央领导同志作专题报告制度、党内重大思想理论问题分析研究和情况通报制度，以此来实现把深层次的思想理论问题讲清楚，以理论的清醒促党员干部政治立场的坚定。

第二，党在社会主义初级阶段的基本路线是党和国家的生命线，人民的幸福线，是党内政治生活正常开展的根本保证。考察识别干部特别是高级干部必须首先看是否坚定不移贯彻党的基本路线。贯彻党的基本路线不是抽象的，《准则》要求党员干部在大是大非面前必须坚定政治立场，在党和国家形象受到损害时要挺身而出，坚决开展斗争，“对于在大是大非面前不抵制、不斗争，明哲保身、当老好人等政治不合格的坚决不用，已在领导岗位的要坚决调整，情节严重的要严肃处理”。①

第三，维护党中央权威是马克思主义执政党的鲜明特色，是党和国家的命运所系，也是加强和规范党内政治生活的重要目的。《准则》规定，“涉及全党全国性的重大方针政策问题，只有党中央有权作出决定和解释”，全党必须严格执行重大问题请示报告制度，“研究涉及全局性的重大事项或者作出重大决定要及时向党中央请示报告，执行党中央重要决定的情况要专题报告”。②

第四，纪律严明是党统一意志、统一行动的重要保障，严明党的政治纪律是党内政治生活的重要内容。《准则》明确要求，“党的各级组织和全体党员必须对党忠诚老实、光明磊落”，要严格遵守党的纪律，弘扬公道正派的价值观，“领导机关和领导干部不准以任何理由和名义纵容、唆使、暗示或强迫下级说假话”，“凡因纵容、唆使、暗示或强迫下级弄虚作假、隐瞒实情的，都要依纪依规严肃追责”。③

第五，全心全意为人民服务是党的根本宗旨，保持党同人民群众的血肉联

① 《关于新形势下党内政治生活的若干准则》，《中国共产党重要党内法规学习汇编》，中国法制出版社 2019 年版，第 202 页。

② 刘宗洪：《政治的逻辑与新时代党的政治建设》，《中共中央党校学报》2018 年第 4 期。

③ 《关于新形势下党内政治生活的若干准则》，《中国共产党重要党内法规学习汇编》，中国法制出版社 2019 年版，第 204 页。

系是加强和规范党内政治生活的根本要求。

第六，民主集中制是党的根本组织原则，坚持民主集中制是党内政治生活正常开展的重要制度保障。习近平总书记曾经明确指出，“坚持贯彻民主集中制。民主集中制，是领导班子的根本工作制度，是党的根本组织制度和领导制度，也是中国特色社会主义民主政治的鲜明特点。民主和集中辩证统一、不可分割。只有既充分发扬民主，又实行正确集中，才能及时集中正确意见，及时纠正不正确的意见和做法”，“党内组织和组织、组织和个人、同志和同志、集体领导和个人分工负责等重要关系都要按照民主集中制原则来设定和处理，不能缺位错位、本末倒置”。①

第七，发扬党内民主和保障党员权利，夯实党内政治生活的重要基础。《准则》提出了具体的制度路径：健全党内重大决策论证评估和征求意见制度，各级组织在重大决策和重大问题采取多种方式征求党员意见，畅通党员参与讨论党内事务。规范和完善选举制度，确保党内选举真正体现出选举人意志，坚决防止和反对拉票贿选行为，“党的任何组织和个人不得以任何方式妨碍选举人依照规定自主行使选举权”②。坚持党的代表大会制度，特别是党代表大会代表任期制、代表提案制、代表参与重大决策、列席党委有关会议制、党内情况通报制度、情况反映制度；严格执行《中国共产党章程》赋予党员的八项权利和《中国共产党党员权利保障条例》的相关要求。

第八，“选人用人是党内政治生态的风向标，用人上的不正之风和腐败现象对政治生活危害最烈，端正用人导向是严肃党内政治生活的治本之策”③。坚持正确的选人用人导向，使选出来的干部组织放心、群众满意、干部服气是严肃党内政治生活的组织保证。

---

① 中共中央文献研究室编：《习近平关于全面从严治党论述摘编》，中央文献出版社 2016 年版，第 25、32 页。

② 《关于新形势下党内政治生活的若干准则》，《中国共产党重要党内法规学习汇编》，中国法制出版社 2019 年版，第 209 页。

③ 习近平：《坚定不移推进全面从严治党》（2016 年 10 月 27 日），《十八大以来重要文献选编》下，中央文献出版社 2018 年版，第 459 页。

第九，党的组织生活是党内政治生活的重要内容和载体，是党组织对党员进行教育管理监督的重要形式。

第十，批评和自我批评是党的优良传统，是党最具活力的“生命要素”，是党强身治病、保持肌体健康的锐利武器，也是加强和规范党内政治生活的重要手段。《准则》强调要把发现和解决自身问题的能力作为考核评价领导班子的重要依据。

第十一，监督是权力运行的根本保证，是加强和规范党内政治生活的重要举措。《准则》要求各级领导干部特别是高级干部“做到可以行使的权力按规则正确行使，该由上级组织行使的权力下级组织不能行使，该有领导班子集体行使的权力班子成员个人不能擅自行使，不该由自己行使的权力决不能行使”[①]。

第十二，建设廉洁政治，坚决反对腐败，是加强和规范党内政治生活的重要任务。党内政治生活是党组织教育管理监督党员，党员进行党性锻炼的主要平台，全面从严治党从根本来说，就是要求各级党组织、党员及干部都要按照党内政治生活准则办事。“长期实践证明，严肃认真的党内政治生活是我们党坚持党的性质和宗旨、保持党的先进性和纯洁性的重要法宝，是解决党内矛盾和问题的‘金钥匙’，是广大党员、干部锤炼党性的‘大熔炉’，是纯洁党风的‘净化器’”。[②]新时代，要营造风清气正的党内政治生态，最关键的就在于增强党内政治生活的政治性、时代性、原则性、战斗性，这亦是《关于新形势下党内政治生活的若干准则》及其他配套法规的落脚点所在。政治性是党内政治生活的灵魂，最重要的严格的政治纪律，坚决防止“七个有之”[③]；时代性是党的先进性的

---

① 《关于新形势下党内政治生活的若干准则》，《中国共产党重要党内法规学习汇编》，中国法制出版社 2019 年版，第 214 页。

② 中共中央文献研究室编：《习近平关于全面从严治党论述摘编》，中央文献出版社 2016 年版，第 48 页。

③ “七个有之”：习近平在党的十八届四中全会第二次全体会议上强调，“一些人无视党的政治纪律和政治规矩，为了自己所谓的仕途，为了自己的所谓影响力，搞任人唯亲、排斥异己的有之，搞团团伙伙、拉帮结派的有之，搞匿名诬告、制造谣言的有之，搞收买人心、拉动选票的有之，搞封官许愿、弹冠相庆的有之，搞自行其是、阳奉阴违的有之，搞尾大不掉、妄议中央的有之”。

体现，要与时俱进地推动党内政治生活的内容、形式和方法创新，原则性是党内政治生活准绳，要始终按照党内政治生活的原则开展活动、处理党内关系，解决矛盾和分歧；战斗性是战斗力的前提，要用好批评和自我批评的武器。营造风清气正党内政治生态，基础是发展积极健康的党内政治文化，政治价值观是政治文化的核心，要弘扬忠诚老实、光明坦荡、公道正派、实事求是、艰苦奋斗、清正廉洁等价值观，发扬中华优秀传统文化，抵制庸俗腐朽的政治文化。营造风清气正的党内政治生态，前提是发挥“关键少数”尤其是高级干部的作用。

（四）完善和落实全面从严治党责任制度

党的十八大以来，围绕着明确责任、落实责任、追究责任，既构建了责任制 - 监督制 - 问责制三联动的制度保障机制，又出台了落实全面从严治党责任制度的专门法规《党委（党组）落实全面从严治党主体责任规定》。

第一，明确有权必有责，权责统一的制度规定。中国共产党作为马克思主义执政党，要担当起该担当的责任，这里的责任覆盖所有权力对应的责任。党的十八大以来，在党执政的各个领域，均构筑起了责任屏障。《中国共产问责条例》围绕各级党组织、党员领导干部负责守责尽责，规定“党委（党组）应当履行全面从严治党主体责任”，“纪委履行监督专责”，“党的工作机关依据职能履行监督职责”，“党组织领导班子在职责范围内负有全面领导责任，领导班子主要负责人和直接主管的班子成员在职责范围内承担主要领导责任，参与决策和工作的班子成员在职责范围内承担重要领导责任”。① 为了提高党内法规执行力，推动党内法规全面深入实施特别制定《中国共产党党内法规执行责任制规定（试行）》。各个地区和领域围绕怎样落实责任展开了积极探索，上海提出了全面从严治党“四责协同”机制，形成了党委主体责任、纪委监督责任、党委书记第一责任和班子成员“一岗双责”的横向协同协作机制。围绕中央企业党建工作，出台《中央企业党建工作责任制实施办法》，这是第一部关于中央企业

① 《中国共产党问责条例》,《中国共产党重要党内法规学习汇编》，中国法制出版社 2019 年版，第 402—403 页。

党建工作的党内法规。

第二，明确用权受监督，监督无禁区的制度规定。监督是责任落地的保障，如前所述，党的十八大以来，逐步建立健全“党中央统一领导、党委（党组）全面监督、纪律检查机关专责监督、党的工作部门职能监督、党的基层组织日常监督、党员民主监督”的党内监督体系。围绕具体的责任落实，出台《党政主要领导干部和国有企业领导人员经济责任审计规定实施细则》《领导干部干预司法活动、插手具体案件处理的纪律、通报和责任追究规定》《干部选拔任用工作监督检查和责任追究办法》等党内法规制度。

第三，明确失责必问责，问责必严格的制度规定。问责是利器，无论什么样的责任，都必须通过问责来实现，坚持有责必问，问责必严。《中国共产党问责条例》对于“问谁责、谁来问、问什么、怎么问”都做了明确规定，切实解决责任不落地的问题，是确保党的自身建设从宽松软到严紧硬的关键一环。

第四，出台落实全面从严治党主体责任制度的专门法规。2020 年初出台的《党委（党组）落实全面从严治党主体责任规定》明确了党委（党组）落实全面从严治党主体责任的内容、方式以及监督追责等具体问题，操作性很强。如解决了责任归属问题，明确了全面从严治党的责任主体，“党委（党组）书记应当履行本地区本单位全面从严治党第一责任人职责”，“党委（党组）领导班子其他成员根据工作分工对职责范围内的全面从严治党工作负重要领导责任”，“党委办公厅（室）、职能部门、办事机构等是党委抓全面从严治党的具体执行机关”；解决了责任内容问题，强调地方党委将党的建设与经济发展、党组将党的建设与业务工作同谋划，并分别规定了责任内容；解决责任落实的细化措施，“党委（党组）每半年应当至少召开 1 次常委会会议（党组会议）专题研究全面从严治党工作，分析研判形势，研究解决瓶颈和短板，提出加强和改进的措施”①、党委（党组）书记对领导班子成员、下级党组织的全面从严治党主体

---

① 《党委（党组）落实全面从严治党主体责任规定》，载学习强国 https://www.xuexi.cn/lgpage/detail/index.html?id=16876999613009248536&item_id=16876999613009248536，2020 年 3 月 13 日。

责任具有督促责任。这一落实全面从严治党主体责任的党内法规规定细致全面，有利于推进全面从严治党责任向纵深发展。

纵观党的十八大以来全面从严治党制度建设，呈现出以下三个方面的特点：

第一，从制度设计来看，突出“全面”和“从严”。中外政党治党理政实践告诉我们，“奉法者强则国强、奉法者弱则国弱”，“法规制度带有根本性、全局性、稳定性、长期性”。[①]党的十八大以来，全面从严治党治党制度从其特性来看，着眼“全面”“从严”两大关键词，具体而言：一是完善制度规划。《深化党的建设制度改革实施方案》提出，围绕深化党的组织制度改革、深化干部人事制度改革、深化党的基层组织建设制度改革、深化人才发展体制机制改革等4方面改革任务提出了26项重点举措，要求在2017年前基本完成，到2020年建立起系统完备、科学规范、运行有效，更加成熟更加定型的党的建设制度体系。围绕党内法规制定，发布两部五年规划纲要，即《中央党内法规制定工作五年规划纲要》（2013—2017）和《中央党内法规制定工作第二个五年规划（2018—2022年）》，有计划有步骤地推进党内法规制定工作，加快形成“内容科学、程序严密、配套完备、运行有效”的党内法规制度体系。出台《中共中央关于加强党内法规制度建设的意见》，明确要加快构建以党章为根本，以民主集中制为核心，以准则、条例等中央党内法规为主干，由各领域各层级党内法规制度组成的完善的党内法规制度体系，框架分为党的组织法规制度、党的领导法规制度、党的自身建设法规制度、党的监督保障法规制度四大板块。这些规划和意见为完善党内法规制度提供的具体的工作遵循。二是制定并修订“立法法”“备案法”“责任法”以确保“从严”。2019年8月30日中共中央政治局会议修订《中国共产党党内法规制定条例》规定，要围绕党的领导和党的建设的体制机制、标准要求、方式方法；党组织工作、活动和党员行为的监督、考核、奖惩、保障；党的干部的选拔、教育、管理、监督制定法规。凡是涉及创

① 习近平：《加强反腐倡廉法规制度建设让法规制度的力量充分释放》，《人民日报》2015年6月28日。

设党组织职权职责、党员义务权利、党的纪律处分和组织处理的，只能由党内法规作出规定，规定党内法规的名称为党章、准则、条例、规定、办法、规则、细则，明确了各级各类党内法规制定主体制定党内法规的职责和权限。为了维护党内法规和党的政策的统一性、权威性，2019 年 8 月 30 日中共中央政治局会议修订的《中国共产党党内法规和规范性文件备案审查规定》提出“有件必备”“有备必审”“有错必纠”的备案审查制度，规定各级党委，党的纪律检查委员会、党委（决策）议事协调机构以及党的工作机关、党委直属事业单位，党组（党委）承担备案审查工作主体责任，围绕政治性、合法合规性、合理性、规范性进行审查。2019 年 8 月 30 日中共中央政治局会议审议批准的《中国共产党党内法规执行责任制规定》（试行）指出要构建“在党中央集中统一领导下，建立健全党委统一领导、党委办公厅（室）统筹协调、主管部门牵头负责、相关单位协助配合、党的纪律检查机关严格监督的执规责任制，统分结合、各司其职，一级抓一级、层层抓落实”[①]的责任机制。

第二，从制度特性来看，突出“辩证”和“统一”。主要有以下三个方面：一是正向引导与反向倒逼同步推进、辩证统一。党的十八大之后，党内法规制度的出台相对密集，有的是同步出台，有的是单独出台。同步出台的党内法规均体现了正向引导和反向倒逼同步推进的鲜明特点。如，2015 年 10 月 18 日，中共中央同步印发《中国共产党廉洁自律准则》《中国共产党纪律处分条例》。《中国共产党廉洁自律准则》是党执政以来围绕廉洁自律印发第一部坚持正面引导、面向全体党员的重在立德的基础性党内法规，为党员和干部树立了一个看得见、够得着的高标准，开出“正面清单”，突出正向引导。《中国共产党纪律处分条例》则是围绕党纪戒尺要求重在立规的党内法规，划出了党员干部和党的组织不可触碰的底线，确保党在自身建设过程中把纪律和规矩挺在前面，标出“负面清单”，突出反向倒逼。两者同步印发，坚持依规治党与以德治党相结

① 《中国共产党党内法规执行责任制规定》（试行），载学习强国，https://www.xuexi.cn/lgpage/detail/index.html?id=15401737485252269955，2019 年 9 月 15 日。

合，体现了既坚持高标准、同时守住底线，推进全面从严治党法规制度创新的鲜明特点。“中国共产党自诞生之日起，就把理想和纪律写在自己的旗帜上。这始终是我们党战胜一切艰难险阻、从胜利走向胜利的坚强保证。新形势下，坚持党要管党、从严治党，依然要靠理想信念宗旨的引领，靠严明纪律作保障。”①

二是坚持思想建党与制度治党同步推进，辩证统一。习近平总书记在党的群众路线教育实践活动总结大会上的讲话中明确指出，“要使加强制度治党的过程成为加强思想建党的过程，也要使加强思想建党的过程成为加强制度治党的过程”。②加强和规范党内政治生活、加强党内监督，都是新形势下加强党的自身建设，推进全面从严治党的重要抓手。党的十八届六中全会同步制定《关于新形势下党内政治生活若干准则》和修订《中国共产党党内监督条例（试行）》，是坚持思想建党和制度治党辩证统一的鲜明体现。党内政治生活和党内监督有不同的内容和要求，党内政治生活要求加强对权力的制约监督，党内监督是党内政治生活的保证。党内政治生活是否正常，与党内监督是否有力有效有直接关系，两者相辅相成。《关于新形势下党内政治生活若干准则》坚持理想信念和党的基本路线直接反映党的思想建设要求，其他十个方面也是党的思想素养的重要体现，是“一个思想性、政治性、综合性”很强的文件，和《中国共产党党内监督条例》均“着力围绕理论、思想、制度构建体系，围绕权力、责任、担当设计制度”，③既将思想建设嵌入制度建设之中，又将制度规范提升到思想建党水平。“将思想建设的‘柔’和制度建设的‘刚’结合起来，在全面从严治党中形成同向发力、同时发力的效果。”④

① 王岐山：《坚持高标准，守住底线，推进全面从严治党制度创新》，《十八大以来重要文献选编》中，中央文献出版社 2016 年版，第 761—762 页。

② 习近平：《在党的群众路线教育实践活动总结大会上的讲话》，《十八大以来重要文献选编》中，中央文献出版社 2016 年版，第 95 页。

③ 习近平：《关于〈关于新形势下党内政治生活若干准则〉和〈中国共产党党内监督〉的说明》，《十八大以来重要文献选编》下，中央文献出版社 2018 年版，第 417、413 页。

④ 齐卫平：《新形势下全面从严治党的重大部署——着力严肃党内政治生活和党内监督》，《思想理论教育》2017 年第 1 期。

三是坚持整体推进与重点突破的辩证统一。提高党的自身建设法规制度建设成效，既讲“两点论”，又讲“重点论”，以重点突破带动整体推进，在整体推进中破解重点难题。党的十九大报告指出，“要全面推进党的政治建设、思想建设、组织建设、作风建设、纪律建设，把制度建设贯穿其中，深入推进反腐败斗争”①。要求将党的制度建设贯穿党的建设的方方面面，是党内法规制度建设整体推进的客观要求。党的十八大以来，党的自身建设法规制度首先呈现出重点突破的鲜明特点。如，以作风建设法规制度为突破口，习近平总书记在第十八届中央纪律检查委员会第六次全体会议上的讲话曾经明确指出，“党的十八大之后，党中央讨论加强党的建设如何抓时，就想到要解决‘老虎吃天不知从哪儿下口’的问题。后来决定就抓八项规定，下口就要真正把那块吃进去、消化掉，不要这吃一嘴那吃一嘴，囫囵吞枣，最后都没有消化”。②以时间为序，可以看出，党的十八大之后两三年间出台的党内法规制度，以作风建设法规制度的出台数量最多。如，全面从严治党关键在于从严治吏，领导干部是党的执政骨干，只有管住“关键少数”，党的自身建设才有说服力。围绕对干部的严格管理，出台《关于新形势下党内政治生活的若干准则》《党政领导干部选拔任用工作条例》等法规，围绕干部队伍建设中存在的突出问题，出台《关于防止干部“带病提拔”的意见》《县以上党和国家机关党员领导干部民主生活会若干规定》。围绕权力运行，制定《中国共产党党内监督条例》《中国共产党问责条例》《推进领导干部能上能下若干规定（试行）》。围绕关心信任，出台《关于进一步激励广大干部新时代新担当新作为的意见》等，在“从严治吏”中体现着严格管理与关心信任、行使权力与担当责任、使命引领与问题导向的辩证统一。

第三，从制度内容来看，突出“政治”和“责任”。全面从严治党是贯穿于百年中国共产党党的建设的一条主线，但不同历史时期会有侧重点。党的十八大以来，党的政治建设被置于党的建设的统领性地位，在党的十九大报告中予

---

① 《党的十九大报告辅导读本》，人民出版社2017年版，第61页。

② 《习近平：要解决“老虎吃天不知从哪儿下口”的问题》，载中国共产党新闻网，http://cpc.people.com.cn/xuexi/n1/2016/0503/c385474-28321923.html，2016年5月3日。

以进一步明确，这既是马克思主义政党建设的本质要求，亦是在坚持问题导向。正如习近平总书记在十九届中央政治局第六次集体学习中指出，“党的十九大提出党的政治建设这个重大命题，是有很深的考虑的。任何政党都有政治属性，都有自己的政治使命、政治目标、政治追求。马克思主义政党具有崇高政治理想、高尚政治追求、纯洁政治品质、严明政治纪律。如果马克思主义政党政治上的先进性丧失了，党的先进性和纯洁性就无从谈起，这就是我们把党的政治建设作为党的根本性建设的道理所在”。① 围绕党的政治建设，党的十八大以来出台了一系列的党内法规制度，如《中共中央关于加强党的政治建设的意见》《关于新形势下党内政治生活的若干准则》《中国共产党重大事项请示报告条例》等专门性法规制度，此外，还确立了政治巡视制度、政治纪律要求等专门性的制度，既在正面倡导宣传党的政治建设的根本性地位，同时又以严肃的党内监督和纪律惩处确保党的政治建设落地有效。此外，“责任”也是党的十八大以来全面从严治党制度建设的关键词，正如习近平总书记在党的群众路线教育实践活动总结大会上的讲话中指出，“历史和现实特别是这次活动都告诉我们，不明确责任，不落实责任，不追究责任，从严治党是做不到的”。② 如前所述，明确责任、追究责任、从严问责贯穿于全面从严治党的各个领域。

第三节　把握历史规律破解全面从严治党制度建设的困境

一、百年全面从严治党制度建设的历史启示

全面从严治党制度是一项系统工程，经历百年发展的中国共产党，全面从严治党制度仍处于不断完善之中。中国共产党成立一百年来，党始终坚持自我

① 习近平：《增强推进党的政治建设的自觉性和坚定性》，《求是》2019 年第 14 期。

② 习近平：《在党的群众路线教育实践活动总结大会上的讲话》，（2014 年 10 月 8 日），《十八大以来重要文献选编》中，中央文献出版社 2016 年版，第 93 页。

革命精神，虽然经历挫折，全面从严治党制度仍在不断地丰富完善，并且呈现出“只有进行时没有完成时”的紧张状态，这其中的治党智慧熠熠生辉。

（一）始终坚持问题导向，以自我革命的精神状态推进

革命是刀口对外，自我革命是刀刃向内，勇于自我革命是中国共产党最鲜明的品格，是中国共产党区别于其他政党的特质所在，也是党能够保持生机活力的秘诀所在。可以说，中国共产党的百年历史，就是一部自我革命的历史，这种自我革命的呈现既有对错误的及时纠正，也有未雨绸缪的自警，而每一次自我革命要么形成新的制度化成果，要么将马克思主义政党的已有制度进行优化以更适合中国革命建设改革的需要。问题是时代的声音，党的建设在每个时代都有属于特定时期的矛盾和问题，不查补漏洞、不直面问题，党的建设就难以打开新的局面，问题分析越透彻，问题的解决越有效。新民主主义革命时期，针对红军党内存在的单纯军事观点、极端民主化、非组织观念等党内的错误思想，毛泽东指出要通过编制红军法规以明确军事工作系统与政治工作系统的关系，同时明确了少数服从多数、批评与自我批评等民主集中制的具体方法要求，《古田会议决议》便是其中的制度化成果；《关于若干历史问题的决议》是我们党第一次对党的历史经验作出的系统总结，对党内若干重大历史问题作了正式历史总结；新中国成立前夕，毛泽东针对“因为胜利，党内的骄傲情绪，以功臣自居的情绪，停顿起来不求进步的情绪，贪图享乐不愿再过艰苦生活的情绪，可能生长”，① 提出了“两个务必”的作风建设要求。改革开放后，由于政治路线确定之后，干部就是决定的因素，党十二大党章的修改写入党的干部专章，以党的根本大法的形式对干部队伍建设提出制度化的要求；伴随着改革开放的深入推进，面对党内出现的腐败问题，强化党内监督制度、巡视制度等，为了适应新形势下党的建设要求，坚持靶向治疗，制定《新形势下党内政治生活准则》等党内法规制度。百年来党始终以自我革命的自觉去直面问题、以科学的方法分析和解决问题，在问题的解决中不断丰富完善制度。

---

① 《毛泽东选集》第4卷，人民出版社1991年版，第1438页。

（二）始终坚持与时俱进，以服务于党的政治路线展开

“任何一个政党，无论实力多强、资格多老、执政时间多长，如果因循守旧、固步自封、保守僵化、不思进取，其创造力就会衰竭，生命力就要停止。”①全面从严治党制度建设亦是如此，百年来全面从严治党制度不断地丰富完善，与时俱进，贯穿其中的一条最基本的规律就是伴随着政治路线的转变而不断地丰富完善。“党的政治路线是对党在一定历史时期的奋斗目标和行动方向、大政方针、行动准则的概括”，“政治路线决定党的生命”。②全面从严治党制度的历史演进始终围绕着党的政治路线展开，两者呈现出相辅相成的辩证关系。从宏观上来看，新民主主义革命时期，党的政治路线就是完成无产阶级领导的、以工人农民为主体而又有广大社会阶层参加的、反帝反封建的新民主主义革命，围绕这样的政治路线，必须具有与之相适应的军事路线和组织路线，由于战争是在敌强我弱、敌大我小的条件下进行，就必须充分依靠人民群众的力量来求得生存、胜利和发展，所以红军在打仗的同时必须做好群众工作，这一时期全面从严治党制度多集中于处理党的群众工作制度，如党代表制度、“三大纪律、八项注意”等。改革开放之后，邓小平在十一届五中全会上指出，“我们党在现阶段的政治路线，概括地说，就是一心一意搞四个现代化”，而要“一心一意地搞四个现代化建设，必须一心一意地维护和发展安定团结、生动活泼的政治局面”，③基于此，这一时期的全面从严治党制度就要解决历史遗留问题，搞清楚大是大非，出台了《建国以来若干历史问题的决议》；重申党内政治生活必须坚守的准则，出台了《党内政治生活的若干准则》；必须健全党的民主集中制，重新设立书记处实行集体领导制度。中国特色社会主义进入新时代，中国比历史上任何时期都要更接近、更有信心和能力实现中华民族伟大复兴的目标。但在“实现民族复兴的伟大征程上，不知还要爬多少坡、过多少坎，经历多少风风雨雨、克服多少艰难险阻。完成艰巨光荣的历史使命，战胜前进道路上的风

---

① 习近平：《改革开放30年党的建设回顾与思考》，《科学决策》2008年第9期。

② 高新民、张树军著：《党的建设三十年》，中共中央党校出版社2008年版，第3页。

③ 《邓小平文选》第2卷，人民出版社1994年版，第276页。

险挑战，从根上要靠党的全面领导，靠党把好方向盘”。[①] 党的十八大以来，围绕加强党的全面领导，出台了一系列的制度体系，如，“两个维护”的制度体系、维护党中央权威的制度体系几乎贯穿于新时代制定和修订的党的所有法规制度中。

（三）始终坚持制度治党与思想建党的同频共振、同步推进、水乳交融

习近平在党的群众路线教育实践活动总结大会上指出，“要使加强制度治党的过程称为加强思想建党的过程，也要使加强思想建党的过程称成为加强制度治党的过程”，“二者一柔一刚，要同向发力、同时发力”。[②] 这一论断不仅是党的群众路线教育实践活动的有效经验，更是中国共产党作为马克思主义执政党百年自身建设的内在规律。百年来，党以理论创新后的理论武装为主线不断加强思想建设，以党章为根本，以民主集中制为核心不断加强制度建设，且全面从严治党制度建设始终保持与思想建党的同频共振、同步推进。同频共振，此频即为党的建设的目标、任务、要求，确保同向发力，避免相向而行。“党的思想建设决定党的性质纲领、宗旨任务、方针政策，党的制度建设涉及党和国家的领导体制、领导制度等上层面建筑，一个是党的灵魂工程，一个是党的保障工程”，[③] 两者都是紧紧围绕不同时期党的中心任务而展开，其基本目标均为保持党的先进性和纯洁性、坚持党的领导和巩固党的执政地位、增强党的生机活力；同步推进，即是思想建设和全面从严治党制度的完善始终一起谋划、一并部署、一同落实，两手都要抓、两手都要硬，如《古田会议决议》《关于新形势下党内政治生活若干准则》等均是两者同时推进的制度代表；水乳交融，即为任何一项党建目标的达成，都不可能毕其功于一役，而且两者相辅相成，思想建设是制度建设的前提，只有全党都从思想上高度重视制度、执行制度，制度

---

① 中共中央宣传部：《习近平新时代中国特色社会主义思想三十讲》，学习出版社 2018 年版，第 76 页。

② 习近平：《在党的群众路线教育实践活动总结大会上的讲话》，《人民日报》2014 年 10 月 9 日。

③ 谢忠平、张亚勇：《中国共产党思想建党和制度治党的历史经验》，《中共天津市委党校学报》2016 年第 4 期。

才有生命。回顾百年历史，一段时期内党之所以遭受挫折，就是因为全党制度意识不强，甚至被人为践踏。制度是思想建设的保障，要用制度来巩固思想建设的成果。比如党的先进性教育活动和群众路线教育实践活动结束后，都形成了长远长效制度和机制。

（四）始终坚持以党章为根本，以健全民主集中制为核心来丰富完善

百年来，党始终把制定、完善、践行和尊崇党章作为全面从严治党的一项基础性工程。党章作为党的根本大法，总纲阐述了党的性质、宗旨、指导思想和奋斗纲领，章程规范党的组织原则及纪律要求。中国共产党人的理想、信念、宗旨源自于此，理论基础根源在此，认识论方法论的本源也来自于此。作为全面从严治党制度体系的母法，“党章至上”的原则始终伴随着制度的完善进程，任何一部重要党内法规制度的制定原则都会写明“根据《中国共产党章程》，制定……”，① 并且贯穿于立、改、废、释各个方面。与此同时，修改党章亦是完善全面从严治党制度的重要内容。自党的一大通过《中国共产党纲领》、二大通过第一部党章开始，每次党代会（五大为政治局会议）都会对党章作出适应形势的修改。这其中也有历史的教训，比如中共九大、十大党章的不合时宜的内容给党的建设和党的事业造成重大冲击，正反两方面的经验充分彰显，修改完善党章事关党的建设全局，必须高度重视并慎重对待。

中国共产党作为马克思主义政党，区别于其他政党的一个显著标志就是以民主集中制作为根本的组织原则，而全面从严治党制度体系的完善也始终以民主集中制为核心。“党的各项制度都坚持民主集中制为最高原则，实质上是民主集中制原则在党的建设和党的生活中的具体体现与实际运用”。② 百年来，党始终高度重视民主集中制的发展。民主集中制经二大党章初步表述、七大党章将“四个服从”写入，以此为中心制定了《健全党委制》《党委会的工作方法》；八大党章阐述其科学内涵，在“文化大革命”中受到削弱甚至破坏，直到十一

① 中共中央党校党章党规教研室编：《十八大以来常用党内法规》，人民出版社 2019 年版。

② 谢忠平、张亚勇：《中国共产党思想建党和制度治党的历史经验》，《中共天津市委党校学报》2016 年第 4 期。

届三中全会之后才得以恢复，也因此而被更加重视，更加丰富完善。邓小平在反思“文化大革命”教训时指出其原因之一就是“民主集中制还没有成为严格的制度”。[①]制定《关于党内政治生活的若干准则》重申“民主集中制是党的根本组织原则”；江泽民继续丰富完善，指出“集体领导、民主集中、个别酝酿、会议决定”这四句话，是我们贯彻民主集中制原则的具体体现，大家都要自觉坚持这样做，[②]并将其规范为“凡属重大问题都要按照集体领导、民主集中、个别酝酿、会议决定的原则，由党的委员会集体讨论，作出决定”写入党的十六大修改的党章。胡锦涛更是明确了要以健全民主集中制为重点加强制度建设，强调要把民主集中制落实到党的领导制度、组织制度、选举制度、工作制度、监督制度等方面，以逐步建立起内容完备、结构合理、功能健全、科学管用的党内制度体系。习近平强调民主集中制是把充分发扬党内民主和正确实行集中有机结合起来，既可以最大限度激发全党创造活力，又可以统一全党思想和行动，有效防止和克服议而不决、决而不行的分散主义，是科学合理而又有效率的制度，将贯彻执行民主集中制上升为全党共同的政治责任，把民主集中制的优势变成我们党的政治优势、组织优势、制度优势、工作优势，在这一思想的指导下，党的十八大以来，围绕健全民主集中制，我们党制定了《中国共产党地方委员会工作条例》《中国共产党党组工作条例》《中国共产党重大事项请示报告条例》等法规制度。

（五）始终坚持实践探索、以上率下、责任保障以确保制度执行实效

全面从严治党制度的生命力在于执行，如何确保执行实效亦是一个系统工程，贯穿于制度制定、实施、保障的全过程。从制度的制定来看，“认识–实践–再认识–再实践”是马克思主义认识论揭示的人类认识客观事物的基本规律。实践证明，科学有效的全面从严治党制度均是来源于实践、发展于实践，这主要有两个方面：一是制度是用来解决问题的，而问题总是在实践中产生的，只有

---

① 《邓小平文选》第2卷，人民出版社1994年版，第330页。

② 《江泽民文选》第2卷，人民出版社2006年版，第189页。

深入基层、深入实际、尊重群众、尊重创造，在实践中才能把握管党治党规律，才能增强制度的预见性。如，党的十八大出台的党内法规制度均是基于实践广泛调研的成果，以《中国共产党党员教育管理工作条例》为例，中央组织部负责人就印发该条例答记者问时就阐释了制度的形成过程，“按照党中央有关部署，2018年以来，中央组织部会同中央纪委国家监委机关、中央宣传部、中央党校（国家行政学院），在前期调研的基础上，开展《条例》稿研究起草工作，先后到10个省（区、市）实地调研，发放调查问卷1.1万份，并请6个省（区、市）党委组织部进行专项研究。《条例》稿形成后，广泛征求各地区各部门各单位党委（党组）组织人事部门意见，进行认真研究修改。《条例》稿先后报经中央党的建设工作领导小组会议、中央政治局常委会会议审议修改。2019年3月29日，习近平总书记主持召开中央政治局会议，审议通过《条例》稿。5月6日，党中央印发《条例》”。① 二是制度本身的制定过程呈现为基层经验的试点探索–总结完善–制定制度以“试行”的方式全面推广，并在实践中不断地丰富完善，以确保制度的科学性和可行性。从制度的实施来看，中国共产党作为马克思主义执政党，党的干部是党的事业的骨干，对于制度的执行遵循着“其身正，不令而行；其身不正，虽令不从”的基本逻辑，这在百年发展历程中不断得到印证。从正面来看，新民主主义革命时期的密切联系群众制度、党内民主制度的执行；改革开放新时期，离退休制度的确立；新时代八项规定精神的执行，无一不是“以上率下”的有力证明；而十年“文化大革命”则是反面案例。从制度的保障来看，制度的生命力在于执行，能不能将制度优势转化为治理效能的关键也在于执行。不可否认的是，党内并不缺少制度，但是为什么存在着“处处都是高压线，就是一处都不带电”的现象？执行制度的动力来自责任，压力来自问责，党的十八大以来全面从严治党制度的实践从正反两个方面告诉我们，不落实责任，全面从严治党是不可能做到位的，层层压实执行制

① 《新时代党员教育管理工作的基本遵循——中央组织部负责人就印发〈中国共产党党员教育管理工作条例〉答记者问》，载共产党员网，http://www.12371.cn/2019/05/22/ARTI1558521858275669.shtml，2019年5月22日。

度的责任，对于制度执行不力的要严格问责，才是新时代全面从严治党制度得以落地的根本保障所在。

中国共产党百年发展历程告诉我们：制度兴则党运兴，完善制度是基础，制度执行是关键。全面从严治党永远在路上，全面从严治党制度也必须与时俱进，要在科学论证和民主讨论基础上完善制度，要坚持系统性与严密性，构建一个集基本制度、具体制度、实体制度、程序制度、总体制度、单项制度于一体的制度体系，形成合力，强化执行，真正实现将制度优势转化为治理效能。

二、当前全面从严治党制度建设的三个方面的困境

全面从严治党是一场自我革命，其根本目的在于坚持和完善党的领导，基础在于全面、关键在严、要害在治。从党自身的角度来说，这场“革命”是问题倒逼的，因而其治理举措主要也是问题导向的。但是全面从严治党以问题导向作为初始推动力，但却必须以制度化目标为牵引力。制度化是现代化转型成功的根本标志，完善全面从严治党制度旨在推动自身治理由周期性集中性向常态化制度化转变，以实现政党治理的现代化。具体而言，就是通过制度建设来增强忧患意识，同一切影响党的先进性、弱化党的纯洁性的问题作斗争，不断增强党的创造力、凝聚力、战斗力，确保党始终成为中国特色社会主义事业的领导核心。党的十八大以来，全面从严治党的过程，就是党组织激浊扬清的过程，如何巩固治理成果、确保问题不反弹不反复？习近平总书记在党的十八届六中全会上提出：“对近年来特别是党的十八大以来从严治党的理论和实践进行总结，看哪些经过实践检验是好的，必须长期坚持；哪些可以进一步完善并上升为制度规定，以党内法规的形式固化下来；哪些需要结合新的情况继续深化。”①这不仅是对党的建设规律的深化，也是管党治党方略的转变，全面从严治党正处于制度化的进程之中，与政党治理现代化的目标而言，还存在以下

① 习近平：《关于〈关于新形势下党内政治生活的若干准则〉和〈中国共产党党内监督条例〉的说明》（2016 年 10 月 24 日），《十八大以来重要文献选编》下，中央文献出版社 2018 年版，第 407—408 页。

困境：

第一，“全面”不够：全面从严治党制度体系建设尚不完善。

全面从严治党制度是一项系统工程，是全方位的严，全过程的严，需要体现在党的建设的方方面面，无论哪个领域、哪个方面、哪个环节弱化了，都会出现“短板效应”，削弱从严治党。从目前全面从严治党制度体系的构建来看，主要存在以下几个方面的问题：一是党内法规的配套制度还不够完善。党的制度不是单个制度的集合，而是制度因素之间的有机联系和协调运行。“目前，党内制度体系中或多或少存在中央法规与地方法规不协调的问题”。① 与此同时，部分党内法规规定得相对比较原则，不够落细落小，很难执行到位。而作风建设的法规制度之所以能够取得明显成效，则在于其规定的具体明确；二是个别地方及基层党组织制定制度的态度、能力与要求不相匹配。党内法规制度体系是由中央法规和地方党组织法规共同构成的。地方党组织制定党内制度，需要重视党内法规的权威性、严密性、科学性和操作性。“目前，个别地方党组织出台一项党内法规往往不及起草一份重要讲话或报告投入的人员和精力，有些制度的出台还有一定的随意性”。② 三是党内法规制度建设与“同一切影响党的先进性、弱化党的纯洁性的问题作斗争”的要求尚存在很大差距。在全面从严治党过程中，仍有很多问题制度暂时无法解决。一些制度不够与时俱进，比如，防止党内形成既得利益群体？既得利益群体的基本特征有两个：一是腐败的整体性；二是非法利益“合法化”，如，提拔干部安排自己小圈子的人。这是捍卫党的先进性的斗争，能否切实有效地防止形成既得利益群体，检验着全面从严治党制度的成效和彻底性。再如，防止和消除党内各种各样的“两面人”现象？党章明确党员义务要对党忠诚老实，言行一致，反对阳奉阴违的两面派和一切阴谋诡计，这一相对原则的规定如何通过细化的制度来得以防止？这是全面从严治党制度向纵深发展必须突破的盲区。又如，全面从严治党制度执行中

①② 刘宗洪：《新时代提高党建质量的价值、向度与标识》，《中共中央党校（国家行政学院）学报》2019 年第 6 期。

出现的“为官不为”问题，全面从严治党制度应该实现约束和激励保护的双重性，全面从严治党绝不是管死，谁都不敢说话，而是要管活、管出创造力，形成全党既朝气蓬勃又纪律严明的风气。党的十八大以来，全面从严治党制度的深入实施，有些人产生了消极情绪，为了不出事，宁可不干事。“如果一个船长的使命是保留好船只，那不出海最好，但船长的使命恰恰是要扬帆远航”。[①] 必须要通过完善全面从严治党制度形成良好氛围，让党员干部想干事、会干事、干好事。以上问题，只有通过完善全面从严治党的制度实现“无处不在的约束、无时无刻的纪律、无须提醒的自觉和长期实践的重复”，[②] 全面从严治党才能搞好。

第二，“从严”不够：全面从严治党制度文化构建尚不充分。

无论是从理论上还是从实践上看，制度文化的构建必须以其广泛认同性为基础的。制度的“认同性”指的是制度的直接或间接相关者对于制度的认知、赞同和及支持的心理情感和行为支持倾向。一项制度的认同性基础好，制度的权威性和有效性就高，实施成本就相应地降低。由于全面从严治党制度特殊的定位，决定其制度文化构建的难度很大。第一，全面从严治党是一场自我革命，革命难，自我革命更难，全面从严自我革命难上加难。以制度自我革命，对某些存在问题的党组织和党员领导干部来说，就意味着手中的特殊权力要受到制度的限制或者削弱，所以全面从严治党制度很容易遭受选择性执行、无视、消极抵抗甚至有意识、变相地抵制或者反对，党内这种现象越多越严重，全面从严治党制度文化构建就越难。第二，长期执政带来的精神懈怠容易造成制度的破窗效应。全面从严治党的动力来自党的忧患意识，在局部执政时期，如果治党不力，党组织、党员就会面临直接的生死存亡。全面执政 70 多年，我们依然强调生死存亡，但是与革命年代的直接的生死存亡不同的是，当下的生死存亡具有集体性、滞后性的特点，即便部分党组织治党不力，在短时间内不会危及党的领导地位和执政地位，制度的自身刚性就相对欠

①② 姚桓：《增强全面从严治党的实效性》，《新华日报》2017 年 11 月 15 日。

缺。第三，党员干部的思维理念、能力素养、行为习惯与全面从严治党制度要求不相匹配。有些党员干部不重视对法规制度的学习，往往浅尝辄止，断章取义，把握不准精神实质，甚至出现制度误解，影响了制度执行力。有调研显示，有些党员干部依然骨子里浸润着人治思维，习惯于讲关系、按“潜规则”办事，对依法执政、依法行政不适应，“仍然习惯于以言代法，黑头（法律）不如红头（文件）、红头不如白头（领导批条）、白头不如口头（领导指示）”。①

第三，“治党”不够：全面从严治党制度执行机制尚不到位。

制度的生命力在于执行，能不能将制度优势转化为治理效能的关键也在于执行。影响制度执行的因素很多，前面所论述的制度的体系化与制度文化均是其中重要因素。但最为直接的影响要素是制度执行机制的构建不到位。第一，法规制度的实施情况评估机制构建尚不到位。一些地方和单位制定出台规章制度后，往往是一发了之、不理不问，对制度是否与改革发展需要相适应、是否与有关法规制度相冲突、是否收到了预期效果等，缺乏广泛论证和科学评估，在一定程度上影响了党内法规制度的执行效果。第二，法规制度的执行监督检查机制构建尚不到位，缺少制度执行的督查机构、专班和专职人员，没有客观的评价标准，也缺少严格的奖惩机制。监督方式单一，同级监督、“一把手监督”、人大、政协、人民群众、新闻媒体、网络舆论等相关监督主体如何有效监督党内法规制度执行情况，既没有直接的制度通道，也缺乏有效的监督手段。第三，法规制度的执行问责机制构建尚不到位。执行制度的动力来自责任，压力来自问责，一些地方的法规制度没有确切规定违反制度的惩戒机制，使制度执行的情况无法准确考核，影响了问责效果。此外，一些监督主体在对违反制度或制度执行不力的人进行惩处时，受人情关系、面子文化的影响，查处不严厉，没有体现出惩治应有的威慑力，使得违反制度的成本过低，导致了执行监控没有起到应有的纠偏作用。

---

① 袁海晗：《提高党内法规制度的执行力》，《红旗文稿》2017 年第 18 期。

三、完善全面从严治党制度的路径研究

第一，理念：必须以自我革命精神完善全面从严治党制度

习近平总书记首次提出“自我革命”是在庆祝中国共产党成立95周年大会上，他指出，“先进性和纯洁性是马克思主义政党的本质属性，我们加强党的建设，就是要同一切弱化先进性、损害党的纯洁性的问题作斗争，祛病疗伤，激浊扬清。全党要以自我革命的政治勇气，着力解决党自身存在的突出问题，不断增强党自我净化、自我完善、自我革新、自我提高能力，经受‘四大考验’、克服‘四大危险’，确保党始终成为中国特色社会主义的坚强领导核心”。[①] 由此可见，自我革命的对象是“一切弱化先进性、损害纯洁性的问题”，方式是“自我净化、自我完善、自我革新、自我提高”，目的是“确保党始终成为中国特色社会主义的坚强领导核心”，精神状态是要有“政治勇气”。党的十八大以来，党进行了广泛的自我革命，反腐败斗争便是其中最直接的体现。学者郑永年认为，“中国共产党是中国唯一的执政党，因此其面临两种选择，即‘被革命’和‘自我革命’，‘被革命’就是由他人来‘革命’，而‘自我革命’则是自己对自己的革命。中共十八大以来中国共产党选择的‘自我革命’。通过‘自我革命’，不仅避免‘被革命’，更是强化了中国共产党的领导力量”。[②]

历史使命越光荣，奋斗目标越宏伟，执政环境越复杂，我们就越要增强忧患意识，越要从严治党，做到“为之于未有，治之于未乱”，使我们党永远立于不败之地。全党同志必须在思想上真正明确，党的执政地位和领导地位并不是自然而然就能长期保持下去的，不管党、不抓党就有可能出问题甚至出大问题，结果不只是党的事业不能成功，还有亡党亡国的危险。明白这个道理并不难，难的是思想变成行动。以自我革命的精神来完善全面从严治党制度，就必须围

① 习近平：《在庆祝中国共产党成立九十五周年大会上的讲话》(2016年7月1日)，《十八大以来重要文献选编》下，中央文献出版社2018年版，第355页。

② 郑永年：《中国共产党的“自我革命”——中共十九大与中国模式的现代性探索》，《全球化》2018年第2期。

绕“一切弱化先进性、损害纯洁性的问题”而展开，就必须不断提高自我净化、自我完善、自我革新、自我提高的能力。自我净化就是清除污垢、修复肌体、永葆纯洁。任何事物都处于一定的环境之中，都会受到周围环境的影响。我们党面临的执政环境是复杂的，影响党的先进性、弱化党的纯洁性的因素也是复杂的，党的肌体难免受到各种灰尘病菌的侵蚀。这就要求我们坚持自我净化，不断清除复杂环境中的灰尘病菌，增强抵御各种侵蚀的能力。完善全面从严治党制度要坚持问题导向，聚焦突出问题，以刮骨疗毒、壮士断腕的决心和意志，及时切除一切侵蚀党的肌体的毒瘤。自我完善就是反思自省、锤炼提升、更加成熟。任何事物的发展，都要经历从不完善到逐步完善的过程。作为一个具有远大理想的先进政党，实现自我完善要着眼于党的长期执政能力建设和先进性、纯洁性建设，及时发现自身与发展需要不相适应的薄弱环节和突出问题，着力在思想、组织、作风、制度和纪律等方面补短板、强弱项；要健全风险防控机制，建立系统完备、科学规范、运行有效的全面从严治党制度体系，完善决策科学、执行坚决、监督有力的权力运行机制，构建党统一领导、全面覆盖、权威高效的监督体系。自我革新就是除弊兴利、变革创新、不断超越。团结带领全国人民实现“两个一百年”奋斗目标和中华民族伟大复兴中国梦，要求我们党自觉除弊兴利、变革创新、不断超越。要勇于变革、勇于创新，自觉、主动、坚决地破除一切不合时宜的思想观念和体制机制弊端，不断革除阻碍经济社会发展的利益藩篱和政策壁垒，通过体制改革和制度创新营造风清气正的政治生态，最大限度释放改革创新的强大正能量。自我提高就是与时俱进、增强本领、提升境界。

第二，体系：构建全面从严治党科学的制度体系。

就全面从严治党的制度体系而言，应该有三个层面的含义：第一，根本制度或者基本制度，民主集中制是党的根本组织制度，与党的民主集中制相关的各项制度，如党的全国代表大会制度、党的委员会制度等，这些制度对党的建设而言具有根本性、全局性和稳定性的意义；第二，中观层面的制度或者称之为机制，其特点在于是党内一系列相关具体制度的有机统一与系统联动，如选人用人机制、不敢腐的惩戒机制等；第三，党内的具体制度，比如，三会一课制度，发展党员制度等。三个层面的制度建构为全面从严治党的制度体系，每个层面的制度发挥着不同的价值，党的建设是一个系统工程，需要基本制度或根本制度来统领与规制，需要中观层面的体制机制来保障，而运用具体制度“管人管事”。

一是建立健全以党的政治建设为统领，全面推进党的各方面建设的体制机制。一方面，突出抓好根本，健全党的政治建设制度。党的十八大以来，围绕党的政治建设，已经出台了一系列党内法规制度，如《关于加强党的政治建设的意见》《关于新形势下党内政治生活的若干准则》等。党的政治建设是党的事业兴衰成败的政治保证，加强党的政治建设，目的是坚定政治信仰，强化政治领导，提高政治能力，净化政治生态，实现全党团结统一、行动一致。必须把建章立制贯穿于党的政治建设全过程各方面，建立长效机制，持续健全党的政治建设制度，形成系统完备、有效管用的政治规范体系，真正实现党的政治建设有章可循、有据可依。另一方面，必须将政治建设的统领地位贯彻到党的各方面建设的体制机制中。党的十八大以来，围绕党的建设布局，在思想建设方面，出台《中国共产党党委（党组）理论学习中心组学习规则》等法规制度；在组织建设方面，出台《中国共产党支部工作条例》《中国共产党农村基层组织工作条例》等法规制度；在作风方面，出台《党政机关厉行节约反对浪费条例》《党政机关国内公务接待管理规定》等法规制度；纪律建设方面，出台《中国共产党纪律处分条例》等，完善全面从严治党制度既要进一步深化党的建设制度改革，全面完善党的政治、思想、组织、作风和纪律建设以及反腐败斗争的体制机制。在党的十八大以来取得的管党治党制度成果的基础上，坚持缺什么补什么、弱什么强什么，坚持集成联动、着力提高制度质量，做到相辅相成，有机统一；也要将政治建设的统领地位贯彻到党的各方面的体制机制中，在思想建设制度上，强调党内政治教育，在组织建设制度上，强调基层党组织的政治功能，在选拔领导干部制度强调要突出政治标准；在纪律建设制度上，强调政治纪律是最重要、最根本、最关键的纪律；在作风建设制度上强调“民心是最大的政治”；在反腐败斗争中，强调要建设“廉洁政治”。

二是健全党管干部、选贤任能制度。习近平在 2018 年的全国组织工作会议上明确了新时代党的组织路线，即“全面贯彻新时代中国特色社会主义思想，以组织体系建设为重点，着力培养忠诚干净担当的高素质干部，着力集聚爱国奉献的各方面优秀人才，坚持德才兼备、以德为先、任人唯贤，为坚持和加强党的全面领导、坚持和发展中国特色社会主义提供坚强组织保证”。① 贯彻新时代的组织路线，建设忠诚干净担当的高素质干部队伍是关键。选人用人只要坚持公道正派，其他都会变得简单起来。“我们党历来高度重视选贤任能，始终把选人用人作为关系党和人民事业的关键性、根本性问题来抓”。② 党的十八大以来，围绕选贤任能已经出台大量的制度法规，如《党政领导干部选拔任用工作条例》、《推进领导干部能上能下若干规定》（试行）、《关于进一步激励广大干部新时代新担当新作为的意见》等。健全党管干部、选贤任能制度，要继续围绕干部的培育、选拔、管理、使用完善制度体系，一是建立源头培养、跟踪培养、全程培养的素质培养制度体系；二是建立日常考核、分类考核、近距离考核的知事识人制度体系，如围绕分类考核设置相关制度，对资源禀赋、基础水平、发展阶段、主体功能区定位不同的地区在考核内容上区别对待，对主要领导干部和班子成员、不同岗位的领导干部制定不同的考核标准；三是建立以德为先、任人唯贤、人事相宜的选拔任用制度体系，如通过制度规定的方式确保选人用人中的政治标准；四是建立管思想、管工作、管作风、管纪律的从严管理制度体系，如构建制度管好关键人、管到关键处、管住关键时以及管住管好一把手；五是建立崇尚实干、带动担当、加油鼓劲的正向激励制度体系。

三是完善和落实党内政治生活制度规定。党的十九届四中全会通过的《决定》指出，要规范党内政治生活，严明政治纪律和政治规矩，发展积极健康的党内政治文化，全面净化党内政治生态。理清政治生活、政治规矩、政治文化、政治生态的逻辑关系是健全相关制度体系的前提。政治生活与经济生活、文化生活、

---

① 习近平：《在全国组织工作座谈上的讲话》（2018 年 7 月 3 日），《十九大以来重要文献选编》上，中央文献出版社 2019 年版，第 559—560 页。

② 习近平：《在全国组织工作座谈上的讲话》（2013 年 6 月 28 日），《十八大以来重要文献选编》上，中央文献出版社 2014 年版，第 336 页。

社会生活有着密切联系，构成一个有机整体，主要包括行使政治权利、履行政治义务和参与民主监督。政治规矩是习近平总书记在十八届中央纪委第五次全会上的讲话再次提出的。“政治规矩”主要包括四方面内容：一是党章是全党必须遵循的总章程，也是总规矩；二是党的纪律是刚性约束，其中的政治纪律更是全党在政治方向、政治立场、政治言论、政治行动方面必须遵守的刚性约束；三是国家法律是党员、干部必须遵守的规矩；四是党在长期实践中形成的优良传统和工作惯例，也需要很好地遵守。政治文化主要包括政治立场、政治价值观、政治思维和政治态度。政治生态是党风、政风、社会风气的综合体现，是政治风气和从政环境，主要包括风气、气场、氛围、环境。它影响着党员干部的价值取向和为政行为，“风清则气正，气正则心齐，心齐则事成”。在这四个基本要素中，政治生活是抓手，政治生态反映着政治生活的总体面貌，政治规矩和政治纪律是保障，如果党的政治纪律成了摆设，就会形成“破窗效应”，使党的章程、原则、制度、部署丧失严肃性和权威性，党就会沦为各取所需、自行其是的“私人俱乐部”。一方面，要确保全党严格执行关于党内政治生活的两部准则，特别是《关于新形势下党内政治生活的若干准则》，结合实际完善具体制度，严格抓好制度落实，加强和规范党内政治生活，严明政治纪律和政治规矩；另一方面，要完善积极健康的党内政治文化，依托基层党组织，面对全体党员，突出问题导向、聚焦薄弱环节，把党内生活文化建设融入党的政治、思想、组织、作风、纪律、制度建设之中，建立健全体制机制，进一步推动党内政治文化建设制度化规范化。

四是健全解决自身问题的长效机制。如前所述，中国共产党的伟大不在于不犯错误，而在于从不讳疾忌医，敢于直面问题，自我革命是中国共产党最鲜明的品格，是党最大的优势。必须构建党自我净化、自我完善、自我革新、自我提高的制度机制，可以吸收借鉴党开展的“不忘初心，牢记使命”的主题教育活动，探索了检视问题、落实整改的有效方法，既要解决需要长期防止和克服的根本性问题，也要解决当前党内存在的突出问题，如形式主义、官僚主义的问题，只要是可能动摇党的根基、阻碍党的事业的问题，都必须通过健全长效机制，共同将全面从严治党的伟大革命进行到底。

五是完善和落实全面从严治党责任制度。不明确责任、不追究责任，从严治党是做不到的。完善全面从严治党责任制度，是管党治党严起来、紧起来、实起来的有力制度保证。《中国共产党问责条例》对于“问谁责、谁来问、问什么、怎么问”都做出了规定，这是党建问责的基本遵循，但是对于党的领导弱化、党的建设缺失、全面从严治党不力、推进党风廉政建设和反腐败工作不坚决不扎实的情况要问责到人，就必须再细化“全面领导责任、主要领导责任、重要领导责任”以及“主体责任、监督责任和领导责任”，列出具体的清单，明确边界，克服党建问责内容交叉、模糊不清、问责难定等问题；另一方面，要根据全面从严治党中的新问题，强化问责与责任追究制，如“为官不为”问题。

第三，执行：构建全面从严治党制度的执行机制。

一是以强化党章权威培育制度执行文化。党章是根本大法，是全党的总规矩，是制定制度的总依据，只有在全党进一步强化党章权威，才能夯实全党制度执行的基础。“这些年来，党内政治生态出现的种种不正常现象，无一不同背离党章的要求有关；党员领导干部中发生的种种触犯党纪的行为，无一不是漠视党章规定”。[①] 全党的思想统一，首先是对党章认识的统一，全党行动一致，首先是在执行党章上的一致。培育全党的制度执行文化，必须从强化党章权威开始。

二是构建制度执行责任机制。制度的生命力在于执行，党的制度权威，重在各级党组织对党内制度的严格执行。党的十八大以来，党的法规制度建设更加科学，但在实际工作过程中依旧存在对党内制度“熟视无睹”、“选择性执行”、不按程序执行等问题。“我们的制度体系还要完善，但当前最突出的问题在于很多制度没有得到严格执行”，[②]“制度一经形成，就要严格遵守，坚持制度面前人人平等、执行制度没有例外，坚决维护制度的严肃性和权威性”。[③] 首先，

① 余哲西：《严肃党内政治生活，修复政治生态》，《中国纪检监察》2018 年第 3 期。

② 习近平：《严格执法，公正司法》（2014 年 1 月 7 日），《十八大以来重要文献选编》上，中央文献出版社 2014 年版，第 719—720 页。

③ 习近平：《在党的群众路线教育实践活动工作会议上的讲话》（2013 年 6 月 18 日），《十八大以来重要文献选编》上，中央文献出版社 2014 年版，第 318 页。

各级党委要把执行全面从严治党制度作为责任，摆在突出位置，加强制度学习、宣传、教育力度，督促各级党组织严格执行制度，特别是各级领导干部要强化制度思维，带头维护制度权威，以上率下，做执行制度的表率。其次，健全执行机制，“加强经常性检查督办，发现制度执行方面的问题，要紧盯不放，及时督促整改落实，强化责任，把执行全面从严治党制度的情况作为党委（党组）党建述职、各级各部门党组织负责人特别是党委（党组）书记考核、领导班子民主生活会开展批评与自我批评的重要内容”。[①] 对制度的执行也要严格监督机制，发挥组织监督、纪检监督、巡视监督、信访监督、舆论监督的作用，形成强大的监督合力，织密监督网。此外，把执行全面从严治党制度情况作为评判全面从严治党责任的重要标准，层层压实执行制度的责任，对于制度执行不力的要严格问责，确保党内制度的全面执行。

---

① 江金权：《完善全面从严治党制度》，《学习月刊》2020 年第 3 期。

第六章　新时代坚持和完善党的领导制度体系的思考

党的领导制度体系建设涉及党的领导执政理念和执政方式的深刻变革，自觉把党的全面领导活动纳入制度化轨道，是回应国家治理体系和治理能力现代化的必然要求，彰显了党的领导、人民当家作主、依法治国的有机统一。

第一节　把握党的领导制度体系建设的目标价值导向

党的领导制度体系建设不仅是解决党的领导全覆盖的客观需求和现实判断问题，更是一个价值导向问题，应体现治国理政现代化、管权用权法治化、宗旨目标向实化的价值追求。

一、价值归宿：践行“以人民为中心的发展思想”

中国共产党能够根据最广大人民群众的愿望和中国社会发展的客观规律，凝聚民心达成共识。但是由于社会结构深刻变动，利益格局深刻调整，思想观念深刻变化，凝聚改革共识难度加大，统筹兼顾各方面利益任务艰巨。越是思想认识不统一就越要善于寻求最大公约数。“坚持党对一切工作的领导”是调整复杂的利益关系并取得最大公约数的根本保证。党担当起政治领导的责任，通过把握全中国人民的整体利益、长远利益、根本利益，制定出符合科学发展规律的路线、方针、政策，努力做到人民利益的最大化并以此凝聚民心、汇聚民力、集中民智。中国共产党的性质和宗旨决定了党在理论、政治、组织、制度和密切联系群众等方面具有独特而强大的优势。正是因为具备这种优势，中国共产党能够做到不为各方利益所动，不为各种矛盾所惧，不为各种杂音所扰，始终保持全面深化改革开放的战略定力，有效调整统筹好各种利益关系，把各方面的利益更好地协调起来，实现人民群众利益最大化，从而保证改革开放各项措施和要求的贯彻落实。习近平总书记指出，对重大改革尤其是涉及人民群众切身利益的改革决策，要建立社会稳定评估机制。遇到关系复杂、牵涉面广、矛盾突出的改革，要及时深入了解群众实际生活情况怎么样，群众诉求是什么，改革能给群众带来的利益有多少，从人民利益出发谋划思路、制定举措、推进落实。要建立科学评价机制，对改革开放效果进行全面评估。党的领导是改革开放始终沿着以人民为中心政治立场前行的关键。党的领导最大风险就是脱离群众，党以刀刃向内的勇气和决心，打破利益固化的藩篱，始终警惕特殊利益集团、腐败利益集团的出现。习近平总书记指出，我们要着力解决人民群众所需所急所盼，让人民共享经济、政治、文化、社会、生态等各方面发展成果，有更多、更直接、更实在的获得感、幸福感、安全感，不断促进人的全面发展、全体人民共同富裕。唯有如此，才能汇聚更深沉、更持久、更昂扬、更澎湃的推进改革开放的洪荒之力。当前，人民日益增长的美好生活需要和不平衡不充分的发展之间的社会主要矛盾日益突出。新时代是全国各族人民团结奋斗、不断创造美好生活、逐步实现全体人民共同富裕的时代。到 2035 年，“全体人民共同富裕迈出坚实的步伐”；到 21 世纪中叶，“全体人民共同富裕基本实现”。这是党对人民做出的庄严承诺，共同富裕的梦想就此有了更为明确的方向标和路线图。

二、目标导向：实现党科学执政、民主执政、依法执政

科学执政、民主执政、依法执政，从三个不同的角度强调了党执政必须

遵循的基本原则和基本方式，归根结底，就是要求按执政规律来执政。科学执政强调执政的科学性，民主执政强调执政的人民性，依法执政强调执政的合法性，三者密切联系、相辅相成、缺一不可，深刻反映和体现了党执政的规律性。执政党如何处理与国家机关之间的关系是整个执政党政治系统运行的重要内容，这种关系处理得好坏将直接影响执政党的执政能力和执政水平。处理这种关系的最终目的是加强党对国家政权的领导，协调各种权力主体之间的关系，从而减少各种国家机关的运作成本，实现执政党与国家政权的各种主体之间的互动，实现执政党执政的法治化、科学化、制度化、理性化、民主化。

科学执政、民主执政、依法执政中的“科学”“民主”“依法”有着深刻内涵，把科学执政、民主执政、依法执政从执政的目的、过程和手段三个层次进行理解，就将三者密切的统一起来了。科学执政，就是坚持以科学的理论为指导，遵循科学的执政规律，以科学的制度、科学的方式、科学的决策推进中国特色社会主义事业的发展，努力实现最广大人民群众的根本利益和愿望。民主执政，以民主的制度、民主的形式、民主的手段支持和保证人民当家作主，推进社会主义民主政治的制度化、规范化、程序化，坚持发展中国特色社会主义民主政治。依法执政，就是坚持依法治国、建设社会主义法治国家，以法治的理念、法治的体制、法治的程序保证党领导人民有效治理国家。各级党组织都要在宪法和法律范围内活动；领导干部要提高用法治思维和法治方式深化改革、推动发展、化解矛盾、维护稳定的能力；全体党员都要模范遵守宪法和法律；全社会要增强学法遵法守法用法的意识。要督促和支持国家机关依法行使职权，依法推动各项工作的开展，切实维护公民的合法权益。因此，科学执政、民主执政、依法执政三者之间密切联系，不可分割。中国共产党坚持科学执政、民主执政、依法执政的执政方式是党总结执政成功经验的必然结论，也是新形势下提高党的领导能力的重要内容。坚持科学执政、民主执政、依法执政，必将推进党的领导制度体系科学化、民主化、法治化、现代化。党的领导制度体系科学化，系统内部上下左右协调，与国家法律规范体系协调衔接。党的领导制度体系民主化，党的领导、人民当家作主和依法治国相统一，以党的领导民主化引领社会主义民主政治建设。党的领导制度体系法治化，规范党的全面领导执政活动，一体推进法治国家、法治政府、法治社会和法治政党建设。以党的领导制度体系现代化推进国家治理体系和治理能力现代化。

三、方向保证：发挥党总揽全局、协调各方的领导核心作用

发挥党总揽全局、协调各方的领导核心作用，确保国家治理体系和治理能力现代化沿着正确方向前进。坚持党的领导，就要坚持“总揽全局，协调各方”的原则，即各级党委在同级各种组织中发挥领导核心作用，集中精力抓好大事，支持各方独立负责、步调一致地开展工作。在工作全局上，党委总揽而不包揽，协调而不替代，各方的事由各方去办，各方之间的事由党委来协调，既保证党委的领导核心作用，又发挥人大、政府、政协、人民团体和其他方面的职能作用。要进一步改革和完善党的工作机构和工作机制，规范党委与人大、政府、政协以及人民团体的关系，支持人大依法履行国家权力机关的职能；支持政协围绕团结和民主两大主题履行职能。规范党委与人大、政府、政协以及司法机关的关系，主要是规范党的活动。

十九届四中全会通过的《决定》把完善党的领导制度，突出党的领导制度在国家治理体系当中的统摄性地位，从指导思想到重大观点、具体举措等，都体现坚持和加强党的领导的要求，目的就是为了更好发挥党总揽全局、协调各方的领导核心作用，确保国家治理体系和治理能力现代化沿着正确方向前进。坚持党领导一切，绝不是党来替代一切组织、机构去直接领导，更不是“包打天下”，而是“总揽全局、协调各方”。“坚持党的领导，发挥党总揽全局、协调各方的领导核心作用，是我国社会主义市场经济体制的一个重要特征”。正如习近平总书记所指出的，“这就像‘众星捧月’，这个‘月’就是中国共产党”，中国特色社会主义大厦需要四梁八柱来支撑，党是贯穿其中的总的骨架，党中央是顶梁柱。

要把“总揽全局，协调各方”落到实处，要着力发挥党把方向、谋大局、定政策、促改革、抓落实的作用。把方向，就是各级党委要确保事业发展坚持正确的政治方向、政治原则、政治道路；谋大局，就是各级党委要牢固树立大局意识，自觉服从大局、坚决维护大局。定政策，就是各级党委要坚持以人民为中心，抓好群众最关心最直接最现实的利益问题，制定切实管用的政策措施。促改革，就是各级党委要着眼推进国家治理体系和治理能力现代化，适应经济发展由高速增长阶段转向高质量发展阶段的基本特征，科学确定改革思路，敢于担当；抓落实，就是各级党委都要真抓实干，明确自己职责范围的任务，一个目标一个目标分解，一件任务一件任务落实。由此可见，“总揽全局，协调各方”是党对一切工作的领导的具体实现形式。

“总揽全局”要求各级党委集中精力抓好带有全局性、战略性、根本性和前瞻性的重大事项，有效实施党在各个领域的领导；“协调各方”要求各级党委要善于从推进全局整体工作的要求出发，统筹协调好党委、人大、政府、政协的关系，统筹安排纪检、组织、宣传、统战、政法、群众团体等方面的工作，使各方面都能各司其职、各尽其责，相互配合，形成合力。为此，党的十八大以来，出台了《中国共产党党内监督条例》《中国共产党问责条例》《关于进一步激励广大干部新时代新担当新作为的意见》等法规制度，以确保党“总揽全局、协同各方作用”的切实发挥。特别是党的十九届三中全会审议通过的《中共中央关于深化和国家机构改革的决定》，要深化党和国家机构改革，以加强党的全面领导为统领，把加强党对一切工作的领导贯彻到改革各方面全过程，形成总揽全局、协调各方的党的领导体系。

“总揽全局、协调各方”是党的领导经验的总结，要贯彻落实这一原则，必须通过完善全面从严治党制度来改进党的领导方式和执政方式。只有加强顶层设计，建立健全党的全面领导的制度体系，确保党的领导全面落实到国家治理各领域各方面各环节，才能最终将党的领导这一中国特色社会主义制度的最大优势转化为国家治理的强大效能。

第二节　推进党的领导制度体系创新及执行

党的制度建设中存在的问题，虽然表现得林林总总、五花八门，但从根本上讲，都可以归结到对党的制度的“无制可依、有制不依、执制不严、违制不纠”上。党的领导制度体系建设是党的建设新的伟大工程的核心内容。推进党的领导制度体系创新及提高党的领导制度体系执行成效是党在复杂的国际国内形势下，回应时代挑战的迫切需要。只有建成一个不仅理论上成熟，而且在领导制度体系创新方面与时俱进、在制度执行方面规范高效的党，才能经受考验、化解危险，巩固党的长期领导和执政地位，永葆党的先进性和纯洁性，团结、带领全国各族人民实现中华民族的伟大复兴。

一、关键根本：统领国家治理体系和治理能力现代化

党的领导制度体系是国家治理的关键和根本，在中国特色社会主义制度体系中居于统领性地位，能够起到“纲举目张”的决定性作用。党在国家权力架构中居于核心地位，在国家治理中总揽全局、协调各方，是国家治理体系的中轴。离开党的领导，中国的一切现代化目标都不可能实现。国家治理体系和治理能力现代化，是我们党领导下的现代化，而不是别的什么政治力量领导下的现代化。这个现代化的推进和实现，不仅不能动摇党的领导，而且要有利于坚持和加强党的全面领导。习近平指出：“国家治理体系是在党领导下管理国家的制度体系，包括经济、政治、文化、社会、生态文明和党的建设等各领域体制机制、法律法规安排，也就是一整套紧密相连、相互协调的国家制度。”① 党的领导制度体系必然包含在这“一整套紧密相连、相互协调国家制度”体系之中，是纲领性制度体系。从中央到地方，党的各级组

① 习近平著：《论坚持全面深化改革》，中央文献出版社 2018 年版，第 46 页。

织发挥领导核心作用，实施对国家、社会各领域各方面各环节领导活动的各项制度安排是国家治理体系的核心内容。中国能够创造经济快速发展的奇迹和社会长期稳定的奇迹，关键在于党的领导和党的领导制度的巩固和发展。

党的领导制度体系现代化是推进国家治理体系和治理能力现代化的根本前提。坚持和完善中国特色社会主义制度，推进国家治理体系和治理能力现代化是一个庞大、复杂而又长期的系统工程，统领和贯穿其他各项工作的制度。必须坚持和完善党的领导制度体系，确保党的领导全覆盖，确保党的领导更加坚强有力。党能够遵循共产党执政规律，顺应时代潮流，以科学理论为指导，适应全面深化改革的新要求，遵循国家治理的内在逻辑和基本规律，不断提高党的领导制度规范化、法治化水平，使党的领导体制、机制、功能和活动方式等方面，不断与国家治理体系高度融洽契合；不断提高党领导人民运用国家制度管理社会各方面事务的科学执政能力、民主执政能力、依法执政能力，为推进国家治理体系和治理能力现代化提供坚强组织保障。

党的领导制度体系是推进国家治理体系和治理能力现代化沿着中国特色社会主义道路行稳致远的根本保证。坚持党的领导制度，是沿着中国特色社会主义道路实现国家现代化和中华民族伟大复兴的根本经验总结。坚持和完善中国特色社会主义制度、推进国家治理体系和治理能力现代化，是“两句话”构成的一个整体。前一句话是，坚持和完善中国特色社会主义制度，规定的是根本方向，是推进国家治理体系和治理能力现代化的目的所在，它决定着推进国家治理体系和治理能力现代化的政治方向、政治道路、政治制度和政治文化。这是强调我们走的是中国特色社会主义道路，不是其他什么道路，而中国特色社会主义的最本质特征，就是坚持中国共产党的领导。后一句话是，推进国家治理体系和治理能力现代化，是在根本方向规定下的所走路径，即国家治理体系和治理能力现代化。社会主义的根本方向、现代化的所走路径，这就是新时代中国特色社会主义事业发展必须遵循的正确方向。

二、集成创新：全方位推进党领导制度体系创新

中国共产党是马克思主义政党，与时俱进是马克思主义的理论品格。党在长期的建设和发展过程中形成了一系列根本制度、基本制度和具体制度。这是党的宝贵财富，必须继续坚持。但是，时代不断发展的，党的制度建设，包括党的领导制度建设也要与时俱进、不断创新。只有不断创新，才能适应新的形势和要求，把党的建设新的伟大工程不断推向前进。特别是当今世界正经历百年未有之大变局，国际形势复杂多变，我们党面对的改革发展稳定任务之繁重前所未有，面临的风险挑战之严峻前所未有。坚持和完善中国特色社会主义制度、推进国家治理体系和治理能力现代化，是应对风险挑战、赢得主动的有力保证。我们要打赢防范化解重大风险攻坚战，必须运用制度威力应对风险挑战的冲击。通过创新来实现党的领导体制机制的完善，为坚持和加强党的全面领导提供坚实的制度保障。

创新党对重大工作领导的制度机制。《中共中央关于深化党和国家机构改革的决定》明确要加强党对涉及党和国家事业全局的重大工作的集中统一领导。《中央党内法规制定工作第二个五年规划（2018—2022 年）》进一步明确了要完善党的领导法规，制定并出台党中央领导全面深化改革工作、经济工作、法治工作等方面的规定，如，中国共产党农村工作条例、宣传工作条例、组织工作条例、政法工作条例、机构编制工作条例、群团工作条例、外事工作条例、人才工作条例等党内法规；修订中国共产党统一战线工作条例（试行）、中国人民解放军政治工作条例等党内法规。从法规制度上将党对重大工作的领导落在实处。牢牢掌握党对意识形态工作的领导权。意识形态工作是党的一项极端重要的工作，必须始终牢牢掌握党对意识形态工作的领导权。深化党和国家纪检监察制度改革。党的十八大以来，党中央正式将党内监督作为坚持党的领导的重要工作机制，并领导党和国家纪检监察制度取得突破性创新，这是党的领导在理论和实践上的重大突破。在实践中不断创新巡视巡察方式并使之制度化。深化纪委监委派驻机构改革。稳步推进纪检监察体制改革。创新党对关键工作

领域的领导机制。党的十八大以来，党在领导不同工作领域的工作机制方面有许多创新之处。在坚持党对国有企业的领导；加强党对高校的全面领导；在领导城乡社区治理上，完善党委领导、政府负责、社会协同、公众参与、法治保障的社会治理体制，提高社会治理社会化、法治化、智能化、专业化水平。改革党对群团工作的领导机制。坚持党对军队的绝对领导。提出并贯彻新时代党的组织路线。深化党和国家机构改革，确保党组织在同级组织中发挥领导作用。深化党和国家机构改革，就是从建立健全党对重大工作的领导体制机制、强化党的组织在同级组织中的领导地位、更好发挥党的职能部门作用、统筹设置党政机构、推进党的纪律检查体制和国家监察体制改革等方面，对完善坚持和加强党的全面领导的体制机制作出具体部署。十九届四中全会对健全总揽全局、协调各方的党的领导制度体系作出全面部署、提出建立、健全、完善六个方面重要制度明确要求。从而有利于把党总揽全局、协调各方落到实处，有利于从制度上保证党的长期执政和国家长治久安。

要树立问题导向，直面解决党的领导制度体系建设中面临的诸多挑战。如，政党理想信念的漫长性与全党的精神懈怠的危险；有效防范社会价值和社会结构的碎片化，凝聚社会共识面临风险；民众利益的分散化离心力产生，党面临脱离群众的危险；党领导一切不是包办一切，破解高度集权难题，化解消极腐败的危险；历史使命的艰巨性与本领恐慌的空前性、能力不足的危险。党的领导制度体系建设要坚持“立改废释”并行，及时补齐制度短板，保证每项党的制度都于法周延、于事有效、务实管用、简便易行。要“集群建设”，坚持顶层设计，立体式、全方位、系统化、精细化推进，切忌碎片化、分散化、模糊化、补丁化，发挥党的领导制度体系集群效应。要抓领导制度体系贯彻落实，注重纵向上下联动配套和横向左右兼容配置。建立不忘初心、牢记使命的制度，用理想信念凝聚全党，提升意识形态的引领力。政党意识形态和执政理念是一个政党所代表阶级利益、价值观、政治倾向等的集中反映，是政党纲领、行为取向的理论依据，使党意识形态能够反映且代表绝大多数人的利益。完善坚定维护党中央权威和集中统一领导的各项制度，确保党令行禁止。健全党的全面领导制度，实现“党的行为规范化”“政权机关的行为规范化”“司法机关的行为规范化”。“党的行为规范化”，就是党的领导要总揽全局、协调各方，密切联系群众，这是对党的一个领导行为作出的规范；“政权机关的行为规范化”，就是人大、政府这些政权机关，要坚持必须从人民的利益出发，按照人民的要求去立法。“司法机关的行为规范化”，就是全面落实依法治国的基本方略，推进科学立法、严格执法、公正执法这样一个程序，就是工作法制化。健全为人民执政、靠人民执政各项制度，建立并完善群众沟通机制，社会利益的表达机制和与协调整合机制，以保证能够不断代表群众利益，实现利益整合与协调。党的领导水平和执政能力体现在对自身的总体工作以及各项党务工作管理的技能与本领，通过不断提升党的理论导向、组织凝聚、防治腐败、发展民主、制度规范以保持党的生机和活力。健全提高党的执政能力和领导水平制度，包括坚持和完善民主集中制、健全决策机制、改进党的领导方式和执政方式、完善担当作为的激励机制等多个方面。完善全面从严治党制度，既要有彻查腐败问题的决心，党员干部又要以身作则，以正党风。同时，严格政党监督反腐体系——制度反腐，是根本性的预防和反腐措施。通过制定规章、调整机构、整合职能，以制度化的手段构建一个严密有效的监督反腐倡廉机制。

加强党的领导制度体系建设，要强调制度的系统性，强调各要素之间的有机联系。必须通过体制改革和机制创新，形成配置科学、程序严密、结构完整、制约有效的制度法规运行机制。党要按照总揽全局、协调各方的基本原则，完善领导体制机制，改进领导方式。坚决维护民主集中制，重大问题必须党委集体讨论决定，实现集体领导和个人分工相结合。同时，加强党内和党外的监督，坚持党要管党、全面从严治党，持之以恒正风肃纪，建设高素质专业化干部队伍，加强基层组织建设，全面增强执政本领，确保党的路线方针政策的贯彻实施，推进国家治理体系和治理能力现代化，推进党的建设新的伟大工程。历史和实践充分证明，只有这样才能更好地应对风险考验，增强长期执政能力，更好地坚持和加强党的领导。未来前进道路上还会有各种风险和挑战，党面临的“四大考验”“四大危险”仍然复杂严峻，党必须以强烈的忧患意识警醒自己，持续推进党的建设新的伟大工程，使党在革命性锻造中坚定走在时代前列。把党的领导制度建设同法治国家、法治政府、法治社会一体建设结合起来。破除传统的运动式、活动式、会议式的治理模式，破除人治思维和权力崇拜，党的领导制度体系入规入法，实现党的领导制度与国家治理体系的无缝对接和有机融合。

党的领导法规建设，要坚持党的政治领导，以深化党和国家机构改革为契机，与完善党的领导体制、改进党的领导方式、转变党的领导作风一体推进、一同建设、一并实施。重点是规范调整好党与国家政权机关的关系，加强和改善党对国家政权机关的领导。注重问题导向和目标导向相统一，注重顶层设计与实践创新相促进，注重法规制定与监督落实相匹配。领导范围明细化。依据宪法和党章的规定，区分界定党全面领导的各类关系，分门别类科学配置党的领导法规。党的领导法规规范调整党的领导活动、领导工作中的各种重要关系，如党政、党与参政党、党群、党与经济组织、党军等关系。对党实现全面领导特别是政治、思想、组织领导进行全方位规范。党的领导法规要覆盖到改革发展稳定、内政外交国防、治党治国治军各领域各方面各环节，实现党的全面领导权力清单全覆盖。“党的全面领导”不能等同于“党的全面管理”。中国共产党既是领导党，又是执政党，对包括行政权力资源在内的各种资源的支配权很大。党的领导法规建设，要遵宪守章勘定党的领导活动和领导工作的边界，树立党的领导权行使也要接受党内党外监督的理念，让党的领导权运行在“阳光之下”。领导权责清晰化。要树立有权必有责观念，以党的领导法规制度形式，统筹制定党中央集中统一领导重大工作；地方党委、党组、党的工作机关实施党的领导；国有企业党委（党组）和农村、事业单位、街道社区等的基层党组织发挥领导作用的领导权责清单。规范党政关系，推进依法执政；规范政党关系，发展政党制度；规范党与社会的关系，激发社会活力。

三、执行监督：建立健全党的领导制度体系执行监督评价机制

制度的生命力取决于其执行力，其价值必须在执行中体现。制度执行不彻

底、贯彻不到位，在落实过程中走样变味，制度执行乏力就会导致的“做选择”“打折扣”“搞变通”“法不责众”现象，就会导致“党内潜规则”大行其道，制度建设就形同虚设，就会失去存在的意义和价值，甚至为更多不执行制度者提供以身试“法”的示范。只有不断提高党的制度执行力，才能增强党的显规则的严肃性和权威性，不断打压“党内潜规则”的生存空间。

党的领导法规重在执行。当前，党的制度执行力成为党的制度建设“木桶”中的“短板”。制度建设是建设“伟大工程”的重中之重，提高制度执行力是党的制度建设的关键环节。提高党的制度创新和执行成效能力，关系到党的制度建设能否真正落实到位，关系到党能否提高自身的执政能力和永葆先进性、纯洁性。培植和巩固党员对党的制度的信仰和信任，进而使党的制度日益深入人心。真正树立起党的制度的尊严和地位，才能真正实现制度建党。应保障对普通党员民众的法治教育、权利意识启蒙的日常化与持久化。党员干部要培养对国家法制、党的制度的敬畏之心。心存敬畏，行有所止。党员干部要有神圣的历史使命感和社会责任感，树立法治文明的意识，把对党的制度的高度尊重，内化为自身的信念、信仰。强化制度意识，教育党员深刻认识提高制度执行力的必要性和重要性；要求党员干部，特别是党员领导干部带头维护制度权威，做制度执行的表率；另外，党员干部要加强对党的各类制度的学习，切实增强遵守制度、执行制度、维护制度的自觉性，真正提高党的制度的执行力。要净化党内政治生态，关注党内政治文化、法治文化、制度文化的养成固化。

加强对党的领导制度体系执行监督，真正把党的领导制度体系优势转化为治理效能。习近平总书记在十九届中央政治局第十七次集体学习时指出：“制度的生命力在于执行。有的人对制度缺乏敬畏，根本不按制度行事，甚至随意更改制度；有的人千方百计钻制度空子、打擦边球；有的人不敢也不愿遵守制度，甚至极力逃避制度的监管，等等。因此，必须强化制度执行力，加强对制度执行的监督。”党的领导制度体系是保障国家治理体系的显著制度优势转化为实实在在治理效能的根本保障。我国国家治理体系显著制度优势必须通过治理的效能表现出来，没有有效的治理能力，再好的制度也难以发挥作用。中国共产党居于国家治理体系的核心地位，发挥着总揽全局、协调各方的领导核心作用。保证了国家、社会各方面力量和资源的有效整合，保证了国家重大战略、规划和政策一以贯之的实施。民主集中制是我们党和国家的根本组织制度和领导制度，中国共产党是根据自己的纲领和章程、按照民主集中制原则组织起来的坚强有力的整体。民主集中制规范着我们党与国家权力机关、行政机关、监察机关、司法机关和人民团体的关系，规范着党员与党员、党员与组织、下级组织与上级组织、全党与中央的关系。党中央的权威和集中统一领导、强大的组织体系和组织动员能力、党员干部的先锋模范作用等，都有力凝聚了全党全社会的智慧和力量。同时加强对制度执行的监督评价，坚决杜绝做选择、搞变通、打折扣的现象。党的领导制度保障了我国国家制度的具体落实，保障了国家制度体系的优越性转化为实实在在的治理效能。

主要参考文献

（一）著作

［1］马克思主义经典作家选集、文集；中国共产党领导人选集、文集；中国共产党重要文献选编。

［2］《中国共产党党内重要法规汇编》，党建读物出版社2019年版。

［3］《论坚持党对一切工作的领导》，中央文献出版社2019年版。

［4］《中国共产党组织史资料》（1—19册），中共党史出版社2000年版。

［5］《中共党史参考资料》（1—24册），中共党史资料出版社1979年陆续出版。

［6］陈丽凤：《中国共产党领导体制的历史演变（1921—2006）》，上海人民出版社2007年版。

［7］郭亚丁：《党的结构论》，中共中央党校出版社2018年版。

［8］黄卫平、陈家喜主编：《制度建设与政党发展——政党体制的比较分析》，社会科学文献出版社2013年版。

［9］何毅亭、王东京、张志明、张阳升：《全面加强党的领导和党的建设》，党建读物出版社，人民出版社2019年版。

［10］何哲：《改革开放后中国共产党的执政转型（1978—2012）——基于党内法规与类法规文件的分析》，国家行政学院出版社2016年版。

［11］洪向华主编：《党内政治文化——新时代中国共产党成功的基因》，人

民出版社 2018 年版。

［12］李斌雄：《扎紧制度的笼子：中国共产党党内法规制度的重大发展研究》，武汉出版社 2017 年版。

［13］李洪峰、赵刚印等：《新时代党的建设十五讲》，中共中央党校出版社 2019 年版。

［14］林尚立：《中国共产党与国家建设：以统一战线为视角》，复旦大学出版社 2013 年版。

［15］刘红凛：《政党政治与政党规范》，上海人民出版社 2010 年版。

［16］刘宗洪：《中国共产党执政资源新论》，江西人民出版社 2012 年版。

［17］齐卫平：《党的建设在科学化轨道上行走》，上海人民出版社 2014 年版。

［18］齐卫平：《政党治理与执政能力建设研究》，华文出版社 2008 年版。

［19］王长江：《政党论》，人民出版社 2009 年版。

［20］吴海红：《完善干部选拔任用制度的思考》，中央党校出版社 2015 年版。

［21］《中共中央关于坚持和完善中国特色社会主义制度、推进国家治理体系和治理能力现代化若干重大问题的决定》辅导读本，北京：人民出版社 2019 年版。

［22］中共中央文献研究室：《习近平关于依法治国论述摘编》，中共中央文献出版社 2015 年版。

［23］周敬青：《现代政党治理比较研究》，中国社会科学出版社 2014 年版。

［24］周敬青：《国家治理视角下的中外政党比较研究》，上海人民出版社 2015 年版。

［25］周敬青：《中外执政党制度建设论纲》，中共中央党校出版社 2005 年版。

［26］祝灵君：《社会资本与政党领导：一个政党社会学研究框架的尝试》，中央编译出版社 2010 年版。

（二）中文期刊

[1] 陈松友、卢亮亮：《请示报告制度：党中央权威和集中统一领导的例证》，《马克思主义与现实》2019 年第 3 期。

[2] 陈希：《健全党的全面领导制度》，《党建研究》2019 第 11 期。

[3] 陈小林：《党的十九大以来维护习近平总书记核心地位的新举措》，《中国井冈山干部学院》2019 年 3 月，第 12 卷第 2 期。

[4] 陈雪、刘锐：《依法加强和改善党的领导——以新中国 70 年来党的领导法规制度变迁为视角》，《中共中央党校（国家行政学院）学报》2019 年第 6 期。

[5] 丁俊萍：《党的全面领导：机构改革的一条贯穿主线》，《人民论坛》2018 年第 9 期。

[6] 丁薛祥：《完善坚定维护党中央权威和集中统一领导的各项制度》，《党建研究》2019 年第 11 期。

[7] 冯俊：《确保党和国家长治久安的制度现代化》，《中国党政干部论坛》2019 第 11 期。

[8] 冯秋婷：《新时代中国共产党领导力专题研究》，《中国井冈山干部学院学报》2019 年第 5 期。

[9] 付子堂：《法治体系内的党内法规探析》，《中共中央党校学报》2015 年第 3 期。

[10] 郭庆松：《实现人民对美好生活的向往必须坚持党的领导》，《中国党政干部论坛》2019 年第 11 期。

[11] 郭为桂：《"再组织化"：全面从严治党的战略抉择及其制度化导向》，《经济社会体制比较》2019 年第 1 期。

[12] 郭亚丁：《制度建设是党的根本性建设——学习习近平关于党的制度建设的思想》，《理论视野》2014 年第 9 期。

[13] 韩强：《准确把握新时代党的全面领导的科学内涵》，《广西社会科学》

2018 年第 8 期。

[14] 韩庆祥:《全面从严治党的现实逻辑与历史使命》,《人民论坛》2017 年第 22 期。

[15] 韩正:《加强党对坚持和完善中国特色社会主义制度、推进国家治理体系和治理能力现代化的领导》,《党建研究》2019 年第 11 期。

[16] 何益忠:《中共创建时期"民主集中制"考》,《党的文献》2012 年第 1 期。

[17] 何毅亭:《中国特色社会主义制度和国家治理体系形成的历程和成就》,《人民日报》2019 年 12 月 2 日。

[18] 侯惠勤:《必须从理论上讲清楚做到"两个维护"》,《马克思主义与现实》2019 年第 3 期。

[19] 候衍社、刘大正:《把制度优势转化为治理效能的重要保证》,《红旗文稿》2019 年第 24 期。

[20] 胡承槐:《"党的领导是中国特色社会主义最本质的特征"——命题的逻辑依据和逻辑前提》,《新疆社会科学》2018 年第 4 期。

[21] 黄伟力:《党的领导核心的权威与新时代中国共产党的政治建设》,《毛泽东思想邓小平理论研究》2019 年第 8 期。

[22] 江金权:《发挥党的领导制度体系在国家制度和国家治理中的统领性作用》,《中国纪检监察报》2019 年 11 月 28 日。

[23] 柯华庆:《论党的全面领导与依宪治国》,《学术界》2018 年 11 月。

[24] 李捷:《从防止党和国家改变颜色到全面从严治党》,《新湘评论》2019 年第 20 期。

[25] 李捷:《古田会议与党的制度建设》,《苏区研究》2019 年第 5 期。

[26] 李景治:《深化机构改革的首要任务是加强党的全面领导》,《学习论坛》2018 年第 5 期。

[27] 李君如:《正确认识坚持党的全面领导与深化党和国家机构改革的关系》,《中国党政干部论坛》2018 年第 5 期。

［28］李忠杰：《“四个全面”战略布局演进脉络与重大意义》，《人民论坛》2015 年第 2 期。

［29］刘靖北：《“两个维护”的理论、历史和现实依据》，《思想理论教育》2019 年第 7 期。

［30］刘俊杰：《推进国家治理现代化制度比较优势研究》，《理论探讨》2019 年第 6 期。

［31］刘宗洪：《党内政治生活的时代意蕴及实践路径》，《中共中央党校学报》2017 年第 4 期。

［32］柳建辉、武圣强：《中国共产党加强政治建设的历史考察与启示》，《中共宁波市委党校学报》2019 年第 41 期。

［33］柳建辉：《新中国成立以来中国共产党应对困难和风险挑战的重要启示》，《当代中国史研究》2019 年第 26 期。

［34］卢先福：《新时代提高党的执政能力和领导水平的新要求》，《中国党政干部论坛》2018 年第 3 期。

［35］欧阳淞：《党的领导是改革开放取得成功的关键和根本》，《中共党史研究》2019 年第 1 期。

［36］欧阳淞：《建立不忘初心、牢记使命的制度意义重大》，《人民日报》2019 年 12 月 18 日。

［37］齐卫平：《改革开放以来党的领导干部作风建设思想研究》，《中国特色社会主义研究》2018 年第 5 期。

［38］曲青山：《从三个维度看中国共产党的初心和使命》，《中共党史研究》2019 第 3 期。

［39］桑玉成：《着力推进党领导一切原则下的党政领导制度化规范化建设》，《探索与争鸣》2019 年第 2 期。

［40］沈传亮：《坚持党的领导是改革开放成功的关键和根本》，《红旗文稿》2018 年第 24 期。

［41］石仲泉：《新中国 70 年执政党建设的创新性贡献》，《毛泽东思想研

究》2019年4月1日。

[42] 宋进:《"不忘初心、牢记使命"的认识逻辑》,《高校马克思主义理论研究》2017年第4期。

[43] 宋伟:《党的领导与国家法治一致性的内在逻辑》,《当代世界社会主义问题》2018年第1期。

[44] 唐亚林:《论党领导一切原理》,《学术界》2019年8月5日。

[45] 王立峰、吕永祥:《制度治党:推进全面从严治党的有效路径》,《治理研究》2018年第2期。

[46] 王庭大:《对坚持党的全面领导的几点认识》,《中国领导科学》2018年第4期。

[47] 吴家庆、瞿红:《论党的领导是中国特色社会主义制度的最大优势》,《当代世界与社会主义》2019年第5期。

[48] 奚洁人:《中国共产党的首创领导力》,《中国领导科学》2019年第4期。

[49] 杨俊:《党的政治建设理论论纲:"名实"与"事理"——学习习近平总书记关于党的政治建设系列重要论述》,《理论探讨》2019年第6期。

[50] 姚桓:《加强党的全面领导和践行全面从严治党——理论逻辑与实践难点》,《华东师范大学学报》(哲学社会科学版)2018年。

[51] 张志明:《怎样认识加强党的全面领导》,《前线》2019第11期。

[52] 郑永年:《中国共产党的"自我革命"——中共十九大与中国模式的现代性探索》,《全球化》2018年第2期。

[53] 周敬青:《破除党内潜规则　重构政治生态——基于执政党建设的思考》,《探索与争鸣》2015年第8期。

[54] 周敬青:《习近平关于新时代党领导改革开放重要论述探析》,《毛泽东邓小平理论研究》2019年第2期。

[55] 周敬青:《新时代加强党内法规制度体系建设的理论逻辑和实践思考》,《毛泽东邓小平理论研究》2018年第12期。

[56] 周敬青:《严肃党内政治生活的问题与对策思考》,《探索》2018 年第 1 期。

[57] 周敬青:《执政党治党理政的理论分析新范式》,《上海行政学院学报》2013 年第 14 期。

[58] 周叶中、林骏:《“党的领导”的宪法学思考》,《法学论坛》2018 年第 5 期。

[59] 祝灵君:《党的领导力与国家能力——兼论中国改革开放 40 年的成就与经验》,《当代世界与社会主义》2018 年第 5 期。

[60] 祝灵君:《党领导国家的体制机制刍议》,《中国领导科学》2018 年第 2 期。

重要活动和文献节点

一九二一年

7 月 23 日至 8 月　中国共产党第一次全国代表大会召开并通过中国共产党第一个纲领，确定党的名称为“中国共产党”。党纲规定，在全党建立统一的组织和严格的纪律；地方组织必须接受中央的监督和指导；在党处于秘密状态时，党的重要主张和党员身份应当保守秘密。考虑到党员数量少和地方组织尚不健全的情况，党的一大决定暂时不成立党的中央委员会，先组成中央局，负责党的领导工作。

8 月 11 日　在工人运动方面，为加强统一领导，中央局在上海成立中国劳动组合书记部。它是中国共产党早期指导全国工人运动的第一个公开机关。

11 月　陈独秀以中央局书记的名义签署，向全国各地党组织发出《中国共产党中央局通告》。这是中央领导机构成立后下发的第一份文件。通告对近期党、团组织的发展以及工人运动、宣传出版工作等，提出了具体的计划和要求。

一九二二年

1 月 12 日　中国香港海员工人举行大罢工。从此，中国共产党领导下的工人运动形成高潮。

5 月 5 日至 10 日　中国社会主义青年团第一次代表大会在广州举行。大会通过了《中国社会主义青年团纲领》和《中国社会主义青年团章程》。

7月16日至23日　中国共产党第二次全国代表大会召开。大会选举了中央执行委员会作为党的最高领导机关。通过了《中国共产党章程》。

8月24日　民权运动大同盟在北京成立。该同盟是中国共产党影响和领导下的政治团体。

一九二三年

2月4日　京汉铁路工人举行大罢工。亦称“二七大罢工”是中国共产党领导的第一次全国工人运动高潮中罢工斗争的顶峰。

6月12日至20日　中国共产党第三次全国代表大会在广州举行。大会通过了《中国共产党党纲草案》《中国共产党第三次全国代表大会宣言》《中国共产党中央委员会组织法》等文件，要求共产党员加入国民党后仍保存并努力扩大共产党的组织，严格执行党的纪律。

11月24日至25日　中国共产党三届一中全会在上海召开。会议决定凡有国民党组织的地方，中国共产党党员、社会主义青年团团员“一并加入”；国民党无组织的地方，我党则为之建立。会议还决定党团员在国民党内部要努力站在中心地位，受我党之指挥。

一九二四年

2月7日　在中国共产党的直接领导下，全国铁路工人代表大会在北京秘密召开。参加者20余人，分别代表9个铁路工会。会上正式成立全国铁路总工会并发表了宣言。

5月10日至15日　中共中央执行委员会扩大会议在上海召开。会议要求在产业工人中大力发展共产党的组织，并制定了加强党的工作的具体措施。

7月3日　第一届农民运动讲习所在广州正式开学。

10月　中国共产党主办的《中国工人》月刊在上海创刊。为指导工人进行经济和政治斗争起了很大作用。

1924 年底　中共北方区委成立。

一九二五年

1 月 11 日至 22 日　中国共产党第四次全国代表大会在上海举行。大会通过了《对于中央执行委员会报告之议决案》《对于民族革命运动之议决案》以及对于农民运动、青年运动、妇女运动、党的组织、宣传工作等 11 个议决案，通过了《中国共产党第二次修正章程》，发表了《中共第四次全国大会宣言》。

1 月 22 日　中国共产党四届一中全会在上海召开，选举陈独秀、张国焘、彭述之、蔡和森、瞿秋白组成中央局。

5 月 1 日至 9 日　第二次全国劳动大会在广州举行。大会决定成立中华全国总工会。

5 月 30 日　在中国共产党的领导和组织下，上海学生 2000 余人举行反帝游行、讲演，声援工人运动，租界中英国巡捕开枪打死 10 余人，伤多人，捕去 53 人，造成“五卅惨案”。

6 月 4 日　为领导和支持五卅运动，中国共产党主办的《热血日报》（中国共产党主办的第一份日报）在上海创刊。

11 月　叶挺独立团在广东肇庆建立。团上设党支部，团内连以上干部多为共产党员，是当时中国共产党直接指挥的唯一部队。

一九二六年

2 月 21 日至 24 日　中共中央在北京召开特别会议。会议中心是确定党推动国民党进行北伐战争的各项准备工作。会议决定建立中央军委，以加强党的军事工作。

7 月 12 日至 18 日　中国共产党第四届中央执行委员会第三次扩大会议在上海召开。会议通过了《政治决议案》《中国共产党与国民党关系问题决议案》《农民运动决议案》等 13 项决议案。

一九二七年

4 月 27 日至 5 月 9 日　中国共产党第五次全国代表大会在武汉召开。大会中心议题是确定党在“四一二”政变发生后的紧急时期的任务。

7 月 12 日　根据共产国际执行委员会的指示，中共中央改组，由张国焘、李维汉、周恩来、李立三、张太雷组成临时中央常务委员会，陈独秀停职。

8 月 1 日　南昌起义打响了武装反抗国民党反动派的第一枪，标志着中国共产党独立领导革命武装的开始。

8 月 7 日　为了适应大革命失败后的斗争形势，纠正陈独秀右倾机会主义的错误，确定今后的斗争方针和任务，在共产国际的帮助下，中共中央在湖北汉口召开紧急会议（即八七会议）。毛泽东第一次提出了枪杆子里面出政权的思想。

9 月 29 日　毛泽东率领秋收起义部队共 1000 余人，到达江西省永新县的三湾村进行整编，党在部队中建立了各级组织，特别是把支部建在连上，加强了党对军队的领导。

10 月下旬　毛泽东率领秋收起义部队到达井冈山，创建了第一个农村革命根据地—井冈山根据地。

一九二八年

5 月 25 日　中共中央颁发《军事工作大纲》，对军队中的政治工作和军队建设以及各地军事斗争的开展，都具有重要的指导意义。

6 月 18 日至 7 月 11 日　在共产国际帮助下，中国共产党第六次全国代表大会在莫斯科举行。大会总结了以往的斗争经验和教训，批判了陈独秀的右倾机会主义错误，确定了党的各项政策。

6 月　各根据地的工农革命军及其他武装，按照中共中央 5 月 25 日颁发的《军事工作大纲》中“割据区域所建立之军队，可正式定名为红军”的规定，开始陆续改称红军。

一九二九年

1 月 14 日　为打破湘赣两省国民党军对井冈山革命根据地的第三次“会剿”和解决因国民党军封锁造成的严重经济困难，毛泽东、朱德、陈毅率领红四军军部、第二十八团、第三十一团和特务营离开井冈山，进军赣南。此后，红四军与当地党组织和地方武装结合，相继开辟了赣南、闽西革命根据地。

12 月 28 日　中国共产党红军第四军第九次代表大会（古田会议）在福建上杭古田召开。大会确立了着重思想上建党的原则。

一九三〇年

3 月 2 日　中国左翼作家联盟在上海成立，简称“左联”。参加大会的有鲁迅、矛盾等 50 余人。大会通过了建立马克思主义文艺理论研究会，国际文化研究会，发起左翼艺术大同盟的组织等提案，并通过了理论纲领。

6 月 11 日　在中央政治局常委兼宣传部部长李立三主持下，中共中央政治局会议在上海召开，这次会议通过了李立三起草的《新的革命高潮与一省或几省的首先胜利》的决议，标志着以李立三为代表的“左”倾冒险错误第二次在党中央占了统治地位。

9 月 24 日至 28 日　中国共产党在上海召开扩大的六届三中全会。瞿秋白主持会议并作了关于政治讨论结论的报告。基本结束了以李立三为代表的“左”倾冒险错误在中共的统治。

一九三一年

1 月 7 日　根据共产国际的指示，中国共产党六届四中全会在上海召开。共产国际代表米夫出席了会议，会上，王明等在米夫的支持下，提出了比李立三冒险主义还要“左”的错误观点。新的“左”倾路线在中央领导机关内取得统治地位，从此，以王明为代表的“左”倾教条主义统治全党达 4 年之久，给中国革命造成极大的伤害。

5月9日　中共中央作出《目前的政治形势及党的紧急任务》的决议，提出改造苏区各级领导机关，加强对苏区的领导；号召白区党组织发动群众，在上海、南京、香港、厦门等中心城市作艰苦的准备工作，必须在“五卅”当天于上述大城市举行示威或飞行集会，不这样做，就是“极可耻的取消主义与逃避主义”。

9月下旬　王明去莫斯科担任中共中央驻共产国际代表团负责人，秦邦宪（博古）、张闻天（洛甫）、卢福坦（后叛变）等在上海组成临时中央政治局，博古为主要负责人。临时中央政治局成立后，继续推行和发展了以王明为代表的“左”倾冒险主义路线。

11月7日至20日　中华苏维埃第一次全国代表大会在江西瑞金叶坪召开。大会通过了《中华苏维埃共和国劳动法》《中华苏维埃共和国土地法》《中华苏维埃共和国关于经济政策的决定》等重要文件，宣告中华苏维埃共和国临时中央政府的成立，并选举毛泽东、周恩来、朱德、瞿秋白、贺龙、刘少奇、陈毅、方志敏、任弼时、彭德怀、王稼祥等63人为中央执行委员。决定改瑞金为瑞京，作为中华苏维埃共和国的首都。

11月25日　中华苏维埃共和国中央革命军事委员会成立。朱德为主席，王稼祥、彭德怀为副主席。

11月27日　中华苏维埃中央政府执行委员会举行第一次会议。设立的人民委员会为共和国的行政机关，至此，中华苏维埃共和国宣告成立。

一九三二年

1月28日　日军向上海发动进攻。国民党第十九路军在全国人民要求抗日呼声的影响下，不顾蒋介石的不抵抗政策，在蔡廷锴、蒋光鼐的率领下奋起抵抗，开始了淞沪抗战。与此同时，中国共产党领导全上海日本纱厂工人举行罢工，动员各界群众支援十九路军抗战。

10月上旬　中共苏区中央局在江西宁都召开会议，又称“宁都会议”。这次会议是为了贯彻执行临时中央的“左”倾冒险主义的进攻路线，并讨论如何应敌的问题。

一九三三年

1 月　中共临时中央政治局，被迫从上海迁入中央革命根据地瑞金。

12 月 5 日　中共中央发布《为福建事变告全国民众书》。号召福建人民抛弃对福建政府的幻想，自动组织起来，同苏维埃政府和红军一道，打倒日本帝国主义及其走狗国民党。

一九三四年

4 月 10 日　中共中央发表《为日本帝国主义占领华北并吞中国告全体民众书》。向全国人民提出了建立反帝统一战线的七条政纲，号召一切真正愿意反对帝国主义的不甘做亡国奴的中国人，在反帝统一战线之下，一致与日本和其他帝国主义作战。

10 月　由于王明“左”倾教条主义错误导致第五次反“围剿”失利，中央红军与后方机关人员 8 万余人被迫从福建长汀、宁化及江西瑞金、于都等地出发，开始长征。

一九三五年

1 月 15 日至 17 日　中共中央政治局在遵义召开扩大会议。遵义会议结束了王明“左”倾冒险主义在中共中央的统治，确立了毛泽东在全党、全军的领导地位，此次会议是我党走向成熟的标志。

5 月 12 日　中共中央政治局在会理召开扩大会议。分析了红军渡过金沙江后的形势和任务。阐明了只有机动作战才能摆脱敌人包围的作战方针。维护了党和红军的团结统一，巩固了毛泽东在全党全军的领导地位。

8 月 1 日　中国共产党在长征途中发表了《为抗日救国告全体同胞书》(即“八一宣言”)，宣言提出了建立全民族的抗日统一战线的政策。

9 月 8 日　中共中央政治局在扎西召开会议。会议批判了张国焘违抗中央命令，拒不与右路军会合，企图危害党中央的分裂主义错误、提出加强党对军队的领导。会议决定红一军团和红三军团继续北上抗日。

12 月 9 日　一二九运动爆发。在中共北方局的领导下，北平学生 6000 余人，举行了抗日救国示威游行，高呼“停止内战、一致对外”“反对华北自治运动”“打倒日本帝国主义”等口号。

12 月 17 日至 25 日　中共中央政治局在陕西省安定县瓦窑堡召开扩大会议。通过了《关于目前政治形势与党的任务决议》，确定中国共产党的路线、策略是组织全国全民族一切革命力量，建立抗日民族统一战线，同时，批判了党内的“左”倾关门主义，并强调了中国共产党对抗日民族统一战线领导的重要性。

一九三六年

9 月 1 日　中共中央向党内发出《关于逼蒋抗日问题的指示》，指出“在日本帝国主义继续进攻，全国民族革命运动继续发展的条件下，国民党中央军全部或其大部有参加抗日的可能。我们的总方针应是逼蒋抗日”。

11 月 10 日　中共中央作出《关于青年工作的决定》，决定对中国共产主义青年团组织进行改造，使之变为广大青年群众的组织，并把共青团作为中国共产党的后备军。

一九三七年

4 月 15 日　为了巩固国内和平，迅速实现对日抗战，中共中央发出《告全党同志书》，号召全党“为巩固国内和平，争取民主权利，实现对日抗战而斗争”，指出“在目前新阶段内，我党工作中心的一环，应该是抗日的民主运动的发展。”

5 月　中国共产党白区代表会议在刘少奇的主持下在延安召开，会议确定了白区工作的基本方针和斗争策略，指出随着形势的变化，党的工作也必须实行新的变化。即由武装转为和平，非法转为合法，秘密转为公开，从机械的转为活泼的，主观的转为客观的，空谈的转为实际的。

8月22日至25日　会议通过了《关于目前形势与党的任务的决定》和《抗日救国十大纲领》。会议分析了全国抗战开始以后的新形势和战争的持久性，指出争取抗战胜利的关键是实行共产党的全面抗战路线，反对国民党的片面抗战路线。

12月9日至14日　中共中央政治局在延安举行会议（即“十二月会议”）。到会13人，王明在会上作了《如何继续全国抗战与争取抗战胜利呢?》的报告，王明在坚持联合国民党抗战问题上，发表了一些正确意见，但在如何巩固和扩大抗日民族统一战线方面，提出“一切经过统一战线”和“一切服从统一战线”，放弃党对军队的领导权。

一九三八年

9月14日　中共中央政治局举行会议。王稼祥在会上传达了共产国际的决定和季米特洛夫的意见。认为中共一年来建立了抗日民族统一战线，政治路线是正确的，中共在复杂的环境和困难的条件下真正运用了马克思列宁主义，尤其是毛泽东、朱德等领导的八路军执行了党的新政策，认为在中共中央领导机关中要以毛泽东为首解决统一领导问题，要有亲密团结的空气。

9月29日至11月6日　中共中央在延安举行六届六中全会（扩大）。毛泽东作了《论新阶段》的政治报告和会议总结，要求全党认真地负起领导抗日战争的重大历史责任。

一九三九年

7月3日至8月25日　中共中央政治局举行扩大会议。提出“坚持抗战，反对投降；坚持团结，反对分裂；坚持进步，反对倒退”的三大政治口号。

11月7日　新四军江南指挥部成立。陈毅任指挥，粟裕任副指挥，统一指挥苏南新四军各部。同时，还成立了中共苏皖边区特委，陈毅任书记。

一九四〇年

2 月 1 日　中共中央作出《关于目前时局与党的任务的决定》，提出党和军队的基本任务是“强固抗日进步势力，抵抗投降倒退势力，力争时局好转，克服时局逆转”。

3 月 6 日　中共中央发出关于《抗日根据地的政权问题》的指示，提出抗日根据地的政权实行“三三制”的原则。

4 月　中央书记处批准中共中央西北工作委员会拟定的《关于回回民族问题的提纲》。这是当时中国共产党领导少数民族工作的指导性文件。

8 月 15 日　中共中央发出《关于统一战线工作的指示》。

8 月 20 日至 12 月 5 日　八路军在华北发动有 105 个团参加的“百团大战”。此役是根据八路军总部决定，在彭德怀的指挥下进行的大规模破击战。这次战役给敌伪军以很大打击，提高了中国共产党和党所领导的军队的威望。

11 月中旬　为统一指挥华中地区的新四军、八路军的部队，根据中央军委命令，华中新四军、八路军总指挥部成立，叶挺任总指挥，陈毅任副总指挥，刘少奇任政治委员。

一九四一年

7 月 1 日　中共中央政治局通过《关于增强党性的决定》，作为整风运动的重要学习文件之一。

一九四二年

1 月 28 日　中共中央发布《关于抗日根据地土地政策的决定》。《决定》发出后，各抗日根据地掀起大规模的减租减息运动。

2 月　在延安和各抗日根据地开始进行整风运动。这是一次全党普遍的马克思主义教育运动。为开展整风运动，毛泽东先后做了《改造我们的学习》《整顿党的作风》《反对党八股》的报告，为整风运动规定了“反对主观主义以整顿学风，反对宗派主义以整顿党风，反对党八股以整顿文风”的内容。

6月8日　中共中央宣传部发出《关于在全党进行整顿三风学习运动的指示》。

9月1日　中共中央发布《关于统一抗日根据地的领导及调整各组织间关系的决定》，明确规定了党对抗日根据地统一领导的原则，以保证一元化领导，加强党的集中统一，争取抗日战争的最后胜利。

一九四三年

3月16日至20日　中共中央政治局召开会议。会上推选毛泽东任中央委员会、中央政治局、中央书记处主席。会议通过了《中央关于中央机构调整及精简的决定》，决定中央书记处由毛泽东、刘少奇、任弼时组成，根据政治局决定的方针处理日常工作；刘少奇任中央军委副主席；设立中央宣传委员会和中央组织委员会，作为中央政治局和中央书记处的助理机关。

6月1日　中共中央通过由毛泽东起草的《关于领导方法的决定》，决定阐述了我党长期以来形成的一般号召和个别指导相结合、领导和群众相结合的领导方法。

一九四四年

3月1日　中共中央发表《关于宪政问题的指示》。为此，中共中央决定参加并领导国统区的民主宪政运动。

6月5日　中共中央发出《关于城市工作的指示》，要求各地必须把城市工作与根据地工作作为同等重要的量大任务，“负起准备夺取所属一切大中小城市与交通要道的责任来。”

7月1日　中共中央向全军发出《关于整训部队的指示》，提出目前全军的中心任务是“一定要在一年内，加紧整训现有军队。”通过整训，提高部队的政治和军事素质，为将来部队发展一倍至数倍准备条件。

一九四五年

4 月 20 日　中共中央扩大的六届七中全会讨论并通过了《关于若干历史问题的决议》。《决议》阐述了党内斗争的正确方针，以及在全党确立毛泽东领导地位的重大现实意义和历史意义。

4 月 23 日至 6 月 11 日　中国共产党第七次全国代表大会在延安举行。大会通过政治决议案、军事决议案和新的党章。大会总结了武装斗争、统一战线和党的建设的经验，深刻地论述了进行新民主主义革命的“三大法宝”以及党的三大作风—理论和实际相结合、密切联系群众和自我批评。

一九四六年

5 月 4 日　中共中央发出《关于清算减租及土地问题的指示》(即《五四指示》)。根据形势的变化，中共中央决定改变中国共产党在抗战时期的土地政策，发出《五四指示》，将党在抗战时期施行的削弱封建的减租减息政策，改变为消灭封建剥削，实行“耕者有其田”的政策。

一九四七年

3 月 26 日　中共中央在陕北清涧县枣林沟村举行会议，决定中共中央和人民解放军总部留在陕北，成立前敌委员会和工作委员会，由中央书记处书记毛泽东、周恩来、任弼时率领前委，代表中央，坚持在陕北指挥全国的解放战争，由其他两位中央书记处书记刘少奇、朱德率领工委，前往华北，进行中央委托的工作。

4 月 29 日　中共中央发出《关于中央城市工作部工作方针及各地城市工作部工作办法的指示》。

10 月 10 日　中国人民解放军总部颁布《关于重新颁布三大纪律八项注意的训令》。

12 月 25 日至 28 日　中共中央在陕北米脂县杨家沟召开会议（即中共中央

十二月会议）。会议讨论了解放区的土地改革和整党问题，讨论了党在战争转入全面进攻时需要解决的军事问题、经济问题及统一战线问题。会议讨论并通过了毛泽东所作的《目前形势和我们的任务》的报告。

1947 年冬至 1948 年夏　中国共产党结合土地改革进行整党整风运动。

一九四八年

5 月 25 日　中共中央发出由毛泽东起草的《一九四八年的土地改革工作和整党工作》的党内指示。对土地改革、整党、生产等工作作了具体部署。

9 月 8 日至 13 日　中共中央政治局在河北平山西柏坡村召开扩大会议（即中共中央九月会议）。会议通过了《中共中央关于各中央局、分局、军区、军分区及前委会向中央请求报告制度的决议》和《中共中央关于召开党的各级代表大会和代表会议的决议》以及健全党委制等 6 项决定。

9 月 20 日　中共中央发出《关于健全党委制》的决定。针对有些党的领导机关中个人包办和个人解决重要问题的习气，要求各级党委健全党委制和实行集体领导。

一九四九年

10 月 1 日　中华人民共和国中央人民政府成立。新中国的成立，实现了中国从几千年封建专制政治向人民民主的伟大飞跃，是近代以来实现中华民族伟大复兴的里程碑，中华民族发展进步从此开启了新纪元。

10 月 20 日　中央人民政府人民革命军事委员会（简称中央军委）在北京举行第一次会议，讨论了人民解放军向待解放地区进军和今后的建军等问题。

10 月 21 日　中央人民政府政务院成立。

10 月 22 日　最高人民法院、最高人民检察署成立。1954 年，最高人民检察署改名为最高人民检察院。

11 月 9 日　中共中央作出《关于在中央人民政府内组织中国共产党党委会的决定》和《关于在中央人民政府内建立中国共产党党组的决定》。

11 月 9 日　中共中央发出《关于成立中央及各级党的纪律检查委员会的决定》，决定成立中央及各级党的纪律检查委员会，朱德任中央纪律检查委员会书记。主要任务是检查和审理中央直属各部门及各级党的组织、党的干部及党员违反党的纪律的行为。

12 月 2 日　中央人民政府委员会第四次会议，任命负责人员组成大区行政机构，即东北人民政府委员会，华东、中南、西南、西北四个军政委员会。

12 月 5 日　中共中央发出《关于中央政府成立后党的文化教育工作问题的指示》。

一九五〇年

2 月 24 日　中共中央发出《关于各级党的纪律检查委员会领导关系问题的指示》。指示强调各级党的纪律检查委员会是各级党委的一个工作部门，它直接在各级党委的领导下进行工作。上级党的纪律检查委员会在工作上、业务上对下级党的纪律检查委员会有指导关系，但指示或决定同下级党委意见不同时，应提请同级党委做决定。

3 月 16 日至 4 月底　第一次全国统战工作会议在北京召开。这是根据中共七届二中全会确定的方针，为适应新中国成立后的形势和任务而召开的一次具有重要意义的会议。

4 月 16 日　中共中央发出《关于加强青年团及其他群众团体工作的指示》。

4 月 19 日　中共中央发出《关于在报纸刊物上展开批评和自我批评的决定》。

4 月 30 日　毛泽东主席签发命令公布《中华人民共和国婚姻法》，自 5 月 1 日起施行。这是新中国成立后制定的第一部基本法律。婚姻法规定：实行男女婚姻自由、一夫一妻、男女权利平等、保护妇女和子女合法利益的新婚姻制度。

6 月 13 日　中共中央专门发出《关于处理少数民族问题的指示》。《指示》明确要求：为了在今后更加谨慎地处理有关少数民族问题，对于少数民族问题必须遇事向上级报告和请示，不许下级擅自处理。

6 月 28 日　毛泽东主持召开中央人民政府委员会第八次会议，通过《中华人民共和国土地改革法》。

6 月 30 日　中央人民政府公布施行《中华人民共和国土地改革法》。到 1952 年底，除部分少数民族地区外，土地改革在中国大陆基本完成，封建土地所有制被彻底摧毁。

10 月 8 日　应朝鲜党和政府的请求，中共中央作出抗美援朝、保家卫国的战略决策。毛泽东发布命令，组成中国人民志愿军，彭德怀为司令员兼政治委员。19 日，中国人民志愿军进入朝鲜战场。25 日，志愿军与敌军遭遇，打响出国作战的第一次战役。全国掀起大规模抗美援朝运动。1953 年 7 月 27 日，《关于朝鲜军事停战的协定》签署。到 1958 年 10 月，中国人民志愿军分三批全部撤出朝鲜回国。

10 月 10 日　中共中央发出《关于镇压反革命活动的指示》。从 1950 年 12 月开始，在全国大张旗鼓地开展了镇压反革命运动。到 1951 年 10 月底，全国规模的镇压反革命运动基本结束。

10 月 15 日　中共中央发出《关于加强保守党与国家的机密的决定》。要求全党克服麻痹思想，提高警惕，并规定了保密制度和纪律。

一九五一年

2 月 18 日　中共中央发出《中共中央政治局扩大会议决议要点》，提出以三年的时间进行一次整党的任务。

3 月 5 日　中共中央发出《关于积极推进宗教革新运动的指示》，强调贯彻党的宗教政策，团结宗教界最大多数，发展和巩固全国宗教界的统一战线。

3 月 28 日至 4 月 9 日　中共中央召开第一次全国组织工作会议。刘少奇作报告和总结，指出对党的基层组织有计划、有准备、有领导地进行一次普遍整顿，是完全必要的。会议通过《关于整顿党的基层组织的决议》。到 1954 年春，整党工作基本结束。

6 月 30 日　中国共产党成立 30 周年庆祝大会在北京隆重举行。毛泽东等出席会议，刘少奇作报告。

7月18日　中共中央作出《关于共产党员加入民主党派及民主党派加入共产党的规定》。指出，为了进一步帮助各民主党派的发展和巩固，应选择一批政治觉悟较高，作风正派和有相当社会经验的党员，加入各民主党派。

9月20日至30日　中共中央召开全国第一次互助合作会议。会议通过《关于农业生产互助合作的决议（草案）》。会后，农业生产互助合作运动很快开展起来。经过一年多的试点，1953年2月15日，中共中央将决议草案通过为正式决议。

12月1日　中共中央作出《关于实行精兵简政、增产节约、反对贪污、反对浪费和反对官僚主义的决定》。

12月25日　中共中央批转了《中共中央办公厅秘书室向毛主席的工作报告》。报告中指出：某些党政机关曾动员群众向中央写致敬信，发致敬电，以及机关团体和群众给中央送锦旗、送礼品，不但是一种浪费，而且是一种政治错误。各地党委对这些现象应当认真纠正。

一九五二年

元旦　毛泽东在中央人民政府举行的团拜会上致祝词，号召全国人民和一切工作人员一致行动起来，大张旗鼓、雷厉风行地开展一个大规模的反对贪污、反对浪费、反对官僚主义的斗争，将这些社会遗留下来的污毒洗干净。

1月4日　中共中央下达《关于立即限期发动群众开展“三反”斗争的指示》。“三反”运动在全国展开，到1952年10月结束。运动中抓住重大典型案件严肃处理，先后任天津地委书记的刘青山、张子善被查处并判处死刑。

1月26日　中共中央发出《关于首先在大中城市开展“五反”斗争的指示》，要求在全国大中城市向违法的资本家开展反对行贿、反对偷税漏税、反对盗骗国家财产、反对偷工减料和反对盗窃经济情报的斗争。“五反”运动到1952年10月结束。

3月　中共中央在《关于处理贪污浪费问题的若干规定》和《关于处理小贪

污分子的五项决定》中规定了对贪污分子的处理办法和对浪费问题的处理办法。

7 月　中共中央在《关于省以上党委建立农村工作委员会的指示》中指出，全国大规模的经济建设即将开始，各级党委的领导重心，已经或正积极准备转入城市与工业生产。为了适应这一转移，决定省委以上各级党委设立农村工作委员会。

11 月 16 日　中共中央决定，在中央人民政府下设国家计划委员会，由高岗任主席，邓子恢任副主席。

11 月 19 日　中共中央发出关于解决县、区、乡干部“五多”问题的指示。“五多”是：上级任务多、会议多、干部调动多、临时办公室多、干部调训多。中央认为如不迅速改变此种情况，下面（县、区、乡）工作做不好，上级许多决定指示，都将陷于空谈。

11 月　中共中央决定在中央、中央局、分局和省委一律建立农村工作部。

一九五三年

1 月 5 日　中共中央发出《关于反对官僚主义、反对命令主义和反对违法乱纪的指示》。指示要求各级领导机关在 1953 年结合整党、建党及其他工作，从处理人民来信入手，检查官僚主义、命令主义和违法乱纪分子的情况，并对其进行党内或法律处理。

3 月 10 日　中共中央作出《关于加强中央人民政府系统各部门向中央请示报告制度及加强中央对于政府工作领导的决定（草案）》。

6 月 15 日　中共中央政治局召开会议。讨论中央统战部部长李维汉《资本主义工业中的公私关系问题》报告，以及中央统战部在这个报告基础上起草的《关于利用、限制和改造资本主义工商业的若干问题》的文件。会议确定对资本主义工商业实行利用、限制和改造的方针。毛泽东在会上第一次比较完整地阐述了党在过渡时期总路线和总任务的基本内容。

7 月 16 日　中共中央政治局召开会议，专门讨论党的统一战线工作。

9 月 7 日　中共中央主席毛泽东召集民主党派和工商界代表座谈。这次谈话有力地推动了私营工商业者走上社会主义道路。

9 月 16 日　中共中央召开第二次全国组织工作会议，确定党的组织工作任务是，动员全党从组织上保证过渡时期总路线的贯彻执行，保证国家第一个五年计划的顺利实现，不断巩固和扩大党组织，提升党员的思想政治水平，提高党的战斗力。

12 月 16 日　中共中央通过《关于发展农业生产合作社的决议》。决议总结了已经开展起来的农业生产合作运动的经验，指出，经过临时互助组、常年互助组，到初级农业生产合作社，再到完全的社会主义性质的高级农业生产合作社（也就是集体农庄），这种由具有社会主义萌芽，到具有更多社会主义因素，再到完全的社会主义的合作化的发展道路是我们农业实现社会主义政策的正确途径。

一九五四年

2 月 6 日至 10 日　中国共产党第七届中央委员会第四次全体会议在北京召开。全会通过了《中国共产党第七届中央委员会第四次全体会议的决议》和《关于增强党的团结的决议》。全会揭露和批判了高岗、饶漱石的反党分裂活动；批准了中央政治局提出的党在过渡时期的总路线；批准了中央政治局关于 1954 年内召开党的全国代表会议的决定；讨论了第一个五年计划纲要及其他有关的各项问题。

4 月 15 日　中共中央、中央人民政府人民革命军事委员会颁布新中国成立后第一部《中国人民解放军政治工作条例（草案）》。

4 月 27 日　中共中央政治局扩大会议任命邓小平为中央秘书长。决定撤销大区一级党政机构。6 月，中央人民政府下达决定，撤销了东北、华东、中南、西北、西南五个大区行政委员会。这项调整，结束了新中国成立初期由大区一级行政机构代表中央领导和监督地方政府的过渡状态。

6 月至 9 月　长江、淮河流域发生百年未遇的大水灾。灾区党委和政府迅速动员，组织群众转移，开展以工代赈、生产自救，取得抗洪斗争的胜利。

7 月 13 日　针对市场关系的变化，中共中央下发《关于加强市场管理和改造私营商业的指示》。

9 月 15 日至 28 日　第一届全国人民代表大会第一次会议举行，人民代表大会制度在全国范围内正式实行。会议通过《中华人民共和国宪法》；选举毛泽东为中华人民共和国主席，刘少奇为全国人民代表大会常务委员会委员长；选举董必武为最高人民法院院长，张鼎丞为最高人民检察院检察长。

9 月 28 日　中共中央政治局作出《关于成立党的军事委员会的决议》。中共中央主席毛泽东任中央军事委员会主席，彭德怀主持中央军委日常工作。

12 月 3 日　中共中央发出《关于进一步编制地方经济五年计划纲要的工作指示》。

一九五五年

4 月 4 日　中国共产党第七届中央委员会第五次全体会议在北京中南海西楼召开。会议批准了 1955 年 3 月召开的中国共产党全国代表会议通过的《关于中华人民共和国发展国民经济的第一个五年计划草案的决议》《关于高岗、饶漱石反党联盟的决议》和《关于成立党的中央和地方监察委员会的决议》；通过了中国共产党中央委员会关于全国代表会议的公报。

7 月 1 日　中共中央发出《关于展开斗争肃清暗藏的反革命分子的指示》。决定开展一场肃清暗藏的反革命分子运动。

8 月下旬　中共中央将毛泽东《关于农业合作化问题》报告的修正本印发给各省、市、自治区党委，并逐级印发给各级党组织，直至每一个农村党支部。

10 月　中共中央批准了中央组织部 1955 年 8 月 1 日给中央的工作报告，党的分部分级管理干部的制度在全国正式建立起来。

10 月 4 日至 11 日　中共七届六中全会（扩大）在北京召开。全会的主要议题是关于农业合作化问题和关于召开党的第八次全国代表大会问题。

一九五六年

1 月 14 日至 20 日　中共中央召开关于知识分子问题的会议。周恩来代表中共中央作《关于知识分子问题的报告》，充分肯定知识分子在社会主义建设中的作用，宣布知识分子的绝大部分已经是工人阶级的一部分，提出制定科学技术发展远景规划的任务，向全国人民发出“向现代科学进军”的号召。

3 月 14 日　国务院成立科学规划委员会。12 月 22 日，中共中央同意国务院科学规划委员会党组《关于征求〈1956—1967 年科学技术发展远景规划纲要（修正草案）〉意见的报告》。

4 月 14 日　中共中央批转《中央组织部关于在知识分子中发展党员计划的报告》。5 月 21 日，中共中央批转《中央组织部关于高级知识分子入党情况的报告》。按照中央要求，在知识分子中吸收党员时，应特别注意吸收高级知识分子入党。

4 月 25 日　毛泽东在中共中央政治局扩大会议上作《论十大关系》报告。报告强调要调动国内外一切积极因素，为建设强大的社会主义国家而奋斗，并初步总结我国社会主义建设经验，提出探索适合中国情况的建设社会主义道路的任务。报告还提出共产党和民主党派“长期共存，互相监督”的方针。

9 月 15 日至 27 日　中国共产党第八次全国代表大会举行。大会通过的《关于政治报告的决议》指出：社会主义改造已取得决定性胜利，我国无产阶级同资产阶级之间的矛盾已经基本上解决，几千年来的阶级剥削制度的历史已经基本上结束，社会主义制度已经基本上建立。国内的主要矛盾，已经是人民对于建立先进的工业国的要求同落后的农业国的现实之间的矛盾，已经是人民对于经济文化迅速发展的需要同当前经济文化不能满足人民需要的状况之间的矛盾。党和人民当前的主要任务，就是要集中力量来解决这个矛盾，把我国尽快地从落后的农业国变为先进的工业国。大会着重提出加强执政党建设的问题，通过新修订的《中国共产党章程》。同时，正式确定国营企业实行党委领导下的厂长负责制。

11 月 10 日至 15 日　中共八届二中全会上在北京召开。全会根据毛泽东的提议，确定从 1957 年下半年起，开展党内整风运动：一整主观主义，二整宗派主义，三整官僚主义。这次全会在坚持综合平衡的思想指导下，正确地调整了

1957年的国民经济计划，从而保证了第一个五年计划的胜利完成。

11月　中共中央发布文件，对在八大以前召开的地方各级党的代表大会实行常任制的问题，作出具体部署。要求是：在1956年内召开的党的代表大会，一般地应从这一届起改为常任制，所有的代表都作为常任代表。1955年底以前召开过代表大会，按照新党章规定已经到或将要到召开下一届代表大会时间的，则应在召开代表大会后再实行常任制。

一九五七年

1月10日　中共中央决定成立以陈云为组长，李富春、薄一波、李先念、黄克诚为委员的中央经济工作五人小组，在中央政治局之下，统一领导全国经济工作，并着手落实《国务院关于改进国家行政体制的决议（草案）》。

2月27日　毛泽东在最高国务会议第十一次（扩大）会议上发表《如何处理人民内部的矛盾》(后改为《关于正确处理人民内部矛盾的问题》) 讲话，提出区分和正确处理两类不同性质的社会矛盾，团结全国各族人民发展经济、文化，为建设社会主义事业服务的思想。

4月27日　中共中央发出《关于整风运动的指示》。以正确处理人民内部矛盾为主题，以反对官僚主义、宗派主义和主观主义为主要内容的整风运动全面展开。

5月15日　毛泽东开始写题为《走向反面》的文章，后把题目改为《事情正在起变化》，于6月12日署名“中央政治研究室”印发党内高级干部，随后发动反右派斗争，发生严重扩大化的错误。

5月15日至25日　中国新民主主义青年团第三次全国代表大会举行，决定将中国新民主主义青年团改名为中国共产主义青年团。

8月8日　中共中央发出《关于向全体农村人口进行一次大规模的社会主义教育的指示》。

9月20日至10月9日　中共八届三中全会在北京召开。全会在中国社会的主要矛盾问题上，改变了党的八大关于中国社会主要矛盾的正确论断，认为中国社会的主要矛盾仍然是无产阶级和资产阶级的矛盾，社会主义道路和资本主义道路的矛盾；对1956年采取的纠正冒进倾向的正确方针作了错误的批判，这对后来的社会主义建设事业产生了不良影响。

11月20日　中共中央发出《关于禁止用个人名字作地名、街名和企业等名字的通知》。

一九五八年

1月11日至22日　中共中央在南宁召开了部分中央领导人和部分地方领导人参加的总结第一个五年计划，讨论第二个五年计划和长远规划会议。

2月28日　中共中央发出《关于下放干部进行劳动锻炼的指示》。

3月3日　中共中央发出《关于开展反浪费反保守运动的指示》，要求采用大鸣、大放、大字报、大辩论和开现场会、办展览会等形式，揭露和批判浪费、保守现象，支持群众在各方面的跃进。这一运动的开展，助长了高指标、浮夸风等错误的发展。

3月8日至26日　中共中央在成都召开有中央有关部门负责人和各省、市、自治区党委第一书记参加的工作会议（即成都会议），讨论和通过《关于1958年计划和预算第二本账的意见》和《关于发展地方工业问题的意见》等40多个文件。

4月8日　中央政治局会议批准了成都会议于3月20日通过的《中共中央关于把小型的农业合作社适当地合并为大社的意见》。

5月5日至23日　中共八大二次会议举行。会议听取和讨论刘少奇所作的《中国共产党中央委员会向第八届全国代表大会第二次会议的工作报告》、邓小平所作的《关于在莫斯科举行的各国共产党和工人党代表会议的报告》、谭震林所作的《关于一九五六年到一九六七年全国农业发展纲要（第二次修正案）的说明》，并作出相应的决议，批准了这些报告。会议正式通过“鼓足干劲、力争上游、多快好省地建设社会主义”总路线。会后，“大跃进”运动在全国展开。

5月25日　中国共产党第八届中央委员会第五次全体会议在北京中南海怀

仁堂举行。全会增选林彪为中央委员会副主席、中央政治局常委；增选柯庆施、李井泉、谭震林为中央政治局委员；增选李富春、李先念为中央书记处书记。递补杨献珍、王恩茂为中央委员。全会还决定创办出版党中央理论刊物《红旗》杂志，由陈伯达任总编辑。

6 月 10 日　中共中央发出《关于成立财经、政法、外事、科学、文教小组的通知》。《通知》指出，这些小组受党中央领导，直属中央政治局和书记处，向它们直接作报告。各组组长如下：财经小组为陈云；政法小组为彭真；外事小组为陈毅；科学小组为聂荣臻；文教小组为陆定一。

8 月 17 日至 30 日　中共中央政治局扩大会议在北戴河召开。通过《关于在农村建立人民公社问题的决议》。会议确定一批工农业生产的高指标。

一九五九年

3 月 25 日至 4 月 1 日　中共中央在上海召开政治局扩大会议。

4 月 2 日至 5 日　中共八届七中全会在上海召开。全会通过了《1959 年国民经济计划草案》、《关于人民公社的 18 个问题》的会议纪要和《关于国家机构和人事配备的方案》。

5 月 7 日　中共中央发出《关于农业的五条紧急指示》。

6 月 13 日　中共中央发出《关于调整 1959 年主要物资分配和基本建设计划的紧急指示》。指示降低了钢及其他产品的计划指标，钢产量为 1300 万吨。早在三四月间中央政治局上海会议之后，毛泽东认为钢的指标仍然偏高，委托陈云进一步落实；4 月底，中央书记处又责成中央财经小组研究钢铁生产的可靠指标。经过系统周密的调查研究，陈云于 5 月提出钢的生产指标应降到 1300 万吨，中央采纳了他的建议。

7 月 2 日至 8 月 1 日　中共中央政治局扩大会议在庐山召开。参加会议的有中央政治局委员、候补委员，各省、市、自治区党委第一书记和中央有关部门负责人。会议原计划开半个月左右，原定议题是总结“大跃进”以来的经验教训，继续纠正“左”的错误，但会议后期错误地发动了对彭德怀等人的批判。

8月2日至16日　中共八届八中全会在庐山召开，此次全会是接续中央政治局扩大会议举行的。7日，中共中央发出《中共中央关于反对右倾思想的指示》，提出现在右倾已成为工作中主要的危险。全会通过《为保卫党的总路线、反对右倾机会主义而斗争》的决议和《关于以彭德怀同志为首的反党集团的错误的决议》。

10月13日　中共中央批转江苏省委《关于立即纠正把全部农活包到户和包产到户的通知》。

10月15日　中共中央批转农业部党组《关于庐山会议以来农村形势的报告》，要求各地农村彻底揭发批判“右倾邪气歪风”。

一九六〇年

3月9日　中共中央发出指示，要各地放手发动群众，组织试验各种形式的城市人民公社，可以以大型厂矿和机关学校为中心，也可以以街道居民加一部分农村居民组成。

3月22日　中共中央批转鞍山市委《关于工业战线上的技术革新和技术革命运动开展情况的报告》。毛泽东代中央起草批示，将鞍钢实行的“两参一改三结合”的管理制度称作“鞍钢宪法”，要求在工业战线加以推广。

3月30日　中共中央发出《关于反对官僚主义的指示》。指出，官僚主义这种旧社会遗留下来的坏作风，一年不用扫帚扫一次，就会春风吹又生了。

5月15日　中共中央发出《关于在农村中开展“三反”运动的指示》。

6月14日—18日　中共中央政治局扩大会议在上海召开，毛泽东在最后一天写就《十年总结》一文，重新强调实事求是原则，提出要认真研究社会主义革命和建设的规律。

9月　中共中央政治局决定成立6个中央局。以后相继决定：陶铸任中南局第一书记；宋任穷任东北局第一书记；李井泉任西南局第一书记；刘澜涛任西北局第一书记；李雪峰任华北局第一书记；柯庆施任华东局第一书记。

10月23日至26日　毛泽东召集华北、中南、东北、西北四个大区的省、市、自治区党委主要负责人开会，主要讨论如何纠正“共产风”问题。11月3日，中共中央发出周恩来主持制定的《关于农村人民公社当前政策问题的紧急指示信》(即“十二条”)，要求坚决纠正农村人民公社的“共产风”。

10月　中共中央发出指示，着手部署整风整社，坚决扫除“共产风”、浮夸风、强迫命令风、生产瞎指挥风和干部特殊化风等“五风”。

11月3日　中共中央发出《关于农村人民公社当前政策问题的紧急指示信》。指出：农村人民公社化初期产生的一平二调的“共产风”，是违背人民公社现阶段政策的。

Δ 中共中央又发出《关于贯彻执行〈紧急指示信〉的指示》。中央指出，贯彻《紧急指示信》的关键，首先在于提高干部的思想，特别是县、社两级主要负责干部的思想。

11月15日　中共中央发出毛泽东亲自起草的《关于彻底纠正“五风”问题的指示》。要求各地党委“必须在几个月内下决心彻底纠正十分错误的共产风、浮夸风、命令风、干部特殊风和瞎指挥风，而以纠正共产风为重点，带动其余四项歪风的纠正。”

12月24日至次年1月13日　中共中央在北京召开工作会议，主要讨论1961年国民经济问题，同时总结农村整风整社试点经验和纠正“五风”问题。会议期间，毛泽东把“一平二调”等工作中的失误，称为“人祸”。会议的最后一天，毛泽东作了关于大兴调查研究之风的讲话，要求全党一定要恢复实事求是和调查研究的优良传统，要求1961年成为实事求是年、调查研究年。

一九六一年

1月14日至18日　中共八届九中全会召开。会议正式通过对国民经济实行“调整、巩固、充实、提高”的方针，国民经济转入调整的轨道。全会决定在全国各大区重新成立党的六个中央局，即中共中央华北局、东北局、华东局、中南局、西南局、西北局。中央要求把经济管理权集中到中央、中央局和省(市、自治区)三级，两三年内更多地集中到中央、中央局，以加强中央对各大区各项工作的统一领导和全面安排。会议还要求全党大兴调查研究之风，中央领导同志相继到基层进行调查研究。党的指导方针的重要转变，表明国民经济建设由“大跃进”转入调整阶段。

3 月 15 日—23 日　中共中央工作会议在广州召开。会议讨论并通过《农村人民公社工作条例（草案）》（即“农业六十条”），对农村政策进行调整。随后，工业、商业、手工业、科学、教育、文艺领域也进行调整，并相继制定了工作条例。

3 月 23 日　中共中央发出《关于认真进行调查工作问题给各中央局，各省、市、区党委的一封信》，同时印发了不久前发现的毛泽东 1930 年春写的《关于调查工作》。

4 月 9 日　中共中央转发中央精简干部和安排劳动力五人小组《关于调整农村劳动力和精简下放职工问题的报告》。到 1963 年 6 月，全国共精简职工 1887 万人，减少城镇人口 2600 万人。

5 月 21 日至 6 月 12 日　中共中央工作会议在北京召开，讨论修改《农村人民公社工作条例（草案）》（即农业六十条）。其中规定，取消供给制；办不办食堂，完全由社员讨论决定。这个决策受到群众的极大欢迎。

6 月 1 日　中共中央下发毛泽东关于《调查成灾的一例》的批示。中央办公厅秘书室下放到长辛店机车车辆厂的工作人员，同该厂下放干部姜德久等人一起，写了一份《关于“调查研究”的调查》，寄给毛泽东的秘书田家英，反映了调查研究工作的“十多十少”。

7 月 6 日　中央政治局会议讨论批准聂荣臻关于国家科委党组和中国科学院党组若干重大政策问题向中央的请示报告和“科学十四条”草案，并为此写了重要批语，于 7 月 19 日颁布试行。

11 月 13 日　中共中央发出《关于在农村进行社会主义教育的指示》，强调，“目前在个别地方出现的包产到户和一些变相单干的做法，都是不符合社会主义集体经济的原则的，因而也是不正确的”，并要求“逐步地引导农民把这些做法改变过来”。

一九六二年

1月11日至2月7日　中共中央在北京召开扩大的中央工作会议（即七千人大会）。会议初步总结“大跃进”中的经验教训，开展批评和自我批评，强调加强民主集中制，实质上是党内关系的一次调整。会议强调切实贯彻调整国民经济的方针，以迅速扭转国民经济困难的局面。

2月13日　中共中央发出《关于改变农村人民公社基本核算单位问题的指示》，提出把人民公社基本核算单位由生产大队改为生产队，规定至少30年不变。

2月21日至23日　中共中央政治局常委扩大会议在中南海西楼召开。刘少奇主持会议。陈云在讲话中提出克服困难的6条意见。

3月2日　周恩来在广州向出席全国科学工作会议及全国话剧、歌剧和儿童剧创作座谈会的代表作《论知识分子问题》报告，重新肯定我国知识分子的绝大多数已经是劳动人民的知识分子，强调在社会主义建设中要发挥科学和科学家的作用。

6月20日　中共中央转发《关于民族工作会议的报告》并作出批示，指出：民族问题的彻底解决，是长期的，必须进行长期的经常工作，才能逐步实现。

9月24日至27日　中共八届十中全会召开。会议批判所谓“黑暗风”“单干风”“翻案风”，进一步发展了关于阶级斗争是社会主义社会的主要矛盾的错误论点。

一九六三年

1月4日　周恩来将毛泽东提出的对台湾问题的有关原则概括为“一纲四目”，通过有关渠道转达给台湾方面。

3月1日　中共中央发出《关于厉行增产节约和反对贪污盗窃、反对投机倒把、反对铺张浪费、反对分散主义、反对官僚主义运动的指示》。

3月5日　《人民日报》刊登毛泽东的题词“向雷锋同志学习”。全国掀起学习雷锋先进事迹的热潮。

5 月 20 日　中共中央印发《关于目前农村工作中若干问题的决定》(草案)(即前十条)，文件要求在全国范围内分期分批地开展社会主义教育运动。

6 月 14 日　中共中央发表《关于国际共产主义运动总路线的建议》。9 月 6 日至翌年 7 月 14 日，又连续发表总称为《关于国际共产主义运动总路线的论战》的 9 篇文章(通称“九评”)。中苏两党之间的论战达到高潮。1966 年 3 月起，中苏两党关系基本中断。

12 月 2 日　中共中央、国务院原则批准中央科学小组、国家科学技术委员会党组关于 1963 年—1972 年科学技术发展规划的报告、科学技术发展规划纲要及科学技术事业规划。

一九六四年

2 月 10 日 《人民日报》发表社论和通讯，介绍山西省昔阳县大寨大队艰苦奋斗、发展生产的事迹。此后，“农业学大寨”运动在全国展开。

3 月 22 日　中共中央发出《关于在全党组织干部宣讲队伍把全党全民的社会主义教育运动进行到底的指示》。社教运动经过试点后，在全国较大范围内开展起来。

9 月 1 日　中共中央转发《关于一个大队的社会主义教育运动的经验总结》(简称“桃园经验”)。“桃园经验”对于运动中“左”的错误的进一步发展产生了一定的影响。

9 月 11 日　中共中央、国务院发出《关于组织高等学校文科师生参加社会主义教育运动的通知》。

9 月 18 日　中共中央发出《关于印发农村社会主义教育运动中一些具体政策规定的修正草案的通知》(简称第二个《后十条》),《后十条》修正草案对形势估计更加严重，造成对基层干部打击面过宽、打击过重，以致混淆敌我界限的“左”的错误。

10 月 24 日　中共中央发出《关于社会主义教育运动夺权斗争问题的指

示》，并转发天津市委关于小站地区夺权斗争的报告。此后，社会主义教育运动在很多基层开展了“夺权斗争”。

12 月 15 日至 28 日　中共中央政治局召开全国工作会议。会议主要讨论农村社会主义教育运动问题。

12 月 20 日至翌年 1 月 5 日　全国政协四届一次会议举行。会议推举毛泽东为全国政协名誉主席，选举周恩来为主席。

12 月 21 日至翌年 1 月 4 日　三届全国人大一次会议举行。周恩来在《政府工作报告》中提出：要在不长的历史时期内，把我国建设成为一个具有现代农业、现代工业、现代国防和现代科学技术的社会主义强国。会议选举刘少奇为国家主席，朱德为全国人大常委会委员长，决定周恩来为国务院总理。

一九六五年

2 月 26 日　中共中央、国务院作出《关于西南三线建设体制问题的决定》，成立西南三线建设委员会，以加强对三线建设的领导。

9 月 21 日　中共中央批转卫生部党委《关于把卫生工作重点放到农村的报告》。到年底，全国城乡医疗卫生网基本形成，相当一部分农村地区实行合作医疗制度。

一九六六年

5 月 4 日至 26 日　中共中央政治局扩大会议在北京召开。到会的有中共中央政治局委员和有关单位负责人共 76 人。会议通过《中国共产党中央委员会通知》(简称“五一六通知”)，是发动“文化大革命”的纲领性文件。

5 月 28 日　中央文化革命小组成立。这个小组逐步取代中央政治局和中央书记处，成为“文化大革命”的实际指挥机构。8 月底，中央通知，在陈伯达生病或外出时，由江青代理中央文化革命小组组长。

6 月 3 日　刘少奇主持召开中共中央政治局常委扩大会议，制定内外有别、注意保密、大字报不要上街、不要串联、不准打人侮辱人等八条规定。会议还同意李雪峰提出的对瘫痪的学校派工作组的意见，决定派工作组到大中学校领导“文化大革命”。

9月14日　中共中央发出《关于县以下农村文化大革命的规定》，试图对农村的动乱加以限制。此后，中共中央还发出《关于抓革命促生产的通知》，要求工业、农业、交通、财贸部门“立即加强或组成各级指挥机构”，保证生产、建设、科学研究等工作的“正常进行”；职工“应当坚守岗位”，“职工的文化革命，放在业余时间去搞”；“红卫兵和革命学生不要进入那些工矿企业、科学研究、设计事业单位去串连”。

12月9日　中共中央发出《关于抓革命、促生产的十条规定》(草案)，使“文化大革命”正式扩及全国工交财贸各部门的基层单位。

12月15日　中共中央发出《关于农村无产阶级文化大革命的指示》(草案)。《指示》改变了原来的县以下各级仍按“四清”部署进行的规定，要求“把四清运动纳入文化大革命中去”。这样，“文化大革命”之火就在全国城市乡村和各种单位无一例外地全面燃烧起来。

一九六七年

1月28日　中央军委发出《八条命令》。

2月11日、16日　在中南海怀仁堂由周恩来主持召开的中央碰头会和此前1月19日、20日召开的中央军委碰头会上，谭震林、陈毅、叶剑英、李富春、李先念、徐向前、聂荣臻等对“文化大革命”的错误做法提出强烈批评。

2月25日至3月18日　中共中央政治局召开七次生活会，对陈毅、谭震林、徐向前以及李富春、李先念、叶剑英、聂荣臻进行批评。江青、康生、陈伯达、谢富治等人歪曲事实，无限上纲，强加以“反党”“二月逆流”等罪名，对这些中共中央政治局委员、国务院副总理和中共中央军委副主席批判。从此，中共八届十一中全会调整补选的中央政治局停止了活动，中央书记处也不再工作，完全被中央文革小组所取代。

6月6日　中共中央、国务院、中央军委、中央文革发出包括七项内容的通令，要求“纠正最近出现的打、砸、抢、抄、抓的歪风”。

7月3日　中共中央、国务院、中央军委、中央文革再次发出布告，提出六条措施，严禁破坏交通、抢劫军用列车、冲击解放军机关、杀伤解放军指战员等。24日，中央再次颁发布告，作出六条规定，制止部分地区的武斗事件。

8月底　毛泽东批准对中央文革小组成员王力、关锋实行隔离审查。1968年1月，又对戚本禹实行隔离审查。

一九六八年

2月18日　中共中央、国务院、中央军委、中央文革小组发出《关于进一步实行节约闹革命，坚决节约开支的紧急通知》。

12月22日　《人民日报》发表毛泽东的指示：“知识青年到农村去，接受贫下中农的再教育，很有必要。”全国掀起知识青年上山下乡的高潮。

一九六九年

1月29日　中共中央、中央文革小组批转驻清华大学工人、解放军宣传队的报告《坚决贯彻执行对知识分子“再教育”、“给出路”的政策》。

4月1日至24日　中国共产党第九次全国代表大会举行。出席大会的代表1512人，代表全国2200万党员。大会肯定了“无产阶级专政下继续革命的理论”，使“文化大革命”的错误理论和实践合法化。中共九大在思想上、政治上和组织上的指导方针都是完全错误的。

4月28日　中共九届一中全会在北京举行。全会选举毛泽东为中央委员会主席，林彪为副主席。九届中央政治局第一次会议通过中共中央军委名单，毛泽东任主席。

6月12日　中共中央发出《关于宣传毛主席形象应注意的几个问题》。

一九七〇年

1月31日　中共中央发出《关于打击反革命破坏活动的指示》。后又于2

月 5 日发出《关于反对贪污盗窃、投机倒把的指示》和《反对铺张浪费的通知》（以上合称“一打三反”）。

3 月 17 日至 20 日　中共中央召开工作会议，讨论召开四届人大和修改宪法问题。是否设立国家主席问题，成为讨论的一个焦点。

8 月 23 日至 9 月 6 日　中共九届二中全会在庐山召开。

10 月 28 日　中共中央发出《关于召开地方各级党代表大会的通知》，要求在 1971 年 7 月 1 日建党五十周年前，把全国省、市、自治区一级的党委基本上建立起来。

一九七一年

1 月 8 日　毛泽东对济南军区政治部《关于学习贯彻毛主席“军队要谨慎”指示的情况报告》作出批示：“此件很好，从理论和实践的结合上讲清了问题。”11 日中共中央、中央军委、总政治部发出《关于贯彻执行毛主席 1 月 8 日重要批示的通知》，要求“开展一场反对骄傲自满、提倡谦虚谨慎的自我教育运动”。

2 月 28 日　中共中央批转中央机关“五·七”干校会议领导小组《关于进一步办好中央机关“五·七”干校的报告》。

4 月 15 日至 29 日　中共中央召开“批陈整风”汇报会。到会的共有中央和地方的负责人 449 人。29 日，周恩来代表党中央作总结。他明确指出，黄永胜等人“在政治上是方向路线错误，在组织上是宗派主义错误”。

9 月 13 日　“九一三”事件林彪反革命集团的覆灭，客观上宣告了“文化大革命”理论和实践的失败。

10 月 3 日　中共中央决定撤销军委办事组，成立由军委副主席叶剑英主持的军委办公会议，负责军委日常工作。

10 月　周恩来在毛泽东支持下主持中央日常工作。

12 月 11 日　中共中央发出通知，将中央专案组整理的《粉碎林陈反党集团反革命政变的斗争》材料之一下发全国，供党内外讨论。以后，又陆续下发

《粉碎林陈反党集团反革命政变的斗争》材料之二和《粉碎林陈反党集团反革命政变的斗争》材料之三，在全国开展批林整风。

一九七二年

1 月 13 日　中共中央转发中央专案组整理的《粉碎林陈反党集团反革命政变的斗争（材料之二）》。

5 月 6 日　中共中央发出《关于召开批林整风汇报会议的通知》。

5 月 21 日至 6 月 23 日　中共中央在北京召开批林整风汇报会。到会的中共中央、国务院、中央军委和省市自治区负责人共 312 人。周恩来在会上作了《对我们党在新民主主义革命阶段六次路线斗争的个人认识》和《关于国民党造谣侮辱地登载所谓“伍豪事件”的真相》等报告。

7 月 2 日　中共中央转发中央专案组《关于国民党反共分子、托派、叛徒、修正主义分子陈伯达的反革命历史罪行的审查报告》。

Δ 中共中央转发中央专案组选印的林彪反党集团反革命政变的罪证《粉碎林陈反党集团反革命政变的斗争（材料之三）》。

12 月 10 日　中共中央在转发国务院 11 月 24 日《关于粮食问题的报告》时，传达了毛泽东关于“深挖洞，广积粮，不称霸”的指示。

一九七三年

3 月 10 日　中共中央根据毛泽东的批示，正式发出文件，决定恢复邓小平党的组织生活和国务院副总理的职务。12 月 22 日，中共中央发出通知：邓小平参加中央和中央军委的领导工作。

8 月 20 日　中共中央批准《关于林彪反党集团反革命罪行的审查报告》，决定永远开除林彪及其反革命集团主要成员陈伯达、叶群、黄永胜、吴法宪、李作鹏、邱会作等人的党籍，撤销他们的党内外一切职务。

8 月 24 日至 28 日　中国共产党第十次全国代表大会在北京举行。这次大会继续了九大的错误，坚持“无产阶级专政下继续革命”的错误理论。

12月12日　毛泽东在中央政治局会议上提出大军区司令员互相对调的建议，他提议邓小平参加军委，任总参谋长。

一九七四年

3月21日　中共中央转发外交部《外交通报》，传达了毛泽东关于划分三个世界问题的谈话。

7月1日　中共中央发出《关于抓革命、促生产的通知》。《通知》批评"不为错误路线生产"等谬论，要求撤离岗位的人，必须迅速回本单位搞生产，否则按旷工处理。《通知》下达后，少数地区情况有所好转，但全国工业交通生产仍在继续下降。

7月17日　毛泽东在中共中央政治局会议上批评王洪文、张春桥、江青、姚文元搞帮派活动，第一次提出"四人帮"问题。

10月11日　中共中央发出《关于准备在最近期间召开第四届全国人民代表大会的通知》。

一九七五年

1月5日　根据毛泽东的提议，中共中央发出文件，任命邓小平为中共中央军委副主席兼中国人民解放军总参谋长。

1月8日至10日　中国共产党十届二中全会在北京召开。中国共产党第十届中央委员会第二次全体会议讨论了中华人民共和国第四届全国人民代表大会的准备工作。决定将《中华人民共和国宪法修改草案》《关于修改宪法的报告》《政府工作报告》和全国人民代表大会常务委员会、国务院成员的候选人名单，提请全国人民代表大会讨论。会议选举邓小平同志为中共中央副主席、中央政治局常务委员。同意李德生辞去中共中央副主席、中共中央政治局常委的职务。

1月13日至17日　四届全国人大一次会议举行。会议重申四个现代化的目标；选举朱德为全国人大常委会委员长，任命周恩来为国务院总理、邓小平等为副总理。

2 月　邓小平在毛泽东、周恩来支持下，开始主持国务院日常工作。7 月，开始主持中央日常工作。主持工作期间，对全国各方面的工作进行整顿，收到显著成效。11 月，整顿被迫中断。

2 月 5 日　中共中央发出《关于取消军委办公会议，成立中央军委常委会的通知》。军委常委会议由叶剑英主持。

5 月 3 日　毛泽东召集在北京的中共中央政治局委员谈话，强调要安定团结，要搞马克思主义，要光明正大；再次批评“四人帮”。按照毛泽东的指示，5 月 27 日和 6 月 3 日，邓小平两次主持中央政治局会议，对江青等人进行了批评。

6 月 24 日至 7 月 15 日　中共中央军委召开扩大会议。参加会议的有军委各总部、各大军区、各军（兵）种、高级军事院校的领导干部 70 多人。邓小平在 7 月 14 日作《军队整顿的任务》的报告，强调军队要整顿，要解决“肿、散、骄、奢、惰”的问题。

一九七六年

4 月 7 日　中共中央政治局根据毛泽东提议，一致通过《中共中央关于华国锋同志任中共中央第一副主席、国务院总理的决议》。

7 月 28 日　河北唐山、丰南地区发生里氏 7.8 级强烈地震，并波及天津、北京等地，24.2 万多人罹难，16.4 万多人重伤。在中共中央、国务院和中央军委领导下，在全国人民和解放军的大力支援下，灾区群众奋力抗震救灾。

9 月 9 日　毛泽东逝世。18 日，首都百万群众在天安门广场隆重举行追悼大会。全国各省、自治区、直辖市举行了悼念活动。

10 月 6 日　中共中央政治局执行党和人民的意志，采取断然措施，一举粉碎“四人帮”。延续 10 年之久的“文化大革命”结束。

10 月 7 日　中共中央政治局一致通过华国锋任中国共产党中央委员会主席、中共中央军委主席，将来提请中央全会追认。

10 月 7 日至 14 日　中共中央政治局在北京分批召开了中央党、政、军机关，各省、市、自治区、各大军区负责人参加的打招呼会议，通报了王洪文、张春桥、江青、姚文元反党集团事件，提出了既要解决问题，又要稳定局势的方针。

12 月 5 日　中共中央发出通知："凡纯属反对'四人帮'的人，已拘捕的，应予释放；已立案的，应予销案；正在审查的，解除审查；已判刑的，取消刑期予以释放；给予党籍处分的，应予撤销。"

一九七七年

3 月 6 日　中共中央转发《王洪文、张春桥、江青、姚文元反党集团罪证（材料之二）》。

3 月 10 日至 22 日　中共中央召开工作会议，初步总结了粉碎"四人帮"以来的工作，并部署了当年的任务。

3 月 24 日　中共中央军委召开座谈会。叶剑英在会上强调，全军要用马克思列宁主义、毛泽东思想深揭狠批"四人帮"破坏军队的罪行，彻底肃清其影响和流毒，把被"四人帮"颠倒了的路线是非纠正过来，加速我军革命化、现代化建设。

4 月 10 日　邓小平致信华国锋、叶剑英和中共中央。针对"两个凡是"的错误观点，指出：我们必须世世代代地用准确的完整的毛泽东思想来指导我们全党、全军和全国人民。5 月 3 日，中共中央转发这封信。

7 月 16 日至 21 日　中共十届三中全会召开。会议通过关于追认华国锋任中共中央主席、中央军委主席的决议，决定恢复邓小平中共中央副主席、中央军委副主席、国务院副总理等职务。关于王洪文、张春桥、江青、姚文元反党集团的决议；关于提前召开党的第十一次全国代表大会的决议。7 月 21 日，邓小平在会上强调：对毛泽东思想的体系要有一个完整的准确的认识，不能只从个别词句来理解毛泽东思想，而必须从毛泽东思想的整个体系去获得正确认识。要善于学习、掌握和运用毛泽东思想的体系来指导我们各项工作。只有这样才不至于割裂、歪曲、损害毛泽东思想。毛泽东倡导的作风，群众路线和实事求是这两条是最根本的东西。

8 月 12 日至 18 日　中国共产党第十一次全国代表大会举行。华国锋代表党中央作政治报告，总结了同“四人帮”的斗争，宣告“文化大革命”已经结束，提出在本世纪内把我国建设成为社会主义的现代化强国，是新时期党的根本任务。

9 月 18 日　中共中央发出《关于召开全国科学大会的通知》，要求抓紧落实党的知识分子政策，迅速恢复被撤掉的科研机构，恢复科研人员的技术职称，建立考核制度，实行技术岗位责任制。

9 月 23 日　中共中央下发《王、张、江、姚反党集团罪证（材料之三）》。

9 月 24 日　中共中央根据“十一大”通过的党章规定，就在中央各部委和国家机关中建立党组和党委的问题发出通知：一、中央一级国家机关和人民团体的领导小组或党的核心小组，改称党组。地方各级国家机关和人民团体的领导小组或党的核心小组，也要按照上述原则办理。二、党中央各部委和相当于部委一级的单位，尚未建立党委的，应建立党委。

10 月 5 日　中共中央作出《关于办好各级党校的决定》。在“文化大革命”中停办的各级党校开始恢复。

10 月 31 日　中共中央发出通知，恢复中央宣传部，任命张平化为部长。

11 月 6 日　中共中央转发教育部党组《关于工宣队问题的请示报告》，批准工宣队撤出学校。

12 月 10 日　中共中央任命胡耀邦为中央组织部部长。此后，胡耀邦遵照党的实事求是、有错必纠的原则，率领组织部全体同志，打开了平反冤假错案、落实党的干部政策工作的局面。

一九七八年

2 月 21 日至 4 月 24 日　中央组织部分三次召开了中央、国家机关和部分省、市研究疑难案件座谈会。

2 月 24 日至 3 月 8 日　全国政协五届一次会议举行。会议通过《中国人民政治协商会议章程》，选举邓小平为全国政协主席。

2 月 26 日至 3 月 5 日　五届全国人大一次会议举行。会议选举叶剑英为全国人大常委会委员长，决定华国锋为国务院总理。

4 月 5 日　中共中央批准中央统战部、公安部《关于全部摘掉右派分子帽子的请示报告》。9 月 17 日，中共中央批转《贯彻中央关于全部摘掉右派分子帽子决定的实施方案》，指出对过去错划了的人，要做好改正工作。到 11 月，全国摘掉右派分子帽子的工作全部完成。对错划右派的改正工作于 1980 年基本结束。

4 月 20 日　中共中央作出《中共中央关于加快工业发展若干问题的决定（草案）》（简称《工业三十条》），发到各工业管理机关、各工交企业试行。这是当时指导工交战线拨乱反正的重要文件。

5 月 10 日　中共中央党校内部刊物《理论动态》第 60 期发表《实践是检验真理的唯一标准》一文。11 日，《光明日报》以特约评论员名义发表此文。此后，在邓小平领导、支持下，关于真理标准问题的讨论在全国展开，为中共十一届三中全会作了重要的思想准备，对党和国家的历史进程产生了重大而深远的影响。

5 月 24 日　中共中央发出通知，根据五届人大一次会议通过的宪法，重新设置人民检察院，与公安机关、人民法院互相配合，又相互制约，同各种违法乱纪行为作斗争。

7 月 18 日　中共中央批准颁发《中央军委关于加强军队政治工作的决议》和《中国人民解放军政治工作条例》。

8 月 16 日至 9 月 21 日　中共中央组织部分三批召开选拔优秀中青年干部汇报会。胡耀邦在会上强调选拔优秀中青年干部是个战略问题，要走群众路线才能选好。

8 月 19 日　中共中央转发共青团十大筹备委员会《关于红卫兵问题的请示报告》。文件下达后，学校中的“红卫兵”组织即行撤销。

10 月 10 日至 11 月 4 日　中共中央组织部分批召开落实知识分子政策座谈会。

11 月 10 日至 12 月 15 日　中共中央工作会议召开。会议讨论从 1979 年起把全党工作着重点转移到社会主义现代化建设上来等问题。陈云提出解决历史遗留问题的意见，得到与会者响应。11 月 25 日，中共中央政治局宣布为“天安门事件”等错案平反。12 月 13 日，邓小平发表《解放思想，实事求是，团结一致向前看》讲话，实际上成为随后召开的中共十一届三中全会的主题报告，是开辟新时期新道路的宣言书。

11 月 14 日　经中共中央批准，中共北京市委宣布：1976 年清明节，广大群众到天安门广场沉痛悼念敬爱的周总理，愤怒声讨“四人帮”，完全是革命行动。对于因悼念周总理、反对“四人帮”而受到迫害的同志，一律平反，恢复名誉。

12 月 16 日　中共中央转发中央组织部《关于“六十一人案件”的调查报告》，郑重宣布，把薄一波等六十一人定为“叛徒集团”是不正确的，为这一错案平反。

12 月 18 日—22 日　中共十一届三中全会举行。全会批判了“两个凡是”的错误方针，充分肯定必须完整地、准确地掌握毛泽东思想的科学体系，高度评价关于实践是检验真理的唯一标准问题的讨论；果断地停止使用“以阶级斗争为纲”的口号，作出把党和国家工作中心转移到经济建设上来、实行改革开放的历史性决策；决定健全党的民主集中制，加强党的领导机构，成立中央纪律检查委员会，选举陈云为中央纪委第一书记。全会标志着中国共产党重新确立了马克思主义的思想路线、政治路线和组织路线，实现新中国成立以来党的历史上具有深远意义的伟大转折，开启了改革开放和社会主义现代化的伟大征程。

一九七九年

1 月 4 日至 22 日　中共中央纪律检查委员会首次全体会议在北京举行。会议着重研究了维护党规党法，搞好党风的问题；讨论并拟定了《关于党内政治生活若干准则》。

1 月 11 日　中共中央发出《关于加快农业发展若干问题的决定（草案）》和《农村人民公社工作条例（试行草案）》。两个文件的下达，对于纠正农村工作中长期存在的“左”倾错误和调动农民的生产积极性，促进农业生产，改变农村面貌起了极大的作用。

1 月 18 日至 4 月 3 日　党的理论工作务虚会召开。3 月 30 日，邓小平在会上发表《坚持四项基本原则》讲话。强调，必须在思想政治上坚持社会主义道路，坚持无产阶级专政（后表述为人民民主专政），坚持共产党的领导，坚持马列主义、毛泽东思想。这四项基本原则是实现四个现代化的根本前提。

3 月 21 日　中共中央、中央军委发出通知，同意人民解放军总政治部《关于为“总政阎王殿”等冤案彻底平反的请示》、《关于为“总政阎王殿”冤案彻底平反的决定》和《关于为“谭政反党宗派集团”冤案彻底平反的决定》。

4 月 5 日至 28 日　中共中央召开工作会议，决定对国民经济实行“调整、改革、整顿、提高”的方针。此前，3 月 14 日，陈云和李先念联名给中共中央写信，提出对国民经济进行调整的建议。

6 月 15 日　邓小平在全国政协五届二次会议上讲话，明确指出，新时期统一战线和人民政协的任务，就是要调动一切积极因素，努力化消极因素为积极因素，团结一切可以团结的力量，同心同德，群策群力，维护和发展安定团结的政治局面，为把我国建设成为现代化的社会主义强国而奋斗。

7 月 15 日　中共中央、国务院批转广东省委、福建省委关于对外经济活动实行特殊政策和灵活措施的两个报告，同意在深圳、珠海、汕头和厦门试办出口特区。1980 年 5 月 16 日，中共中央、国务院批转《广东、福建两省会议纪要》，正式将出口特区改称为经济特区。

9 月 5 日至 10 月 7 日　全国组织工作座谈会在北京召开。会议提出要把加强领导班子建设、培养选拔中青年干部、改革干部制度作为当前最迫切的任务来抓。

11 月 13 日　中共中央、国务院印发《关于高级干部生活待遇的若干规定》，重申“文化大革命”以前一些行之有效的规章制度，强调高级干部必须带头发扬党的优良传统。

一九八〇年

1 月 24 日　中共中央决定成立中央政法委员会。该委员会在中央的领导下，研究处理全国政法工作中的重大问题，并向中央提出建议。中央决定彭真为中央政法委员会书记。

1 月 29 日　中共中央发出《关于成立中央党史委员会及其工作机构的通知》，中央党史委员会由华国锋、叶剑英、邓小平、李先念、陈云、聂荣臻、邓颖超、胡耀邦组成。在中央党史委员会领导下，成立党史编审委员会。

2 月 22 日　中共中央批转中央纪律检查委员会《关于改变省、市、自治区及以下各级党委纪委领导关系的请示报告》。中共中央同意，将各级党的纪委由受同级党委领导改为受同级党委和上级纪委双重领导，而以同级党委领导为主。国务院各部、委、局党组织纪律检查组或纪律检查委员会的领导关系亦采用上述双重领导的原则。

2 月 23 日至 29 日　中国共产党十一届五中会议在北京召开。会议的主题是：关于加强和改善党的领导，提高党的战斗力，以适应发展社会主义现代化建设的需要。会议讨论和通过了《关于党内政治生活的若干准则》；讨论了《中国共产党章程》(修正草案)。党章修改草案提出了废止干部职务实际上存在的终身制。

2 月 25 日　中共中央宣传部和中共中央组织部联合发出《关于加强党员教育健全党的组织生活的意见》和《关于加强干部教育工作的意见》。要求各级党委争取在两三年内，把党员普遍轮训一遍。文件还指出了当前加强干部教育工作的迫切性并规定了教育的方针和形式。

3 月 17 日　中央政治局常委决定：成立中央财经经济领导小组。

4 月 23 日　中共中央政治局会议通过《关于丧失工作能力的老同志不当十二大代表和中央候选人的决定》。这是废除实际上存在的干部职务终身制和逐步更新领导班子的一个重要步骤。

7 月 4 日 《人民日报》发表特约评论员文章《正确认识个人在历史上的作用》。文章说，在新的历史条件下，不仅要消除神话个人的现象，而且要处理好领导班子中，特别是高级领导机构里个人与集体的关系。

8 月 18 日至 23 日　中共中央政治局扩大会议在北京举行，会议主要讨论党和国家领导制度的改革以及一些有关问题。邓小平作题为《党和国家领导制度的改革》的讲话。邓小平的这一讲话，提出了党和国家领导制度改革的基本指导思想，为我国政治体制改革指明了方向。

9 月 14 日至 22 日　中共中央召开各省、市、自治区党委第一书记座谈会，讨论加强和完善农业生产责任制问题。9 月 27 日，中央印发《关于进一步加强和完善农业生产责任制问题》的会议纪要。

一九八一年

6 月 27 日至 29 日　中国共产党十一届六中全会在北京举行。全会审议并一致通过《关于建国以来党的若干历史问题的决议》。

一九八二年

1 月 11 日、13 日　邓小平在中共中央政治局召开的讨论中央机构精简问题的会上作了《精简机构是一场革命》的讲话。

1 月 13 日　中共中央发出《加强政法工作的指示》，就发扬社会主义民主、健全社会主义法制、维护社会秩序、整顿和提高政法队伍等问题，提出了任务。

2 月 12 日　中共中央转发《全国统战工作会议纪要》，并发出通知指出：在整个建设社会主义现代化强国的新的历史时期中，统一战线仍然是我党的一大法宝。

2 月 20 日　中共中央作出《关于建立老干部退休制度的决定》，废除干部领导职务实际上存在的终身制。

6 月　中共中央组织部召开了整顿党的基层组织工作座谈会。

9 月 1 日至 11 日　中国共产党第十二次全国代表大会在北京举行。这次大会总结了六年来特别是十一届三中全会以来我国各条战线拨乱反正所取得的伟大胜利，分析了我国当前的政治和经济形势，提出了全面开创社会主义现代化建设新局面的方针任务。邓小平在开幕词中明确提出了“建设有中国特色的社会主义”的重大命题。这个命题的提出，回答了进入改革开放新时期后，中国走什么样的道路这一人们最为关心的重大问题，成为指引新时期改革开放和社会主义现代化建设的伟大旗帜。

9 月 11 日　中国共产党中央顾问委员会成立。简称“中顾委”。

一九八三年

1 月 20 日　中共中央发出《关于加强农村思想政治工作的通知》。

2 月 14 日　中共中央发出《关于加强党员教育工作的通知》。

9 月 2 日　中共中央批发中央组织部在全国组织工作座谈会上的工作报告，并发出通知指出，党的组织工作，一定要紧紧围绕社会主义现代化建设这个目标来进行，努力促进和确保四个现代化的实现，否则就会迷失方向，就可能使我们的事业因缺少组织保证而失败。按照革命化、年轻化、知识化、专业化的要求，搞好干部队伍，特别是各级领导班子的建设，是新时期党的组织工作路线的核心，也是组织战线当前和今后一个时期的首要任务。

10 月 11 日至 12 日　中国共产党十二届二中全会在北京举行。会议通过了《中共中央关于整党的决定》,《决定》体现了党的十二大精神，明确规定了这次整党的基本任务就是统一思想，整顿作风，加强纪律，纯洁组织。

一九八四年

7 月 17 日　中共中央办公厅、国务院办公厅发出《关于党政机关在职干部不要与群众合办企业的通知》。

10 月 20 日　中国共产党十二届三中全会在北京举行。会议一致通过《中共中央关于经济体制改革的决定》，明确提出：进一步贯彻执行对内搞活经济、对外实行开放的方针，加快以城市为重点的整个经济体制改革的步伐，是当前我国形势发展的迫切需要。

11 月 12 日至 19 日　中共中央组织部召开在知识分子中发展党员工作座谈会。

一九八五年

2 月 6 日至 12 日　全国统一战线理论工作会议在北京召开。中共中央政治局、书记处书记习仲勋在会上作了《统一战线仍然是一大法宝》的讲话。

2 月 26 日　中共中央办公厅转发中央组织部《关于大量吸收优秀知识分子入党的报告》。

7 月 9 日　中共中央办公厅、国务院办公厅发出《关于党政机关干部不兼任经济实体职务的补充通知》。

11 月 24 日　中共中央整党工作指导委员会发出《关于农村整党工作部署的通知》。对农村整党的要求是：努力提高党员对党的根本宗旨的认识；进一步正确认识党在农村的改革和发展经济的各项政策；认真处理极少数犯有严重错误的党员；切实抓好领导班子的建设。

11 月 26 日　中共中央办公厅、国务院办公厅发出《关于解决当前机关作风中几个严重问题的通知》。

一九八六年

1 月 1 日　中共中央、国务院发出《关于 1986 年农村工作的部署》(简称 1986 年中央 1 号文件)。

1 月 28 日　中共中央发出《关于严格按照党的原则选拔任用干部的通知》。《通知》规定，领导干部必须在用人方面模范地遵守党的原则，维护组织人事工作纪律；选拔任用领导干部必须按照规定的程序：民主推荐，广泛听取意见。

2 月 4 日　中共中央、国务院发出《关于进一步制止党政机关和党政干部经商、办企业的规定》。

7 月 10 日　中共中央发出《关于全党必须坚决维护社会主义法制的通知》。

7 月 16 日　中共中央批转中央统战部《关于新时期党对民主党派工作的方针任务的报告》。

9 月 15 日　中共中央、国务院颁发《全民所有制工业企业厂长工作条例》、《中国共产党全民所有制工业企业基层组织工作条例》和《全民所有制工业企业职工代表大会条例》。

9 月　党的十二届六中全会作出《关于社会主义精神文明建设指导方针的决议》。这是党的第一个关于精神文明建设的纲领性文件，为我国精神文明建设的健康发展提供了基本指导方针。

11 月 18 日　中共中央办公厅转发中央组织部《关于领导班子年轻化几个问题的通知》和《关于调整不胜任现职领导干部职务几个问题的通知》。

一九八七年

1 月 13 日　中共中央纪律检查委员会向各省、自治区、直辖市党委、各部门的党的组织和纪检组织发出《关于共产党员必须严格遵守党章的通知》。通知要求共产党员必须自觉地遵守党章，严格执行党的纪律。

1 月 28 日　中共中央发出《关于当前反对资产阶级自由化若干问题的通知》。《通知》指出：搞资产阶级自由化，即否定社会主义制度、主张资本主义制度，核心是否定党的领导。

2 月 15 日　中共中央批转中央军委《关于新时期军队政治工作的决定》，并发出通知指出：在改革、开放、搞活的新形势下，思想政治工作只能加强，不能削弱。

4 月 17 日　中共中央、国务院批转中央统战部、国家民委《关于民族工作几个重要问题的报告》，阐述新时期民族工作总的指导思想和根本任务。

5 月 29 日　中共中央作出《关于改进和加强高等学校思想政治工作的决定》。《决定》指出：在新形势下，高等学校必须把改进和加强思想政治工作作为自己的重要任务，为青年学生的健康成长创造一个良好的社会环境。

10月25日至11月1日　中国共产党第十三次全国代表大会举行。大会通过的报告《沿着有中国特色的社会主义道路前进》，阐述社会主义初级阶段理论，提出党在社会主义初级阶段的基本路线，制定到21世纪中叶分三步走、实现现代化的发展战略。大会通过《中国共产党章程部分条文修正案》。

一九八八年

6月1日　中共中央发出《关于党和国家机关必须保持廉洁的通知》。《通知》说：在整个改革开放的过程中，我们必须做到：改革开放，繁荣经济，要坚定不移；保持廉洁，防止腐败，也要坚定不移。

12月15日　中共中央批转中央组织部《关于建立民主评议党员制度的意见》并发出通知。《通知》要求，评议党员干部要把顾全大局、清正廉洁、严守法纪作为重要内容。

一九八九年

6月16日　邓小平在同几位中央负责同志谈话时指出，任何一个领导集体都要有一个核心，没有核心的领导是靠不住的。并指出，我们要一手抓改革开放，一手抓惩治腐败，把这两件事结合起来。

6月23日至24日　中共十三届四中全会举行。全会分析国内发生政治风波的性质及原因，初步总结了经验教训，明确了当前和今后一个时期党的方针和任务，对中央领导机构成员进行了调整。通过《关于赵紫阳同志在反党反社会主义的动乱中所犯错误的报告》，选举江泽民为中央委员会总书记。24日，江泽民在全会上讲话指出，在对待党的十一届三中全会以来的路线和基本政策这个最基本的问题上，要明确两句话：一句是坚定不移，毫不动摇；一句是全面执行，一以贯之。

8月28日　中共中央发出《关于加强党的建设的通知》。根据《通知》精神，各级党组织对在政治风波中的重点人和重点事认真进行了清查、清理。

11月6日至9日　中共十三届五中全会在北京召开。全会审议并通过了

《中共中央关于进一步治理整顿和深化改革的决定》。全会认为，继续坚定不移地执行治理整顿和深化改革的方针，是克服当前经济困难，实现国民经济持续、稳定、协调发展的根本途径。

12 月 11 日至 17 日　全军政治工作会议在北京举行。会议讨论和修改了《关于新形势下加强和改进军队政治工作的若干问题》的文件，号召人民解放军在以江泽民为核心的党中央和中央军委的领导下，进一步加强和改进政治工作，保证党对军队的绝对领导，保证军队在政治上永远合格。

12 月 30 日　中共中央制定《关于坚持和完善中国共产党领导的多党合作和政治协商制度的意见》，指出“长期共存、互相监督、肝胆相照、荣辱与共”是中国共产党同各民主党派合作的基本方针，明确中国共产党领导的多党合作和政治协商制度是我国一项基本政治制度。

12 月　中共中央发出《关于加强和改善党对工会、共青团、妇联工作领导的通知》。

一九九〇年

3 月 9 日至 12 日　党的十三届六中全会通过《关于加强党同人民群众联系的决定》。《决定》提出应从七个方面坚持不懈地努力加强党同人民群众的联系。

7 月 7 日　中共中央作出《关于实行党和国家机关领导干部交流制度的决定》，这是对我国干部制度的一项重要改革。

一九九一年

11 月 29 日　中共十三届八中全会通过《关于进一步加强农业和农村工作的决定》。指出，要把以家庭联产承包为主的责任制、统分结合的双层经营体制作为我国乡村集体经济组织的一项基本制度长期稳定下来，并不断充实完善。

一九九二年

10 月 12 日至 18 日　中国共产党第十四次全国代表大会举行。大会通过的报告《加快改革开放和现代化建设步伐，夺取中国特色社会主义事业的更大胜利》，总结党的十一届三中全会以来14年的实践经验，决定抓住机遇，加快发展；确定我国经济体制改革的目标是建立社会主义市场经济体制；提出用邓小平同志建设中国特色社会主义理论武装全党。大会通过《中国共产党章程（修正案）》，将邓小平同志建设中国特色社会主义的理论和党在社会主义初级阶段的基本路线写入党章。

一九九三年

11月5日　中共中央、国务院印发《关于当前农业和农村经济发展的若干政策措施》，提出在原定的耕地承包期到期之后，再延长30年不变。

11月7日　江泽民在全国统战工作会议上讲话指出，要继续巩固和发展社会主义的民族关系，坚持和完善民族区域自治制度，加快民族地区的经济发展和社会进步；要全面、正确地贯彻执行党的宗教政策，依法加强对宗教事务的管理，积极引导宗教与社会主义社会相适应。

11月　党的十四届三中全会审议通过《中共中央关于建立社会主义市场经济体制若干问题的决定》。《决定》指出：社会主义市场经济体制是同社会主义基本制度结合在一起的，建立社会主义市场经济体制，就是要使市场在国家宏观调控下对资源配置起基础性作用。

一九九四年

5月6日　中共中央发出《关于新形势下加强党校工作的意见》。指出，党校办学水平的提高和事业的发展，关键在于解放思想、实事求是、深化改革。

8月23日　中央印发《爱国主义教育实施纲要》，要求各级有关部门把爱国主义作为加强社会主义精神文明建设的基础工程来抓。

8月31日　中央印发《关于进一步加强和改进学校德育工作的若干意见》，要求教育战线站在历史的高度，以战略的眼光来认识新时期学校德育工作的重要性，大力加强青年学生的思想道德建设。

9 月 25 日至 28 日　中共十四届四中全会在北京举行。会议集中讨论了党的建设问题，通过了《中共中央关于加强党的建设几个重大问题的决定》。决定根据党的建设面临的形势和任务，着重提出了坚持和健全民主集中制，加强和改进党的基层组织建设和培养选拔德才兼备的领导干部等重大问题。

一九九五年

1 月 7 日　中共中央发出关于印发《中国共产党党员权利保障条例（试行）》的通知。这个条例是中国共产党历史上第一个保护党员民主权利的专门法规。

1 月　十四届中央纪委第五次全会提出，建立党政机关县处级以上领导干部收入申报制度、党和国家机关工作人员在国内公务活动中收受礼品登记制度、国有企业业务招待费使用情况向职代会报告制度。

2 月 9 日　中共中央制定《党政领导干部选拔任用工作暂行条例》，对干部选拔任用的基本原则、基本程序、基本方法和扩大民主、强化监督方面作了明确规定，为从源头上预防和治理用人上的不正之风，推进干部工作的科学化、民主化、制度化，提供了基本规章。

5 月 6 日　中共中央、国务院作出《关于加速科学技术进步的决定》，提出科教兴国的战略。

5 月　中共中央、中央军委修订《中国人民解放军政治工作条例》，为开展军队政治工作提供了基本法规。

12 月 17 日　江泽民在中央军委扩大会议上指出：任何时候都必须把思想政治建设摆在首位，任何时候在讲政治的问题上都必须有更高的要求和更高的自觉性。对军队来说，在坚持党对军队的绝对领导问题上必须旗帜鲜明、态度坚定。

一九九六年

4 月 5 日　中共中央印发《中国共产党地方委员会工作条例（试行）》。

10 月　党的十四届六中全会作出《关于加强社会主义精神文明建设若干重要问题的决议》，对新形势下社会主义精神文明建设作出部署。

一九九七年

2 月 27 日　中共中央制定《中国共产党纪律处分条例（试行）》。

3 月 28 日　中共中央印发《中国共产党党员领导干部廉洁从政若干准则（试行）》。

9 月 12 日至 18 日　中国共产党第十五次全国代表大会举行。大会通过的报告《高举邓小平理论伟大旗帜，把建设有中国特色社会主义事业全面推向二十一世纪》，大会通过《中国共产党章程修正案》，把邓小平理论同马克思列宁主义、毛泽东思想一道确立为党的指导思想并载入党章。

一九九八年

3 月 30 日　中共中央发出关于印发《中国共产党党和国家机关基层组织工作条例》的通知，要求各地、各部门结合本地区、本部门机关工作的实际贯彻执行。

6 月 24 日　党中央发出《关于在全党深入学习邓小平理论的通知》，进一步动员全党兴起学习邓小平理论的新高潮。

7 月　中央作出决定：军队、武警部队和政法机关一律不再从事经商活动。这是加强党的建设、政权建设和军队建设，从源头上预防和治理腐败的一项重大决策，对于维护社会主义市场经济秩序，保证改革开放和现代化建设的顺利发展，保证国家的长治久安，都具有十分重要的意义。

10 月 12 日至 14 日　党的十五届三中全会通过《关于农业和农村工作若干重大问题的决定》，提出农业和农村实现跨世纪发展的目标和任务。全会提出，要坚定不移地贯彻土地承包期再延长 30 年的政策。中央的这一决策，让亿万农民安了心，促进了农业的发展。

11 月 21 日　中共中央印发《关于在县级以上党政领导班子、领导干部中深入开展以“讲学习、讲政治、讲正气”为主要内容的党性党风教育的意见》。到 2000 年底，“三讲”教育基本结束。

一九九九年

6 月 13 日　中共中央、国务院作出《关于深化教育改革全面推进素质教育的决定》。提出，全面推进素质教育，培养适应 21 世纪现代化建设需要的社会主义新人。

9 月 19 日至 22 日　党的十五届四中全会审议通过了《中共中央关于国有企业改革和发展若干重大问题的决定》；全会明确提出国家要实施西部大开发战略，通过优先安排基础设施建设、增加财政转移支付等措施，支持中西部地区和少数民族地区加快发展。

11 月 8 日　中共中央发出《关于加强和改进思想政治工作的若干意见》指出，高度重视思想政治工作，是我党的优良传统和政治优势。在改革开放和发展社会主义市场经济的进程中，紧密结合新的历史条件，充分发挥党的这一政治优势，具有重要的现实意义和长远意义。

全年　党中央领导人民及时果断地进行了反对“法轮功”邪教组织的重大政治斗争。针对极少数人利用“法轮功”蛊惑人心、破坏社会稳定的事件，及时依法取缔“法轮功”邪教组织，发动社会各界揭批“法轮功”邪教歪理邪说，对被“法轮功”邪教组织裹胁蒙蔽的人员进行教育转化，维护了社会政治稳定。

二〇〇〇年

3 月 2 日　中共中央、国务院发出《关于进行农村税费改革试点工作的通知》，要求通过试点，探索建立规范的农村税费制度和从根本上减轻农民负担的有效办法。农村税费改革是继实行家庭承包经营以来的又一重大改革。

6 月 5 日　中共中央作出《中共中央关于面向二十一世纪加强和改进党校工作的决定》。

6 月 28 日至 29 日　中央召开思想政治工作会议，江泽民发表讲话强调，党的思想政治工作是经济工作和其他一切工作的生命线，是团结全党和全国各族人民实现党和国家各项任务的中心环节，是我们党和社会主义国家的重要政治优势。

6 月 23 日　中共中央办公厅印发《深化干部人事制度改革纲要》，对党政干部制度改革、国有企业人事制度改革、事业单位人事制度改革等作出进一步明确规定。

12 月 31 日　中共中央发出《关于加强统一战线工作的决定》。决定强调指出：统一战线是我们党的重要法宝，在 21 世纪实现民族振兴和祖国统一事业中，具有不可替代的重要作用。

二〇〇一年

9 月 24 日至 26 日　党的十五届六中全会通过《关于加强和改进党的作风建设的决定》，对加强作风建设作出全面部署，提出“八个坚持、八个反对”的要求。

12 月　党中央、国务院召开全国宗教工作会议，江泽民发表重要讲话，全面阐述了新世纪初宗教工作的基本任务和重要工作。会后印发《中共中央、国务院关于加强宗教工作的决定》，对宗教工作作了全面部署。

二〇〇二年

11 月 8 日至 14 日　中国共产党第十六次全国代表大会举行。大会通过的报告《全面建设小康社会，开创中国特色社会主义事业新局面》，提出全面建设小康社会的奋斗目标，阐述全面贯彻“三个代表”重要思想的根本要求。大会通过《中国共产党章程（修正案）》，把“三个代表”重要思想同马克思列宁主义、毛泽东思想、邓小平理论一道确立为党的指导思想并载入党章。

11 月 15 日　中共十六届一中全会选举胡锦涛为中央委员会总书记，决定江泽民为中央军委主席，批准吴官正为中央纪委书记。

二〇〇三年

春　我国遭遇一场过去从未出现过的非典型肺炎重大疫情。全党全国人民在党中央、国务院的坚强领导下，坚持一手抓防治非典，一手抓经济建设，夺取了防治非典工作的重大胜利。

10 月 5 日　中共中央、国务院印发《关于实施东北地区等老工业基地振兴战略的若干意见》。

10 月　党的十六届三中全会通过《关于完善社会主义市场经济体制若干问题的决定》。《决定》是新世纪完善社会主义市场经济体制的纲领性文件。

12 月　中共中央颁布《中国共产党党内监督条例（试行）》，把党内监督的重点明确为党的各级领导机关和领导干部，特别是各级领导班子的主要负责人，为开展党内民主监督提供了根本依据。

二〇〇四年

1 月　中共中央印发《关于进一步繁荣发展哲学社会科学的意见》，提出实施马克思主义理论研究和建设工程。

2 月 26 日　中共中央、国务院下达《关于进一步加强和改进未成年人思想道德建设的若干意见》。《意见》强调，各有关部门和社会各有关方面，都要根据各自担负的职责和任务，采取有效措施，狠抓落实，勇于开拓创新，注重工作实效，切实把加强和改进未成年人思想道德建设的各项工作落到实处。

4 月　中央办公厅印发《公开选拔党政领导干部工作暂行规定》《党政机关竞争上岗工作暂行规定》《党的地方委员会全体会议对下一级党委、政府领导班子正职拟任人选和推荐人选表决办法》《党政领导干部辞职暂行规定》《关于党政领导干部辞职从事经营活动有关问题的意见》等五个文件，进一步推进干部人事工作的科学化、民主化、制度化。

9 月 16 日至 19 日　中共十六届四中全会举行。全会通过《关于加强党的执政能力建设的决定》，同意江泽民辞去中央军委主席职务，决定胡锦涛为中央军委主席。

9 月 22 日　中共中央发出关于印发《中国共产党党员权利保障条例》的通知。

11 月 7 日　中共中央印发《关于在全党开展以实践“三个代表”重要思想为主要内容的保持共产党员先进性教育活动的意见》。2005 年 1 月至 2006 年 6 月，全党开展了这一教育活动。

二〇〇五年

2 月 18 日　中共中央印发《关于进一步加强中国共产党领导的多党合作和政治协商制度建设的意见》，推动多党合作和政治协商的制度化、规范化、程序化建设，为各民主党派和无党派人士发挥参政议政作用和监督作用创造了更为广阔的空间。

5 月　中共中央、国务院作出《关于进一步加强民族工作加快少数民族地区经济社会发展的决定》，系统阐述了党关于民族理论和民族政策的基本观点，明确了进一步加快少数民族地区经济社会发展的重大措施。《决定》的颁布实施全面推动了民族工作理论和实践的创新发展。

12 月 31 日　中共中央、国务院印发《关于推进社会主义新农村建设的若干意见》。指出，要按照“生产发展、生活宽裕、乡风文明、村容整洁、管理民主”的要求，协调推进农村经济建设、政治建设、文化建设、社会建设和党的建设。

二〇〇六年

2 月 8 日　中共中央印发《关于加强人民政协工作的意见》，人民政协政治协商、民主监督、参政议政制度建设进一步推进，协调关系、汇聚力量、建言献策、服务大局的作用进一步发挥。

5 月 3 日　中共中央作出《关于进一步加强人民法院、人民检察院工作的决定》。

6 月　中央办公厅印发《关于加强党员经常性教育的意见》《关于做好党员联系和服务群众工作的意见》《关于加强和改进流动党员管理工作的意见》《关于建立健全地方党委、部门党组（党委）抓基层党建工作责任制的意见》等四个保持共产党员先进性长效机制文件，为巩固和发展先进性教育成果、进一步推进党的先进性建设提供了制度依据。

10月8日至11日　党的十六届六中全会通过《关于构建社会主义和谐社会若干重大问题的决定》。构建社会主义和谐社会重大战略目标的提出，使中国特色社会主义事业的总体布局由经济建设、政治建设、文化建设“三位一体”发展为经济建设、政治建设、文化建设、社会建设“四位一体”。

12月31日　中共中央、国务院发出《关于积极发展现代农业扎实推进社会主义新农村建设的若干意见》。

二〇〇七年

10月15日至21日　中国共产党第十七次全国代表大会举行。大会通过的报告《高举中国特色社会主义伟大旗帜，为夺取全面建设小康社会新胜利而奋斗》。大会通过《中国共产党章程（修正案）》，把科学发展观写入党章。大会第一次把建设生态文明作为实现全面建设小康社会奋斗目标的新要求提出来。

二〇〇八年

5月12日　四川汶川发生里氏8.0级特大地震。在中共中央、国务院和中央军委坚强领导下，我国组织开展了历史上救援速度最快、动员范围最广、投入力量最大的抗震救灾斗争，夺取了抗震救灾斗争的重大胜利。

9月15日　中共中央印发《关于在全党开展深入学习实践科学发展观活动的意见》。

10月9日至12日　党的十七届三中全会通过《关于推进农村改革发展若干重大问题的决定》，要求大力推进改革创新，加强农村制度建设，积极发展现代农业，提高农业综合生产能力，加快发展农村公用事业，促进农村社会全面进步。

二〇〇九年

9月15日至18日　中共十七届四中全会通过《关于加强和改进新形势下

党的建设若干重大问题的决定》，强调要建设马克思主义学习型政党，坚持和健全民主集中制，深化干部人事制度改革，做好抓基层打基础工作，弘扬党的优良作风，加快推进惩治和预防腐败体系建设，不断提高党的建设科学化水平。

12 月　中央办公厅印发《关于推进学习型党组织建设的意见》，进一步明确了建设学习型党组织的重要意义、总体要求、主要原则、工作内容和途径方法。

同月　中央办公厅印发《2010—2020 年深化干部人事制度改革规划纲要》。

二〇一〇年

1 月　中共中央印发《中国共产党党员领导干部廉洁从政若干准则》。

3 月　中央办公厅印发《党政领导干部选拔任用工作责任追究办法（试行）》。

4 月 5 日　中央办公厅转发中央组织部、中央宣传部《关于在党的基层组织和党员中深入开展创先争优活动的意见》，对开展创先争优活动作出部署。

6 月 19 日　中共中央印发《关于加强和改进新形势下党史工作的意见》，深刻阐述党史工作的意义，明确规定新形势下党史工作的指导思想、基本要求和主要任务，对加强党对党史工作的领导、提高党史工作科学化水平提出新要求。

二〇一一年

6 月 8 日　中共中央办公厅、国务院办公厅印发《关于深化政务公开加强政务服务的意见》。指出，要坚持保障人民群众的知情权和监督权，加大推进政务公开力度，把公开透明的要求贯穿于政务服务各个环节。

7 月 5 日　中共中央、国务院印发《关于加强和创新社会管理的意见》。

10 月 18 日　党的十七届六中全会通过《关于深化文化体制改革推动社会主义文化大发展大繁荣若干重大问题的决定》，提出了坚持中国特色社会主义文化发展道路、努力建设社会主义文化强国的战略任务，明确了新形势下推进文化改革发展的指导思想、重要方针、目标任务、政策举措。

二〇一二年

2月2日　中共中央印发《关于加强新形势下党外代表人士队伍建设的意见》。

3月8日　中共中央办公厅印发《关于加强和改进非公有制企业党的建设工作的意见（试行）》《关于在推进事业单位改革中加强和改进党的建设工作的意见》。

3月14日　中央决定张德江兼任重庆市委委员、常委、书记，薄熙来不再兼任重庆市委书记、常委、委员职务。4月10日，中央决定停止薄熙来的中央政治局委员、中央委员职务，并由中央纪委对其立案调查。

4月5日　中共中央办公厅、国务院办公厅印发《关于进一步加强人民政协提案办理工作的意见》。

7月2日　中共中央、国务院印发《关于深化科技体制改革加快国家创新体系建设的意见》。6日至7日，全国科技创新大会举行。

8月6日　中共中央办公厅印发《关于进一步加强党管人才工作的意见》。

9月28日　中央政治局召开会议，决定中国共产党第十七届中央委员会第七次全体会议于2012年11月1日在北京召开。中共中央政治局将向党的十七届七中全会建议，中国共产党第十八次全国代表大会于2012年11月8日在北京召开。

10月22日　中央政治局召开会议，研究拟提请十七届七中全会讨论的十七届中央委员会向党的第十八次全国代表大会的报告稿和《中国共产党章程（修正案）》稿。会议要求，全党全国各族人民更加紧密地团结起来，扎扎实实做好改革发展稳定各项工作，以优异成绩迎接党的十八大胜利召开。

11月8日至14日　中国共产党第十八次全国代表大会举行。大会通过的报告《坚定不移沿着中国特色社会主义道路前进，为全面建成小康社会而奋斗》。大会通过《中国共产党章程（修正案）》，把科学发展观同马克思列宁主义、毛泽东思想、邓小平理论、“三个代表”重要思想一道确立为党的指导思想并载入党章。

11 月 15 日　中共十八届一中全会选举习近平为中央委员会总书记，决定习近平为中央军委主席，批准王岐山为中央纪委书记。

11 月 29 日　习近平在国家博物馆参观《复兴之路》展览时指出，实现中华民族伟大复兴，就是中华民族近代以来最伟大的梦想。2013 年 3 月 17 日，习近平在十二届全国人大一次会议闭幕会上讲话指出，实现中华民族伟大复兴的中国梦，就是要实现国家富强、民族振兴、人民幸福。实现中国梦，必须走中国道路、弘扬中国精神、凝聚中国力量。

12 月 4 日　中共中央政治局会议通过《十八届中央政治局关于改进工作作风、密切联系群众的八项规定》。这对于我们党始终保持党的先进性和纯洁性、始终保持党同人民群众的血肉联系、使我们党始终成为中国特色社会主义事业的坚强领导核心，具有十分重要的意义。

12 月 29 日　习近平在考察河北时指出，全面建成小康社会，最艰巨最繁重的任务在农村，特别是在贫困地区。没有农村的小康，特别是没有贫困地区的小康，就没有全面建成小康社会。

12 月 31 日　中共中央、国务院发布《关于加快发展现代农业进一步增强农村发展活力的若干意见》。

二〇一三年

1 月 22 日　习近平在中共十八届中央纪委二次全会上讲话指出，要坚持“老虎”“苍蝇”一起打，既坚决查处领导干部违纪违法案件，又切实解决发生在群众身边的不正之风和腐败问题；要加强对权力运行的制约和监督，把权力关进制度的笼子里。

2 月 26 日至 28 日　中共十八届二中全会在北京召开。全会由中国共产党中央政治局主持，中国共产党中央委员会总书记习近平作重要讲话。

3 月 5 日至 17 日　十二届全国人大一次会议举行。会议批准《国务院机构改革和职能转变方案》。会议选举习近平为国家主席、国家中央军委主席，张德江为全国人大常委会委员长，决定李克强为国务院总理。

4 月 25 日　中共中央政治局常委会召开会议，研究当前经济形势和经济工作。习近平主持会议并发表讲话。此后，中央政治局形成制度，原则上每个季度召开会议研究经济形势。

5 月 9 日　中共中央印发《关于在全党深入开展党的群众路线教育实践活动的意见》。2013 年 6 月至 2014 年 9 月，全党分两批开展以为民务实清廉为主要内容的党的群众路线教育实践活动，集中整治形式主义、官僚主义、享乐主义和奢靡之风“四风”问题。

5 月 17 日至 18 日　中央巡视工作动员暨培训会议召开。十八届党中央共开展 12 轮巡视，巡视 277 个党组织，在党的历史上首次实现一届任期内巡视全覆盖。到 2019 年 9 月，十九届党中央已开展 4 轮巡视。

6 月 18 日　党的群众路线教育实践活动工作会议在北京召开，中共中央总书记、国家主席、中央军委主席习近平出席会议并发表重要讲话，对全党开展教育实践活动进行部署。

6 月 28 日　中央组织工作会议在北京召开。习近平在全国组织工作会议上讲话，明确提出信念坚定、为民服务、勤政务实、敢于担当、清正廉洁的好干部标准。

8 月 19 日　中央宣传思想工作会议在北京召开。习近平在全国宣传思想工作会议上讲话指出，要巩固马克思主义在意识形态领域的指导地位，巩固全党全国人民团结奋斗的共同思想基础。我们正在进行具有许多新的历史特点的伟大斗争，面临的挑战和困难前所未有，必须坚持巩固壮大主流思想舆论，弘扬主旋律，传播正能量，激发全社会团结奋进的强大力量。

8 月　习近平在北戴河主持会议研究河北发展问题时提出推动京津冀协同发展。2014 年 2 月 26 日，习近平主持召开座谈会听取京津冀协同发展专题汇报，明确提出实现京津冀协同发展是一个重大国家战略。2015 年 6 月 9 日，中共中央、国务院印发《京津冀协同发展规划纲要》。

9 月 30 日　中共中央政治局召开会议，审议并同意印发《科学发展观学习纲要》。中共中央总书记习近平主持会议。

11 月 5 日　中共中央印发《中央党内法规制定工作五年规划纲要（2013—2017 年）》。编制中央党内法规制定工作五年规划，这在中国共产党历史上是第一次。2018 年 2 月 9 日，中共中央印发《中央党内法规制定工作第二个五年规划（2018—2022 年）》。

11 月 9 日至 12 日　中共十八届三中全会在北京召开。中共中央总书记习近平主持会议并作重要讲话。会议通过了《中共中央关于全面深化改革若干重大问题的决定》。

11 月 18 日　中共中央、国务院颁发《党政机关厉行节约反对浪费条例》。依据这个条例，党政机关经费管理、国内差旅、因公临时出国（境）、培训、公务接待、公务用车、会议活动、办公用房、基层党建活动、资源节约等方面的党内法规和规范性文件相继出台。

12 月 11 日　中共中央办公厅印发《关于培育和践行社会主义核心价值观的意见》。指出，富强、民主、文明、和谐，自由、平等、公正、法治，爱国、敬业、诚信、友善，是社会主义核心价值观的基本内容。

12 月 21 日　中共中央、国务院印发《关于调整完善生育政策的意见》，提出单独两孩的政策。2015 年 12 月 31 日，中共中央、国务院作出《关于实施全面两孩政策改革完善计划生育服务管理的决定》。2016 年 1 月 1 日，修改后的《中华人民共和国人口与计划生育法》正式实施，明确国家提倡一对夫妻生育两个子女。

12 月 30 日　中共中央政治局会议召开。决定成立中央全面深化改革领导小组，负责改革的总体设计、统筹协调、整体推进、督促落实，由习近平任组长。2018 年 3 月，中央全面深化改革领导小组改名为中央全面深化改革委员会。听取中央纪律检查委员会 2013 年工作汇报，研究部署 2014 年党风廉政建设和反腐败工作；审议通过《党政领导干部选拔任用工作条例（修订稿）》。

二〇一四年

1月2日　中共中央、国务院印发《关于全面深化农村改革加快推进农业现代化的若干意见》。指出，把饭碗牢牢端在自己手上，是治国理政必须长期坚持的基本方针；提出抓紧构建新形势下以我为主、立足国内、确保产能、适度进口、科技支撑的国家粮食安全战略。

2月27日　中央网络安全和信息化领导小组第一次会议召开，习近平在会上指出，努力把我国建设成为网络强国，强调要把握好网上舆论引导的时、度、效，使网络空间清朗起来。

3月9日　习近平在参加十二届全国人大二次会议安徽代表团审议时强调，各级领导干部都要树立和发扬好的作风，既严以修身、严以用权、严以律己，又谋事要实、创业要实、做人要实。2015年4月10日，中共中央办公厅印发《关于在县处级以上领导干部中开展"三严三实"专题教育方案》。

3月19日　中共中央办公厅、国务院办公厅印发《关于深化司法体制和社会体制改革的意见》。改革的重点是完善司法人员分类管理制度、完善司法责任制、健全司法人员职业保障、推动省以下地方法院检察院人财物统一管理等。

4月10日　中央军委印发《关于贯彻落实军委主席负责制建立和完善相关工作机制的意见》。2017年11月2日，中央军委印发《关于全面深入贯彻军委主席负责制的意见》。

6月26日　习近平在中共中央政治局常委会会议听取巡视情况汇报时讲话指出，巡视作为党内监督的战略性制度安排，不是权宜之计，要用好巡视这把反腐"利剑"。

6月30日　中共中央政治局会议审议通过《深化财税体制改革总体方案》。改革的目标是建立现代财政制度，重点是改进预算管理制度、深化税收制度改革、建立事权和支出责任相适应的制度。

9月5日　习近平在庆祝全国人民代表大会成立60周年大会上讲话指出，

坚定中国特色社会主义制度自信，首先要坚定对中国特色社会主义政治制度的自信，增强走中国特色社会主义政治发展道路的信心和决心。

9 月 21 日　习近平在庆祝中国人民政治协商会议成立 65 周年大会上讲话指出，社会主义协商民主，是中国社会主义民主政治的特有形式和独特优势，是中国共产党的群众路线在政治领域的重要体现。在中国社会主义制度下，有事好商量，众人的事情由众人商量，找到全社会意愿和要求的最大公约数，是人民民主的真谛。

10 月 20 日至 23 日　中共十八届四中全会在北京召开，会议通过《关于全面推进依法治国若干重大问题的决定》。指出，全面推进依法治国，总目标是建设中国特色社会主义法治体系，建设社会主义法治国家。

10 月 30 日至 11 月 2 日　全军政治工作会议在福建古田举行。10 月 31 日，习近平在讲话中阐明新的历史条件下党从思想上政治上建设军队的重大问题。12 月 30 日，中共中央转发《关于新形势下军队政治工作若干问题的决定》。

11 月 28 日　中央外事工作会议召开，习近平在会上讲话指出，中国必须有自己特色的大国外交。要在总结实践经验的基础上，丰富和发展对外工作理念，使对外工作有鲜明的中国特色、中国风格、中国气派。

12 月 2 日　中共中央、国务院印发《丝绸之路经济带和 21 世纪海上丝绸之路建设战略规划》。2015 年 3 月 28 日，经国务院授权，国家发展改革委、外交部、商务部联合发布《推动共建丝绸之路经济带和 21 世纪海上丝绸之路的愿景与行动》。

12 月 5 日　中共中央决定给予周永康开除党籍处分。党的十八大以来，党中央坚持反腐败无禁区、全覆盖、零容忍，坚定不移“打虎”“拍蝇”“猎狐”，一体推进不敢腐、不能腐、不想腐。十八届中共中央共批准立案审查省军级以上党员干部及其他中管干部 440 人，严肃查处了周永康、薄熙来、郭伯雄、徐才厚、孙政才、令计划严重违纪违法案件。从党的十九大闭幕至 2018 年底，先后有 77 名中管干部被立案审查调查。反腐败斗争取得压倒性胜利。

12 月 13 日至 14 日　习近平在江苏考察工作期间讲话指出，要主动把握和积极适应经济发展新常态，协调推进全面建成小康社会、全面深化改革、全面推进依法治国、全面从严治党。

12 月 15 日　中共中央决定给予周永康开除党籍处分。

12 月 29 日　中共中央政治局召开会议，听取中央纪律检查委员会 2014 年工作汇报，研究部署 2015 年党风廉政建设和反腐败工作；审议通过《关于加强社会主义协商民主建设的意见》《关于加强和改进党的群团工作的意见》。

12 月 31 日　中共中央办公厅印发《关于加强中央纪委派驻机构建设的意见》。2015 年 11 月 20 日，中共中央办公厅印发《关于全面落实中央纪委向中央一级党和国家机关派驻纪检机构的方案》，实现对中央一级党和国家机关派驻纪检机构全覆盖。2018 年 10 月 21 日，中共中央办公厅印发《关于深化中央纪委国家监委派驻机构改革的意见》。

二〇一五年

1 月 5 日　中共中央印发《关于加强社会主义协商民主建设的意见》，对新形势下开展政党协商、人大协商、政府协商、政协协商、人民团体协商、基层协商、社会组织协商等作出全面部署，推进社会主义协商民主广泛多层制度化发展。

1 月 8 日　中共中央印发《关于加强和改进党的群团工作的意见》。

1 月 13 日　习近平在中共十八届中央纪委五次全会上讲话指出，党的纪律是刚性约束，政治纪律更是全党在政治方向、政治立场、政治言论、政治行动方面必须遵守的刚性约束。在所有党的纪律和规矩中，第一位的是政治纪律和政治规矩。

1 月 16 日　中共中央政治局常委会召开会议，专门听取全国人大常委会、国务院、全国政协、最高人民法院、最高人民检察院党组工作汇报。这成为实现党中央集中统一领导的一项制度性安排。

3 月 13 日　中共中央、国务院印发《关于深化体制机制改革加快实施创新驱动发展战略的若干意见》。2016 年 1 月 18 日，中共中央、国务院印发《国家创新驱动发展战略纲要》。

3月26日　中央反腐败协调小组国际追逃追赃工作办公室首次启动针对外逃腐败分子的“天网行动”。4月22日，国际刑警组织中国国家中心局集中公布100名涉嫌犯罪外逃国家工作人员、重要腐败案件涉案人等人员的红色通缉令。到2019年9月，“百名红通人员”已有60名落网。

4月10日　中共中央办公厅印发《关于在县处级以上领导干部中开展“三严三实”专题教育方案》。从4月底开始，在县处级以上领导干部中不分批次、不划阶段、不设环节开展“三严三实”专题教育，着力解决“不严不实”问题。

5月18日至20日　中央统战工作会议在北京召开。5月18日，中共中央颁发《中国共产党统一战线工作条例（试行）》。

5月29日　中共中央政治局召开会议，审议通过《中国共产党党组工作条例（试行）》。中共中央总书记习近平主持会议。会议指出，中国共产党发挥总揽全局、协调各方的领导核心作用，必须有坚强有力的组织制度保障。在国家机关、人民团体、经济组织、文化组织、社会组织和其他组织领导机关中设立党组，是确保党的理论和路线方针政策得到贯彻落实的重要途径，体现了我们党独特的政治优势、组织优势、制度优势。

6月11日　中共中央颁发《中国共产党党组工作条例（试行）》。

7月6日　中央党的群团工作会议在北京召开。习近平在会上讲话指出，要下决心纠正机关化、行政化、贵族化、娱乐化，切实保持和增强党的群团工作的政治性、先进性、群众性。

8月3日　中共中央颁发《中国共产党巡视工作条例》，明确规定党的中央和省、自治区、直辖市委员会实行巡视制度，建立专职巡视机构，对所管理的地方、部门、企事业单位党组织进行巡视监督，实现巡视全覆盖、全国一盘棋。

10月18日　中共中央颁发《中国共产党廉洁自律准则》和《中国共产党纪律处分条例》。

10月26日至29日　中共十八届五中全会在北京召开。会议研究了关于制定国民经济和社会发展第十三个五年规划的建议。通过了《中共中央关于制定国民经济和社会发展第十三个五年规划的建议》和《中国共产党第十八届中央委员会第五次全体会议公报》。全会通过了《关于制定国民经济和社会发展第十三个五年规划的建议》。2016 年 3 月 16 日，十二届全国人大四次会议批准《中华人民共和国国民经济和社会发展第十三个五年规划纲要》。

11 月 7 日　中共中央总书记、国家主席习近平同台湾方面领导人马英九在新加坡会晤，就进一步推进两岸关系和平发展交换意见。这是 1949 年以来两岸领导人首次会晤，开创两岸领导人直接对话沟通的先河。

11 月 23 日　中共中央政治局召开会议，中共中央总书记习近平主持会议。审议通过《关于打赢脱贫攻坚战的决定》《关于加强和改进新形势下党校工作的意见》，听取关于巡视 55 家国有重要骨干企业有关情况的专题报告。中央军委印发《领导指挥体制改革实施方案》。2016 年 2 月 29 日起，全军按新的领导指挥体制运行。

11 月 24 日　中央军委改革工作会议召开。习近平在会议上讲话指出，要全面实施改革强军战略，坚定不移走中国特色强军之路。28 日，中央军委印发《关于深化国防和军队改革的意见》。指出，牢牢把握军委管总、战区主战、军种主建的原则，以领导管理体制、联合作战指挥体制改革为重点，协调推进规模结构、政策制度和军民融合深度发展改革。

11 月 29 日　中共中央、国务院作出《关于打赢脱贫攻坚战的决定》。2016 年 4 月 23 日，中共中央办公厅、国务院办公厅印发《关于建立贫困退出机制的意见》，明确贫困人口、贫困村、贫困县在 2020 年以前有序退出的标准和要求。

12 月 9 日　中共中央印发《关于加强和改进新形势下党校工作的意见》。11 日，习近平在全国党校工作会议上讲话指出，党校姓党，首先要把党的旗帜亮出来。党校是教育培训干部的地方，不断把领导干部集中到党校来学习培训，一个重要目的就是帮助大家向党中央看齐。

12 月 18 日　中央经济工作会议召开。习近平在会上强调，推进供给侧结构性改革，是适应和引领经济发展新常态的重大创新。要实行宏观政策要稳、产业政策要准、微观政策要活、改革政策要实、社会政策要托底的总体思路，着力加强结构性改革，在适度扩大总需求的同时，去产能、去库存、去杠杆、降成本、补短板，推动我国社会生产力水平整体改善。

12 月 25 日　中共中央印发《关于建立健全党和国家功勋荣誉表彰制度的意见》，对党和国家功勋荣誉表彰制度进行整体设计。

12 月 30 日　中共中央政治局召开会议，中共中央总书记习近平主持会议。听取中央纪律检查委员会 2015 年工作汇报，研究部署 2016 年党风廉政建设和反腐败工作；审议通过《关于全面振兴东北地区等老工业基地的若干意见》。

二〇一六年

2 月 24 日　中共中央办公厅印发《关于在全体党员中开展“学党章党规、学系列讲话，做合格党员”学习教育方案》。2017 年 3 月 20 日，中共中央办公厅印发《关于推进“两学一做”学习教育常态化制度化的意见》。

4 月 19 日　习近平主持召开网络安全和信息化工作座谈会，强调在践行新发展理念上先行一步，让互联网更好造福国家和人民。

4 月 22 日　习近平在全国宗教工作会议上讲话指出，积极引导宗教与社会主义社会相适应，一个重要的任务就是支持我国宗教坚持中国化方向。做好党的宗教工作，关键是要在“导”上想得深、看得透、把得准，做到“导”之有方、“导”之有力、“导”之有效，牢牢掌握宗教工作主动权。

4 月 25 日　习近平在安徽凤阳县小岗村主持召开农村改革座谈会时指出，新形势下深化农村改革，主线仍然是处理好农民和土地的关系。最大的政策，就是必须坚持和完善农村基本经营制度，坚持农村土地集体所有，坚持家庭经营基础性地位，坚持稳定土地承包关系。

5 月 17 日　习近平主持召开哲学社会科学工作座谈会，提出要着力构建中国特色哲学社会科学，强调坚定中国特色社会主义道路自信、理论自信、制度自信，说到底是要坚定文化自信，文化自信是更基本、更深沉、更持久的力量。2017 年 3 月 5 日，中共中央印发《关于加快构建中国特色哲学社会科学的意见》。

7月1日　习近平在庆祝中国共产党成立95周年大会上讲话指出，要永远保持建党时中国共产党人的奋斗精神，永远保持对人民的赤子之心。一切向前走，都不能忘记走过的路；走得再远、走到再光辉的未来，也不能忘记走过的过去，不能忘记为什么出发。面向未来，面对挑战，全党同志一定要不忘初心、继续前进。

7月8日　中共中央颁发《中国共产党问责条例》。

10月24日至27日　中共十八届六中全会举行。全会通过《关于新形势下党内政治生活的若干准则》和《中国共产党党内监督条例》。全会明确习近平总书记党中央的核心、全党的核心地位，号召全党同志紧密团结在以习近平同志为核心的党中央周围，牢固树立政治意识、大局意识、核心意识、看齐意识，坚定不移维护党中央权威和党中央集中统一领导。

11月4日　中共中央办公厅印发《关于在北京市、山西省、浙江省开展国家监察体制改革试点方案》。2017年10月23日，中共中央办公厅印发《关于在全国各地推开国家监察体制改革试点方案》，部署在全国范围内深化国家监察体制改革的探索实践，完成省、市、县三级监察委员会组建工作，实现对所有行使公权力的公职人员监察全覆盖。2017年11月4日，十二届全国人大常委会第三十次会议通过《关于在全国各地推开国家监察体制改革试点工作的决定》。

12月7日　习近平在全国高校思想政治工作会议上讲话指出，要坚持把立德树人作为中心环节，把思想政治工作贯穿教育教学全过程，实现全程育人、全方位育人。

12月13日　中共中央印发《关于加强党内法规制度建设的意见》。

二〇一七年

1月22日　中共中央政治局召开会议，中共中央总书记习近平主持会议。决定设立中央军民融合发展委员会；审议《中央政治局常委会听取和研究全国人大常委会、国务院、全国政协、最高人民法院、最高人民检察院党组工作汇报和中央书记处工作报告的综合情况报告》。

2 月 21 日　中共中央政治局召开会议，中共中央总书记习近平主持会议。讨论国务院拟提请第十二届全国人民代表大会第五次会议审议的《政府工作报告》稿，审议《关于巡视中央和国家机关全覆盖情况的专题报告》和《关于推进“两学一做”学习教育常态化制度化的意见》。

2 月 22 日　十八届中共中央第十二轮巡视工作动员部署会议召开。十八届中共中央共开展 12 轮巡视，巡视 277 个党组织，在党的历史上首次实现一届任期内对地方、部门、企事业单位全覆盖。

5 月 26 日　中共中央政治局召开会议，中共中央总书记习近平主持会议。审议《关于修改〈中国共产党巡视工作条例〉的决定》和《关于巡视中央意识形态单位情况的专题报告》。

6 月 28 日　中共中央政治局召开会议，中共中央总书记习近平主持会议。审议《关于巡视 31 所中管高校党委情况的专题报告》。

7 月 14 日至 15 日　全国金融工作会议举行。会议决定设立国务院金融稳定发展委员会。会议围绕服务实体经济、防控金融风险、深化金融改革“三位一体”的金融工作主题作出部署。

8 月 1 日　中共中央办公厅、国务院办公厅印发《关于深化教育体制机制改革的意见》。

10 月 18 日至 24 日　中国共产党第十九次全国代表大会举行。大会通过的报告《决胜全面建成小康社会，夺取新时代中国特色社会主义伟大胜利》。大会通过《中国共产党章程（修正案）》，把习近平新时代中国特色社会主义思想同马克思列宁主义、毛泽东思想、邓小平理论、“三个代表”重要思想、科学发展观一道确立为党的指导思想并载入党章。

10 月 25 日　中共十九届一中全会选举习近平、李克强、栗战书、汪洋、王沪宁、赵乐际、韩正为中央政治局常委，选举习近平为中央委员会总书记，决定习近平为中央军委主席，批准赵乐际为中共中央纪委书记。

10 月 27 日　中共中央政治局召开会议，中共中央总书记习近平主持会议。研究部署学习宣传贯彻党的十九大精神，审议《中共中央政治局关于加强和维护党中央集中统一领导的若干规定》和《中共中央政治局贯彻落实中央八项规定的实施细则》。

10月31日，中共中央总书记、国家主席、中央军委主席习近平带领中共中央政治局常委李克强、栗战书、汪洋、王沪宁、赵乐际、韩正，瞻仰上海中共一大会址和浙江嘉兴南湖红船。

11月30日　中共中央政治局会议审议通过《中国共产党党务公开条例（试行）》。《条例》制定出台，为做好党务公开工作提供了基本遵循，有利于推进党务公开工作制度化、规范化、程序化。

11月30日至12月3日　中国共产党与世界政党高层对话会在北京举行。

12月14日　中共中央作出《关于调整中国人民武装警察部队领导指挥体制的决定》。自2018年1月1日零时起，武警部队由党中央、中央军委集中统一领导，归中央军委建制，不再列国务院序列。

12月30日　中共中央印发《关于建立国务院向全国人大常委会报告国有资产管理情况制度的意见》。

二〇一八年

1月2日　中共中央、国务院印发《关于实施乡村振兴战略的意见》。6月26日，中共中央、国务院印发《乡村振兴战略规划（2018—2022年）》。

1月18日至19日　党的十九届二中全会举行。全会通过《关于修改宪法部分内容的建议》。

1月30日　中共中央政治局召开会议审议《中央政治局常委会听取和研究全国人大常委会、国务院、全国政协、最高人民法院、最高人民检察院党组工作汇报和中央书记处工作报告的综合情况报告》。

2月26日至28日　中共十九届三中全会举行。全会通过《关于深化党和国家机构改革的决定》和《深化党和国家机构改革方案》。3月17日，十三届全国人大一次会议批准国务院机构改革方案。2019年7月5日，深化党和国家机构改革总结会议在北京召开。习近平在会议上讲话指出，深化党和国家机构改革是对党和国家组织结构和管理体制的一次系统性、整体性重构，为完善和发展中国特色社会主义制度、推进国家治理体系和治理能力现代化提供了有力组织保障。

3 月 3 日至 15 日　全国政协十三届一次会议举行。会议选举汪洋为全国政协主席。

3 月 5 日至 20 日　十三届全国人大一次会议举行。会议选举习近平为国家主席、国家中央军委主席，栗战书为全国人大常委会委员长，决定李克强为国务院总理。会议通过《中华人民共和国宪法修正案》，确立科学发展观、习近平新时代中国特色社会主义思想在国家政治和社会生活中的指导地位；通过《中华人民共和国监察法》。23 日，中华人民共和国国家监察委员会在北京揭牌。

5 月 18 日至 19 日　全国生态环境保护大会召开。习近平在大会上讲话提出新时代推进生态文明建设的原则，强调要加快构建生态文明体系。大会总结并阐述了习近平生态文明思想。

5 月 31 日　中共中央政治局召开会议，中共中央总书记习近平主持会议。审议《乡村振兴战略规划（2018—2022 年）》和《关于打赢脱贫攻坚战三年行动的指导意见》。

6 月 15 日　中共中央、国务院印发《关于打赢脱贫攻坚战三年行动的指导意见》。

6 月 16 日　中共中央、国务院印发《关于全面加强生态环境保护坚决打好污染防治攻坚战的意见》。

6 月 30 日　中共中央、国务院印发《关于完善国有金融资本管理的指导意见》，明确对国有金融资本实行统一授权管理，建立健全国有金融资本管理的“四梁八柱”。

7 月 3 日　全国组织工作会议召开。习近平在会上讲话强调，新时代党的组织路线是：全面贯彻新时代中国特色社会主义思想，以组织体系建设为重点，着力培养忠诚干净担当的高素质干部，着力集聚爱国奉献的各方面优秀人才，坚持德才兼备、以德为先、任人唯贤，为坚持和加强党的全面领导、坚持和发展中国特色社会主义提供坚强组织保证。

8月17日至19日　中央军委党的建设会议在北京召开。习近平讲话指出，要毫不动摇坚持党对军队绝对领导，锻造坚强有力的党组织，锻造高素质干部和人才队伍，深入推进党风廉政建设和反腐败斗争，为实现党在新时代的强军目标、完成好新时代军队使命任务提供坚强政治保证。

8月24日　中央全面依法治国委员会第一次会议在京召开。习近平讲话指出，全面依法治国具有基础性、保障性作用。中央全面依法治国委员会要管宏观、谋全局、抓大事，既要破解当下突出问题，又要谋划长远工作，把主要精力放在顶层设计上。

10月28日　中共中央印发《中国共产党支部工作条例（试行）》。该条例是为了坚持和加强党的全面领导，弘扬“支部建在连上”光荣传统，落实党要管党、全面从严治党要求，全面提升党支部组织力，强化党支部政治功能，充分发挥党支部战斗堡垒作用，巩固党长期执政的组织基础，根据《中国共产党章程》和有关党内法规，制定的条例。

11月26日　中共中央政治局召开会议，中共中央总书记习近平主持会议。审议《中国共产党农村基层组织工作条例》和《中国共产党纪律检查机关监督执纪工作规则》。

12月18日　庆祝改革开放40周年大会举行。习近平在大会上讲话指出，改革开放是党和人民大踏步赶上时代的重要法宝，是坚持和发展中国特色社会主义的必由之路，是决定当代中国命运的关键一招，也是决定实现“两个一百年”奋斗目标、实现中华民族伟大复兴的关键一招。大会向100名获改革先锋称号的同志和10名获中国改革友谊奖章的国际友人颁授奖章。

二〇一九年

1月2日　《告台湾同胞书》发表40周年纪念会举行。习近平在纪念会上发表《为实现民族伟大复兴、推进祖国和平统一而共同奋斗》讲话，全面阐述立足新时代、在民族复兴伟大征程中推进祖国和平统一的五项重大政策主张：

第一，携手推动民族复兴，实现和平统一目标；第二，探索“两制”台湾方案，丰富和平统一实践；第三，坚持一个中国原则，维护和平统一前景；第四，深化两岸融合发展，夯实和平统一基础；第五，实现同胞心灵契合，增进和平统一认同。

1月8日 “不忘初心、牢记使命”主题教育总结大会在北京召开。中共中央总书记、国家主席、中央军委主席习近平出席会议并发表重要讲话。

1月25日 中共中央政治局召开会议，中共中央总书记习近平主持会议。审议《中央政治局常委会听取和研究全国人大常委会、国务院、全国政协、最高人民法院、最高人民检察院党组工作汇报和中央书记处工作报告的综合情况报告》《中共中央关于加强党的政治建设的意见》《中国共产党重大事项请示报告条例》《党政领导干部选拔任用工作条例》。

1月31日 中共中央印发《关于加强党的政治建设的意见》。

3月1日 2019年春季学期中央党校（国家行政学院）中青年干部培训班开班。习近平在开班式上发表讲话强调，培养选拔优秀年轻干部是一件大事，关乎党的命运、国家的命运、民族的命运、人民的福祉，是百年大计。

3月19日 中共中央办公厅印发《公务员职务与职级并行规定》，自6月1日起施行。

3月29日 中共中央政治局召开会议，中共中央总书记习近平主持会议。审议《中国共产党党组工作条例》和《中国共产党党员教育管理工作条例》。

4月19日 中共中央政治局召开会议，分析研究当前经济形势，部署当前经济工作；听取2018年脱贫攻坚成效考核等情况汇报，对打好脱贫攻坚战提出要求；审议《中国共产党宣传工作条例》。

5月31日 “不忘初心、牢记使命”主题教育工作会议召开。

6月4日 中共中央发出关于印发《习近平新时代中国特色社会主义思想学习纲要》的通知。

6月24日 中共中央政治局召开会议，中共中央总书记习近平主持会议。审议《中国共产党机构编制工作条例》和《中国共产党农村工作条例》。

6 月 30 日　中央组织部最新党内统计数据显示，到 2018 年底，中国共产党党员总数为 9059.4 万名，比 1949 年新中国成立时的 448.8 万名增长约 19 倍。党的基层组织 461.0 万个。

7 月 30 日　中共中央政治局召开会议，分析研究当前经济形势，部署下半年经济工作，审议《中国共产党问责条例》和《关于十九届中央第三轮巡视情况的综合报告》。

8 月 30 日　中共中央政治局召开会议，中共中央总书记习近平主持会议。会议决定今年 10 月在北京召开中国共产党第十九届中央委员会第四次全体会议，主要议程是，中共中央政治局向中央委员会报告工作，研究坚持和完善中国特色社会主义制度、推进国家治理体系和治理能力现代化若干重大问题。会议审议了《中国共产党党内法规制定条例》《中国共产党党内法规和规范性文件备案审查规定》《中国共产党党内法规执行责任制规定（试行）》。

9 月 3 日　2019 年秋季学期中央党校（国家行政学院）中青年干部培训班开班。习近平在开班式上发表讲话指出，广大干部特别是年轻干部要经受严格的思想淬炼、政治历练、实践锻炼，发扬斗争精神，增强斗争本领。

9 月 20 日　中央政协工作会议暨庆祝中国人民政治协商会议成立 70 周年大会召开。

9 月 24 日　中共中央政治局召开会议，审议《新时代爱国主义教育实施纲要》和《中国共产党党校（行政学院）工作条例》。

10 月 28 日至 31 日　党的十九届四中全会在北京召开，全会由中央政治局主持。中央委员会总书记习近平作了重要讲话。会议审议通过了《中共中央关于坚持和完善中国特色社会主义制度、推进国家治理体系和治理能力现代化若干重大问题的决定》。2019 年 10 月 31 日，中国共产党第十九届中央委员会第四次全体会议通过《中国共产党第十九届中央委员会第四次全体会议公报》。

11 月 29 日　中共中央政治局召开会议，审议《中国共产党党和国家机关基层组织工作条例》和《中国共产党国有企业基层组织工作条例（试行）》。

二〇二〇年

1月2日　中共中央、国务院印发《关于抓好“三农”领域重点工作确保如期实现全面小康的意见》，指出党的十九大以来，党中央围绕打赢脱贫攻坚战、实施乡村振兴战略作出一系列重大部署，出台一系列政策举措。农业农村改革发展的实践证明，党中央制定的方针政策是完全正确的，今后一个时期要继续贯彻执行。

1月5日　中共中央印发《中国共产党国有企业基层组织工作条例（试行）》，并发出通知指出，国有企业是中国特色社会主义的重要物质基础和政治基础，是党执政兴国的重要支柱和依靠力量。坚持党的领导、加强党的建设是国有企业的“根”和“魂”，是我国国有企业的光荣传统和独特优势。

Δ　中共中央印发了《中国共产党党和国家机关基层组织工作条例》，并发出通知指出，党的十八大以来，以习近平同志为核心的党中央对全面从严治党、加强机关党的建设作出一系列重要部署。

1月7日　中央政治局常委会会议召开，中共中央总书记习近平对做好疫情防控工作提出要求。

1月20日　中共中央总书记、国家主席、中央军委主席习近平对新型冠状病毒感染的肺炎疫情作出重要指示，强调要把人民群众生命安全和身体健康放在第一位，坚决遏制疫情蔓延势头。要及时发布疫情信息，深化国际合作。

1月25日　中共中央政治局常务委员会会议召开，中共中央总书记习近平主持，专门听取新型冠状病毒感染的肺炎疫情防控工作汇报，对疫情防控特别是患者治疗工作进行再研究、再部署、再动员。会议决定，党中央成立应对疫情工作领导小组，在中央政治局常务委员会领导下开展工作。党中央向湖北等疫情严重地区派出指导组，推动有关地方全面加强防控一线工作。

1月27日，习近平总书记就各级党组织和广大党员、干部要在打赢疫情防控阻击战中发挥积极作用作出重要指示，强调各级党委（党组）、各级领导班子和领导干部、基层党组织和广大党员要不忘初心、牢记使命，挺身而出、英勇奋斗、扎实工作，团结带领广大人民群众坚定不移把党中央决策部署落到实处，坚决打赢疫情防控阻击战。

1月28日　中共中央印发了《关于加强党的领导、为打赢疫情防控阻击战提供坚强政治保证的通知》。对新型冠状病毒感染的肺炎疫情防控工作进行研究部署，提出明确要求。

1月29日　中共中央政治局常委、国务院总理、中央应对新型冠状病毒感染肺炎疫情工作领导小组组长李克强主持召开中央应对新型冠状病毒感染肺炎疫情工作领导小组会议，进一步研究疫情防控形势，部署有针对性加强防控工作。

2月3日　中共中央政治局常务委员会会议召开，中共中央总书记习近平主持，听取中央应对新型冠状病毒感染肺炎疫情工作领导小组和有关部门关于疫情防控工作情况的汇报，研究下一步疫情防控工作。

2月12日　中共中央总书记习近平主持召开中共中央政治局常务委员会会议，听取中央应对新型冠状病毒感染肺炎疫情工作领导小组汇报，分析当前新冠肺炎疫情形势，研究加强疫情防控工作。

2月18日　中央和国家机关工委发出通知，要求中央和国家机关各级党组织和广大党员、干部认真贯彻落实习近平总书记在北京市调研指导新冠肺炎疫情防控工作时的重要指示精神，进一步加强疫情防控有关工作，以实际行动践行“两个维护”、当好“三个表率”，让党旗在疫情防控斗争中高高飘扬。

2月19日　中共中央办公厅、国务院办公厅印发了《关于深化新时代教育督导体制机制改革的意见》，并发出通知，要求各地区各部门结合实际认真贯彻落实。

2月25日　中共中央、国务院出台《关于深化医疗保障制度改革的意见》。指出医疗保障是减轻群众就医负担、增进民生福祉、维护社会和谐稳定的重大制度安排。

2月27日　中共中央总书记习近平主持召开中共中央政治局常务委员会会议，分析新冠肺炎疫情形势研究近期防控重点工作。

3月3日　中共中央办公厅、国务院办公厅印发了《关于构建现代环境治理体系的指导意见》，并发出通知，指出构建党委领导、政府主导、企业主体、社会组织和公众共同参与的现代环境治理体系。

3月13日　中共中央办公厅印发了《党委（党组）落实全面从严治党主体责任规定》(以下简称《规定》)，并发出通知指出，全党必须保持战略定力，发扬斗争精神，不断深化党的自我革命，一以贯之、坚定不移全面从严治党。

3月25日　中央政治局常委会会议召开，中共中央总书记习近平主持，听取疫情防控工作和当前经济形势的汇报，研究当前疫情防控和经济工作，决定将有关意见提请中央政治局会议审议。

3月27日　中共中央政治局会议召开，中共中央总书记习近平主持，分析国内外新冠肺炎疫情防控和经济运行形势，研究部署进一步统筹推进疫情防控和经济社会发展工作等。会议指出，要推进疫情防控国际合作，同世界卫生组织深化交流合作，继续向有关国家提供力所能及的帮助。

4月14日　中共中央办公厅印发了《关于持续解决困扰基层的形式主义问题为决胜全面建成小康社会提供坚强作风保证的通知》。

4月30日　中共中央总书记习近平主持召开中共中央政治局常务委员会会议。分析国内外新冠肺炎疫情防控形势，研究部署完善常态化疫情防控举措，研究确定支持湖北省经济社会发展一揽子政策。

5月6日　中共中央政治局常务委员会召开会议，听取疫情防控工作中央指导组工作汇报，研究完善常态化疫情防控体制机制，中共中央总书记习近平主持会议并发表重要讲话。

5月11日　中共中央、国务院出台《关于新时代加快完善社会主义市场经济体制的意见》。

6月29日　中央政治局召开会议，审议《中国共产党军队党的建设条例》和《中国共产党基层组织选举工作条例》。中共中央政治局就“深入学习领会和贯彻落实新时代党的组织路线”举行第二十一次集体学习。

6月30日　中央组织部最新党内统计数据显示，截至2019年底，中国共产党党员总数为9191.4万名，比上年净增132.0万名。党的基层组织为

468.1 万个，比上年净增 7.1 万个。中国共产党的凝聚力和战斗力不断增强，党的组织体系更加健全，党的执政根基进一步夯实。

7 月 8 日　中共中央办公厅转发了《中央宣传部、中央组织部关于认真组织学习〈习近平谈治国理政〉第三卷的通知》，并发出通知，要求各地区各部门结合实际认真贯彻落实。

7 月 20 日　中共中央印发《中国共产党基层组织选举工作条例》，并发出通知，要求各地区各部门认真遵照执行。

7 月 30 日　中共中央政治局召开会议，中共中央总书记习近平主持会议。会议决定 2020 年 10 月在北京召开中国共产党第十九届中央委员会第五次全体会议，主要议程是，中共中央政治局向中央委员会报告工作，研究关于制定国民经济和社会发展第十四个五年规划和二〇三五年远景目标的建议。会议分析研究当前经济形势，部署下半年经济工作。

后　记

党的领导事关中国特色社会主义伟大事业的建设大局，在中国共产党百年的历史征程中始终是一个重大战略问题。系统梳理坚持和完善党的领导制度体系建设，分析不同历史时期党的领导制度体系建设的不同特点，把握历史规律，这对加强新时代中国共产党制度治党，特别是领导制度体系建设具有重要的参考借鉴意义，对于坚持和完善中国特色社会主义制度，推进国家治理体系和治理能力现代化具有重大意义。本书秉持“问题意识”、“目标导向”和“对策回应”的研究理念，紧密围绕党中央关于“坚持和完善党的领导制度体系，提高党科学执政、民主执政、依法执政水平”的战略部署，注重历史和现实、理论和实践、宏观与微观有机结合，从理论建构、历史逻辑、现实逻辑、实践路径等维度，探索坚持和完善党的领导制度体系规范化、法治化机制及其实践策略，进行系统化研究。

本书系上海市社科基金课题“中国共产党百年领导体制机制建设研究”（项目批准号：2019WJD016）。本课题组组成：课题主持人周敬青，课题组主要成员：张永杰、万里鹏、聂苗、黄寿东、申林、徐学通、孙会岩、唐珂、吴安戚、鲁敬诚。本书各章节的主要撰稿人是：周敬青（总论、第六章部分内容，全书统稿）；黄寿东（第一章）；徐学通、唐珂、吴安戚（第二章）；张永杰（第三章）；申林、孙会岩（第四章）；聂苗（第五章）；万里鹏（第六章部分内容）；吴安戚、鲁敬诚（参考书目，重要活动和文献节点）。

在本书写作过程中，中国浦东干部学院原常务副院长奚洁人教授审读书稿并提出宝贵意见；中共上海市委宣传部理论处原处长李明灿老师给予指导帮助；参考和吸收了有关专家学者的研究成果；上海人民出版社责任编辑吕桂萍负责敬业，使本书得以顺利出版，在此一并表示深深谢意。

由于作者水平有限，拙著难免存有不妥之处，真诚欢迎广大读者批评指正。

“中国共产党百年领导体制机制建设研究”课题组

2021 年 5 月 1 日

图书在版编目(CIP)数据

坚持和完善党的领导制度体系研究/周敬青等著
.—上海:上海人民出版社,2021
(人民至上·中国共产党百年奋进研究丛书)
ISBN 978-7-208-17051-3

Ⅰ.①坚… Ⅱ.①周… Ⅲ.①中国共产党-党的领导
-研究 Ⅳ.①D25

中国版本图书馆 CIP 数据核字(2021)第 067603 号

责任编辑 吕桂萍
封面设计 汪 昊

人民至上·中国共产党百年奋进研究丛书
上海市哲学社会科学规划办公室
上海市中国特色社会主义理论体系研究中心 组编

坚持和完善党的领导制度体系研究
周敬青 等 著

出 版 上海人民出版社
(200001 上海福建中路 193 号)
发 行 上海人民出版社发行中心
印 刷 商务印书馆上海印刷有限公司
开 本 787×1092 1/16
印 张 27
插 页 3
字 数 387,000
版 次 2021 年 5 月第 1 版
印 次 2021 年 5 月第 1 次印刷
ISBN 978-7-208-17051-3/D·3747
定 价 110.00 元